KB177729

클라우드
네이티브 Go

불안정한 환경 안에서 신뢰할 수 있는 서비스 구축하기

클라우드 네이티브 Go

1판 1쇄 인쇄 ¦ 2023년 4월 10일
1판 1쇄 발행 ¦ 2023년 4월 17일

지은이 ¦ 매튜 A. 티트무스
옮긴이 ¦ 노승헌
발행인 ¦ 김태웅
기획편집 ¦ 이미순
교정교열/조판 ¦ 김희성
디자인 ¦ nuːn
마케팅 총괄 ¦ 나재승
마케팅 ¦ 서재욱, 오승수
온라인 마케팅 ¦ 김철영, 김도연
인터넷 관리 ¦ 김상규
제 작 ¦ 현대순
총 무 ¦ 윤선미, 안서현, 지이슬
관 리 ¦ 김훈희, 이국희, 김승훈, 최국호

발행처 ¦ (주)동양북스
등 록 ¦ 제2014-000055호
주 소 ¦ 서울시 마포구 동교로 22길 14 (04030)
구입 문의 ¦ 전화 (02)337-1737 팩스 (02)334-6624
내용 문의 ¦ 전화 (02)337-1734 이메일 dybooks2@gmail.com
ISBN 979-11-5768-868-5 93000

© 2023 Dongyang Books Inc.
Authorized Korean translation of the English edition of Cloud Native Go ISBN 9781492076339
© 2021 Matthew A. Titmus

This translation is published and sold by permission of O'Reilly Media, Inc., which owns or controls all rights to publish and sell the same.

이 책의 한국어판 저작권은 에이전시 원을 통해 저작권자와의 독점 계약으로 동양북스에 있습니다. 저작권법에 의해 한국 내에서 보호를 받는 저작물이므로 무단 전재와 무단 복제를 금합니다.

* 잘못된 책은 구입처에서 교환해드립니다.
* (주)동양북스에서는 소중한 원고, 새로운 기획을 기다리고 있습니다.
* http://www.dongyangbooks.com

클라우드
네이티브 Go

Cloud
Native Go

매튜 A. 티트무스 지음

노승헌 옮김

동양북스

〔 지은이·옮긴이 소개 〕

지은이 매튜 A. 티트무스(Matthew A. Titmus)

분자 생물학 학위를 취득한 경험이 있는 소프트웨어 개발 업계의 전문가입니다. 클라우드 네이티브 기술과 Go 프로그래밍 언어의 얼리 어답터이자 옹호자이며, 프로덕션 품질 시스템 구축에 필요한 사항에 관해 열정적인 관심을 갖고 있습니다. 분산 시스템을 관찰하고 조정하는 전략을 구현하는 데 많은 시간을 보내는 중입니다.

옮긴이 노승헌

눈물 없이 볼 수 없는 한 편의 뮤직비디오 같은 인생을 만드느라 바쁜 센티멘털리스트. 삼성네트웍스, SK텔레콤, 아카마이 코리아를 거치면서 개발자, 프로젝트 매니저, 제품 오너, 솔루션 아키텍트 등 다양한 영역에서 자신을 시험해보고 있습니다. 현재 라인플러스에서 사용자가 서비스를 보다 쾌적하게 사용할 수 있도록 글로벌 트래픽에 관한 업무를 수행 중입니다.

집필한 도서로 『나는 LINE 개발자입니다』(한빛미디어, 2019, 공저), 『슬랙으로 협업하기』(위키북스, 2017), 『소셜 네트워크로 세상을 바꾼 사람들』(길벗, 2013) 등이 있습니다.

클라우드가 레거시 인프라의 시대를 종식시킨 것이 얼마 되지 않았습니다만 이미 시장은 가상화에 기반을 둔 초기의 클라우드를 넘어 소위 클라우드 네이티브의 시대로 바뀌기 시작한 지 오래입니다.

클라우드는 모든 인프라 리소스의 가상화를 표방하며 등장해 한정된 자원에 대한 활용도를 극대화했습니다. 그렇지만 여전히 레거시 인프라가 만들어두었던 개념과 틀을 벗어나지 못하는 경우가 많았고, 가상화 계층 때문에 발생하는 여러 가지 인프라 관점의 불이익에 대한 불만의 목소리도 상존했습니다. 왜 이런 현상이 일어난 것일까요? 여느 사회적 변화와 마찬가지로 클라우드가 탄생했다고 하여 기존에 사용되던 모든 것이 어느 날 아침에 바뀔 수는 없었기 때문입니다. 초기 클라우드는 레거시 인프라와 굉장히 많이 닮아 있었고 일부 영역에서의 변화 정도로 받아들여졌던 것이 큰 이유라고 생각합니다. 클라우드라는 구름을 살짝 걷어 내보니 약간 달라 보일 뿐 그동안 익숙했던 것과 크게 다르지 않다는 것을 사람들이 알아챘던 것입니다.

대부분의 소프트웨어는 여전히 레거시 인프라 시절에 만들어졌던 것과 크게 다르지 않고, 오히려 새롭게 변화된 환경에 잘 맞지 않는 경우도 빈번합니다. 가상화된 인프라와 소프트웨어의 경계를 허물기 위한 시도들이 계속 이어졌지만 생각만큼 빠르게 혹은 전향적으로 경계가 바뀌지는 않았습니다. 다시 말해 그간 클라우드와 잘 맞지 않는, 혹은 최대의 효율을 낼 수 없는 방식으로 소프트웨어 개발이 계속 진행되었던 것입니다.

오래전 자바 진영 및 닷넷 진영의 경쟁과 반목처럼, 클라우드 환경에 걸맞은 프로그래밍 언어나 개발 환경에 대한 갑론을박은 여전히 현재 진행형입니다. 그렇지만 분명한 것은 변화되어가는 인프라 환경에 맞는 적절한 소프트웨어 개발 방법이 필요하고 그런 환경의 특징을 최대한 활용할 수 있는 프로그래밍 언어가 필요하다는 것입니다. 구글이 내놓은 프로그래밍 언어 Go는 바로 자신이 변화된 환경에 최적화된 프로그래밍 언어이자 소프트웨어 개발 방법이라고 이야기합니다.

이 책은 왜 Go가 클라우드 혹은 클라우드만을 위한 프로그래밍 언어로 최적의 선택인지를 차근차근 풀어나갑니다. 어떠한 언어적 특성이 Go를 클라우드에 최적화된 프로그래밍 언어로 만들어주는 것일까요? 도대체 클라우드가 가진 특징이 무엇이길래 그에 걸맞은 산출물을 만들 수 있는 프로그래밍 언어의 탄생을 고대하게 만든 것일까요? 이 책의 저자 매튜 A. 티트무스는 기본적인 Go의 특징을 가볍게 살펴보고, Go의 어떤 특성으로 개발된 소프트웨어 산출물이 클라우드 환경에서 최적의 효용성을 만들어내는지 차근차근 풀어나갑니다.

Go에 익숙하지 않더라도 다른 프로그래밍 언어에 어느 정도 숙달된 독자라면 어렵지 않게 이 책의 내용을 이해할 수 있을 것으로 믿어 의심치 않습니다. 책의 마지막 장을 덮을 즈음에는 여러분 머릿속 가득 Go의 코드들이 난장을 펼치고 있길 기대해봅니다!

코로나 시국으로 인한 재택근무의 압박 때문에 아빠 혹은 남편에게 편안한 휴식처를 탈취당한 막내와 와이프에게 먼저 심심한 사과의 말을 전합니다. 하루 근무 시간이 종료된 이후에도 방을 점거한 채 번역 작업에 몰입하고 있었음에도 싫은 내색을 보이지 않은 자비로운 마음에 감사를 전합니다. 아빠가 집에 '있긴 했지만' 낮에는 업무, 밤에는 번역 작업에 몰입하느라 제대로 챙겨주지 못한 첫째와 둘째에게도 미안한 마음을 전합니다. 이제 번역도 끝났으니 (다음 번역이나 집필을 시작하기 전까지는...) 같이 산책하고 운동하는 시간을 늘리겠다고 이야기하고 싶습니다. 끝으로 이 책을 기획하고 번역할 기회를 준 이중민 님, 여러 가지 변화가 휘몰아치는 와중에도 책이 세상의 빛을 볼 수 있도록 열정을 다해준 동양북스 여러분께 심심한 감사의 인사를 드립니다.

옮긴이

2023. 3. 20 노승헌

개발자가 되기에 더할 나위 없이 좋은 시절입니다.

이는 컨테이너와 그 주변 기술의 발전 때문입니다. 예를 들어 컨테이너를 만들어주는 도커 Docker가 있고, 컨테이너를 잘 관리할 수 있게 해주는 쿠버네티스Kubernetes가 있습니다. 컨테이너는 프로메테우스Prometheus를 통해 모니터링할 수 있고 컨술Consul은 컨테이너들을 보다 잘 찾아내거나 애플리케이션을 안전하게 연결할 수 있도록 도와줍니다. 또한 예거Jaeger는 컨테이너들 사이의 관계를 추적하도록 합니다.

방금 소개한 기술들은 새로운 세대를 대표하는 몇 가지 예시일 뿐이고 이보다 훨씬 많은 기술들이 존재합니다. 이러한 기술을 '클라우드 네이티브'라 부르며 이 모든 것들은 Go로 작성되었습니다.

'클라우드 네이티브'라는 용어는 다소 모호해 보이고 유행어처럼 느껴질 수 있지만 사실 굉장히 세부적인 사항이 정의된 용어입니다. 널리 알려져 있는 리눅스 재단 산하의 클라우드 네이티브 컴퓨팅 재단CNCF, Cloud Native Computing Foundation에 따르면 '클라우드 네이티브 애플리케이션'을 다음처럼 설명합니다.

> 급격하게 변하는 부하와 불확실한 환경에 대해 탄력적으로 대응하고, 끝없이 변화하는 요구사항을 수용할 수 있도록 확장성 있게 디자인된 애플리케이션

다시 말하자면 클라우드 네이티브 애플리케이션은 냉엄하고 불확실한 삶을 위해 만들어진 것입니다.

지난 십수 년간 클라우드 기반의 소프트웨어를 만들기 위해 겪었던 교훈을 바탕으로 개발에 특화된 첫 번째 주요 언어로 탄생한 것이 Go라는 프로그래밍 언어입니다. 당시 일반적으로 사용되던 언어가 구글이 많이 만든 분산 처리 기반의 프로세스 중심 애플리케이션을 작성하는데 적합하지 않았기 때문입니다.

현재 Go는 도커에서 하버Harbor, 쿠버네티스에서 컨술, 인플럭스DBInfluxDB에서 코크로치DBCockroachDB에 이르기까지 클라우드 네이티브 환경을 위한 소프트웨어 개발의 공용어lingua franca로 자리잡게 되었습니다. 클라우드 네이티브 컴퓨팅 재단을 졸업한 프로젝트 15개 중 10

개가 Go로 작성되었으며 재단에서 진행 중인 과제를 포함한 62개[1]의 과제 중 42개는 일부 혹은 전체 코드가 Go로 작성되고 있습니다. 이 숫자는 지금도 계속 늘어나고 있습니다.

대상 독자

이 책은 중급~고급 개발자를 대상으로 하며 웹 애플리케이션 엔지니어, 데스옵스 전문가, SRE가 주 독자층이 될 것입니다. 많은 독자들이 이미 Go를 사용하여 웹 서비스를 개발하고 있다고 해도 (클라우드 네이티브가 무엇인지 잘 알고 있다고 해도) 클라우드 네이티브 개발에 익숙치 않거나 운영 중인 서비스의 관리, 배포, 모니터링이 쉽지 않다는 것을 알게 되었을 것으로 생각합니다. 이 책은 이런 독자들에게 단순히 클라우드 네이티브 서비스를 만드는 방법이 아닌 이런 기술이 왜 중요한지를 보여주고 추상적으로 느껴질 수도 있는 클라우드 네이티브 개발을 제대로 이해할 수 있도록 잘 준비된 예제를 제공합니다.

이 책의 목적

애플리케이션이 설계, 개발, 배포되는 과정은 계속 변화합니다. 인터넷 기반의 서비스 산업이 '클라우드 네이티브'를 지향하게 되면서 인프라 환경의 양적 규모에 대한 요구사항이 늘어나고 있으며 개발자들은 서비스 개발에 대한 노력을 수없이 많은 서버에 쏟아야만 하는 상황에 직면해 있습니다.

이것은 이전에 없던 새로운 문제점을 낳고 있습니다. 열 대의 서버에서 동작하는 서비스를 어떻게 개발, 배포, 관리해야 할까요? 서버의 숫자가 백 대, 천 대로 늘어나면 무엇을 해야 할까요? 불행히도 클라우드 네이티브에 대해 출간된 많은 책들은 추상적인 디자인 이론에 집중하거나 초보적인 수준의 예제를 통해 클라우드 네이티브 개발을 어떻게 해야 하는가에 대해 이야기하고 있습니다. 물론 그 두 가지 분류에 속하지 못하는 책들도 많습니다.

---

1 이 숫자는 2021년 2월 기준으로 CNCF 샌드박스, 인큐베이팅 과제, CNCF를 졸업한 과제의 코드 기반을 이야기합니다.

이 책은 복잡한 클라우드 네이티브 디자인 원칙에 기반한 실질적인 예제를 통해 현업에서의 요구사항을 충족시킬 방법을 찾고자 합니다.

감사의 말

가장 먼저 아내와 아들에게 감사 인사를 전합니다. 내 삶에서 두 사람은 내가 해낸 모든 좋은 결과의 동기가 되어주었고 옳은 길을 갈 수 있도록 안내하는 별이 되어주었습니다.

얼마전 돌아가신 아버지께! 당신은 내가 알아온 사람들 중 진정한 '르네상스 맨[2]'에 가장 가까운 사람이었고 또한 가장 겸손한 사람이었습니다. 내가 더 성장할 수 있다면 꼭 당신처럼 되고 싶습니다.

마리[Mary]에게! 그 누구보다 아버지의 빈 자리를 가장 깊게 느낄 사람. 당신은 나의 가족이고 예전만큼 자주 통화하지 못하더라도 언제나 가족일 것입니다. 아버지께서는 당신의 강인함과 은혜로움을 자랑스러워할 것입니다.

사라[Sarah]에게! 언제나 당신의 강인함과 투지에 깜짝 놀라곤 합니다. 처음 이야기를 나눈 이래로 당신의 냉철한 마음은 가장 든든한 동맹국이자 가장 무서운 상대로 여겨졌습니다. 참, 나탄[Nathan]에게는 내가 가장 좋아하는 형제가 당신이라는 말을 하면 안 됩니다.

나탄[Nathan]에게! 아버지의 천재성을 우리가 1/3씩 물려 받았다면 당신은 그의 따뜻한 가슴을 받은 것 같습니다. 제대로 이야기했던 적이 없는 것 같지만 난 당신과 당신이 이루어낸 것들이 정말 자랑스럽답니다. 참, 사라[Sarah]에게는 내가 가장 좋아하는 형제가 당신이라는 말을 하면 안 됩니다.

어머니께! 당신은 강하고 똑똑할 뿐만 아니라 다채롭고 틀에 얽매이지 않는 사람입니다. 다른 사람들이 어떻게 생각하는지 신경쓰지 않고 해야 할 것들을 하도록 가르쳐주셔서 감사합니다. 자유롭게 살더라도 닭 모이 주는 것은 잊지 마세요.

---

2 옮긴이: 여러 분야에 폭넓은 전문적 지식을 갖춘 사람을 뜻하는 용어입니다. https://ko.wikipedia.org/wiki/박식가

시작하면서

앨버트^{Albert}에게! 당신은 마음이 넓은 사람이고 무한한 참을성을 가지고 있습니다. 가족의 일원이라는 것에 감사하며 당신 덕분에 우리 가족은 더 행복합니다.

그 외 모든 가족들에게! 마음은 그렇지 않지만 여러분들을 자주 만나지 못했고 정말로 보고 싶습니다. 그래도 내가 필요할 때면 언제나 나와 함께 있을 것을 알고 있습니다. 좋은 일이 생길때마다 함께 축하해주고, 안좋은 일이 있더라도 늘 지지해주신 것에 감사드립니다.

이직을 하더라도 절대 잊을 수 없는 월트^{Walt}와 알바로^{Alvaro}에게! 제가 필요로 할 때마다 보여주었던 여러분의 진심어린 지원, 현실감이 필요할 때 보여준 무서울 정도로 완벽한 현실주의에 고마움을 표합니다. 여러분은 나를 더 나은 엔지니어로 만들었습니다. 그 외에도 윌 와이트^{Will Wight}의 크래들^{Cradle} 시리즈를 소개해주고 그 시리즈에 심하게 중독되도록 만들어 준 것에도 깊은 감사를 표합니다.

제스 클래식^{Jess Classic}, 뉴 제프^{New Jeff}, 알렉스^{Alex}, 마칸^{Markan}, 프리얀카^{Priyanka}, 샘^{Sam}, 오웬^{Owen}, 매트 M.^{Matt M.}, 마리우스^{Marius}, 피터^{Peter}, 로히트^{Rohit}, 내 모든 친구들과 플랫아이언 헬스^{Flatiron Health}에서 함께 일하고 있는 동료들에게! 이 책을 쓰는 동안 집필 작업에 몰입할 수 있도록 배려해 준 것뿐만 아니라 저와 제가 하는 일을 지지해주고 베타리더, 비평가로 사운딩 보드 역할을 해줌으로써 제게 힘이 되었고 조력자가 되어준 것에 대해 고마움을 표합니다.

뉴욕을 비롯한 전 세계 커피옵스^{CoffeeOps} 동료들에게! 고맙게도 책의 내용에 대하여 여러분들의 생각을 바꾸고 도전할 수 있게 해주었고 또 반대로 저에게도 도전해 주었습니다. 이 책은 여러분들의 의견 덕분에 더 좋은 책이 되었습니다.

유명한 관찰 가능성^{observability} 전문가이자 오라클 전문가인 리즈 퐁 존스^{Liz Fong-Jones}에게! 당신의 지침과 방향성, 예제 코드들은 정말 가치 있는 것들이었고 그 도움이 없었다면 이 책을 쓰는 일은 정말 어려웠을 것이고 결과적으로 이 책은 형편없는 결과물이 되었을 것입니다.

기술 감수를 해준 리 애치슨^{Lee Atchison}, 알바로 아티엔자^{Alvaro Atienza}, 데이비드 닉폰스키^{David Nicponski}, 나탈리 피스투노비치^{Natalie Pistunovich}, 제임스 퀴글리^{James Quigley}에게! 각주를 포함하여 책에 쓰여진 단어 하나하나를 인내심을 갖고 읽어 내려가준 것에 대해 감사를 표합니다. 여러분들의 눈썰미와 꼼꼼한 감수 덕분에 이 책이 더 나은 책으로 탄생할 수 있었습니다.

마지막으로 함께 일하게 되어 너무나 큰 행운이었고 열의를 다해 일을 해준 오라일리 미디어의 편집자, 디자이너를 포함한 전체 팀, 그중에서도 특히 아멜리아 블레빈스[Amelia Blevins], 대니 엘판바움[Danny Elfanbaum], 잰 맥퀘이드[Zan McQuade]에게! 2020년은 매우 흥미진진한 한해였고 여러분의 친절함, 인내심, 지지가 어려운 순간들을 이겨내게 했습니다.

표지 동물 소개

클라우드 네이티브 Go의 표지에 등장하는 동물은 투코투코과[Ctenomyidae]에 속하는 동물입니다. 남미 남반부 전역의 굴에서 서식하는 신대륙 설치류이며, '투코투코[tuco-tuco]'라는 이름은 다양한 종을 지칭합니다. 이 설치류는 보통 튼튼하면서 짧은 다리, 잘 발달된 발톱, 육중한 몸을 지니고 있습니다. 머리는 크지만 귀는 작고, 하루 중 최대 90%를 지하에서 보내는 삶이지만 눈은 다른 굴을 파는 설치류에 비해 상대적으로 큽니다. 투코투코의 털 색깔과 감촉은 종에 따라 다르지만 털 자체는 상당히 두껍습니다. 꼬리는 짧고 특별히 털이 많지 않습니다.

투코투코는 모래나 흙을 파서 만든 광범위하고 복잡한 터널 시스템에서 생활합니다. 이러한 터널에는 둥지와 먹이를 저장할 별도의 방이 있을 때가 많습니다. 또한 땅굴에서 방향을 찾는 데 도움이 되는 향상된 후각 등, 땅굴을 만들고 종족이 번성하는 데 도움이 되는 다양한 형태학적 적응을 거쳤습니다. 참고로 땅굴을 만들 때 땅을 긁어 파는 방법과 이빨로 파는 방법을 모두 사용합니다.

투코투코의 식단은 주로 뿌리, 줄기, 풀로 구성되어 있습니다. 최근에는 투코투코가 농업 해충으로 여겨지고 있지만, 유럽인이 땅을 밟기 전 시기의 남아메리카, 특히 티에라 델 푸에고의 원주민에게는 중요한 식량 공급원이었습니다.

현재 투코투코의 생존 상태는 종과 지리적 위치에 따라 다릅니다. '최소 우려' 범주에 속하는 종도 있고, '멸종 위기'로 간주되는 종도 있습니다. 오라일리 표지에 등장하는 많은 동물은 멸종 위기에 처해 있으며 전 세계적으로 중요한 존재입니다.

표지 일러스트는 카렌 몽고메리[Karen Montgomery]가 그린 것으로, 영국 백과사전 자연사에 실린 흑백 판화를 바탕으로 제작되었습니다.

Part

1

클라우드
네이티브로의 변화

Part 1 클라우드 네이티브로의 변화

Chapter

1

클라우드 네이티브 애플리케이션 이란?

프로그래밍 언어를 사용할 때 가장 위험한 말은 "우리는 늘 이런 식으로 해왔어"이다.[1]

그레이스 호퍼Grace Hopper, 컴퓨터 월드(1976년 1월)

독자 여러분이 지금 이 책을 읽고 있다면 이전에 한 번쯤은 클라우드 네이티브라는 용어를 들어 봤을 것이라 생각합니다. 뿐만 아니라 아마도 벤더들이 찬양하듯 써내려간 수없이 많은 클라우드 네이티브 관련 기사들과 벤더들의 눈에 끓어오르던 돈에 대한 열망을 보았을 것입니다. 클라우드 네이티브라는 용어에 대해 들어본 적이 있다 정도가 지금까지 경험해 온 것의 전부였다면, 이 용어가 여러분에게 무언가를 팔기 위해 사용되는 마케팅 문장처럼 애매하게 보이거나 유행어처럼 생각될 수도 있습니다(비슷한 사례로 애자일Agile과 데스옵스DevOps가 있었다는 것도 참고하기 바랍니다).

'클라우드 네이티브의 정의'에 대한 인터넷 검색 결과는 여러분으로 하여금 클라우드 네이티브여야 하는 모든 애플리케이션들이 '올바른' 프로그래밍 언어[2]나 프레임워크, 혹은 '정확한' 기술을 사용하여 작성되어야 한다고 생각하게 할 수도 있습니다. 물론 어떤 프로그래밍 언어를 선택하느냐 하는 것이 여러분의 삶을 극도로 쉽게 만들거나 어렵게 할 수 있지만 클라우드 네이티브를 고려한 애플리케이션을 만드는 데 필요충분조건은 아니란 사실을 기억해둡시다.

클라우드 네이티브라는 것이 단지 애플리케이션이 어디에서 동작하는가의 문제일까요? 클라우드 네이티브라는 용어 자체의 의미를 잘 생각해보면 분명 그 내용을 제안하는 것으로 생각할 것입니다. 이를 위해 여러분은 긴 시간 동안 손대지 못한[3] 오래된 애플리케이션을 컨테이너에 적재해 쿠버네티스 환경에서 구동시킬 것입니다. 그러면 여러분은 이를 통해 클라우드 네이티브 환경을 만든 것일까요? 그렇지 않습니다. 안타깝게도 여러분은 방금 애플리케이션을 배포 및 관리하기 더 어렵게 만들었습니다.[4] 쿠버네티스 환경에서 구동시키더라도 손대기 힘든 애플리케이션이라는 본질은 그대로 남습니다.

자, 그렇다면 도대체 클라우드 네이티브 애플리케이션이란 무엇일까요? 이 장은 이 질문에 대한 답을 줄 것입니다. 우선 (특히) 현재에 이르기까지 컴퓨팅 서비스 패러다임의 역사가 어떻

---

1 에스더 서든(Esther Surden)이 컴퓨터월드 1976년 1월 26일자에 기고했던 「Privacy Laws May Usher in Defensive DP: Hopper」에서 발췌.

2 Go 프로그래밍 언어를 이야기합니다. 제가 틀렸다고 이야기하면 안 됩니다. 이 책은 어쨌든 Go 책이기 때문입니다!

3 '손대지 못한'은 'kludge'라는 용어를 사용하며 '다루기 어렵고 우아하지 못한 솔루션'을 뜻합니다. 이는 흥미로운 역사를 가지고 있으며 매력적인 단어입니다.

4 쿠버네티스 환경으로의 마이그레이션이 왜 실패하는 경우가 많은지 혹시 궁금해 본 적 있나요?

게 흘렀는지 살펴보고, (여전히 진행 중이지만) 방대한 규모의 인프라로 확장해야 한다는 압박이 어떻게 높은 수준의 신인성^{Dependability}[5]을 제공할 수 있는 컴퓨팅 서비스의 선택 및 기술 개발로 이어졌는지 알아보겠습니다. 마지막으로 클라우드 네이티브 애플리케이션과 관련된 속성에 무엇이 있는지도 살펴봅니다.

1.1 지금까지의 이야기

네트워크로 연결된 애플리케이션 이야기는 인프라 확장을 압박하는 이야기라고 할 수 있습니다.

1950년대 후반, 메인프레임 컴퓨터가 탄생했습니다. 당시 모든 프로그램과 데이터는 거대한 단일 장비에 저장되었습니다. 그리고 이 장비에는 컴퓨팅 기능이 제공되지 않는 더미 터미널을 통해서만 사용자들이 접근할 수 있었습니다. 모든 로직과 데이터는 크고 행복한 단일체로 함께 살았습니다. 단순한 시기였습니다.

1980년대, 네트워크에 연결된 저렴한 PC가 등장하기 시작하면서 모든 것이 바뀌었습니다. PC는 더미 터미널과 달리 약간의 계산 기능을 갖추고 있었고 일부 애플리케이션 로직을 직접 처리함으로써 메인프레임의 부하를 줄일 수 있었습니다. 프리젠테이션, 비즈니스 로직, 데이터로 나뉘는 새로운 다계층 아키텍처는 네트워크로 연결된 애플리케이션 컴포넌트가 다른 컴포넌트에 관계없이 독립적으로 수정되거나 교체될 수 있는 첫 사례였습니다.

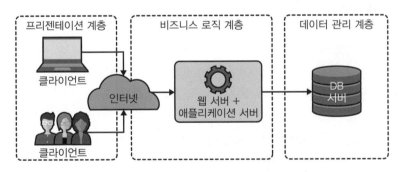

그림 1-1 프리젠테이션, 비즈니스 로직, 데이터 컴포넌트가 명확히 정의된 전형적인 3계층 아키텍처

1990년대, 월드 와이드 웹^{World Wide Web}의 인기와 연이은 '닷컴' 골드러시가 서비스로서의 소프트웨어^{SaaS, Software as a Service} 개념을 만들어 냈습니다. 닷컴 산업 전체가 SaaS 모델 기반이 되면

---

5 옮긴이: 이 책에서는 Dependability를 '신인성'으로 번역했습니다. 신뢰성(Reliability)과 구분하기 위함입니다.

서 더 복잡하고 많은 양의 컴퓨팅 자원Resource을 소모하는 애플리케이션 개발이 이어졌고, 이 것은 개발, 관리, 배포의 어려움으로 이어졌습니다. 전통적인 다계층 아키텍처가 어느날 갑자기 더 이상 충분치 않게 된 것입니다. 이에 대응하기 위해 비즈니스 로직은 독립적으로 개발, 관리, 배포될 수 있도록 여러 개의 서브 컴포넌트로 나뉘기 시작했으며 바야흐로 마이크로서비스 시대가 개막되었습니다.

2006년, 아마존은 EC2Elastic Compute Cloud 서비스를 포함한 아마존 웹 서비스Amazon Web Services, AWS 를 출시했습니다. 물론 AWS가 시장의 첫 번째 서비스로서의 인프라Infrastructure as a Service, IaaS는 아니었지만 데이터 스토리지, 컴퓨팅 자원을 필요에 따라 제공함으로써 신속하게 확장할 수 있는 클라우드 컴퓨팅Cloud Computing을 대중화시켰습니다. 이는 전통적인 인프라 자원이 '클라우드'로 대규모 이전하는 촉매가 되었습니다.

하지만 기업들은 곧 대규모의 인프라 자원을 사용하는 것이 쉽지 않다는 것을 깨달았습니다. 특히 수백, 수천 개 이상의 자원을 가지고 일할 때 안 좋은 일이 더 많이 일어났습니다. 트래픽은 예측할 수 없이 늘어나거나 줄어들었고 근간이 되는 하드웨어에 장애가 발생했습니다. 또한 업스트림 의존성은 갑작스럽고 예고되지 않은 접근 불가 문제의 영향을 받았습니다. 한동안 아무런 문제가 없는 상황에서도 이 모든 자원을 배포하고 관리해야만 했습니다. 이런 대규모 인프라 환경에서 발생하는 모든 이슈를 사람이 직접 관리하는 것은 불가능했습니다(최소한 아주 비현실적입니다).

[Column] 업스트림과 다운스트림 의존성

이 책에서는 의존성 관계를 갖는 자원들 간의 상대적인 위치를 나타내기 위해 업스트림 의존성(Upstream Dependency)과 다운스트림 의존성(Downstream Dependency)이란 용어를 사용할 것입니다. 단, 업계에서 이 용어 사용과 어떻게 사용하면 좋을지에 관한 방향성에 합의된 내용이 있는 것은 아니기 때문에 다음과 같이 사용하겠습니다.

세 가지 서비스 A, B, C가 있다고 생각해봅시다. 서비스 사이의 관계는 다음 그림과 같습니다.

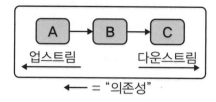

이 시나리오에서 서비스 A는 서비스 B로 요청을 보내고 있습니다. 이는 서비스 A가 서비스 B에 의존적이라는 것을 나타냅니다. 마찬가지로 서비스 B와 서비스 C 역시 동일한 의존성 관계를 갖습니다.

서비스 B가 서비스 C에 의존적이기 때문에 우리는 서비스 C가 서비스 B에 대하여 다운스트림 의존성을 갖고 있다고 할 수 있습니다. 범위를 넓혀서 생각해보면 서비스 A는 서비스 C에 대해 의존성을 갖고 있는 서비스 B에 의존적이기 때문에 서비스 C는 서비스 A에 대하여 전이적 다운스트림 의존성(Transitive Downstream Dependency)을 갖습니다.

반대로 생각해보면 서비스 C는 서비스 B에 의존적입니다. 따라서 서비스 B는 서비스 C에 대해 업스트림 의존성(Upstream Dependency)을 갖는다고 할 수 있으며, 서비스 A는 서비스 C에 대해 전이적 업스트림 의존성(Transitive Upstream Dependency)을 갖는다고 할 수 있습니다.

1.2 클라우드 네이티브란 무엇인가?

진정한 클라우드 네이티브 애플리케이션은 지난 60여년 동안 배워온 '네트워크로 연결된 애플리케이션'을 확장성 있게 운영하는 것을 모두 아우릅니다. 이 애플리케이션들은 급변하는 부하 앞에서 확장성이 있었고 서비스 환경의 불확실성에 대해서 탄력적으로 대응할 수 있었으며 지속적으로 바뀌는 요구사항도 관리할 수 있었습니다. 즉, 클라우드 네이티브 애플리케이션은 지독히도 불확실한 삶을 위해 만들어졌습니다.

그렇다면 클라우드 네이티브라는 용어는 어떻게 정의할 수 있을까요? 운좋게도 우리는 그럴 필요가 없습니다.[6] 리눅스 재단Linux Foundation 산하의 재단이자 클라우드 네이티브라는 주제에 대한 권위를 인정받고 있는 CNCFCloud Native Computing Foundation는 다음과 같이 클라우드 네이티브의 정의를 내리고 있습니다.

클라우드 네이티브 기술은 기업들이 퍼블릭, 프라이빗, 하이브리드 클라우드처럼 현대적이고 동적인 환경에서 확장성 있는 애플리케이션을 빌드하고 실행할 수 있도록 해줍니다. 이들은 확장 가능하고Scalable, 느슨하게 결합되어 있고Loosely Coupled, 탄력적Resilient이며, 관리 가능하고Managable, 관찰 가능Observable합니다. 이러한 특징들을 잘 구성된 자동화와 함께 사용한다면 엔지니어로 하여금 영향도가

---

6   특히 저는 더욱 그렇습니다. 바로 이 멋진 책을 집필하고 있으니까요!

높은 변경 작업들을 자주 그리고 최소한의 노력으로 할 수 있게 해줍니다.[7]

– 클라우드 네이티브 컴퓨팅 기초, CNCF 클라우드 네이티브의 정의 v1.0

종합하면 이러한 '클라우드 네이티브 속성'은 시스템이 클라우드 네이티브가 된다는 의미의 기초를 구성한다고 말할 수 있습니다. 이 단어들 각각은 꽤 구체적인 의미를 갖고 있으므로 하나씩 자세히 살펴보도록 하겠습니다.

1.2.1 확장성

확장성^{Scalability}은 클라우드 컴퓨팅 관점에서 현저한 요청량 증감을 만났을 때 기대되는 동작을 하는 시스템의 능력입니다. 시스템이 급격한 요청량 증가 전후로 리팩터링 없이 의도한 동작을 수행한다면 확장성이 있다고 이야기할 수 있습니다.

확장성이 보장되지 않는 서비스도 기본적인 수행 환경이나 조건에서는 완벽하게 잘 동작하는 것처럼 보일 수 있습니다. 즉, 서비스 디자인에서 확장성이 언제나 최우선적인 고려사항이 되는 것은 아닙니다. 확장성이 보장되지 않는 서비스가 단기적으로 괜찮다고 할 수도 있겠습니다만, 이러한 서비스는 애시당초 예상했던 기댓값을 넘어서는 성장을 할 수 없을 것이므로 오래 살아남지 못할 것입니다. 더 나아가 확장성이 보장되지 않는 서비스에 확장성을 제공할 수 있도록 리팩터링하는 것은 더 어려운 일이기 때문에 처음부터 확장성을 염두에 두고 개발하는 것이 장기적으로 봤을 때 시간과 비용을 절약하는 길입니다.

서비스가 확장성을 갖도록 하는 방법은 크게 두 가지가 있으며 각기 장단점이 존재합니다.

수직적 확장

시스템은 할당된 하드웨어 자원을 늘려(또는 축소하여) **수직적 확장**$^{Vertical\ Scaling}$(또는 스케일 업$^{Scaled\ up}$)을 할 수 있습니다. 예를 들어 데이터베이스 서버의 메모리를 늘리거나 CPU를 추가하는 것이 대표적인 예입니다. 수직적 확장은 기술 관점에서 (상대적으로) 직관적이라는 장점이 있지만, 주어진 인스턴스의 자원이 지나치게 늘어날 수 있습니다.

---

7 CNCF Cloud Native Definition v1.0(CNCF GitHub, 2020-12-8, https://oreil.ly/KJuTr)

수평적 확장

시스템은 서비스 인스턴스를 추가하여(또는 제거하여) **수평적 확장**Horizontal Scaling(또는 스케일 아웃Scaled out)을 할 수 있습니다. 예를 들어 로드밸런서에 연결된 노드의 수를 늘리거나, 쿠버네티스 혹은 다른 컨테이너 오케스트레이션 환경에서 컨테이너를 늘림으로써 수평적 확장을 할 수 있습니다. 이러한 전략은 복수의 자원을 통한 고가용성, 사용 가능한 인스턴스 크기의 제약으로부터 자유를 얻는 것과 같은 여러 가지 장점을 갖습니다. 하지만 복수의 자원이 있으면 시스템 디자인이나 관리 복잡도가 커진다는 의미며, 모든 서비스가 수평적으로 확장될 수 없다는 한계가 있습니다.

그럼 서비스를 수직적, 수평적으로 확장하는 방법으로 하드웨어를 확장할 수 있는 서비스라면 모두 '확장 가능한' 서비스라고 할 수 있을까요? 굳이 따지자면 그렇습니다. 얼마나 확장 가능할까요? 수직적 확장은 태생적으로 가용한 컴퓨팅 자원의 크기에 제한을 받기 때문에 수직적으로만 확장 가능한 서비스는 전혀 확장이 불가능한 상황과 마주하게 됩니다. 만약 여러분이 10배, 수백 배, 수천 배 규모로 서비스를 확장하고 싶다면 그 서비스는 확실히 수평적으로 확장 가능해야 합니다.

그렇다면 수평적 확장이 가능한 서비스와 그렇지 않은 서비스의 차이는 무엇일까요? 이는 '상태'라는 한 가지 특성으로 요약됩니다. 애플리케이션의 상태를 관리하지 않는 서비스 혹은 상태를 서비스 복제본 사이에서 아주 조심스럽게 분산시키도록 디자인한 서비스는 수평적으로 확장하기에 (상대적으로) 직관적입니다. 반면 그렇지 못한 애플리케이션들은 확장하기가 어렵습니다. 정말 단순하죠.

확장성, 상태, 중복성의 개념에 대해서는 7장에서 더 자세히 다루도록 하겠습니다.

1.2.2 느슨한 결합

느슨한 결합Loose Coupling은 시스템 속성이 하나로, 특정 시스템 구성 요소가 다른 구성 요소에 대하여 최소한의 정보를 갖도록 하는 디자인 전략입니다. 다른 시스템을 변경할 필요 없이 시스템 하나를 변경할 수 있을 때, 이 두 시스템은 느슨하게 결합되었다Loosely Coupled고 합니다.

예를 들어 웹 서버와 웹 브라우저는 느슨하게 결합되어 있다고 생각할 수 있습니다. 서버는 언제든 업데이트될 수 있고 우리가 사용하는 브라우저에 아무런 영향을 주지 않으면서 완전히 새로운 장비로 교체될 수도 있습니다. 표준 웹 서버는 일련의 표준 프로토콜[8]을 이용하여 통신할 것이라는 동의가 기반되었기 때문에 가능한 것입니다. 즉, 웹 서버와 웹 브라우저는 서비스 계약Service Contract을 맺고 있는 것입니다. NGINX나 httpd가 새로운 버전으로 바뀔 때마다 전 세계의 모든 웹 브라우저가 업데이트되어야 하는 대혼돈을 상상해보기 바랍니다.[9]

'느슨한 결합'은 마이크로서비스 아키텍처가 지향하는 것, 즉 나뉘어 있는 구성 요소의 변경 사항이 다른 구성 요소에 꼭 영향을 끼치는 것이 아니라는 이야기를 반복한 것뿐이라고 말할 수도 있습니다(맞는 말일지도 모릅니다. 하지만 이 원칙의 수행은 반복적으로 무시되기 쉽습니다). 느슨한 결합이 주는 장점은 (그리고 무시되었을 때 얻게 되는 결과는) 아무리 강조해도 지나치지 않습니다. 느슨한 결합을 수행하지 않을 경우 여러 서비스가 갖는 관리의 어려움과 복잡한 오버헤드, 모놀리식 시스템의 의존성, 복잡함을 엮은 '사상 최악'의 시스템을 만드는 것은 어렵지 않습니다. 참고로 이런 시스템을 무시무시한 분산 모놀리스Distributed Monolith라 부르기도 합니다.

불행히도 어떤 데이터 교환 형식이든 잘못 사용될 수 있기 때문에 여러분이 만든 서비스를 '강한 결합Tightly Coupled'으로부터 지켜줄 마법 같은 기술이나 프로토콜은 없습니다. 다행히도 선언적 API나 버저닝의 활용 사례처럼 느슨하게 결합되어 있고 수정 가능한 서비스를 만드는 데 도움이 되는 많은 기술과 사례가 존재합니다. 8장에서 보다 자세히 논의하고 데모로 살펴보겠습니다.

1.2.3 탄력성

탄력성Resilience(보통 내장애성Fault tolerance이라고 부르기도 합니다)은 시스템이 얼마나 에러나 장애를 잘 견디는지 나타냅니다. 시스템 일부분에 문제가 생겼을 때 완전히 중지되지 않고 가능한 수준에서 지속적으로 동작 가능할 때 시스템이 탄력성을 가지고 있다고 합니다.

탄력성에 대해 이야기할 때(그리고 탄력성과 관련하여 '클라우드 네이티브 속성'에 대해 논의할 때 '시스템'이라는 단어를 무척 자주 사용합니다. 시스템System은 어떻게 사용되느냐에 따라 상호 연결된 여러 서비스(완전히 분산된 애플리케이션 같은)들의 복잡한 거미줄 구조나 밀접

---

8 1990년대의 웹 브라우저 전쟁을 기억하는 사람이라면 이 말이 언제나 절대적으로 맞는 이야기는 아니라는 것을 떠올릴지도 모릅니다.

9 모든 웹 사이트가 서로 다른 웹 브라우저를 이용하도록 하는 상황을 상상해보십시오. 정말 별로일 것 같지 않나요?

하게 관계된 컴포넌트(단일 함수나 단일 인스턴스의 복제본 같은)들의 집합을 나타낼 수도 있습니다. 혹은 단일 장비에서 실행되는 단일 프로세스를 나타낼 수도 있습니다. 모든 시스템은 (다수의 서브-서브 시스템Sub-subsystems으로 구성된) 서브 시스템으로 이루어지며 서브-서브 시스템은 서브-서브-서브 시스템으로 구성되어 있습니다. 한마디로 이야기하자면 끝이 보이지 않습니다.

시스템 공학 관점에서 보면 어떤 시스템이든 약점이나 결함이 있으며, 소프트웨어 세계에서는 이를 버그bugs라고 부르곤 합니다. 모두가 너무나 잘 아는 것처럼 특정 상황에서 어떤 결함이든 에러를 일으킬 수 있습니다(시스템의 기대 동작과 실제 동작 간의 불일치를 의미합니다). 에러는 시스템이 요구되는 기능을 수행하지 못하게 하는 고장Failure을 일으킵니다. 또한 에러는 어떤 시스템 하나의 고장에 그치지 않습니다. 서브 시스템이나 구성 요소에서 발생한 에러는 더 큰 시스템의 에러가 됩니다. 적절히 처리하지 못한 결함은 모든 시스템이 고장을 일으킬 때까지 연쇄적으로 에러를 일으킬 가능성이 있습니다.

모든 시스템은 결함이 발생하지 않도록 면밀하게 설계되는 것이 이상적이지만 현실적이지 않습니다. 발생 가능한 모든 결함을 방지할 수 없을 뿐만 아니라 모든 결함을 방지하려고 시도하는 것 자체가 자원 낭비이고 비생산적이기 때문입니다. 하지만 시스템의 모든 컴포넌트들이 고장 날 수 있다고 가정(실제로도 그렇지만)한 후 발생 가능한 결함에 적절히 응답하고 결함의 영향이 제한되도록 디자인하는 것이 좋습니다. 시스템의 일부 컴포넌트에서 문제가 발생하더라도 원활하게 동작하는 시스템을 만들 수 있습니다.

탄력성을 갖도록 시스템을 설계하는 방법은 많습니다. 컴포넌트를 중복 배포하는 것은 아마도 가장 널리 사용되는 방법일 것입니다. 하지만 동일한 형태의 모든 컴포넌트에 결함이 영향을 끼치지 않을 것이라는 가정 아래에서만 유효합니다. 서킷 브레이커[10]와 재시도 로직은 고장이 컴포넌트간에 전파되지 않도록 하기 위해 사용될 수 있습니다. 고장난 컴포넌트는 더 큰 시스템을 위해 중지되거나 의도적으로 고장 처리될 수도 있습니다.

지금까지 이야기한 모든 접근 방법과 더 심도 있는 이야기들은 9장에서 살펴보겠습니다.

---

10 옮긴이: 어떤 장애의 연쇄적 전파를 막기 위해 서비스와 연결을 자동으로 차단 및 복구하는 역할을 의미합니다.

[**Column**] **탄력성은 신뢰성이 아니다**

탄력성(Resilience)과 신뢰성(Reliability)은 비슷한 개념이고 자주 헷갈립니다. 하지만 이 두 가지 용어는 전혀 다른 의미이며 9장에서 자세히 논의하도록 하겠습니다.[11]

- 시스템의 탄력성은 에러와 결함이 발생했을 때 얼마나 정상적으로 동작할 수 있는지를 나타냅니다. 클라우드 네이티브의 네 가지 속성과 함께, 탄력성은 신뢰성을 위해 제공되는 요소 중 하나입니다.
- 시스템의 신뢰성은 주어진 시간 범위 내에 시스템이 기대한 대로 동작할 수 있는 능력을 말합니다. 가용성이나 유지 관리 용이성 같은 속성과 함께 시스템의 전반적인 신인성에 기여합니다.

1.2.4 관리 용이성

시스템의 관리 용이성^{Manageability}은 보안이 유지되는 조건 아래에서 변화하는 요구 사항을 원활하게 준수하도록 동작을 수정할 수 있는 용이성(다소 부족할지라도)을 말합니다. 코드 변경 없이 동작을 충분히 변경할 수 있다면 시스템은 관리 용이한 것으로 생각할 수 있습니다.

시스템의 속성 중 많은 사람들이 관심을 갖는 확장성이나 관찰 가능성과 달리 관리 용이성은 상대적으로 관심을 적게 받아왔습니다. 하지만 복잡하게 분산된 시스템 환경에서 관리 용이성은 하나하나가 무척 중요합니다. 예를 들어 서비스와 데이터베이스, URL로 데이터베이스에 접근하는 서비스로 구성된 가상의 시스템을 생각해봅시다. 만약 서비스가 또 다른 데이터베이스를 참조하도록 업데이트해야 한다면 무슨 일을 해야 할까요? URL이 하드코딩되어 있다면 시스템에 의존적으로 작성된 코드를 변경 및 재배포하는 다소 불편한 과정이 있어야 합니다. 물론 DNS 레코드를 업데이트하여 새로운 위치를 가리키도록 할 수도 있습니다.

그럼 자체 데이터베이스가 있는 개발 버전의 서비스를 재배포해야 한다면 어떻게 하겠습니까? 만약 관리가 용이한 시스템이라면 이 값을 쉽게 수정할 수 있는 환경 변수로 나타냈을 것입니다. 쿠버네티스 환경에 서비스가 배포되었다면 시스템의 동작을 변경하는 작업은 컨피그맵^{ConfigMap}값을 업데이트하는 작업이었을 것입니다. 더 복잡한 시스템이라면 시스템에 기대하는 동작을 알려줄 수 있는 선언적인 API를 제공했을 수도 있습니다. 정답은 없으니까요.[12]

---

11 탄력성과 신뢰성을 학문적으로 접근하고 싶다면 키쇼 S. 트리베디(Kishor S. Trivedi)와 안드레아 보비오(Andrea Bobbio)의 『Reliability and Availability Engineering』(https://oreil.ly/80wGT)을 적극 추천합니다.

12 물론 틀린 방법도 있을 것입니다.

관리 용이성은 단지 설정 변경만으로 제한되는 것이 아닙니다. 기능 플래그를 활성화하는 것에서부터 자격 증명[13] 혹은 TLS 인증서를 갱신하는 것은 물론이고, 심지어(특히!) 시스템 컴포넌트를 배포하거나 업그레이드 혹은 다운그레이드하는 것을 포함합니다. 시스템 동작의 가능한 방법을 모두 아우르는 것입니다.

관리 용이한 시스템은 적응성을 위해 설계되었으며 변화하는 기능, 환경, 보안 요구 사항을 수용하도록 쉽게 조정 가능합니다. 반면 그렇지 못한 시스템들은 자주 임시 방편(보통은 수동으로 해야 하는)의 변경이 필요합니다. 그 결과 이러한 시스템을 관리하는 데 필요한 오버헤드는 확장성, 가용성, 신뢰성에 대한 근본적인 제한을 야기합니다.

관리 용이성에 대한 개념과 이를 Go 프로그래밍 언어로 구현하기 위해 선호되는 몇 가지 방법은 10장에서 훨씬 더 깊게 논의하도록 하겠습니다.

[**Column**] **관리 용이성은 유지보수성이 아니다**

관리 용이성과 유지보수성은 모두[14] 시스템이 쉽게 수정 가능하도록 하는 것과 관계된다는 점에서 일부 '동일한 목적'을 갖는다고 할 수 있습니다. 하지만 이 둘은 완전히 다릅니다.

- 관리 용이성은 운영 중인 시스템의 동작을 변경하는 것이 얼마나 쉬운지에 대한 것이며 컴포넌트의 배포나 재배포를 포함하는 개념입니다. 즉, 시스템 외부에서의 변경이 얼마나 쉬운가를 이야기합니다.
- 유지보수성은 시스템에 내재되어 있는 기능을 변경하는 것이 얼마나 쉬운지를 나타내며 보통은 시스템의 코드 수정을 말합니다. 즉, 시스템 내부에서의 변경이 얼마나 쉬운가를 뜻합니다.

1.2.5 관찰 가능성

시스템의 **관찰 가능성**^{Observability}은 시스템의 출력값을 토대로 시스템 내부의 상태를 얼마나 잘 추론할 수 있는지에 대한 척도입니다. 새로운 코드 작성이나 재구축 없이 최소한의 사전 지식만으로 빠르고 일관되게 시스템과 관련된 새로운 질문을 할 수 있을 때 관찰 가능^{Observable}하다고 이야기합니다.

---

13 옮긴이: 시스템의 개인 정보를 암호화하는 암호학적 정보를 뜻합니다.
14 또한 두 개념의 영어 앞 글자는 M으로 시작합니다. 정말 헷갈립니다.

표면적으로 무척 단순해 보입니다. 로그를 좀 모으고 몇 개의 대시보드를 만드는 것만으로 여러분의 시스템을 관찰 가능하다고 생각할지도 모릅니다만 전혀 그렇지 않습니다. LAMP 스택[15]의 시대는 끝난지 오래고 현대적이고 복잡한 시스템이 겪는 문제 대부분은 어려운 것들입니다. 시스템의 여러 가지 요소들이 동시에 잘못되는 것과 같이 거미줄처럼 얽힌 현상으로 나타납니다.

물론 지표, 로깅, 추적이 중요하지 않다는 의미는 아닙니다. 오히려 이것들은 관찰 가능성의 구성 요소입니다. 하지만 '데이터 = 정보'가 아니기 때문에 데이터가 있다는 것만으로는 충분치 않습니다. 지표, 로깅, 추적으로 얻은 데이터에 충분한 내용이 담겨 있어야 합니다. 또한 데이터를 올바른 방법으로 사용 및 분석해서 전혀 생각해보지도 않았던 질문들에 대한 답을 찾을 수 있어야 합니다.

문제를 찾고 해결하는 능력은 시스템의 유지보수성을 확보하고 급성장하는 시스템을 운영하기 위한 필수 요소입니다. 그런데 분산 시스템과 같은 복잡한 시스템에서는 문제가 어느 지점에서 발생하고 있는지 알아내는 것조차 무척 어렵습니다. 왜냐하면 말 그대로 정말 복잡하기 때문입니다. 시스템에서 발생 가능한 고장 상태의 수는 구성 요소의 부분적 혹은 전체 고장 상태의 수에 비례하며 이는 사실상 모든 상태를 예측하는 것이 불가능하다는 의미입니다. 즉, 이제 고장 발생 가능성이 높은 것들에 대해 집중하는 전통적인 접근 방식으로는 충분하지 않습니다.

관찰 가능성에 관한 새로운 사례는 모니터링 도구의 발전으로 볼 수 있습니다. 복잡한 시스템을 설계, 구축, 유지보수하면서 얻은 수년간의 경험(대시보드, 비정형 로그 또는 여러 가지 '알려진 미지의 사항'에 대한 경고를 포함)은 전통적인 계측 방법이 근래의 분산 시스템이 요구하는 수준에 미치지 못한다는 것을 가르쳐 주었습니다.

관찰 가능성은 복잡하고 미묘한 주제입니다. 하지만 풍부하면서도 실제적인 시나리오로 여러분의 시스템을 계측함으로써 미래에 여러분이 아직 하지 않은 질문에 답할 수 있도록 하는 것이 기본이라는 점을 명심하기 바랍니다.

관찰 가능성의 개념과 구현을 위한 몇 가지 제안은 11장에서 아주 심도 있게 다룰 것입니다.

---

15 옮긴이: 리눅스(Linux), 아파치(Apache), MySQL, PHP로 구성한 서버 스택을 일컫는 말로 모놀리식 시스템 시대의 대표적인 조합이었습니다.

1.3 클라우드 네이티브는 왜 중요한가?

'클라우드 네이티브'로의 전환은 환경적인 압박과 선택에 의해 주도되는 아키텍처 및 기술적인 적응의 예입니다. 잠시 제가 생물학자라고 생각하고 비유한다면 진화 혹은 적자생존이기도 합니다.

오래전 천지가 개벽(1990년대를 말합니다)했을 때 애플리케이션은 한 대 혹은 소수의 서버(보통 직접 손으로)에 구축하고 배포하여 신중하게 유지보수되고 육성되어 왔습니다. 애플리케이션에 문제가 생기면 애정어린 관심과 조치로 다시 잘 동작하도록 했습니다. 서비스가 다운되었을 때는 보통 서버 재시작을 통해 수정하기도 했습니다. top 명령을 실행하거나 로그를 검토하기 위해 관찰 가능성은 서버 내에 배치되었습니다. 정말 단순한 시기였습니다.

1997년에는 산업화된 국가에 살고 있는 11%의 사람들 혹은 전 세계 인구의 2%만이 인터넷 사용자였습니다. 하지만 이후 십수 년간 인터넷 접속과 보급은 기하급수적으로 성장했고 2017년 기준으로 산업화된 국가 인구의 81%와 전 세계 인구의 48%가 인터넷을 이용[16]하게 되었으며 현재도 계속 증가하고 있습니다. 이러한 사용자들이 인터넷에 쏟아붓는 돈은 서비스들에 스트레스를 가했고, 상당한 규모로 서비스 확장에 대한 동기를 부여했습니다. 게다가 웹서비스에 대한 사용자의 익숙함과 의존도가 증가함에 따라, 웹 애플리케이션이 풍부한 기능을 갖추고 있으면서도 항상 사용 가능할 것이라는 사용자의 기대도 커졌습니다.

그 결과 서비스의 규모, 복잡성, 신인성에 대해 생물이 진화하는 것과 같은 압박이 가해졌습니다. 그런데 이 세 가지 속성은 서로 조화롭게 작동하지 않았으며 전통적인 접근 방법은 이러한 변화를 따라갈 수도 없었고 여전히 따라갈 수 없습니다. 이에 새로운 기술과 방법이 만들어져야 했습니다. 이때 운좋게도 퍼블릭 클라우드와 IaaS가 등장하면서 인프라의 확장을 더 직관적인 것으로 만들었습니다. 그리고 부족한 신인성은 종종 숫자로 보완될 수 있었습니다.

하지만 이전에 없던 새로운 문제도 생겼습니다. 수백, 수천, 수만 대에 달하는 서버는 어떻게 유지보수해야 할까요? 이 많은 서버들에 소프트웨어는 어떻게 설치하고 업그레이드해야 할까요? 예상치 못한 동작을 할 때 디버깅은 어떻게 할까요? 원론으로 돌아가서 서버들이 정상 동작하고 있다는 것은 어떻게 알 수 있을까요?

---

16 국제 전기 통신 연합 ITU에서 발간한 IDS(ICT Data and Statistics)의 「Internet users per 100 inhabitants 1997 to 2007」 and 「Internet users per 100 inhabitants 2005 to 2017」에서 발췌

작은 규모의 서버일 때 다소 귀찮은 일 정도였을 이런 문제점들은 대규모의 서버에서 굉장히 어려운 일이 되곤 합니다.

확장성은 모든 문제의 원인인 동시에 해결책이기 때문에 클라우드 네이티브는 중요합니다. 물론 모든 것을 해결해주는 마법은 아닙니다. 특별하지도 않습니다. 화려한 수식어들은 차치하고라도, 클라우드 네이티브 기법과 기술은 신인성 부족이라는 단점을 보완하는 동시에 '클라우드'의 (양적인) 이점을 활용할 수 있도록 하기 위한 것임을 기억해주기 바랍니다.

요약

이 장에서는 컴퓨팅의 역사에 대해 충분히 이야기했고, '클라우드 네이티브'는 새로운 현상이 아니라 기술 수요가 혁신을 주도하는 선순환의 필연적인 결과라는 점을 살펴보았습니다.

궁극적으로 '클라우드 네이티브'와 관련된 모든 화려한 수식어들은 '오늘날의 애플리케이션은 많은 사람들에게 신인성 있는 서비스를 제공해야 한다'라는 지점으로 귀결됩니다. 그래서 '클라우드 네이티브'라 부르는 기법과 기술은 현재 시점에 확장 가능하고 적응력이 뛰어나며 탄력적인 서비스를 구축할 수 있는 모범 사례를 대표합니다.

이 장을 차분히 읽어봤다면 '클라우드 네이티브가 Go와 어떤 관계가 있는 것일까?'라는 의문이 생겼을 것입니다. 완벽한 정답은 아니지만 의문에 대한 대답은 '클라우드 네이티브 인프라에는 클라우드 네이티브 도구가 필요하며 여기에 Go가 꼭 필요합니다'라고 말할 수 있습니다. 2장에서는 이것이 정확히 무슨 의미인지 이야기해보겠습니다.

Chapter

2

왜 Go가 클라우드 네이티브 세상을 지배하는가?

똑똑한 바보라면 누구든지 물건을 크고 더 복잡하며 끔찍하게 만들 수 있다. 반대로 물건을 작게 만들기 위해서는 천재의 손길과 많은 용기가 필요하다.[1]

– 『작은 것이 아름답다(Small Is Beautiful)』

(에른스트 프리드리히 슈마허(E.F. Schumacher), 1973년 8월)

2.1 Go를 만들게 된 계기

Go에 대한 아이디어 제안은 2007년 9월 구글에서 시작되었습니다. 그것은 어느 방에 모여 있었던 똑똑한 사람들의 실망에서 야기된 필연적 결과였습니다.

그 당시 모였던 로버트 그리즈머[Robert Griesmer], 롭 파이크[Rob Pike], 켄 톰프슨[Ken Thompson]은 이전에 다른 프로그래밍 언어를 설계한 작업에 대해 높게 평가받는 사람들이었습니다. 그들이 실망했던 근본적인 이유는 그 당시 사용할 수 있었던 프로그래밍 언어들의 한계 때문이었습니다. 분산되고 확장 가능하면서도 탄력적인 구글의 서비스들을 표현하는 데 적합하지 않다고 판단했던 것입니다.[2]

그 당시 통용되던 프로그래밍 언어들은 서로 다른 시대에 개발되었고 특히 멀티 프로세서가 일반적인 기술이 되기 전에 만들어졌으며, 네트워크 환경 역시 여기저기 분산되어 있던 시기에 만들어졌습니다. 이 언어들은 현대적인 클라우드 네이티브 서비스를 만드는 데 기초가 되는 멀티코어 프로세싱과 네트워킹에 대한 지원이 무척 제한적[3]이었기 때문에 서비스를 개발할 때 엄청난 노력이 필요했습니다.

한 마디로 이야기하자면 당시의 프로그래밍 언어들은 현대적인 소프트웨어 개발 요구사항을 전혀 따라잡지 못했습니다.

---

1 『작은 것이 아름답다』(에른스트 프리드리히 슈마허 지음, 문예출판사, 2002년 3월)
2 이 서비스들은 '클라우드 네이티브'라는 용어가 탄생하기 전에 만들어졌던 '클라우드 네이티브' 서비스였습니다.
3 물론 그 당시에는 '클라우드 네이티브' 서비스라 부르지 않았습니다. 구글은 그냥 '서비스'라고 불렀습니다.

2.2 클라우드 네이티브 세계를 위한 기능

세 사람이 실망했던 이유는 다양했습니다만 그들이 사용해온 각 언어의 과도한 복잡성이 서버에서 동작하는 소프트웨어 제작을 어렵게 한다는 쪽으로 결론 지어졌습니다. 물론 개발이 아예 불가능한 것은 아니었지만 여러 가지 관점에서 제한적이었습니다.[4]

- **프로그램에 대한 낮은 이해도**

  개발 코드를 읽는 것이 너무 어려웠습니다. 불필요한 부기 코드Bookkeeping Code[5]의 반복 작성은 기능적으로 중복될 수밖에 없었기 때문에 코드는 더 복잡해졌고 명확한 코드를 작성하는 것보다 똑똑하게 동작하는 코드를 작성하는 것이 더 우선시되었습니다.

- **느린 빌드 속도**

  프로그래밍 언어의 구조와 장기간에 걸친 과도한 기능 확장 및 추가Feature Creep는 대규모 빌드 클러스터에서도 최소 수 분에서 수 시간 동안 빌드를 기다려야 하는 현상을 초래했습니다.

- **비효율성**

  많은 프로그래머는 앞선 문제에 대응하려고 더 가변적이고 동적인 프로그래밍 언어를 사용하거나 표현 능력Expressiveness[6]을 위해 효과적으로 효율성 및 형안전성Type Safety을 맞바꾸었습니다.

- **업데이트에 대한 높은 비용**

  프로그래밍 언어에서 마이너 버전 업데이트의 차이에서도 발생하는 비호환성과 포함되어 있을지 모르는 의존성(그리고 과도한 의존성들!)은 종종 문제 해결 시 좌절감을 주며 업데이트하게 합니다.

오랫동안 다양한(종종 꽤 현명한) 솔루션이 등장하며 이러한 이슈들 중 몇 가지에 대해 다양한 방식으로 해결책을 내놓았고, 드물지만 일부 솔루션은 절차상 추가적인 복잡성을 가져오

---

4 롭 파이크(Pike, Rob). 「Go at Google: Language Design in the Service of Software Engineering」 Google, Inc., 2012. https://oreil.ly/6V9T1.

5 옮긴이: 비즈니스 로직의 일부가 아니라 데이터 구조를 유지하거나 프로그램의 2차적인 기능을 처리하기 위해 비즈니스 로직과 함께 사용한 코드를 의미합니다.

6 옮긴이: 프로그래밍 언어로 표현하고 소통할 수 있는 아이디어의 폭을 의미합니다. https://ko.wikipedia.org/wiki/표현_능력 참고

기도 했습니다. 하지만 명백한 것은 이런 이슈들이 API나 언어의 기능으로는 해결되지 않았다는 점입니다. 따라서 Go를 만든 사람들은 클라우드 네이티브를 위한 최초의 현대적인 언어로 Go를 만들고자 했습니다.

또한 표현 능력이 뛰어나면서도 이해하기 쉽고 현대의 네트워크 기반 멀티코어 컴퓨팅을 지원하는 동시에 사용자들로 하여금 언어 자체와 씨름할 필요 없이 않고 문제를 해결하는 데 초점을 맞추도록 했습니다.

결과적으로 Go는 기존의 프로그래밍 언어에 있어야 할 것 같은 기능이지만 없는 기능을 가진 덕분에 많은 관심을 받고 있습니다. 일부 기능과 해당 기능이 만들어진 동기에 대해서는 다음 절에서 논의하겠습니다.

2.2.1 컴포지션과 구조 타이핑

다양한 '타입Types'을 가진 여러 객체 개념에 기반한 객체 지향 프로그래밍Object-oriented Programming은 1960년대에 등장했지만 실제로 유행한 것은 자바Java와 C++에 객체 지향 기능이 추가된 1990년 중반 이후였습니다. 이때부터 객체 지향 프로그래밍이 시장을 지배하는 프로그래밍 패러다임으로 자리잡았고 현재까지도 이어지고 있습니다.

객체 지향 프로그래밍의 약속은 매혹적이었고 그 이면의 이론적 배경은 꽤 직관적이었습니다. 데이터와 동작Behavior은 하위 타입Subtypes으로 상속될 수 있는 객체의 타입과 관계되었습니다. 이러한 타입의 인스턴스는 구체적이고 실제적인 개념을 모델링하는 더 큰 시스템 모델링의 구성 요소인 속성과 동작을 갖습니다. 그리고 이를 타입의 객체로 개념화할 수 있었습니다.

그러나 실제 상속을 활용하는 객체 지향 프로그래밍은 타입 사이의 관계를 신중하게 고려하여 설계해야 했고 특정한 설계 패턴과 관행을 충실히 준수해야만 했습니다.

[그림 2-1]에서 볼 수 있는 것처럼 객체 지향 프로그래밍은 알고리즘 개발을 벗어나 분류법과 온톨로지를 개발하고 유지하는 쪽으로 초점을 옮기는 경향이 있습니다.

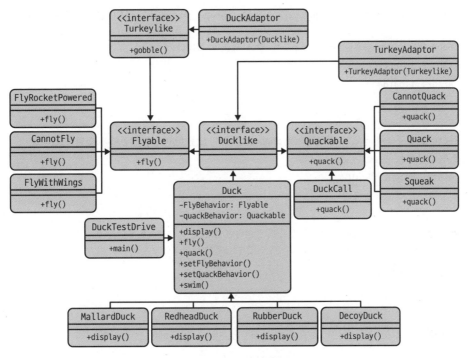

그림 2-1 시간이 흐르면서 객체 지향 프로그래밍은 분류 지향적이 됩니다

물론 Go에 다형적인 동작이나 코드 재활용을 할 수 있게 해주는 객체 지향 기능이 없다는 이 야기는 아닙니다. Go 역시 **구조체**Structs의 형태로 타입과 동일한 개념을 구현할 수 있고 속성과 동작도 제공합니다. 다만 상속 관계가 아니고 객체간의 정교한 관계를 지양한다는 차이점이 있습니다. 그 대신 복잡한 타입을 만들 때 간단한 타입을 그 안에 **포함**Embedding시키는 **컴포지션** Composition이라고 알려진 접근 방식을 채택했습니다.

구체적으로 설명하면, 상속이 클래스 간에 'is a' 관계를 갖도록 하는 반면(예를 들면 자동차는 모터로 구동되는 운송 수단이다) 컴포지션은 타입이 할 수 있는 것을 'has a' 관계로 정의하여 새로운 타입을 만들도록 해줍니다(예를 들면 자동차는 모터를 가지고 있다). 실제로 이러한 방식은 상속 관계의 '가족 구성원' 특성으로 인해 발생하는 문제에 덜 취약한 비즈니스 도메인 을 만들도록 하는 동시에 설계 유연성을 높이도록 해줍니다.

더 나아가 Go는 인터페이스Interface를 통해 구현해야 하는 동작을 정의하기 때문에 'is a'의 개 념이 없습니다. 따라서 타입의 동등성Equivalency은 상속 관계가 아니라 아니라 타입의 정의 확인 을 통해 결정됩니다.

예를 들어 다음 코드처럼 Area 메소드를 정의하는 Shape 인터페이스 타입이 있다고 합시다.

```
// Shape 인터페이스 타입은 Area 메소드를 갖고 있어야 합니다
type Shape interface {
    Area() float64
}

// Rectangle 구조체 타입이 명시적으로 Shape 인터페이스를 따르도록 선언되어 있지 않습니다
type Rectangle struct {
    width, height float64
}

// Rectangle 구조체 타입에 Area 메소드를 선언하면 Shape 인터페이스를 만족합니다
func (Rectangle r) Area() float64 {
    return r.width * r.height
}
```

Area 메소드를 갖고 있는 어떤 타입이 명시적으로 Shape 인터페이스로 선언되지 않았다 하더라도 Shape 인터페이스를 암묵적으로 만족시킵니다.

컴파일 타임에 **덕 타이핑**Duck Typing[7]이라고도 불리는 이 **구조 타이핑**Structural Typing 메커니즘은 전통적인 객체 지향 프로그래밍 언어인 자바나 C++와 비교했을 때 따분하게 느껴지는 분류법의 부담스러운 유지보수를 상당히 덜어줍니다. 따라서 프로그래머는 데이터 구조와 알고리즘에 더 집중할 수 있습니다.

2.2.2 이해하기 쉬운 언어

C++나 자바와 같은 언어는 다루기 힘들고 사용하기 불편하며 작성한 코드가 불필요하게 장황하다는 비판을 종종 받습니다. 이 언어들은 많은 반복과 세심한 코드 작성, 프로그래머가 해결하려는 문제에 집중할 수 없을 정도로 불필요하게 많은 보일러플레이트[8]를 가진 프로젝트를 요구합니다. 이로 인한 복잡성 때문에 프로젝트의 확장성이 제한되는 경우가 있습니다.

---

7 덕 타이핑을 사용하는 프로그래밍 언어에서는 객체에 정의된 메소드가 객체의 타입보다 중요합니다. 다시 말해 '오리처럼 걷고 꽥꽥거리면 그것은 분명 오리일 것이다'라고 생각하는 것입니다.

8 옮긴이: 코드 안에서 변경 없이 자주 사용되거나 최소한의 변경만으로 재사용할 수 있는 코드 블록을 이야기합니다.

Go는 많은 사람들이 참여하는 대형 프로젝트를 염두에 두고 설계되었습니다. Go의 미니멀리즘 디자인(Go는 고작 25개의 키워드와 1개의 반복문을 갖고 있을 뿐입니다)과 컴파일러에 대한 강한 주장(인터프리터 언어에 비견되는 속도를 갖춰야 한다)은 확실히 영리함보다 명확함을 선호한다는 것을 보여줍니다.[9] 이러한 특징은 프로그래머가 복잡성과 혼란을 넘어 코드의 단순함과 생산성을 높일 수 있도록 해줍니다. 그 결과로 만들어진 코드는 상대적으로 수집, 검토 및 유지보수가 쉽고 훨씬 이해하기 쉽습니다.

2.2.3 CSP 스타일의 동시성

대부분의 주류 프로그래밍 언어는 여러 개의 프로세스를 동시에 실행할 수 있는 방법을 제공하며, 프로그램이 개별적으로 실행되는 프로세스가 되도록 해줍니다. 동시성은 제대로 사용된다면 믿을 수 없을 정도로 유용하지만 이벤트 순서, 프로세스 사이의 통신, 공유 리소스에 대한 접근 조정 등을 구현할 때는 많은 문제를 야기하기도 합니다.

프로그래머는 전통적으로 일부 메모리 공간을 프로세스 사이에 공유하도록 허용함으로써 이러한 문제에 직면하게 되며, 한 번에 하나의 프로세스만 접근하도록 제한하기 위해 락[Lock]이나 뮤텍스[Mutex]를 이용합니다. 하지만 이 전략은 잘 구현되었다 하더라도 어느 정도 코드 작성에 대한 부담이 생기기 마련입니다.

Go는 채널을 통한 메시지 전달 측면에서의 동시 시스템 상호작용 패턴을 설명한 토니 호어[Tony Hoare]의 영향력 있는 논문[10]에서 처음 소개된 논문과 같은 이름의 순차 프로세스 통신[Communicating Sequential Processes, CSP]이라는 공식 언어를 기반으로 한 또 다른 전략을 취했습니다.

결과적으로 Go에서 구현된 goroutines과 channels 같은 언어 고유의 동시성 모델은 Go가 전적으로 락에만 의존하지 않고 독특[11]하면서도 우아한 방법으로 동시성 소프트웨어를 구조화할 수 있게 했습니다. 이것은 개발자가 메모리 공유를 제한하도록 하는 대신 프로세스들이 온전히 메시지를 주고받는 것으로만 상호작용하도록 했습니다. 이 아이디어는 유명한 Go 속담으로 요약되곤 합니다.

---

9   https://oreil.ly/vJs0X
10 https://oreil.ly/CHiLt
11 적어도 '주류' 프로그래밍 언어 관점에서는 그렇습니다.

메모리를 공유하여 통신하지 마십시오. 대신 통신을 통해 메모리를 공유하십시오

-Go 속담

[**Column**] 동시성은 병렬 처리가 아닙니다

동시성과 병렬 처리는 종종 헷갈릴 수 있으며 둘 다 일정한 시간 동안 여러 프로세스를 실행하는 상태를 설명한다는 점에서 그럴 만하다고 생각됩니다. 하지만 분명히 다른 개념입니다.[12]

- 병렬 처리(Parallelism)는 여러 개의 독립적인 프로세스의 동시 실행을 나타냅니다.
- 동시성(Concurrency)은 프로세스를 독립적으로 실행하는 구성을 의미하며 프로세스가 언제 실행되는지에 대해서는 언급하지 않습니다.

2.2.4 빠른 빌드 속도

Go 언어 탄생의 주요 모티베이션 중 하나는 특정 언어[13]로 개발된 코드가 구글의 대규모 컴파일 클러스터에서조차 컴파일 완료까지 적게는 수 분, 길게는 수 시간 걸리던 미칠듯이 긴 빌드 시간이었습니다. 긴 빌드 시간은 개발 업무에 할애할 수 있는 시간을 잡아먹었고 개발자의 생산성을 떨어뜨렸습니다. 개발자의 생산성을 향상시키는 것이 Go의 주요 개발 목적 중 하나라는 것을 생각했을 때 긴 빌드시간은 없어져야만 했습니다.

Go 컴파일러에 대한 자세한 사항은 이 책의 범주를 넘어서고 필자의 전문 영역도 아닙니다. 하지만 간략하게 이야기하자면 Go 언어는 복잡한 관계가 없는 소프트웨어 구축 모델을 제공하도록 설계되었으며 의존성 분석을 크게 단순화하고 파일과 라이브러리, 이들과 함께 따라오는 부하 같은 C언어 스타일의 요구사항을 제거했습니다. 그 결과 대부분의 Go 빌드는 하드웨어가 열악한 컴퓨터에서도 수 초 혹은 아주 가끔 수 분 내에 완료됩니다. 예를 들어 180만 라인의 Go 코드로[14] 구성된 쿠버네티스 v1.20.2의 소스 코드를 2.4GHz 코어 여덟 개를 가진 인텔 i9 프로세서와 32GB 메모리를 탑재한 맥북프로 장비에서 컴파일했을 때 대략 45초의 시간이 소요되었습니다.

---

12 https://oreil.ly/WXf4g
13 보통 C++를 말합니다.
14 https://oreil.ly/y5Rty

```
mtitmus:~/workspace/kubernetes[MASTER]$ time make
real 0m45.309s
user 1m39.609s
sys 0m43.559s
```

물론 이것이 그냥 얻어진 것은 아닙니다. Go 언어에 대해 제안된 변경 사항들은 일부 빌드 시간에 대한 효과가 있는가에 가중치가 주어졌고 괜찮은 제안이라 하더라도 빌드 시간이 늘어나는 제안들은 그 이유 때문에 거절되기도 했습니다.

2.2.5 언어의 안정성

Go의 첫 번째 버전은 2012년 3월에 출시되었고 이때 언어와 핵심 API 세트 사양을 모두 정의했습니다. 거기서 나온 자연스러운 결과는 Go 설계 팀에서부터 Go 사용자에 이르기까지 Go 1 버전으로 작성된 프로그램의 경우 Go 1 버전 규격이 유효하다면 여전히 제대로 컴파일되고 실행될 것이라는 명시적인 약속이었습니다. 다시 말해 현재 동작 중인 Go 프로그램은 앞으로 출시될 Go 1 버전의 마이너 버전(Go 1.1, Go 1.2 등)으로 업데이트되더라도 계속해서 동작할 것이라고 기대할 수 있다는 의미입니다.[15]

이것은 시도 때도 없이 새로운 기능이 추가되거나 언어 자체(혹은 해당 언어로 작성된 코드)의 복잡도가 점점 올라가면서 한때 우아했던 언어가 마스터하기조차 힘들 정도로 어렵고 제멋대로인 기능 백화점이 되어버리는 다른 많은 프로그래밍 언어와 반대되는 행보입니다.[16]

Go 팀은 이러한 언어 안정성의 예외적인 수준을 Go의 아주 중요한 기능이라 생각했고 이를 통해 사용자는 Go를 믿고 프로그램을 만들 수 있게 되었습니다. Go는 라이브러리를 최소한의 노력만으로도 사용하고 만들 수 있게 했으며 특히 대규모의 프로젝트나 조직에서 프로그램 업데이트 시 소요되는 비용을 극단적으로 줄였습니다. 여기서 Go는 커뮤니티가 Go를 사용하고 배울 수 있게 했으며 언어 자체를 만드는 것보다 언어를 사용해서 코드를 만드는 데 시간을 할애하도록 해주었다는 것이 중요합니다.

---

15 https://oreil.ly/Mqn0I

16 자바 1.1 버전을 기억하시는 분이 계실까요? 제가 기억하는 자바 1.1은 제네릭도 없었고 오토박싱(autoboxing)이나 개선된 for 반복문도 없었습니다. 하지만 우리는 행복했습니다. 네, 정말 행복했습니다.

Go가 성장하지 않는다는 것을 말하려는 의도는 아닙니다. API와 언어의 핵심부 모두 당연히 새로운 패키지나 기능을 취득하여 사용[17]할 수 있으며 언어의 성장을 위한 제안들이 많이 들어오고 있습니다만[18] 현존하는 Go 1 버전의 코드를 망가뜨리는 방식은 아닙니다.

말하자면 Go 2 버전은 절대 없을지도 모른다는 말은 꽤 현실성 있는 이야기[19]입니다. 그 대신 Go 1 버전은 계속 호환성을 유지할 것이고, 언어 자체에 급격한 변화를 만드는 대신 과거 Go 1 버전 이동 시 사용된 `go fix` 명령처럼 일종의 변환 유틸리티를 제공하게 될 것입니다.

2.2.6 메모리 보안

Go 설계자는 이 언어가 메모리 직접 접근과 관련된 코드 작성 부담은 물론, 여러 가지 버그와 보안 취약점으로부터 안전하도록 하기 위해 많은 고뇌의 시간을 보냈습니다. 그 결과 포인터는 엄격히 타이핑되어 언제나 값(nil을 포함)을 갖고 초기화되어야 하며 포인터 연산은 허용되지 않습니다.

맵스^{Maps}나 채널^{Channels}과 같이 포인터를 내부적으로 변경 가능한 구조체로 나타내는 내장 참조 타입은 `make` 함수를 통해 초기화되어야만 합니다. 간단히 말해 Go에서는 C나 C++에서 허용되고 사용해야 했던 수작업을 통한 메모리 관리와 변경 같은 것이 필요하지 않고 허용되지도 않습니다. 이를 통해 얻은 낮은 복잡성과 메모리 보안의 이점은 아무리 강조해도 지나치지 않습니다.

프로그래머 입장에서 Go가 가비지 콜렉터 기반의 언어라는 사실은 할당된 모든 메모리 영역을 추적하고 해제할 필요가 없도록 해주었고 프로그래머가 메모리 관련 코드를 꼼꼼하게 작성해야 하는 부담을 없애 주었습니다. `malloc` 없는 인생은 정말 자유롭습니다.

그뿐 아니라 포인터 연산을 포함해 수작업을 통한 메모리 관리와 변경을 없앰으로써 가능한 모든 종류의 메모리 에러와 보안 취약성으로부터 Go 설계자가 안전하도록 만들었습니다. 메모리 누수도 없고 메모리 버퍼 오버런도 없으며 메모리 주소 영역에 대한 무작위화도 필요 없습니다. 아무것도요.

---

17 필자는 제네릭 편입니다. Go 언어여! 매개변수의 다형성과 싸워 이겨라!

18 https://oreil.ly/folYF

19 https://oreil.ly/YmMAd

물론 이런 단순함과 개발 편의성에는 몇 가지 단점이 있습니다. Go의 가비지 콜렉터는 굉장히 복잡하며 메모리 관리를 수행하는 데 있어서 일부 오버헤드가 존재합니다. 그러므로 Go는 순수 실행속도 관점에서 C++, 러스트Rust 같은 언어와 경쟁하기 어렵습니다. 그렇다고 해도 Go는 실행속도 관점에서 꽤 괜찮은 편이며 다음 절에서 더 자세히 살펴보겠습니다.

2.2.7 성능

C++나 자바와 같이 정적으로 타이핑되고 컴파일된 언어의 느린 빌드 속도와 지루한 코드 작성에 질린 많은 프로그래머들이 파이썬Python처럼 더 역동적이고 유동적인 언어로 이동했습니다. 파이썬과 같은 언어들은 여러 관점에서 훌륭한 언어이기는 하지만 Go, C++, 자바와 같은 컴파일된 언어와 비교했을 때 많이 비효율적입니다.

표 2-1의 벤치마크 결과에서 볼 수 있듯이 이러한 차이는 명확합니다. 물론 벤치마크 테스트 결과를 액면 그대로 받아들일 필요는 없습니다만, 일부 테스트 결과는 상당히 두드러진 차이를 보여줍니다.

표 2-1 일반적으로 사용되는 언어에 대한 상대 벤치마크 테스트(단위: 초)[20]

	C++	Go	자바	Node.js	파이썬 3	루비	러스트
Fannkuch–Redux	8.08	8.28	11	11.89	367.49	1255.5	7.28
FASTA	0.78	1.2	1.2	2.02	39.1	31.29	0.74
K–Nucleotide	1.95	8.29	5	15.48	46.37	72.19	2.76
Mandlebrot	0.84	3.75	4.11	4.03	172.58	259.25	0.93
N–Body	4.09	6.38	6.75	8.36	586.17	253.5	3.31
Spectral norm	0.72	1.43	4.09	1.84	118.4	113.92	0.71

조사에 따르면 측정된 결과는 사용된 프로그래밍 언어의 타입에 따라 크게 세 가지 카테고리로 구분됩니다.

- C++, 러스트처럼 수동 메모리 관리가 필요한 컴파일된 강력한 타입의 언어

---

20 아이작 구이(Gouy, Issac). 「The Computer Language Benchmarks Game」 18 Jan. 2021. https://oreil.ly/bQFjc

- Go, 자바와 같이 가비지 콜렉션을 지원하는 컴파일된 강력한 타입의 언어

- 파이썬, 루비^{Ruby}와 같은 동적 타입 언어

이 결과는 가비지 콜렉션을 사용하는 언어가 수동 메모리 관리를 하는 언어에 비해 다소 성능이 떨어지기는 하지만 그 차이는 아주 큰 요청이 발생하는 상황을 제외하면 유의미하지 않다는 이야기를 하고 있습니다.

하지만 인터프리터 언어와 컴파일 언어의 차이는 분명합니다. 적어도 이 예시에서 전형적인 동적 언어인 파이썬은 컴파일 언어에 비해 적게는 열 배에서 많게는 백 배까지 느린 성능을 나타냅니다. 물론 성능과 별개로 파이썬은 다양한 목적에 대해(전부는 아닐지라도) 여전히 완벽하게 적합하다고 주장할 수 있겠습니다만, 많은 비용 증가가 따르는 자원 업스케일링에 의존하지 않고 급격한 요청 증가를 견뎌야 하는 클라우드 네이티브 애플리케이션의 경우에는 적용되기 어렵습니다.

2.2.8 정적 링크

기본적으로 Go 프로그램은 필요한 모든 라이브러리와 런타임이 포함되어 정적으로 연결된 네이티브 실행 가능 바이너리 파일로 직접 컴파일됩니다. 이 방식은 다소 큰 파일을 만들어내기는 하지만(가령 "hello world"를 출력하는 Go 프로그램의 크기는 대략 2MB 정도입니다) 이렇게 만들어진 바이너리 파일은 별도의 언어 런타임이나 업그레이드가 필요한 외부 의존적 라이브러리를 설치할 필요가 없고[21] 사용자에게 쉽게 배포할 수 있으며 호스트 서버의 환경 차이나 라이브러리 의존성을 신경 쓰지 않아도 됩니다.

이러한 방식은 컨테이너 기술을 이용할 때 더욱 유용합니다. 왜냐하면 Go 바이너리는 실행을 위한 런타임이나 배포가 필요하지 않기 때문에 컨테이너의 부모 이미지가 없는 상태에서도 '밑바닥부터' 새로운 이미지를 만들 수 있기 때문입니다. 그 결과 최소한의 배포 지연과 데이터 전송 부하 정도밖에 없으며 수MB에 불과한 단일 이미지를 만들 수 있습니다. 이러한 특성은 정기적으로 컨테이너 이미지를 가져와야 하는 쿠버네티스 같은 오케스트레이션 시스템에 매우 유용할 수 있습니다.

---

21 자바(언어 런타임)나 파이썬(라이브러리)의 경우를 생각해보기 바랍니다.

2.2.9 정적 타이핑

Go 설계 초기, 설계에 참여했던 사람들은 C++나 자바처럼 변수를 사용하기 전에 명시적으로 선언해야 하는 정적인 타입^{Statically Typed}을 사용할 것인지, 아니면 파이썬처럼 변수를 선언하지 않고 사용할 수 있도록 하여 코드 작성 속도를 빠르게 할 것인지 결정해야 했습니다. 어려운 결정은 아니었고 결정을 내리는 데 그리 오랜 시간이 걸리지도 않았습니다. 정적 타이핑을 채택하는 것은 누가 봐도 당연했지만 대충 고르거나 개인적인 선호도에 따라 선택한 것은 아니었습니다.[22]

첫 번째로 정적 타이핑을 사용하는 언어에서 타입의 적정성은 컴파일 시 평가되므로 다른 방식의 언어에 비해 성능이 많이 좋은 편입니다(표 2-1을 보기 바랍니다).

Go 설계자들은 개발에 소요되는 시간이 프로젝트의 전체 생애주기 관점에서 정말 작은 부분에 불과하다고 생각했고 동적 타이핑을 통해 얻을 수 있는 신속한 코드 작성의 이점보다 디버깅이나 코드 유지보수의 어려움이 더 크다고 봤습니다. 결국 파이썬 프로그래머는 문자열을 정수로 사용하려고 해서 코드 크래시를 겪게 되지 않았습니까?

예를 들어 다음과 같은 파이썬 코드를 살펴봅시다.

```
my_variable = 0
while my_variable < 10:
    my_varaible = my_variable + 1  # 오타 때문에 무한 루프에 빠지게 됩니다!
```

본 적이 없다구요? 그렇다면 조금만 더 노력해보기 바랍니다. 몇 초 걸리지 않습니다.

어떤 프로그래머든 오타로 인해 발생하는 이런 종류의 에러를 만들 수 있지만, 이 경우에도 완벽하게 유효하면서 실행 가능한 파이썬 파일이 만들어진다는 것이 더 큰 문제입니다. 이런 것은 Go가(그럴 일이 없겠지만) 운영 환경에서가 아닌 코드 컴파일에서 잡아낼 수 있는 에러들 중 흔한 편에 속하며 보통은 코드가 추가된 시점에 찾아낼 수 있습니다. 어찌 되었건 개발 초기 단계에 버그를 빨리 잡아내는 것이 버그를 더 쉽게 고칠 수 있게 해준다는 것은 널리 알려진 사실입니다.

---

22 Go 언어에서는 코드 들여쓰기에 탭을 쓸 것인가 스페이스를 쓸 것인가 하는 논쟁에 대해 비공식적으로 "대충해. 누가 그런 걸 신경써?"라는 입장이라고 합니다. 이 논쟁을 제외한다면 정적 타이핑과 동적 타이핑보다 많은 논쟁을 일으키는 주제는 별로 없습니다.

마지막은 다소 논쟁이 있기는 하지만 타이핑된 언어가 더 읽기 쉽다는 점입니다. 종종 많은 사람들이 파이썬 코드가 구문 사용에 너그러운 편이고 영어 같은 문법 구조를 갖고 있어[23] 가독성이 좋다고 이야기합니다.

그런데 다음과 같은 파이썬 함수 시그니처가 있다면 어떻게 이해하시겠습니까?

```
def send(message, recipient):
```

이 시그니처에서 message 매개변수는 문자열인가요? 그리고 recipient는 무언가를 나타내기 위해 선언된 클래스의 인스턴스일까요? 이러한 혼동은 문서화를 잘 해둔다거나 몇 가지 합리적인 기본 값^{Default Value}을 사용함으로써 개선할 수 있기는 합니다.

하지만 여전히 많은 사람들은 코드를 읽고 유지보수하기 위해 많은 노력을 해야 합니다. 반면에 명시적으로 선언된 타입을 사용하면 이것이 코드를 작성한 프로그래머나 코드를 관리해야 하는 모든 사람을 위한 문서 역할을 하여 프로그래머가 골치 아프게 추적해야 하는 정보를 자동으로 추적해 개발 가이드를 해주고 코드 작성의 정신적 부담을 덜어줍니다.

요약

1장에서 무엇이 시스템^{System}을 클라우드 네이티브로 만드는지에 초점을 맞췄다면 이번 장에서는 무엇이 언어^{Language}, 특히 Go를 클라우드 네이티브 서비스 구축에 적합한 언어로 만드는지에 초점을 맞췄습니다.

클라우드 네이티브 시스템이 확장 가능하고 느슨하게 결합되어 있으며 탄력적이고 관리 및 관찰 가능하려면 클라우드 네이티브를 위한 언어는 그런 속성을 가진 시스템을 만드는 것에 그쳐서는 안됩니다. 기술적으로 어떤 언어든지 약간의 노력을 기울이면 이러한 시스템을 만들 수 있기 때문입니다. 그렇다면 Go를 그토록 특별하게 만드는 것은 무엇일까요?

이번 장에서 다룬 모든 기능들은 이전 장에서 이야기했던 클라우드 네이티브의 속성에 직간접적으로 기여합니다. 예를 들어 동시성과 메모리 보안은 서비스 확장성에 기여하고 구조적 타

---

23 필자가 쓰는 언어 역시 그렇습니다.

이핑은 느슨한 결합을 만들도록 합니다. 필자가 알기로는 이 모든 기능들을 한번에 제공하는 메인스트림 언어는 Go가 유일합니다. 하지만 이것이 아주 새롭고 참신한 일일까요?

Go의 기능들 중 가장 눈에 띄는 것은 아마도 프로그래머가 현대적인 네트워크 환경과 멀티 코어를 제공하는 하드웨어를 더 안전하게 활용할 수 있도록 해주는 동시성 기능을 언어에서 근본적으로(단순한 기능 제공이 아니라) 지원한다는 점일 것입니다. 물론 goroutines과 channels이 매우 놀라운 기능이며 탄력적이고 높은 수준의 동시성이 제공되는 네트워크 서비스를 쉽게 구축할 수 있도록 해주기는 하지만 클로저^{Clojure}나 크리스털^{Crystal} 같은 언어를 생각하면 기술적으로 고유한 것은 아닙니다.

필자는 다른 사람을 위해 소스 코드를 쓴다는 이해의 연장선[24]에서 영리함보다 명료함의 원칙을 충실히 지켜야 하고 그렇게 했을 때 Go가 진정으로 빛을 발한다고 생각합니다.

현실의 '팀'은 멤버 구성이 바뀔 수 있고 멤버들이 서로 다른 일을 하기도 합니다. Go는 이런 환경에서 사람들이 함께 일하는 방식을 지원하도록 설계되었습니다. 소스 코드는 명료해야 하며 팀 내에서만 이해할 수 있는 지식^{Tribal Knowledge}을 최소화하고 빠르게 반복, 숙달하는 것이 중요합니다. Go의 단순함은 종종 오해를 낳고 사람들에게 인정받지 못하기도 합니다. 하지만 프로그래머로 하여금 언어 자체와 씨름하지 않고 해결해야 하는 문제에 집중할 수 있도록 해주는 것은 분명합니다.

이어지는 3장에서는 Go 언어의 많은 구체적인 기능을 알아보면서 Go가 제공하는 단순함을 보다 자세히 살펴보겠습니다.

---

24 혹은 코드를 직접 만든 사람이 몇 달 동안 다른 것에 몰입했다가 돌아왔을 때를 위해서

Part

2

클라우드 네이티브 Go의 구성

Part 1 클라우드 네이티브 Go의 구성

Chapter

3

Go 프로그래밍
기초

여러분이 프로그래밍을 생각하는 방식에 영향을 주지 못하는 언어는 알 만한 가치가 없습니다.[1]

– 앨런 펄리스(Alan Perlis), ACM SIGPLAN Notices (1982년 9월)

책이 다룬 언어에 대해 간략한 주의 환기 없이 책을 끝내는 프로그래밍 서적은 없습니다. 이 책도 마찬가지입니다!

그러나 이번 장은 여러분이 일반적인 코딩 패러다임에는 익숙하지만 Go 문법의 미묘한 점에 대해서는 익숙할 수도 있고 그렇지 않을 수도 있다는 가정하에서 집필됐기 때문에 입문서 수준의 책들과는 다소 다를 수 있습니다. 그러므로 이번 장에서는 섬세하고 미묘한 점들에 대해 Go 언어의 기초만큼 집중해서 살펴보고자 합니다. 더 자세한 내용을 알고 싶다면 셀럽 독시 Celeb Doxsey가 오라일리에서 출간한 『Introducing Go』[2]나 앨런 도노반Alan A.A. Donovan과 브라이언 커니건Brian W. Kernighan이 쓴 『The Go Programming Language』(에이콘출판사, 2016년)를 읽어볼 것을 추천합니다.

만약 여러분이 Go 언어에 익숙하지 않다면 이번 장을 꼭 읽어보기 바랍니다. 물론 이미 Go 언어를 편안하게 사용하는 독자라고 해도 이번 장은 훑어보기를 권장합니다. 분명 한두 가지라도 주옥같은 내용을 발견할 수 있을 것입니다. 혹시나 여러분이 Go 숙련자라면 이번 장을 건너뛰고 다음 장부터 읽어도 좋습니다(물론 이번 장을 읽은 후 저와 이 책에 대해 비평하는 것도 좋습니다).

3.1 기본 데이터 타입

Go의 기본 데이터 타입은 더 복잡한 타입을 만들기 위한 기초 빌딩 블록이며 크게 세 종류로 나뉩니다.

- 불린Booleans은 논리적인 결과나 상태를 나타내는 1비트의 정보(true 혹은 false)를 담고 있습니다.
- 뉴머릭Numeric은 다양한 크기의 부동소수점, 부호가 있거나 없는 정수, 그리고 복소수를 나타냅니다.

---

1 앨런 펄리스(Perlis, Alan)., 「ACM SIGPLAN Notices 17(9)」, September 1982, pp. 7–13
2 https://oreil.ly/9Ht4R

- 문자열^{Strings}은 변경할 수 없는 유니코드 코드 포인트의 순서를 나타냅니다.

3.1.1 불린

불린^{Booleans} 타입은 이제까지 등장했던 모든 프로그래밍 언어에 어떤 형태로든 존재[3]하는 두 개의 논리값을 갖는 데이터 타입입니다. bool 타입으로 나타내며 두 개의 값을 나타낼 수 있는 특별한 1비트 길이의 정수 타입입니다.

- true

- false

Go는 일반적으로 사용되는 모든 형태의 논리 연산을 지원합니다.

```
and := true && false
fmt.Println(and)        // "false"

or := true || false
fmt.Println(or)         // "true"

not := !true
fmt.Println(not)        // "false"
```

> **NOTE** 재미있게도 Go에는 논리 XOR 연산자가 없습니다. ^ 연산자가 있기는 하지만 비트에 대한 XOR 연산에만 사용됩니다.

3.1.2 간단한 숫자

Go는 체계적으로 명명된 부동 소수점 수, 부호 있는 정수, 부호 없는 정수를 나타내는 데이터 타입을 제공합니다.

---

3 초기 버전의 C, C++, 파이썬에는 프로그래밍 언어가 직접 제공하는 불린 데이터 타입이 없었고 그 대신 정수 0(false를 나타냅니다) 또는 1(true입니다)을 사용했습니다. Perl, 루아(Lua), Tcl과 같은 일부 언어는 여전히 비슷한 방식의 논리 연산자를 사용합니다.

- **부호 있는 정수(Signed integer)**

  `int8`, `int16`, `int32`, `int64`

- **부호 없는 정수(Unsigned integer)**

  `uint8`, `uint16`, `uint32`, `uint64`

- **부동 소수점(Floating point)**

  `float32`, `float64`

체계적인 명명 규칙을 사용한 것은 좋은 접근이었지만 실제 코드 작성은 사람이 조잡한 두뇌를 활용해 만들고 있었기 때문에, Go 설계자들은 두 가지 방식의 편의 제공을 통해 손쉽게 숫자 타입을 사용할 수 있도록 했습니다.

첫 번째로 int와 uint으로 불리는 두 가지 '기계 종속적인' 타입을 제공했으며 코드가 동작하는 하드웨어의 규격에 따라 크기가 결정되었습니다. 이런 데이터 타입은 숫자의 크기가 별로 중요하지 않을 때 사용하기 편합니다. 하지만 안타깝게도 정수에 대해서만 제공되며 부동 소수점에 대한 기계 종속적인 데이터 타입은 없습니다.

두 번째는 정수 데이터 타입에 대해 기억하기 좋은 별칭을 제공했습니다. byte는 uint8과 동일한 타입이고 rune은 uint32의 별칭으로 사용됩니다.

> **NOTE** 대부분의 경우 int와 float64를 사용하는 것만으로도 충분합니다.

3.1.3 복소수

Go는 두 가지 크기의 복소수^{Complex Numbers} complex64와 complex128을 제공합니다. 이 데이터 타입은 부동 소수점 뒤에 문자 i를 붙여 허수 리터럴^{Imaginary Literal}을 표현합니다.

```
var x complex64 = 3.1415i
fmt.Println(x)      // "(0+3.1415i)"
```

복소수 사용은 매우 쉽지만 실제로 사용할 일이 많지 않으므로 여기서는 자세히 살펴보지 않겠습니다. 그렇지만 필자가 여러분에게 바라는 것처럼 혹시 복소수에 매력을 느낀다면 앞서 소개한 『The Go Programming Language』가 도움이 될 것입니다.

3.1.4 문자열

문자열Strings은 유니코드 코드 포인트(혹은 문자)의 연속된 집합을 나타냅니다. Go에서 문자열은 한번 생성하면 그 값을 다시 바꿀 수 없습니다.

Go는 두 가지 스타일의 문자열 리터럴을 지원합니다. 하나는 큰따옴표 스타일(또는 인터프리티드 리터럴)이고 다른 하나는 역따옴표 스타일(또는 원시 문자 리터럴)입니다. 예를 들면 다음과 같은 두 개의 문자열 리터럴은 동일합니다.

```
// 인터프리티드 형태
"Hello\nworld!\n"

// 원시 문자열 형태
`Hello
world!`
```

인터프리티드 문자열 리터럴에서 \n 문자쌍은 개행문자로 이스케이프 처리되고 \" 문자쌍은 한개의 큰따옴표로 이스케이프 처리됩니다.

사실 문자열은 UTF-8로 인코딩된 byte값의 단순한 래퍼에 불과합니다. 따라서 배열이나 슬라이스에 적용될 수 있는 모든 연산은 문자열에 사용할 수 있습니다. 슬라이스에 대해 아직 잘 모른다면 이 책에 나오는 '슬라이스' 부분을 먼저 읽고 와도 좋습니다.

3.2 변수

변수는 var 키워드를 이용하여 식별자와 타입에 맞게 입력된 값의 쌍에 대해 선언될 수 있으며 언제든지 값을 업데이트할 수 있고 일반적으로 다음과 같은 형식을 갖습니다.

```
var name type = expression
```

하지만 이외에도 다양한 형식으로 유연하게 변수를 선언할 수 있습니다.

- **선언과 함께 값을 초기화하기**

  ```
  var foo int = 42
  ```

- **여러 변수를 동시에 선언하기**

```
var foo, bar int = 42, 1302
```

- **타입 추론**

```
var foo = 42
```

- **타입을 섞어서 여러 변수 선언하기**

```
var b, f, s = true, 2.3, "four"
```

- **초기화 없이 변수 선언하기('Zero Values' 부분을 참고하세요)**

```
var s string
```

> **NOTE** Go는 잡다한 것을 매우 싫어합니다. 함수 안에서 변수를 선언했지만 실제로 사용하지 않았
> 다면 Go는 코드의 컴파일을 거부할 것입니다.

3.2.1 단축 변수 선언

Go는 var 키워드를 이용하여 함수에 포함된 변수를 암묵적으로 선언하는 방법 외에 := 연산
자를 사용하여 변수 선언과 동시에 값을 할당할 수 있는 좋은 방법을 제공합니다.

단축 변수 선언^{Short Variable Declarations}은 다음과 같은 형태로 사용됩니다.

```
name := expression
```

이 구문은 단일 변수를 선언할 때는 물론이고 여러 변수를 동시에 선언할 때도 사용할 수 있습
니다.

- **단일 변수에 선언 및 초기화**

```
percent := rand.Float64() * 100.0
```

- **여러 변수에 대한 선언 및 값 할당**

```
x, y := 0, 2
```

실제로 단축 변수 선언은 Go에서 변수를 선언하고 초기화할 때 사용되는 가장 일반적인 방법
입니다. var 키워드는 보통 명시적으로 타이핑이 필요한 로컬 변수 선언이나 나중에 값을 할
당할 필요가 있는 변수 선언 시 사용합니다.

NOTE Go에서 := 연산자는 선언을 뜻하고 = 연산자는 할당을 뜻합니다. 따라서 이미 존재하는 변수를 := 연산자로 재선언하면 컴파일이 실패합니다.

재미있게도 (가끔 헷갈리기는 하지만) 단축 변수 선언을 통해 새로운 변수와 이미 선언된 변수를 함께 사용하면 이미 존재하는 변수에 대해서는 값을 할당하는 것처럼 동작합니다.

3.2.2 제로값

변수에 명시적으로 값이 할당되지 않으면, 타입에 따라 정해진 제로값[Zero Value]이 할당됩니다.

- **Integers:** 0
- **Floats:** 0.0
- **Booleans:** false
- **Strings:** "" (빈 문자열)

동작을 확인해보기 위해 다음과 같이 다양한 타입을 가진 4개의 변수를 명시적인 초기화 없이 선언해보겠습니다.

```
var i int
var f float64
var b bool
var s string
```

이 변수들을 실제로 사용해보면 이미 제로값으로 초기화되어 있다는 것을 알 수 있습니다.

```
fmt.Printf("integer: %d\n", i)    // integer: 0
fmt.Printf("float: %f\n", f)      // float: 0.000000
fmt.Printf("boolean: %t\n", b)    // boolean: false
fmt.Printf("string: %q\n", s)     // string: ""
```

여러분은 예시에서 사용한 fmt.Printf 함수가 출력 포맷 제어에 무척 뛰어나다는 것을 눈치챘을 것입니다. 혹시 이 함수나 Go의 문자열 포매팅에 익숙하지 않다면 다음 내용을 참고하기 바랍니다.

[Column] Go의 입출력 포매팅

Go의 fmt 패키지에는 입력과 출력을 포매팅(Formatting I/O in Go)하기 위한 여러 함수가 구현되어 있습니다. 그중 가장 널리(아마도) 사용되는 것이 fmt.Printf와 fmt.Scanf이며 각각 표준 출력으로 쓰기 작업을 하거나 내보낼 때 또는 표준 입력으로부터 읽기 작업을 할 때 사용됩니다.

```
func Printf(format string, a ...interface{}) (n int, err error)
func Scanf(format string, a ...interface{}) (n int, err error)
```

두 함수 모두 format 매개변수를 사용하는 데 주목합시다. 이것은 각 함수의 문자열 포매팅(format string) 이며 매개변수가 어떻게 해석되어야 하는지 지시하는 한 개 이상의 동사(verbs)를 포함합니다. fmt.Printf 와 같은 출력 함수에서는 동사의 위치와 순서가 어떤 인자를 출력할지 결정하기도 합니다.

각 함수는 a라는 매개변수를 갖고 있습니다. ...(가변인자, Variadic) 연산자는 함수에서 연산자가 사용된 위치에 한 개 혹은 그 이상의 매개변수를 받을 수 있다는 것을 나타내며 interface{}는 매개변수의 자료형 이 지정되지 않았다는 것을 의미합니다. 가변인자 함수는 '가변인자 함수'에서 다루고 interface{} 형식은 '인터페이스'에서 살펴보겠습니다. 문자열 포매팅에서 사용할 수 있는 주요 동사 플래그는 다음과 같습니다.

%v   모든 값을 표현할 수 있는 기본 형식
%T   값의 타입
%%   퍼센트 문자를 나타내며 값을 받지 않음
%t   불린(Boolean): true 혹은 false 문자열
%b   정수(Integer): 2진수
%d   정수(Integer): 10진수
%f   부동 소수점(Floating point): 지수를 사용하지 않는 소수점으로 표기(예: 123.456)
%s   문자열(String): 가공되지 않은 문자열이나 슬라이스
%q   문자열(String): 인용 문자열 포맷(Go 문법에 대하여 이스케이프 처리가 되어 안전함)

혹시 C 언어에 익숙하다면 printf나 scanf 함수에서 사용하던 동사 플래그에서 단순히 파생된 플래그라는 것을 알 수 있을 것입니다. 이외에도 더 많은 동사 플래그가 존재하며 전체 리스트는 fmt 패키지에 대한 공식 문서를 참고하기 바랍니다.

3.2.3 공백 식별자

_(언더스코어underscore) 연산자를 이용하는 공백 식별자blank identifier는 익명의 플레이스홀더 placeholder처럼 동작합니다. 공백 식별자는 선언 관점에서 봤을 때 다른 식별자처럼 사용될 수 있지만 값을 연결하지 않는다는 차이가 있습니다.

공백 식별자는 주로 값을 할당하는 과정에서 불필요한 값을 선택적으로 무시하기 위해 사용되며 이는 Go처럼 여러 개의 값을 반환하면서 사용되지 않는 변수가 없는 언어에서 유용합니다. 예를 들어 fmt.Printf 함수 호출에서 발생할 수 있는 잠재적인 에러를 처리하고 싶지만 몇 바이트나 출력되었는지는 신경 쓰고 싶지 않을 때, 다음과 같은 형태로 공백 식별자를 사용할 수 있습니다.

```
str := "world"

_, err := fmt.Printf("Hello %s\n", str)
if err != nil {
    // 에러 처리 로직
}
```

이외에도 패키지의 부작용을 감안하여 단독으로 임포트하기 위해 사용되기도 합니다.

```
import _ "github.com/lib/pq"
```

공백 식별자를 이용해 임포트된 패키지는 일반적인 임포트처럼 init 함수의 호출을 포함하여 패키지를 로딩하고 초기화합니다. 하지만 이후 패키지는 무시되기 때문에 참조되거나 직접 사용될 필요가 없습니다.

3.2.4 상수

상수Constants는 변수와 꽤 비슷합니다. const 키워드를 사용하여 식별자를 타입에 맞는 값과 연결합니다. 하지만 상수는 몇 가지 중요한 점에서 변수와 차이가 있습니다. 우선 가장 명백한 차이점은 할당된 상숫값을 변경하려고 하면 컴파일 시 에러가 발생한다는 점입니다. 두 번째로 상수는 반드시 선언하는 시점에 값이 할당되어야 하며 제로값을 가질 수 없다는 점입니다.

var와 const 키워드는 패키지와 함수 수준에서 모두 사용할 수 있습니다.

```
const language string = "Go"

var favorite bool = true

func main() {
    const text = "Does %s rule? %t!"
```

```
    var output = fmt.Sprintf(text, language, favorite)

    fmt.Println(output)   // "Go 언어의 문법에 부합할까요? true!"
}
```

이 예제는 변수와 상수가 가진 동작의 유사성을 확인하기 위해 명시적인 타입을 선언한 방식과 타입 추론을 이용한 방식 모두를 사용하고 있습니다.

마지막으로 이 예제에서 `fmt.Sprintf`를 사용한 것은 중요한 부분은 아닙니다만, Go의 문자열 포매팅에 익숙하지 않다면 'Go의 입출력 포매팅' 부분을 참고하기 바랍니다.

3.3 컨테이너 타입: 배열, 슬라이스, 맵

Go에는 요소 값 컬렉션을 저장하는 데 사용되는 세 가지 1급 컨테이터 타입이 있습니다.

- **배열(Array)**

  고정 길이를 갖는 특정 타입의 값 컬렉션으로 0개 이상의 값을 요소로 갖습니다.

- **슬라이스(Slice)**

  런타임 시 크기를 변경할 수 있는 배열에 대한 추상화 타입

- **맵(Map)**

  고유키를 임의의 쌍으로 구성하거나 대상 값으로 매핑할 수 있는 연관 데이터 구조

이 세 가지 타입은 모두 컨테이너 타입에 속하므로 컨테이너에 저장된 요소의 개수를 알려주는 length 속성을 갖고 있습니다. len 내장 함수도 배열, 슬라이스(문자열 타입도 포함), 맵의 길이를 확인하는 데 사용될 수 있습니다.

3.3.1 배열

많은 주류 프로그래밍 언어와 마찬가지로 Go의 배열[Array]도 특정 타입의 요소가 0개 이상인 고정 길이 시퀀스입니다. 배열은 길이에 대한 정의와 함께 선언할 수 있고, 배열의 제로값은 지정된 길이만큼 0값을 가진 요소들의 배열을 말합니다. 배열의 개별 요소들은 0부터 N−1까지의 인덱스 값을 가지며 브래킷 표기법을 사용하여 접근할 수 있습니다.

```
var a [3]int          // [3]int 타입을 가진 제로값 배열
fmt.Println(a)        // "[0 0 0]"
fmt.Println(a[1])     // "0"

a[1] = 42             // 두 번째 인덱스 값 업데이트
fmt.Println(a)        // "[0 42 0]"
fmt.Println(a[1])     // "42"

i := a[1]
fmt.Println(i)        // "42"
```

배열은 다음과 같이 배열 리터럴을 이용하여 초기화할 수 있습니다.

```
b := [3]int{2, 4, 6}
```

그뿐 아니라 컴파일러가 대신 배열 요소의 개수를 세도록 할 수도 있습니다.

```
b := [...]int{2, 4, 6}
```

두 경우 모두 b의 타입은 [3]int입니다.

다른 컨테이너 타입과 마찬가지로 배열 길이를 확인하기 위해 len 내장 함수를 사용할 수 있습니다.

```
fmt.Println(len(b))        // "3"
fmt.Println(b[len(b)-1])   // "6"
```

실무에서 배열을 직접 사용하는 경우는 많지 않습니다. 그 대신 (모든 실제 요구되는 목적을 위해) 크기 조절이 가능하면서도 배열처럼 동작하는 배열의 추상화 타입인 슬라이스를 사용하는 것이 일반적입니다.

3.3.2 슬라이스

슬라이스Slice는 전통적인 배열에 대해 강력한 추상화를 제공하는 Go의 데이터 타입입니다. 슬라이스를 사용하는 것은 프로그래머 입장에서 배열을 사용하는 것과 크게 다르지 않습니다. 배열과 마찬가지로 슬라이스는 익숙한 브래킷 표기법을 통해 0부터 N−1까지 인덱스된 특정

타입의 요소 시퀀스에 접근할 수 있도록 해줍니다. 다만 배열이 고정 길이인 것에 비해 슬라이스는 런타임 시 크기 변경이 가능합니다.

그림 3-1에서 볼 수 있는 것처럼 슬라이스는 사실 세 가지 컴포넌트로 구성된 경량 데이터 구조체입니다.

- 내부 배열의 어떤 요소를 가리키는 슬라이스의 첫 번째 요소를 나타내는 포인터(배열의 가장 첫 번째 요소가 될 필요는 없습니다)
- 슬라이스의 요소 수를 나타내는 길이^{Length}
- 슬라이스의 최대 길이를 나타내는 용량^{Capacity}

특별히 지정되지 않은 경우, 용량의 값은 슬라이스의 시작점과 내부 배열 끝 점 사이의 요소 개수와 같습니다. 내장 함수인 len과 cap은 각각 슬라이스의 길이와 용량의 값을 제공합니다.

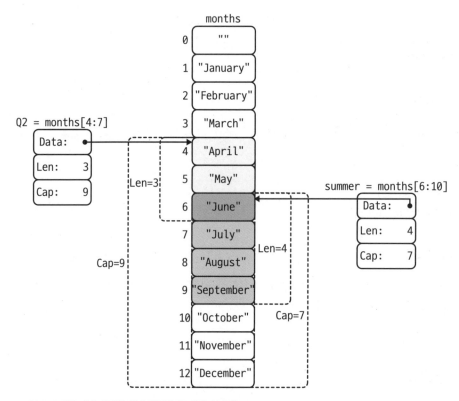

그림 3-1 같은 내부 배열에 대해 생성한 두 개의 슬라이스

슬라이스로 작업하기

슬라이스를 만드는 것은 배열을 만드는 것과 조금 다릅니다. 슬라이스는 요소의 개수가 아닌 요소의 타입에 따라 만들어집니다. make 내장 함수는 길이가 0이 아닌 슬라이스를 만들 때 사용할 수 있습니다.

```go
n := make([]int, 3)    // 3개의 요소를 가진 int 타입의 슬라이스 생성

fmt.Println(n)         // "[0 0 0]"
fmt.Println(len(n))    // "3"; len 내장 함수는 슬라이스와 배열 모두에 사용 가능합니다.

n[0] = 8
n[1] = 16
n[2] = 32

fmt.Println(n)         // "[8 16 32]"
```

앞의 예시에서 볼 수 있는 것처럼 슬라이스를 사용하는 것은 배열을 사용하는 것과 비슷합니다. 배열과 마찬가지로 슬라이스의 제로값은 지정된 길이만큼 0값을 가진 요소를 갖고 있는 것이고, 슬라이스의 요소는 배열에서와 똑같이 인덱스를 통해 값에 접근합니다.

슬라이스 리터럴도 요소 개수를 생략한다는 것을 제외하면 배열 리터럴과 완전히 동일합니다.

```go
m := []int{1}      // []int 타입의 리터럴 선언
fmt.Println(m)     // "[1]"
```

슬라이스는 원래의 슬라이스에 하나 이상 추가된 값을 갖는 슬라이스를 돌려주도록 하는 append 내장 함수를 이용해 길이를 늘릴 수 있습니다.

```go
m = append(m, 2) // m에 값 2를 추가합니다.
fmt.Println(m)   // "[1 2]"
```

또한 가변인자^{Variadic}도 append 내장 함수에서 사용할 수 있으며 이는 값을 추가하려는 원래의 슬라이스 외에도 여러 개의 인자를 더 사용할 수 있다는 것을 의미합니다. 가변인자 함수는 '가변인자 함수' 부분에서 더 자세히 살펴보겠습니다.

```go
m = append(m, 2)        // 이전 예제에서 만든 m에 값을 추가
fmt.Println(m)          // "[1 2]"
```

```
m = append(m, 3, 4)
fmt.Println(m)          // "[1 2 3 4]"

m = append(m, m...)     // 슬라이스 m에 자신을 추가
fmt.Println(m)          // "[1 2 3 4 1 2 3 4]"
```

append 내장 함수가 원래의 슬라이스를 수정하지 않고 값이 추가된 새로운 슬라이스를 돌려주었다는 것에 주목합시다. 이렇게 동작한 데에는 다음과 같은 배경이 있습니다. 원래의 슬라이스가 추가해야 하는 새 요소를 수용할 만큼 충분한 용량Capacity을 가진 경우 이를 기본 배열로 하여 새 슬라이스를 구성합니다.

그러나 용량이 충분하지 않을 경우에는 원래의 슬라이스 정보를 바탕으로 용량을 늘린 새로운 슬라이스를 자동으로 생성하고 이를 반환하게 됩니다.

> **NOTE** append 내장 함수는 값이 추가된 슬라이스를 반환합니다. 이때 슬라이스 용량이 부족해서 원래의 슬라이스에 값을 추가하지 못하는 일이 종종 발생합니다.

슬라이스 연산자

배열과 슬라이스는 슬라이스 연산자Slice Operator를 지원하고 문법적으로 s[i:j]의 형태를 가지며 여기서 i와 j는 $0 \leq i \leq j \leq cap(s)$의 범위 안에 들어갑니다. 예제를 살펴봅시다.

```
s0 := []int{0, 1, 2, 3, 4, 5, 6}    // 슬라이스 리터럴
fmt.Println(s0)                      // "[0 1 2 3 4 5 6]"
```

이 코드는 슬라이스 리터럴을 정의하고 있습니다. 크기를 지정하지 않는다는 것을 제외하면 배열의 리터럴과 매우 유사합니다. i 또는 j의 값이 슬라이스 연산자에 지정되지 않은 경우 기본 값인 0과 len(s)의 값이 각각 사용됩니다.

```
s1 := s0[:4]
fmt.Println(s1)    // "[0 1 2 3]"

s2 := s0[3:]
fmt.Println(s2)    // "[3 4 5 6]"
```

슬라이스 연산자는 j - i만큼의 길이를 갖는 동일한 배열을 기반으로 새로운 슬라이스를 만듭니다. 원래의 슬라이스에 변경이 발생하면 같은 배열로부터 파생된 모든 슬라이스들은 순차적으로 변경사항이 반영됩니다. 이 내용은 그림 3-1에 자세히 나타나 있습니다.

```
s0[3] = 42        // 이 변경은 파생된 3개의 슬라이스에 반영됩니다.
fmt.Println(s0)  // "[0 1 2 42 4 5 6]"
fmt.Println(s1)  // "[0 1 2 42]"
fmt.Println(s2)  // "[42 4 5 6]"
```

슬라이스로서의 문자열

Go 언어에서 문자열^{Strings}이 어떻게 구현되었는지 살펴보는 것은 생각보다 많이 복잡합니다. 또한 바이트^{Bytes}, 캐릭터^{Characters}, 룬^{Runes} 타입의 차이나 유니코드와 UTF-8의 차이 혹은 문자열과 문자열 리터럴의 차이처럼 세세한 내용을 많이 담고 있습니다.

일단 지금은 Go의 문자열이 기본적으로 룬이라 불리는 유니코드를 일련의 UTF-8 인코딩으로 표현한 전형적인 읽기 전용 바이트 슬라이스라고 생각해도 문제없습니다. 심지어 문자열을 byte나 rune 배열로 캐스팅하는 것도 문제없습니다.

```
s := "foö"        // 유니코드: f=0x66 o=0x6F ö=0xC3B6
r := []rune(s)
b := []byte(s)
```

문자열 s를 이와 같은 방식으로 캐스팅하여 룬의 슬라이스인지 바이트의 슬라이스인지 정체를 밝힐 수 있습니다. 우리는 이것을 fmt.Printf 함수의 %T(타입)와 %v(값) 플래그('Go의 입출력 포맷팅' 참고)를 이용해 확인할 수 있습니다.

```
fmt.Printf("%7T %v\n", s, s) // "string foö"
fmt.Printf("%7T %v\n", r, r) // "[]int32 [102 111 246]"
fmt.Printf("%7T %v\n", b, b) // "[]uint8 [102 111 195 182]"
```

기억해두어야 할 것은 문자열 리터럴 foö와 같은 경우 단일 바이트로(f와 o가 해당되며 102와 111로 각각 인코딩됩니다) 표현되는 문자와 그렇지 않은 문자(ö를 말하며 195와 182로 인코딩됩니다)를 갖고 있다는 점입니다.

NOTE 바이트(byte)와 룬(rune)은 uint8과 int32 타입을 쉽게 기억할 수 있게 해주는 별칭임을 기억해둡시다.

앞 코드의 각 라인은 인자로 전달된 변수의 타입과 값을 출력합니다. 예상했던 것처럼 문자열 값 foö는 문자 그대로 출력됩니다. 하지만 이어지는 두 줄의 코드는 흥미로운 결과를 보여줍니다. uint8(바이트) 슬라이스는 문자열의 UTF-8 인코딩을 나타내는 네 개의 바이트로(두 개의 1바이트 코드 포인트와 한 개의 2바이트 코드 포인트) 구성되어 있습니다. int32(룬) 슬라이스는 각 문자의 코드 포인트를 나타내는 세 개의 값을 가집니다.

Go에서의 문자열 인코딩에 대해서는 할 말이 정말 많지만 지면이 그다지 넉넉하지 않습니다. 이 주제에 대해 더 깊이 공부해보고 싶다면 Go 블로그에 게제된 롭 파이크^{Rob Pike}의 'Go의 문자열, 바이트, 룬, 그리고 문자'를 읽어 보기 바랍니다.[4]

3.3.3 맵

Go의 맵^{Map} 데이터 타입은 해시 테이블^{Hash Table}을 참조하여 만들어졌으며 개별 키 값들을 임의의 어떤 값으로 매핑하여 키-값 쌍을 만들어주는, 믿을 수 없을 정도로 유용한 연관 데이터 구조입니다. 이러한 데이터 구조는 오늘날의 주류 프로그래밍 언어들 사이에서 일반적으로 제공되고 있습니다. 여러분이 이러한 프로그래밍 언어를 다뤄보고 Go 언어로 넘어왔다면 파이썬의 dict, 루비의 Hash, 자바의 HashMap과 같은 형태로 이미 맵을 경험해봤을 수도 있습니다.

Go의 맵 타입은 map[K]V로 적습니다. 여기서 K와 V는 각각 키와 값의 타입을 의미합니다. == 연산자를 사용할 수 있는 모든 타입을 키로 사용할 수 있으며 K와 V가 반드시 같은 타입일 필요는 없습니다. 예를 들면 문자열^{String} 키를 float32 값으로 매핑할 수 있습니다.

맵은 make 내장 함수를 이용해 초기화할 수 있고 그 값은 널리 쓰이는 name[key] 문법을 사용해 참조할 수 있습니다. 우리의 오랜 친구인 len은 맵의 키-값 쌍의 개수를 알려줍니다. 그 외에도 delete 내장 함수를 이용하면 키/값 쌍을 삭제할 수 있습니다.

---

[4] https://oreil.ly/mgku7

```
freezing := make(map[string]float32)  // 빈 맵을 만들고 문자열에 float32 값을 할당

freezing["celsius"] = 0.0
freezing["fahrenheit"] = 32.0
freezing["kelvin"] = 273.2

fmt.Println(freezing["kelvin"])        // "273.2"
fmt.Println(len(freezing))             // "3"

delete(freezing, "kelvin")             // "kelvin" 삭제
fmt.Println(len(freezing))             // "2"
```

그뿐 아니라 맵은 초기화하여 맵 리터럴로 채울 수도 있습니다.

```
freezing := map[string]float32 {
    "celsius": 0.0,
    "fahrenheit": 32.0,
    "kelvin": 273.2,      // 뒤에 이어지는 콤마는 필수입니다.
}
```

마지막 줄 끝에 사용된 트레일링 콤마를 주목합시다. 이 콤마는 옵션 사항이 아니며 누락시킬 경우 컴파일이 중지될 수도 있습니다.

맵 멤버십 확인하기

맵에 포함되지 않은 키의 값을 요청한다고 하여(Go에 어떤 형태로든 존재하지 않는) 예외가 발생하거나 null 값을 받지는 않습니다. 대신 맵의 값과 동일한 타입의 제로값을 받게 됩니다.

```
foo := freezing["no-such-key"]    // 값이 존재하지 않는 키
fmt.Println(foo)                  // float32 제로값인 "0"
```

이런 속성은 맵을 이용하는 작업 시 수행해야 하는 일반적인 멤버십 테스트를 많이 줄여줍니다. 다만 맵이 실제로 필요에 의해 제로값을 가진 경우에는 조금 까다로울 수 있습니다. 다행히도 맵에 접근할 때 키가 맵에 존재하는지를 나타내는 두 번째 bool 값(필수는 아닙니다)을 받을 수 있습니다.

```
newton, ok := freezing["newton"]   // 뉴턴도(Newton Scale)라면 물의 어는점은 0.0
fmt.Println(newton)                // "0"
fmt.Println(ok)                    // "false"
```

앞의 예제에서 newton의 값은 0.0입니다. 이 값은 의도된 정확한 값일까요, 아니면 키가 존재하지 않기 때문에 0이 된 것일까요?[5] ok 값이 false인 것으로 미루어 보아 후자의 경우라는 것을 알 수 있습니다.

3.4 포인터

전 세계 학부생의 골칫거리, 포인터[Pointers]입니다. 동적으로 타이핑되는 언어에 익숙하다면 포인터라는 개념은 마치 외계인을 보는 것 같을지도 모릅니다. 이 책에서는 포인터를 지나치게 깊이 파고드는 것보다 포인터가 무엇인지 명확한 설명할 수 있도록 최선을 다하겠습니다.

원론적으로 '변수'는 어떤 값을 갖고 있는 메모리상에 존재하는 저장 공간 조각입니다. 변수의 이름을 이용하거나(foo = 10) 문법적 표현을(s[i] = "foo") 통해 값을 참조했다면 변수의 값을 직접 읽거나 업데이트한 것입니다. 포인터는 변수의 값이 저장된 메모리 위치를 나타내는 주소를 담고 있습니다. 모든 변수는 주소를 갖고 있기 때문에 포인터를 사용하면 간접적으로 변수의 값을 읽거나 업데이트할 수 있습니다(그림 3-2 참고).

- **변수의 주소 추출**

  이름을 가진 변수의 주소는 & 연산자를 이용해 추출할 수 있습니다. 예를 들어 p := &a 라는 구문은 변수 a의 주소를 획득하여 변수 p의 값으로 할당합니다.

- **포인터 타입**

  변수 a를 '가리키고 있다'고 할 수 있는 변수 p는 *int 타입을 가집니다. 여기서 *는 변수가 int 타입을 가리키는 포인터 타입이라는 것을 나타냅니다.

- **포인터 역참조(Dereferencing)**

  변수 a의 값을 변수 p로부터 추출하기 위해서 포인터 변수 이름 앞에 *를 사용하여 역참조할 수 있습니다. 이를 통해 간접적으로 변수 a의 값을 읽거나 변경할 수 있습니다.

---

5 사실 뉴턴도(Newton Scale)에서 물의 어는점(Freezing Point)은 0.0입니다. 물론 중요한 것은 아닙니다.

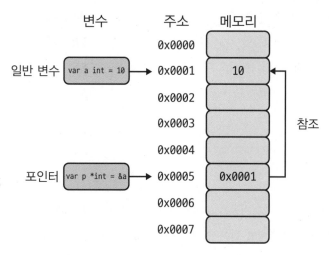

그림 3-2 구문 p := &a는 변수 a의 주소를 획득하여 변수 p의 값으로 할당

설명한 내용을 구현한 다음 코드를 살펴봅시다.

```go
var a int = 10

var p *int = &a     // 변수 a를 가리키는 *int 타입의 변수 p
fmt.Println(p)       // "0x0001"
fmt.Println(*p)      // "10"

*p = 20              // 변수 a를 간접적으로 업데이트하기
fmt.Println(a)       // "20"
```

포인터는 다른 어떤 변수로든 선언될 수 있으며 명시적으로 초기화하지 않으면 포인터 타입의
제로값인 nil로 초기화됩니다. 또한 포인터는 같은 주소를 갖고 있는지 비교하거나 값이 nil
인지 확인할 수 있습니다.

```go
var n *int
var x, y int
fmt.Println(n)           // "<nil>"
fmt.Println(n == nil)    // "true"  (n의 값은 nil)

fmt.Println(x == y)      // "true"  (x와 y 모두 0)
fmt.Println(&x == &x)    // "true"  (*x는 자기 자신과 동일합니다)
fmt.Println(&x == &y)    // "false" (서로 다른 변수의 비교)
fmt.Println(&x == nil)   // "false" (*x는 nil이 아닙니다)
```

변수 n은 초기화되지 않았기 때문에 nil 값을 갖고 있으며 따라서 nil과 비교했을 때 true를 반환합니다. 한편 정수 x와 y는 모두 제로값을 갖고 있기 때문에 두 값을 비교했을 때 결과는 true가 됩니다. 하지만 값이 같더라도 이들은 서로 다른 변수이므로 변수의 포인터를 비교하면 false가 됩니다.

3.5 제어 구조

다른 언어에서 Go로 넘어온 모든 프로그래머들은 Go의 제어 구조가 왠지 익숙하다고 느낄 것입니다. 특히 C 언어로부터 강하게 영향을 받은 언어를 사용해왔다면 더욱 편안할지도 모릅니다.

하지만 제어 구조의 구현과 사용 방법을 살펴보면 다소 이상하게 보일 정도로 큰 차이가 있습니다. 예를 들면 Go의 제어 구조문은 괄호를 많이 필요로 하지 않습니다. 다른 언어보다 상대적으로 덜 복잡합니다.

또한 Go에는 단 하나의 반복문 타입만 존재합니다. while 명령도 없고 오직 for 구문만 존재합니다. 정말입니다. 그리고 꽤 괜찮습니다. 필자가 하는 말이 무슨 뜻인지는 책을 계속 읽어 나가면서 알게 될 것입니다.

3.5.1 for의 재미

for는 Go에서 쓸 수 있는 유일한 반복문입니다. 명시적으로 while 반복문이 없기 때문에 Go의 for문은 while이 제공해야 하는 모든 기능을 제공하며 여러분이 그동안 사용해온 모든 유형의 반복문 사용 방식을 효과적으로 통합하고 있습니다. Go에는 do-while에 상응하는 반복문도 존재하지 않습니다.

구문 일반

Go에서 for 반복문의 형태는 다른 C 패밀리 언어와 세 가지 측면(초기화 구문, 지속 조건, 증감 구문)에서 거의 동일하며 전통적으로 사용되어온 세미콜론을 구분자로 사용합니다. 초기화 구문에서 선언된 모든 변수의 범위는 for 구문으로만 한정됩니다.

```
sum := 0
for i := 0; i < 10; i++ {
    sum += 1
}

fmt.Println(sum)     // "10"
```

이 예제에서 i는 0으로 초기화되었습니다. 반복문이 수행되면서 i 값은 1씩 증가하고, 증가된 수가 10보다 작은 경우 다시 반복문을 수행합니다.

> **NOTE** 많은 C 계열 언어와 달리 for 구문은 반복 규칙절 주위에 괄호 ()를 사용하지 않습니다. 하지만 중괄호 {}는 필요합니다.

Go의 for문은 전통적인 C 스타일 언어와 달리 반복 규칙절의 초기화 구문과 증감 구문을 선택적으로 사용할 수 있습니다. 이는 다음 코드에서 볼 수 있는 것처럼 다른 언어의 for문과 비교했을 때 상당한 유연성을 제공합니다.

```
sum, i := 0, 0

for i < 10 {          // "for ; i<10;"과 동일합니다.
    sum += i
    i++
}

fmt.Println(i, sum)  // "10 45"
```

이 예제에서 for문은 초기화나 증감 구문 없이 반복에 대한 지속 조건만 있습니다. 이는 정말 큰 차이며 다른 언어의 while문이 수행하던 역할을 Go의 for문이 대신할 수 있는 이유입니다.

마지막으로 for문의 세 가지 구문을 모두 사용하지 않은 경우 while (true)와 완전히 동일한 무한 반복 루프를 만들 수도 있습니다.

```
fmt.Println("For ever...")

for {
    fmt.Println("...and ever")
}
```

앞 예시의 반복문은 반복 종료 조건이 기술되어 있지 않기 때문에 영원히 동작하게 됩니다.

배열과 슬라이스에 대한 반복문

Go의 range 키워드는 무척 유용합니다. 이 키워드를 사용하면 다양한 데이터 타입에 대한 반복문을 쉽게 만들 수 있습니다. 배열과 슬라이스에 대해 range와 for문을 함께 이용하면 반복문이 수행되는 동안 인덱스 번호와 각 요소의 값을 추출할 수 있습니다.

```go
s := []int{2, 4, 8, 16, 32}     // int 타입의 슬라이스

for i, v := range s {           // range는 각 인덱스와 요소 값을 취득합니다.
    fmt.Println(i, "->", v)     // 인덱스와 값을 출력합니다.
}
```

이 예제는 반복문이 수행되면서 변수 i와 v에 슬라이스 s의 개별 요소가 가진 인덱스와 값이 각각 할당됩니다. 출력되는 결괏값은 다음과 같습니다.

```
0 -> 2
1 -> 4
2 -> 8
3 -> 16
4 -> 32
```

그런데 인덱스 번호와 요소 값 모두 필요하지 않은 경우라면 어떻게 해야 할까요? 앞서 살펴본 것처럼 선언된 모든 변수가 사용되지 않은 경우 Go 컴파일러는 동작을 멈춥니다. Go의 다른 구문과 마찬가지로 필요하지 않은 값에 대해 밑줄 연산자로 표기되는 '빈 식별자'를 사용하여 불필요한 값을 삭제할 수 있습니다.

```go
a := []int{0, 2, 4, 6, 8}
sum := 0

for _, v := range a {
    sum += v
}

fmt.Println(sum) // "20"
```

이 예제에서 변수 v는 반복문이 수행되면서 슬라이스 a의 개별 요소 값을 갖습니다. 이전 예제와 달리 이번에는 '빈 식별자'를 이용해 인덱스 값을 쉽게 버리며 Go 컴파일러는 문제없이 동작합니다.

맵에 대한 반복문

for문과 range 키워드를 함께 사용해 맵^{Map}의 키, 값을 가져오는 반복문을 만들 수 있습니다.

```go
m := map[int]string{
    1: "January",
    2: "February",
    3: "March",
    4: "April",
}

for k, v := range m {
    fmt.Println(k, "->", v)
}
```

Go의 맵은 요소에 대한 순서 개념이 없으므로 출력도 순서가 없다는 데 주목하기 바랍니다.

```
3 -> March
4 -> April
1 -> January
2 -> February
```

3.5.2 if 구문

Go에서 if 구문으로 애플리케이션을 만들 때 조건문에 괄호를 사용하지 않지만 실행 구문은 중괄호를 반드시 사용해야 한다는 점을 제외하면 C 스타일의 언어와 다르지 않습니다.

```go
if 7 % 2 == 0 {
    fmt.Println("7 is even")
} else {
    fmt.Println("7 is odd")
}
```

NOTE 많은 C 패밀리 언어와 달리 if 구문의 조건절은 괄호를 쓰지 않지만 실행 구문의 중괄호 {} 는 필요합니다.

재미있게도 Go는 if 구문 내에서 조건절을 수행하기 전에 초기화 구문을 사용할 수 있으며 이는 꽤 유용합니다. 예를 들어보겠습니다.

```
if _, err := os.Open("foo.ext"); err != nil {
    fmt.Println(err)
} else {
    fmt.Println("All is fine.")
}
```

예제에서 err 변수가 if 조건절을 실행하기 전에 어떤 식으로 초기화되고 있는지 주목하기 바랍니다. 다음 코드는 이와 비슷한 동작을 하도록 작성한 코드입니다.

```
_, err := os.Open("foo.go")
if err != nil {
    fmt.Println(err)
} else {
    fmt.Println("All is fine.")
}
```

두 코드의 동작이 완전히 동일하지는 않습니다. 첫 번째 예제에서 err 변수의 범위는 if 구문으로 한정됩니다. 하지만 두 번째 예제의 err 변수는 이 코드를 포함한 컨테이너 전역을 범위로 갖습니다.

3.5.3 switch 구문

다른 언어와 마찬가지로 Go 역시 switch 구문을 제공하며 이를 활용해 여러 개의 if-then-else 조건문을 간결하게 줄일 수 있습니다. 하지만 전통적인 switch 구문과 달리 유연함을 더해줄 수 있는 여러 가지 방법이 구현되어 있다는 차이가 있습니다. C 패밀리 언어와 비교했을 때 가장 눈에 띄는 차이는, 특정 조건이 만족되면 다음 조건 내의 구문을 실행하지 않는다는 점입니다. 다른 언어와 동일하게 동작하도록 하려면 명시적으로 fallthrough 키워드를 사용해야 합니다.

```
i := 0

switch i % 3 {
case 0:
    fmt.Println("Zero")
    fallthrough
case 1:
    fmt.Println("One")
case 2:
    fmt.Println("Two")
default:
    fmt.Println("Huh?")
}
```

이 예시에서 i % 3 수식 계산 결과는 0이고 첫 번째 조건을 만족하기 때문에 Zero를 화면에 출력합니다. 이 경우 Go의 switch 구문은 기본적으로 다음 case 구문을 수행하지 않지만 명시적으로 fallthrough 키워드를 사용했기 때문에 다음 case 블록의 코드가 실행되고 One이 출력됩니다. 정리하면 조건을 만족하는 case 블록 내에서 fallthrough 키워드를 사용하지 않으면 switch 문의 실행을 마치고 빠져나가게 됩니다. 그 결과는 다음과 같습니다.

```
Zero
One
```

Go의 switch 구문은 흥미로운 속성 두 가지를 갖고 있습니다. 첫 번째로 case 구문의 조건은 정수나 상수일 필요가 없다는 것입니다. 조건 비교는 위에서 아래 방향으로 수행되며 switch 구문 조건절의 결과와 같은 값을 가진 첫 번째 case 구문을 실행합니다.

두 번째로 switch 구문에 아무런 변수나 수식 등을 지정하지 않으면 조건절의 값을 참^{true}으로 본다는 것입니다. 이 두 가지 속성은 다음 예제에서 확인할 수 있습니다.

```
hour := time.Now().Hour()

switch {
case hour >= 5 && hour < 9:
    fmt.Println("I'm writing")
case hour >= 9 && hour < 18:
    fmt.Println("I'm working")
```

```
default:
    fmt.Println("I'm sleeping")
}
```

예제의 switch 구문은 조건절이 없기 때문에 switch true와 동일합니다. 따라서 가장 먼저 case 구문의 조건절 비교 결과가 참인 case 구문이 선택됩니다. 필자가 코드를 시험한 시점에서는 hour 값이 23이었기 때문에 "I'm sleeping"이 출력됐습니다.[6]

마지막으로 if 구문과 마찬가지로 switch 구문의 조건절을 수행하기 전에 다른 구문을 실행할 수 있으며 이를 통해 정의된 값은 switch 구문으로 범위가 한정됩니다. 예를 들어 앞의 예제는 다음과 같이 수정할 수 있습니다.

```
switch hour := time.Now().Hour(); {  // 조건절이 없기 때문에 항상 "true"입니다.
case hour >= 5 && hour < 9:
    fmt.Println("I'm writing")
case hour >= 9 && hour < 18:
    fmt.Println("I'm working")
default:
    fmt.Println("I'm sleeping")
}
```

switch 구문에 작성된 코드 마지막에 있는 세미콜론에 주목합시다. 조건절이 없다는 것은 항상 true라는 의미이므로 이 switch 구문은 switch hour := time.Now().Hour(); true와 동일하며 첫 번째로 만족되는 case 조건의 블록을 수행합니다.

3.6 에러 제어

Go는 에러를 하나의 값으로 취급하며 error 내장 타입을 사용합니다. 이 방식은 직관적인 에러 제어[Error Handling]를 할 수 있게 해줍니다.

관용적으로 Go 함수는 반환값의 하나로 error 타입 값을 반환합니다. 만약 이 값이 nil이 아니면 에러가 발생했다는 것을 의미하며 주 실행 경로상에서 처리해야 합니다.

---

6 이 코드는 확실히 조정될 필요가 있습니다. 글을 쓰고 일하는 시간이 너무 길어 보입니다.

예를 들어 파일을 열 때 사용하는 os.Open 함수는 파일을 여는 데 실패했을 경우 nil이 아닌 에러 값을 반환합니다.

```
file, err := os.Open("somefile.ext")

if err != nil {
    log.Fatal(err)
    return err
}
```

error 타입의 실제 구현은 말도 안 되게 간단합니다. error 타입은 다음과 같이 어디서든 볼 수 있는 인터페이스로 만들어져 있고 단일 메서드만 선언합니다.

```
type error interface {
    Error() string
}
```

이러한 방식은 예외를 포착하고 처리하기 위해 비직관적이고 혼란스러운 흐름 제어를 요구하는 다른 언어들의 예외 처리와 상당한 차이가 있습니다.

3.6.1 에러 정의하기

에러 값을 만드는 방법^{Creating an Error}으로 간단한 방법 두 가지와 다소 복잡한 방법 한 가지가 있습니다.

간단한 방법은 errors.New 혹은 fmt.Errorf 함수를 사용하는 것입니다. 후자의 방법이 문자열 포매팅을 지원하므로 사용하기 좋습니다.

```
e1 := errors.New("error 42")
e2 := fmt.Errorf("error %d", 42)
```

그런데 사실 error는 여러분이 직접 에러 타입을 구현할 수 있는 인터페이스입니다. 예를 들어 일반적으로 사용되는 패턴 중 하나는 에러가 다른 에러 내에 중첩되도록 하는 것입니다.

```
type NestedError struct {
    Message string
```

```
    Err error
}

func (e *NestedError) Error() string {
    return fmt.Sprintf("%s\n contains: %s", e.Message, e.Err.Error())
}
```

에러에 대해 더 자세한 내용을 알고 싶거나 에러 처리에 대한 조언을 받고 싶다면 앤드류 제랑 Andrew Gerrand이 블로그에 올린 'Error Handling and Go[7]'를 참고하기 바랍니다.

3.7 함수에 재미를 더하기: 가변인자와 클로저

Go 함수의 동작은 다른 언어의 함수와 비슷합니다. 함수 호출 시 매개변수를 사용하고 코드로 만들어진 작업을 수행하며 (부가적으로) 무언가를 반환하기도 합니다.

하지만 Go의 함수는 다른 주류 프로그래밍 언어에서 찾아볼 수 없는 수준의 유연함을 제공하기 위해 만들어졌으며, 복수의 값을 반환하거나 받아들이고 일급 객체[8] 또는 익명 함수로 사용되는 등 다른 언어가 할 수 없는 많은 일들을 할 수 있습니다.

3.7.1 함수

Go에서 함수Functions를 선언하는 것은 다른 많은 언어들과 비슷합니다. 함수 이름이 있고 타입이 지정된 매개변수의 목록이 있으며 반환값에 대한 타입과 함수 코드가 있습니다. 그러나 Go의 함수 선언은 C 패밀리 언어와 비교했을 때 다소 다른 부분도 존재합니다.

우선 함수 선언 전용으로 할당된 func 키워드를 사용하고 매개변수의 이름 뒤에 타입을 지정합니다. 그리고 반환값의 타입에 대한 선언도 함수를 정의하는 헤더 끝에 배치하기는 하지만 완전히 생략할 수도 있습니다(Go는 void 타입이 없습니다).

---

7 https://oreil.ly/YQ6if
8 옮긴이: 일급 객체, 일급 타입, 일급 값 등은 모두 비슷한 의미로 통용되며 사용할 때 다른 객체들과 동일하게 취급된다는 것을 의미합니다.

반환값이 있는 함수의 코드는 반드시 return 구문으로 끝나야 합니다. 다만 무한 반복 루틴이 있어 함수 끝까지 도달할 수 없거나 함수가 종료되기 전에 터미널이 panic에 빠진 경우는 예외입니다.

```go
func add(x int, y int) int {
    return x + y
}

func main() {
    sum := add(10, 5)
    fmt.Println(sum) // "15"
}
```

추가로 함수 선언부의 매개변수와 반환값의 타입이 반복되는 경우 약간의 문법 간소화 기능도 제공됩니다. 예를 들면 다음의 두 함수 정의는 동일합니다.

```go
func foo(i int, j int, a string, b string) { /* ... */ }
func foo(i, j int, a, b string) { /* ... */ }
```

다중 반환값

함수는 여러 개의 값을 반환할 수 있습니다. 예를 들어 다음에 나오는 swap 함수는 두 개의 문자열 타입 값을 입력 받고 두 개의 문자열 값을 반환합니다. 여러 개의 값을 반환할 때 반환 타입의 목록은 괄호로 감싸야 합니다.

```go
func swap(x, y string) (string, string) {
    return y, x
}
```

여러 개의 값을 반환하는 함수가 여러 개의 값을 받을 때는 다중 할당을 사용합니다.

```go
a, b := swap("foo", "bar")
```

이 코드를 실행하면 a의 값은 bar가 되고 b의 값은 foo가 됩니다.

재귀 호출

Go는 함수가 자기 자신을 호출하는 재귀적 함수 호출을 허용합니다. 재귀 호출을 제대로 사용하면 많은 유형의 문제에 사용할 수 있는 강력한 도구가 됩니다. 전형적인 예는 양의 정수에 대한 팩토리얼(특정 양의 정수보다 같거나 작은 모든 양의 정수의 곱) 계산입니다.

```go
func factorial(n int) int {
    if n < 1 {
        return 1
    }
    return n * factorial(n-1)
}

func main() {
    fmt.Println(factorial(11)) // "39916800"
}
```

1보다 큰 어떤 정수 n에 대하여 factorial 함수는 n - 1을 매개변수로 자기 자신을 호출합니다. 이것은 상당히 빠르게 계산될 수 있습니다.

디퍼

Go의 defer 키워드는 특정 코드 혹은 함수 호출을 상위 함수가 값을 반환하기 직전에 실행되도록 예약하는 데 사용됩니다. 일반적으로 사용한 리소스를 해제하거나 일종의 정리 작업이 필요할 때 사용됩니다.

예를 들어 'cruel world'라는 텍스트 출력을 호출된 함수에서 마지막에 처리하도록 연기하고 싶은 경우 defer 키워드를 사용합니다.

```go
func main() {
    defer fmt.Println("cruel world")

    fmt.Println("goodbye")
}
```

이 코드가 실행되면 다음과 같은 출력을 확인할 수 있으며 defer 키워드로 선언된 구문이 마지막에 출력됩니다.

```
goodbye
cruel world
```

조금 더 복잡한 예시로 빈 파일을 생성하고 파일에 쓰기 작업을 하는 경우를 생각해 보겠습니다. closeFile 함수는 파일에 대한 쓰기 작업이 끝난 뒤 파일 핸들을 닫기 위해 사용합니다. 그런데 만약 이 함수를 단순히 main 함수의 마지막 지점에서 호출한다면 에러가 발생하면서 closeFile 함수가 호출되지 않을 것이고, 파일은 열린 상태로 남을 것입니다. 따라서 우리는 상위 함수가 종료되기 전에 defer를 사용하여 closeFile 함수를 호출하도록 해야 합니다.

```go
func main() {
    file, err := os.Create("/tmp/foo.txt")     // 빈 파일 생성
    defer closeFile(file)                       // closeFile 함수의 호출 보장
    if err != nil {
        return
    }

    _, err = fmt.Fprintln(file, "Your mother was a hamster")
    if err != nil {
        return
    }
    fmt.Println("File written to successfully")
}

func closeFile(f *os.File) {
    if err := f.Close(); err != nil {
        fmt.Println("Error closing file:", err.Error())
    } else {
        fmt.Println("File closed successfully")
    }
}
```

이 코드를 실행하면 다음과 같은 출력 값을 얻게 됩니다.

```
File written to successfully
File closed successfully
```

만약 어떤 함수에서 여러 개의 디퍼 호출이 발생하면 각각의 호출은 스택에 추가되어 관리됩니다. 상위 함수가 값을 반환하면 연장된 호출은 LIFO^{Last-in-first-out} 순서로 실행됩니다.

```
func main() {
    defer fmt.Println("world")
    defer fmt.Println("cruel")
    defer fmt.Println("goodbye")
}
```

앞 함수가 실행되면 다음과 같은 결과를 얻게 됩니다.

```
goodbye
cruel
world
```

디퍼는 리소스가 사용된 후 정리될 수 있도록 해주는 매우 유용한 도구입니다. 만약 외부 리소스를 사용하고 있다면 그것을 보다 자유롭게 사용하고 싶을 것이고 디퍼가 도와줄 것입니다.

매개변수로서의 포인터

포인터가 가진 강력한 힘은 함수와 함께 사용될 때 확인할 수 있습니다. 보통 함수의 매개변수는 값으로 전달됩니다. 함수가 호출되면 함수는 매개변수의 복사본을 갖게 되고 함수 처리 과정에서 발생하는 변경 사항은 원래의 호출자에게 아무런 영향을 미치지 않습니다. 하지만 포인터는 값 자체를 사용하는 것이 아니라 값을 참조하기 때문에 호출된 함수가 간접적으로 원래의 값을 변경하게 되고 호출자에게 영향을 미치게 됩니다.

다음 함수는 설명한 두 가지 시나리오를 보여줍니다.

```
func main() {
    x := 5

    zeroByValue(x)
    fmt.Println(x)      // "5"
    zeroByReference(&x)
    fmt.Println(x)      // "0"
}

func zeroByValue(x int) {
    x = 0
}
```

```go
func zeroByReference(x *int) {
    *x = 0          // 변수 x를 역참조하여 0을 설정합니다.
}
```

이러한 동작은 포인터 입장에서 특별한 것이 아닙니다. 사실 내부적으로 슬라이스, 맵, 함수, 채널을 비롯해 많은 데이터 타입이 메모리 위치를 참조하고 있습니다. 이러한 참조 타입에 대해 함수 내에서 진행되는 변경은 원래의 데이터 타입을 역참조하지 않으면서 호출자에게 영향을 줄 수 있는 방법입니다.

```go
func update(m map[string]int) {
    m["c"] = 2
}

func main() {
    m := map[string]int{ "a" : 0, "b" : 1}
    fmt.Println(m)      // "map[a:0 b:1]"

    update(m)
    fmt.Println(m)      // "map[a:0 b:1 c:2]"
}
```

이 예제에서 update 함수는 매개변수로 전달된 길이가 2인 맵 m에 {"c" : 2} 쌍을 추가합니다. m은 참조 타입이기 때문에 update 함수로 전달될 때 값을 복사해서 전달하지 않고 원래의 데이터 구조의 참조 값으로 전달됩니다. 따라서 update 함수가 실행된 후 main의 변수 m에 반영됩니다.

3.7.2 가변인자 함수

가변인자 함수Variadic Functions는 매개변수 없이 호출되거나 정해진 인자 개수보다 더 많은 인자와 함께 호출되는 함수를 말합니다. 가변인자 함수의 대표적인 예는 fmt.Printf 함수입니다. 이 함수는 한 개의 출력 양식 정의용 문자열과 임의의 개수를 갖는 추가 인자를 받습니다.

다음 코드는 표준 fmt.Printf 함수의 시그니처입니다.

```go
func Printf(format string, a ...interface{}) (n int, err error)
```

이 함수는 문자열 하나와 0개 혹은 그 이상의 interface{} 값을 매개변수로 받는다는 데 주목하기 바랍니다. interface{} 구문에 익숙하지 않다면 뒤에 나오는 '인터페이스Interfaces'를 참고하면 됩니다만, 일단 지금은 interface{}를 '임의의 형태로 타이핑된 것' 정도로 받아들여도 무방합니다.

여기서 흥미로운 점은 마지막 인자가 생략부호(…)를 갖고 있다는 점입니다. 이 생략부호는 가변인자 연산자Variadic Operator로서 함수가 생략부호와 함께 사용된 타입의 인자를 여러 개 사용할 수 있다는 의미입니다. 예를 들어 여러분은 fmt.Printf 함수를 문자열로 된 출력 양식과 서로 다른 타입으로 선언된 두 개의 매개변수를 이용해 호출할 수 있습니다.

```
const name, age = "Kim", 22
fmt.Printf("%s is %d years old.\n", name, age)
```

가변인자 함수 내에서 가변인자는 인자의 타입으로 된 슬라이스입니다. 이어지는 예제에서 product 메서드의 가변인자로 사용된 인자 factors는 []int 타입이고 전달되는 인자의 수에 따라 범위가 결정됩니다.

```
func product(factors ...int) int {
    p := 1

    for _, n := range factors {
        p *= n
    }

    return p
}

func main() {
    fmt.Println(product(2, 2, 2))     // "8"
}
```

이 예제의 main 함수가 호출한 product 함수는 세 개의 매개변수를 사용하고 있습니다(물론 가변인자 함수이기 때문에 필요한 만큼 매개변수를 사용할 수 있습니다). product 함수는 매개변수로 전달된 값을 []int 슬라이스로 변형하여 {2, 2, 2} 값을 취합니다. 그리고 함수에 구현된 로직에 따라 순차적으로 요소 값을 곱하여 최종 결과인 8을 만들어 냅니다.

슬라이스를 가변인자 값으로 전달하기

만일 함수의 가변인자로 전달하고 싶은 값이 이미 슬라이드 타입으로 생성되어 있다면 어떻게 해야 할까요? 슬라이스에 저장된 값들을 개별 매개변수로 나눠야 할까요? 당연히 그렇지 않습니다. 이런 경우에는 가변인자 함수를 호출할 때 매개변수로 전달하는 변수 이름 뒤에 가변인자 연산자를 붙여줍니다.

```
m := []int{3, 3, 3}
fmt.Println(product(m...))      // "27"
```

예를 들어 []int 타입으로 선언된 변수 m을 가변인자 함수인 product의 매개변수로 전달한다고 해봅시다. product(m...) 함수를 호출할 때 가변인자 연산자를 사용함으로써 매개변수로 슬라이스 타입의 변수를 전달할 수 있습니다.

3.7.3 익명 함수와 클로저

Go는 함수를 Go의 기본 엔티티들과 동등하게 일급 값으로 취급합니다. 즉, 함수는 타입이 있고 변수에 할당될 수 있으며 다른 함수의 매개변수로 사용되거나 반환값이 될 수 있습니다.

함수 타입의 제로값은 nil이므로 nil 함수를 호출하면 패닉이 발생할 수 있습니다.

```
func sum(x, y int) int { return x + y }
func product(x, y int) int { return x * y }

func main() {
    var f func(int, int) int  // 함수로 선언된 변수는 타입을 갖습니다.

    f = sum
    fmt.Println(f(3, 5))      // "8"

    f = product              // 문법상 문제 없으며, product와 sum 함수는 타입이 같음
    fmt.Println(f(3, 5))      // "15"
}
```

함수는 익명 함수^{Anonymous Functions} 내에서 생성되며 호출되거나 전달될 수 있고 다른 함수처럼 취급될 수 있습니다. Go 익명 함수의 강력한 기능 중 하나는 부모 함수의 상태에 접근할 수

있다는 것이며, 심지어 부모 함수의 실행이 끝난 뒤에도 획득한 상태를 유지할 수 있다는 것입니다. 이미 눈치 챈 독자도 있겠지만 사실 이것은 클로저[Closure]의 정의이기도 합니다.

> **NOTE** 클로저는 부모 함수의 실행이 끝난 후에도 부모 함수의 변수에 접근할 수 있는 중첩 함수입니다.

다음 예제의 incrementer 함수를 살펴봅시다. 이 함수는 변수 i로 표현된 상태를 갖고 있으며 호출자에게 값을 반환하기 전에 이 변수를 증가시키는 익명 함수를 반환합니다. 반환된 함수는 변수 i를 감싸고 있다고[Close over] 할 수 있으며(사소할 수도 있지만) 이를 통해 익명 함수를 진짜 클로저로 만듭니다.

```go
func incrementer() func() int {
    i := 0

    return func() int {      // 익명 함수를 반환합니다.
        i++                  // 부모 함수의 i를 감쌉니다.
        return i
    }
}
```

incrementer 함수를 호출하면 함수는 자신의 새로운 로컬 범위의 i값을 만들고 이 값을 증가시키는 새로운 익명 함수를 반환합니다.

이어지는 incrementer 함수 호출은 고유한 i의 복사본을 반환받게 됩니다. 이를 코드로 구현하면 다음과 같습니다.

```go
func main() {
    increment := incrementer()
    fmt.Println(increment())    // "1"
    fmt.Println(increment())    // "2"
    fmt.Println(increment())    // "3"

    newIncrement := incrementer()
    fmt.Println(newIncrement())  // "1"
}
```

예제에서 볼 수 있듯이 incrementer 함수는 새로운 함수 increment로 선언됩니다. increment 함수에 대한 각각의 호출은 내부에 갖고 있는 카운터를 1씩 증가시킵니다. incrementer 함수가 새로운 함수로 다시 선언되면 완전히 새로운 함수가 생성되고 반환되며, 이 새로운 함수는 자신만의 카운터를 갖게 됩니다. 이 함수들은 서로 아무런 영향을 주지 않습니다.

3.8 구조체, 메서드, 인터페이스

Go 언어를 처음 접했을 때 인식해야 하는 가장 변화는 Go가 전통적인 객체 지향 프로그래밍 언어와 다르다는 점입니다.

물론 Go의 메서드도 타입을 갖고 있기 때문에 객체인 것처럼 보이지만 상속에 의한 계층이 존재하는 것은 아닙니다. 그 대신 Go는 컴포넌트들이 컴포지션^{Composition}을 통해 하나의 큰 덩어리로 만들어지도록 합니다.

예를 들어 상대적으로 엄격한 객체 지향 프로그래밍 언어에서 Vehicle 클래스를 상속 받은 Car 클래스가 있다고 하면 이 클래스는 아마도 차를 만들기 위해 Wheels와 Engine을 구현할 것입니다. 이론적으로 나쁜 접근은 아닙니다만 이렇게 만들어지는 관계들은 컴포넌트 사이의 관계를 복잡하고 관리하기 어렵게 만듭니다.

그런 반면 Go가 택한 컴포지션 방식의 접근은 컴포넌트들이 상호 종속적이거나 부모, 자식의 관계를 갖지 않더라도 '함께' 있을 수 있게 해줍니다. 앞선 예를 확장해보면 Go는 Wheels나 Engine처럼 다양한 부품을 직접 포함하는 Car 구조체를 가질 수 있습니다. 더 나아가 Go의 메서드는 어떤 종류의 데이터에 대해서든 정의될 수 있으므로 Car 구조체는 더 이상 단순한 구조체가 아니라고 볼 수도 있습니다.

3.8.1 구조체

Go에서 구조체^{Struct}는 특정한 타입으로 명명된 필드를 0개 이상 모아둔 엔티티의 집합에 불과합니다. 구조체는 다음 예제와 같이 type Name struct 형식의 구문을 이용해 정의할 수 있습니다. 구조체는 절대 nil이 될 수 없지만 구조체가 가진 모든 필드가 제로값인 구조체의 제로값은 될 수 있습니다.

```go
type Vertex struct {
    X, Y float64
}

func main() {
    var v Vertex          // 구조체는 nil이 될 수 없습니다.
    fmt.Println(v)        // "{0 0}"
    v = Vertex{}          // 명시적으로 빈 구조체를 선언합니다.
    fmt.Println(v)        // "{0 0}"

    v = Vertex{1.0, 2.0}  // 필드를 순차적으로 정의합니다.
    fmt.Println(v)        // "{1 2}"
    v = Vertex{Y: 2.5}    // 라벨을 이용하여 특정 필드를 정의할 수 있습니다.
    fmt.Println(v)        // "{0 2.5}"
}
```

구조체의 필드는 표준 점^{Dot} 표기법을 이용해 접근할 수 있습니다.

```go
func main() {
    v := Vertex{X: 1.0, Y: 3.0}
    fmt.Println(v)     // "{1 3}"

    v.X *= 1.5
    v.Y *= 2.5

    fmt.Println(v)     // "{1.5 7.5}"
}
```

구조체는 보통 참조^{Reference}로 생성되고 다뤄지며 Go는 이 과정에 약간의 편의성을 제공합니다. 구조체의 멤버들은 구조체에 대한 포인터를 이용해 점 표기법으로 접근 가능하며 포인터는 자동으로 참조 해제됩니다.

```go
func main() {
    var v *Vertex = &Vertex{1, 3}
    fmt.Println(v)                  // &{1 3}

    v.X, v.Y = v.Y, v.X
    fmt.Println(v)                  // &{3 1}
}
```

이 예제에서 변수 v는 X와 Y 멤버 값을 가진 Vertex의 포인터이고 X와 Y의 값을 서로 바꾸려고 합니다. 만약 여러분이 값을 바꾸기 위해 포인터를 참조해제하고자 한다면 (*v).X, (*v).Y = (*v).Y, (*v).X와 같이 보기만 해도 머리가 아픈 코드를 만들어야 합니다. 하지만 자동 포인터 참조해제는 v.X, v.Y = v.Y, v.X와 같은 깔끔한 방식을 사용할 수 있게 해줍니다.

3.8.2 메서드

Go의 메서드^{Methods}는 타입에 부착된 함수로서 구조체의 일종으로 볼 수 있지만 구조체의 특징으로 한정되지는 않습니다. 메서드에 대한 선언 구문은 메서드 이름 앞에 메서드를 부착할 타입을 나타내는 리시버 인자^{Receiver Argument}를 포함한다는 것을 제외하면 함수에 대한 선언 구문과 매우 비슷합니다.

메서드가 호출되면 인스턴스는 리시버에 지정된 이름을 통해 접근할 수 있습니다. 예를 들어 앞에서 살펴본 Vertex 타입은 *Vertex 타입으로 선언된 리시버 v를 가진 Square 메서드를 부착하여 확장될 수 있습니다.

```go
func (v *Vertex) Square() {  // 메서드를 *Vertex 타입에 부착
    v.X *= v.X
    v.Y *= v.Y
}

func main() {
    vert := &Vertex{3, 4}
    fmt.Println(vert)        // "&{3 4}"

    vert.Square()
    fmt.Println(vert)        // "&{9 16}"
}
```

> **NOTE** 리시버는 타입에 따라 달라집니다. 포인터 타입에 부착된 메서드는 해당 형식의 포인터에서만 호출됩니다.

구조체뿐 아니라 표준 복합^{Composite} 타입(구조체, 슬라이스 또는 맵)을 할당하여 메서드를 부착할 수도 있습니다.

예를 들면 map[string]int 타입으로 MyMap을 선언하고 여기에 Length 메서드를 부착할 수 있습니다.

```go
type MyMap map[string]int

func (m MyMap) Length() int {
    return len(m)
}

func main() {
    mm := MyMap{"A":1, "B": 2}

    fmt.Println(mm)            // "map[A:1 B:2]"
    fmt.Println(mm["A"])       // "1"
    fmt.Println(mm.Length())   // "2"
}
```

결과는 정수에 대한 문자열 맵(map[string]int)인 새로운 타입 MyMap이지만, 이 타입은 맵의 길이를 나타내는 Length 메서드를 갖고 있습니다.

3.8.3 인터페이스

Go의 인터페이스는 메서드 시그니처의 세트에 불과합니다. 다른 언어의 인터페이스와 마찬가지로 Go의 인터페이스도 실제 구현의 상세 내용과는 별개로 다른 타입의 일반적인 동작을 기술하는 데 사용됩니다.

따라서 인터페이스는 어떤 타입이 충족해야 하는 계약Contract으로 볼 수 있으며 강력한 추상화 기술에 대해 문을 열어두고 있습니다.

예를 들면 Area 메서드 시그니처를 포함하는 Shape 인터페이스를 정의할 수 있습니다. Shape 인터페이스를 구현하는 모든 타입은 float64 타입의 결과를 반환하는 Area 메서드를 갖고 있어야 합니다.

```go
type Shape interface {
    Area() float64
}
```

이제 Shape 인터페이스를 구현하기 위해 Area 메서드를 가진 Circle과 Rectangle이라는 두 개의 도형을 정의해보겠습니다. 두 개의 도형이 인터페이스의 요구사항을 충족하는지 명시적으로 선언할 필요는 없다는 것을 기억해둡시다. 정의한 타입이 인터페이스가 요구하는 모든 메서드를 포함하고 있다면 그 타입은 암묵적으로 인터페이스를 구현했다고 볼 수 있습니다.

이것은 소유하지 않은 타입이나 제어할 수 없는 타입으로 만족되는 인터페이스 설계가 필요할 때 특히 유용합니다.

```go
type Circle struct {
    Radius float64
}

func (c Circle) Area() float64 {
    return math.Pi * c.Radius * c.Radius
}

type Rectangle struct {
    Width, Height float64
}

func (r Rectangle) Area() float64 {
    return r.Width * r.Height
}
```

Circle과 Rectangle 타입 모두 암묵적으로 Shape 인터페이스를 만족하고 있기 때문에 Shape 타입의 매개변수를 갖는 어떤 함수에 대해서든 두 타입을 사용할 수 있습니다.

```go
func PrintArea(s Shape) {
    fmt.Printf("%T's area is %0.2f\n", s, s.Area())
}

func main() {
    r := Rectangle{Width:5, Height:10}
    PrintArea(r)     // main.Rectangle의 넓이는 50.00

    c := Circle{Radius:5}
    PrintArea(c)     // main.Circles의 넓이는 78.54
}
```

타입 주장

타입 주장[Type Assertions]은 인터페이스 값에 대해 구체적인 타입을 '주장'하기 위해 인터페이스 값에 적용될 수 있습니다. 구문은 x.(T)의 형태를 취하는데 여기서 x는 인터페이스를 나타내고 T는 주장하는 타입을 나타냅니다.

앞서 사용했던 Shape 인터페이스와 Circle 구조체를 참고하기 바랍니다.

```
var s Shape
s = Circle{}              // s는 Shape 인터페이스입니다.
C := s.(Circle)           // s가 Circle이라고 주장합니다.
fmt.Printf("%T\n", c)     // main.Circle 타입임을 알 수 있습니다.
```

빈 인터페이스

interface{}로 표기되는 빈 인터페이스[Empty Interface]는 호기심을 끄는 구성 요소입니다. 빈 인터페이스는 아무런 메서드도 정의되어 있지 않습니다. 어떤 정보도 갖고 있지 않으며 말 그대로 아무것도 아닙니다.[9]

interface{} 타입의 변수는 어떤 타입의 값이든 가질 수 있으며 임의의 타입 값을 다뤄야 할 때 무척 유용합니다. fmt.Println 메서드는 이 전략을 사용한 함수의 좋은 예입니다.

하지만 단점도 있습니다. 빈 인터페이스를 사용하려면 실행 시 확인되어야 하는 몇 가지 가정이 필요하고 결과적으로는 코드가 더 취약해질 수 있으며 효율성이 떨어집니다.

3.8.4 타입 임베딩을 통한 컴포지션

Go는 전통적인 객체 지향 관점의 서브클래싱이나 상속을 허용하지 않습니다. 그 대신 타입을 다른 타입에 임베딩할 수 있도록 허용하여 타입의 기능을 확장합니다.

이 방식은 상속 대신 컴포지션(이미 존재하는 타입들의 기능을 조합해 새로운 타입을 만드는 것을 말합니다)을 통해 기능들이 재사용될 수 있게 해주는 Go의 유용한 기능이며, 전통적인 객체 지향 프로그래밍 과제에서 당연하게 사용해온 복잡한 타입 계층의 필요성을 없애줍니다.

---

9 롭 파이크(Pike, Rob). 「Go Proverbs' YouTube」 1 Dec. 2015. https://oreil.ly/g8Rid

인터페이스 임베딩

인터페이스를 임베딩하는 유명한 예제는 io 패키지에서 찾아볼 수 있습니다. 특히 널리 사용되는 것이 io.Reader와 io.Writer 인터페이스입니다. 이 인터페이스들은 다음과 같이 정의되어 있습니다.

```go
type Reader interface {
    Read(p []byte) (n int, err error)
}

type Writer interface {
    Write(p []byte) (n int, err error)
}
```

그런데 만약 io.Reader와 io.Writer 모두를 만족하는 인터페이스가 필요하면 어떻게 해야 할까요? 두 인터페이스에 정의된 메서드를 복사하여 세 번째 인터페이스를 만들 수 있겠습니다만, 복사한 모든 메서드들이 원래의 메서드와 같아야 합니다. 이는 불필요한 오버헤드 관리 부담을 만드는 것은 물론이고 예상치 못한 에러를 야기시킬 수도 있습니다.

Go는 두 인터페이스의 메서드를 복사해 붙여넣기하는 대신 메서드를 임베딩할 수 있게 해 세 번째 인터페이스가 두 인터페이스의 기능을 갖게 합니다. 이는 표준 io.ReadWriter 인터페이스에 정의된 것처럼 내장된 인터페이스를 익명 필드로 추가함으로써 가능해집니다.

```go
type ReadWriter interface {
    Reader
    Writer
}
```

이 컴포지션의 결과는 임베딩된 인터페이스의 모든 메서드를 가진 새로운 컴포지션입니다.

> **NOTE** 오직 인터페이스만 인터페이스 안에 임베딩할 수 있습니다.

구조체 임베딩

임베딩은 인터페이스에서만 쓰이는 것은 아닙니다. 구조체도 다른 구조체 안에 임베딩될 수 있습니다.

이전 절의 io.Reader 및 io.Writer 예제에 해당하는 구조체는 bufio 패키지에서 가져옵니다. 다시 말하면 bufio.Reader(io.Reader의 구현)와 bufio.Writer(io.Writer의 구현)입니다. 마찬 가지로 bufio는 이미 존재하는 bufio.Reader와 bufio.Writer 타입의 단순한 컴포지션에 불과 한 io.ReadWriter의 구현체를 제공합니다.

```
type ReadWriter struct {
    *Reader
    *Writer
}
```

구조체를 임베딩하기 위한 구문은 인터페이스의 구문과 동일하며 임베디드 타입을 이름 지어지지 않은 필드Unnamed Fields에 추가합니다. 앞 예제에서는 bufio.ReadWriter가 bufio.Reader와 bufio.Writer를 임베드합니다.

> **NOTE** 포인터와 마찬가지로 구조체에 대한 임베디드 포인터는 nil의 제로값을 갖고 있으며 사용 전 유효한 구조체를 가리키도록 초기화되어야 합니다.

승격

그렇다면 왜 구조체 필드를 추가하는 대신 컴포지션을 사용해야 할까요? 어떤 타입이 다른 타입으로 임베딩되면 갖고 있는 속성과 메서드가 컨테이너 역할을 하는 타입으로 승격Promotion되어 직접 호출할 수 있게 되기 때문입니다.

예를 들면 bufio.Reader의 Read 메서드는 bufio.ReadWriter의 인스턴스를 통해 직접 접근할 수 있습니다.

```
var rw *bufio.ReadWriter = GetReadWriter()
var bytes []byte = make([]byte, 1024)

n, err := rw.Read(bytes) {
    // 읽은 바이트에 대한 처리 로직이 들어갑니다.
}
```

여러분은 진짜로 Read 메서드가 임베딩된 *bufio.Reader에 연결되어 있는지 알 필요가 없으며 신경 쓸 필요도 없습니다. 하지만 승격된 메서드가 호출되었을 때 메서드의 수신자는 여전히 임베딩된 타입이므로 rw.Read의 수신자는 ReadWriter 자체가 아니라 ReadWriter의 Reader 필드라는 것을 꼭 기억해야 합니다.

임베딩된 필드 직접 접근하기

간혹 임베딩된 필드를 직접 참조해야 할 일이 생기기도 합니다. 그러기 위해서는 필드의 타입 이름을 필드 이름으로 사용해야 합니다. 다음 예제의 UseReader 함수는 *bufio.Reader를 매개 변수로 요구하지만 우리가 갖고 있는 것은 *bufio.ReadWriter의 인스턴스입니다.

```go
func UseReader(r *bufio.Reader) {
    fmt.Printf("We got a %T\n", r)      // *bufio.Reader가 생겼습니다.
}
func main() {
    var rw *bufio.ReadWriter = GetReadWriter()
    UseReader(rw.Reader)
}
```

이 코드는 rw의 *bufio.Reader를 추출하기 위해 접근하고자 하는 필드의 타입 이름인 Reader를 필드 이름으로 사용했습니다. 이런 방식을 활용하면 초기화 코드를 단순화할 수 있습니다.

```go
rw := &bufio.ReadWriter{Reader: &bufio.Reader{}, Writer: &bufio.Writer{}}
```

만약 rw를 &bufio.ReadWriter{}로 생성했다면 임베딩된 필드는 nil이 될 것입니다. 하지만 앞의 코드 스니펫은 *bufio.ReadWriter 인스턴스를 *bufio.Reader와 *bufio.Writer 필드로 완전히 정의하여 생성합니다.

보통은 &bufio.ReadWriter에 대해 이런 식의 코드를 만들지 않습니다만, 쓸만한 목업 제공을 위해서는 이러한 접근법을 사용할 수 있습니다.

3.9 장점: 동시성

동시성 프로그래밍은 매우 복잡하며 이 책의 범위를 벗어납니다. 그러나 동시성^{Concurrency}에 대한 추론은 어렵고 일반적으로 동시성이 동작하는 방식이 동시성을 더 어렵게 만든다고 할 수 있습니다.

많은 프로그래밍 언어가 동시에 실행되는 프로세스들을 조율하기 위해 주로 사용되는 방법은 공유 메모리 영역을 만드는 것입니다. 이 영역은 한 번에 하나의 프로세스만 접근할 수 있도록 잠금 처리[Lock]되지만 종종 경쟁 조건[Race Conditions]이나 데드락[Deadlock]과 같이 디버깅하기 어려운 상황에 직면하기도 합니다.

대부분의 언어와 달리 Go는 조금 다른 전략을 채택했습니다. Go는 잠금 처리에 덜 의존적이고 동시성 소프트웨어 구축을 위해 함께 사용해도 우아하게 동작하는 고루틴[goroutines]과 채널[Channels]이라는 두 가지 도구를 제공합니다.

이 도구들은 개발자가 메모리 공유를 쓰지 않도록 장려하는 동시에 프로세스들이 전적으로 메시지 송수신을 통해 상호작용하도록 합니다.

3.9.1 고루틴

Go의 가장 강력한 기능 중 하나는 go 키워드입니다. go 키워드를 앞에 붙여 호출하는 함수는 일반적인 함수 호출처럼 실행되지만 호출자는 함수의 반환값을 기다리지 않고 중단 없이 이후의 코드를 실행할 수 있습니다. 함수는 내부적으로 고루틴[Goroutines]이라 불리는 가벼우면서도 동시에 실행되는 프로세스로 실행됩니다.

고루틴의 문법은 정말 단순합니다. 함수 foo가 있을 때 보통은 foo() 문법으로 순차 실행되지만 앞에 go 키워드를 붙여 go foo()로 호출하면 동시성을 제공하는 고루틴으로 실행됩니다.

```
foo()       // foo()를 호출하고 반환값을 기다립니다.
go foo()    // foo()를 동시에 호출하는 새로운 고루틴을 생성합니다.
```

고루틴은 또한 함수 리터럴을 호출할 수도 있습니다.

```
func Log(w io.Writer, message string) {
    go func() {
        fmt.Fprintln(w, message)
    }()       // 마지막에 괄호쌍을 잊지 말고 붙여줍니다.
}
```

3.9.2 채널

Go의 채널[Channels]은 두 개의 고루틴이 서로 통신할 수 있도록 해주는 타입이 정해진 도구입니다. 채널은 채널의 종단에 연결된 고루틴이 값을 보내고 받을 수 있는 파이프처럼 동작합니다.

채널은 make 함수를 이용해 생성됩니다. 각 채널은 지정된 타입으로 값을 전달할 수 있으며 이를 엘리먼트 타입[Element Type]이라고 합니다. 채널 타입은 chan 키워드와 이어지는 엘리먼트 타입을 이용해 정의합니다. 다음 예제는 int 타입을 주고받을 수 있는 채널을 선언하고 있습니다.

```
var ch chan int = make(chan int)
```

채널이 지원하는 두 가지 주요 연산은 송신[Send]과 수신[Receive]이며 둘 다 <- 연산자를 사용합니다. 화살표가 나타내는 것은 다음 예제와 같이 데이터가 흐르는 방향입니다.

```
ch <- val      // 채널로 데이터를 송신합니다.
val = <-ch     // 채널로 수신되는 데이터를 val 변수에 저장합니다.
<-ch           // 채널로 수신되는 데이터를 버립니다.
```

채널 차단

기본적으로 채널은 버퍼를 사용하지 않습니다(Unbuffered). 버퍼가 없는 채널은 매우 유용한 속성을 갖고 있습니다. 채널에 메시지가 송신되면 채널의 다른 고루틴이 수신할 때까지 송신이 차단되고, 수신 역시 다른 고루틴이 채널에 메시지를 보내기 전까지 차단됩니다. 이 동작은 다음 예제처럼 두 개의 고루틴을 동기화하는 데 사용될 수 있습니다.

```
func main() {
    ch := make(chan string)      // 채널을 문자열 타입으로 생성합니다.

    go func() {
        message := <-ch          // 수신을 차단하고 메시지에 할당합니다.
        fmt.Println(message)     // "ping"
        ch <- "pong"             // 송신을 차단합니다.
    }()

    ch <- "ping"                 // "ping"을 채널로 송신합니다.
    fmt.Println(<-ch)            // "pong"
}
```

비록 main과 익명 고루틴이 동시에 실행되고 이론상 실행 순서가 정해져 있지 않다고 해도 버퍼를 사용하지 않는 채널의 차단 동작은 앞에 나온 코드의 출력 값이 언제나 "ping" 다음에 "pong"이 되도록 보장합니다.

채널 버퍼링

버퍼가 초기화될 때 정해진 용량의 내부 값 큐를 가진 경우 채널은 버퍼를 갖게 됩니다. 앞의 예제와 달리 버퍼를 가진 채널로의 송신은 버퍼가 가득 찼을 때만 차단되고, 수신은 버퍼가 비어 있을 경우 차단됩니다. 그 외의 송신과 수신은 자유롭게 버퍼에 읽고 쓸 수 있으며 즉시 종료됩니다.

make 함수의 두 번째 매개변수로 채널의 버퍼 크기를 지정하면 버퍼를 가진 채널을 만들 수 있습니다.

```
ch := make(chan string, 2)  // 2의 용량을 갖는 버퍼를 가진 채널을 생성합니다.

ch <- "foo"                 // 두 번의 송신은 용량 이내이므로 블록되지 않습니다.
ch <- "bar"

fmt.Println(<-ch)           // 버퍼가 비어 있지 않은 두 번의 수신은 차단되지 않습니다.
fmt.Println(<-ch)

fmt.Println(<-ch)           // 세 번째 수신 요청은 차단됩니다.
```

채널 종료

채널에 대한 세 번째 동작은 종료^{Close}이며 더 이상 다른 값이 채널을 통해 전달되지 않는다는 것을 나타내는 플래그를 설정합니다. 채널을 닫기 위해 내장된 close 함수(close(ch))를 이용할 수 있습니다.

> **NOTE** 채널 종료 동작은 수신자에게 더 이상 값이 전달되는 것을 기다리지 말라고 알려주는 플래그에 불과합니다. 더 이상 사용하지 않을 채널을 명시적으로 종료할 필요는 없습니다.

이미 닫힌 채널로 정보를 송신하면 panic이 발생합니다. 종료된 채널로부터 값을 수신하려고 하면 채널이 종료되기 전에 송신되었으며 아직 받아가지 않은 값을 받게 되며, 이어지는 추가 수신 동작은 즉시 채널 기본 타입의 제로값을 받게 됩니다. 수신자는 채널 수신 코드의 두 번째 매개변수로 bool 타입 변수를 할당하여 채널이 종료되었는지(혹은 버퍼가 비어 있는지) 시험할 수 있습니다.

```
ch := make(chan string, 10)

ch <- "foo"

close(ch)                           // 수신되지 않은 값 하나가 버퍼에 남아 있습니다.

msg, ok := <-ch
fmt.Printf("%q, %v\n", msg, ok)     // "foo", true
msg, ok = <-ch
fmt.Printf("%q, %v\n", msg, ok)     // "", false
```

> **NOTE** 송신자, 수신자 모두 채널을 종료할 수 있지만 실제로는 송신자만 해야 합니다. 무심코 종료된 채널에 값을 송신하면 panic이 발생할 수 있습니다.

채널에 대한 반복문

range 키워드는 버퍼에 값을 가지고 있거나 열려 있는 채널을 순회할 때 사용됩니다. 반복문은 채널에 읽을 수 있는 값이 들어오거나 채널이 종료될 때까지 차단됩니다. 다음 예제 코드를 통해 반복문이 어떻게 동작하는지 살펴봅시다.

```
ch := make(chan string, 3)

ch <- "foo"            // 채널로 세 개의 값을 송신합니다.
ch <- "bar"
ch <- "baz"

close(ch)              // 채널을 종료합니다.

for s := range ch {    // range 키워드는 "closed" 플래그를 만나기 전까지 계속 동작합니다.
    fmt.Println(s)
}
```

이 예제는 버퍼를 가진 채널 ch를 생성하고 채널이 종료되기 전에 세 개의 값을 송신했습니다. 채널이 종료되기 전에 세 개의 값이 채널로 송신되었기 때문에 채널에 대한 반복문은 종료되기 전에 세 개의 값을 모두 출력할 것입니다.

채널이 종료되지 않도록 하면 반복문은 실행을 멈추고 채널을 통해 다음 값이 전송될 때까지 잠정적으로 무기한 기다릴 것입니다.

3.9.3 Select

Go의 select 구문은 다수의 채널에 대하여 다중 통신에 편리한 메커니즘을 제공하는 switch 구문과 닮아 있습니다.

select 문법은 성공적으로 송신했거나 수신한 동작에 따라 특정한 코드를 실행할 수 있도록 여러 개의 case문을 사용한다는 점에서 switch와 매우 비슷합니다.

```
select {
case <-ch1:            // 수신되는 값을 버립니다.
    fmt.Println("Got something")
case x := <-ch2:        // 수신된 값을 변수 x에 할당합니다.
    fmt.Println(x)
case ch3 <- y:          // 변수 y의 값을 채널로 송신합니다.
    fmt.Println(y)
default:
    fmt.Println("None of the above")
}
```

이 예시에는 세 개의 서로 다른 조건에 대해 정의된 세 개의 case 구문이 있습니다. 만약 채널 ch1을 읽을 준비가 되었다면 채널로부터 값을 읽은 후 버리게 되고 화면에 Got something이라는 문자열이 출력될 것입니다.

ch2를 읽을 준비가 되었다면 값을 읽어들여 화면에 출력하기 전 변수 x에 할당합니다.

세 번째로 ch3를 통한 송신 준비가 되었다면 변수 y의 값은 화면에 출력되기 전에 채널로 송신됩니다.

마지막까지 적합한 case문을 만나지 못한 경우 default 구문이 수행됩니다. default 구문이 정의되어 있지 않은 경우 select 구문은 여러 case문 중 어느 하나라도 조건에 부합할 때까지 동작을 멈춘 후, 조건이 만족되었을 때 필요한 통신을 수행하고 관련된 구문을 실행합니다.

다수의 case문이 함께 조건을 만족하게 되는 경우, select는 임의로 하나의 case문을 선택해 실행합니다.

> **NOTE** select를 사용할 경우 종료된 채널은 결코 차단되지 않으며 언제나 읽을 수 있는 상태라는 것을 마음속에 담아두기 바랍니다.

채널 타임아웃 구현

select를 채널의 다중 통신에 사용할 수 있는 것은 굉장히 강력한 기능이며 매우 어렵고 지루한 작업을 단순하게 만들 수 있습니다.

예를 들어 임의 채널에 대해 타임아웃 기능을 구현해봅시다. 어떤 언어에서는 조금 이상하게 보일 수 있는 스레드 작업이 필요할 수 있지만, Go에서는 일정 시간 동안 메시지를 보내지 않은 채널 값을 반환하는 time.After와 함께 select 구문을 사용하여 쉽게 구현할 수 있습니다.

```
var ch chan int

select {
case m := <-ch:                      // 채널의 값을 읽고 차단 상태를 유지합니다.
    fmt.Println(m)
case <-time.After(10 * time.Second):  // time.After는 채널을 반환합니다.
    fmt.Println("Timed out")
}
```

이 select 구문에는 default문이 없기 때문에 case 조건 중 어느 하나라도 참이 될 때까지 차단됩니다. 만약 time.After가 메시지를 발행하기 전까지 ch가 읽을 수 있는 상태로 되지 않으면 두 번째 case문이 활성화되고 타임아웃이 발생하게 됩니다.

요약

필자가 이번 장에서 이야기한 주제들을 조금 더 깊은 수준으로 다루었다면 이 책의 전반적인 내용을 쉽게 이해하는 데 도움이 되었을 것입니다. 하지만 시간과 공간의 제약 때문에 (그리고 더 좋은 책이 이미 출간[10]되어 있기 때문에) Go 언어에 대한 기초적인 내용은 이번 장에서만 얕고 넓게 다루었습니다(적어도 이 책의 개정판이 나오기 전까지는 그럴 것입니다).

아쉽지만 Go의 구문과 문법을 배우는 것은 여기까지입니다. 4장에서는 '클라우드 네이티브'의 맥락에서 자주 보게 되는 다양한 Go 언어 프로그래밍 패턴을 살펴볼 것입니다. 만약 이번 장의 내용이 흥미로웠다면 여러분은 다음 장의 내용도 무척 마음에 들어 할 것입니다.

---

10 마지막으로 한 번 더 이야기합니다만, 아직 읽지 않았다면 『The Go Programming Language』(에이콘출판사, 2016년)를 꼭 읽어보기 바랍니다.

Chapter

4

클라우드
네이티브 패턴

프로그램을 실행 가능한 작은 코드 조각으로 보지 않도록 우리 자신을 훈련시켰을 때만 발전할 수 있습니다.[1]

– 에츠허르 다익스트라(Edsger W. Dijkstra, 1979년 8월)

1991년에 썬마이크로시스템즈에서 일하던 L. 피터 도이치[L. Peter Deutsch][2]는 분산 애플리케이션을 처음(혹은 완전히 처음은 아니더라도) 접하는 프로그래머들이 자주 하는 오해를 모아 분산 컴퓨팅 오류[Fallacies of Distibuted Computing]를 공식화했습니다.

- **네트워크는 신뢰할 수 있다**

  스위치 장비도 고장이 발생하며 라우터가 잘못 설정되기도 합니다.

- **지연은 없다**

  네트워크를 통해 데이터를 보내는 것은 시간이 걸리는 작업입니다.

- **대역폭은 무한하다**

  네트워크가 한번에 처리할 수 있는 데이터의 양은 정해져 있습니다.

- **네트워크는 안전하다**

  평문으로 비밀을 공유하면 안 됩니다. 모든 것을 암호화하세요.

- **토폴로지는 변하지 않는다**

  서버와 서비스는 흥망성쇠합니다.

- **관리자는 한 명뿐이다**

  관리자는 많고 각자 이런저런 솔루션을 도입하곤 합니다.

- **전송비용은 무료다**

  데이터를 옮기는 데는 시간과 돈이 듭니다.

- **네트워크는 동일하다**

  모든 네트워크는(가끔은 아주 많이) 다릅니다.

대담해 보일 수도 있지만 여기에 다음 내용을 추가하고 싶습니다.

---

1 1979년 8월에 발표되었으며 Vicki Almstrum, Tony Hoare, Niklaus Wirth, Wim Feijen, Rajeev에 의해 증명되었습니다(A Symposium Honoring Professor Edsger Wybe Dijkstra, 12 – 13 May 2000 에서 발췌).
2 L의 법적인 이름은 정말로 L입니다. 시간이 된다면 그에 대한 정보를 찾아보기 바랍니다.

- **서비스는 신뢰할 수 있다**

여러분이 사용하고 있는 서비스는 언제든 죽을 수 있습니다.

이번 장에서는 '도이치의 오류[Deutsch's Fallacies]'에 기술된 하나 이상의 조건을 만들기 위해 설계 및 테스트되어 입증된 개발 패러다임으로 관용적인 패턴 몇 가지를 제시하고 이것을 Go에서 어떻게 구현하는지 살펴보겠습니다. 이 책에서 논의하는 패턴들은 새로운 것이 아닌, 분산 애플리케이션이 존재한 이래 늘 존재해왔던 것들이지만 한 권의 책에서 함께 다뤄진 적은 없었습니다. 상당수는 Go만의 독특한 구현들이거나 다른 언어에 비해 상대적으로 Go로 참신하게 구현된 것들입니다.

안타깝게도 벌크헤드[Bulkhead]나 게이트키퍼[Gatekeeper]와 같은 인프라 레벨의 패턴을 다루지는 않습니다. 이 책은 Go를 이용한 애플리케이션 레이어 구현과 패턴에 집중하고 있고 그러한 패턴들이 필수적이기는 하지만 전혀 다른 추상화 수준에서 작동하기 때문입니다. 만약 여러분이 인프라 레벨의 패턴에 대해서도 관심이 있다면 저스틴 게리슨[Justin Garrison]과 크리스 노바[Kris Nova]가 집필한 『클라우드 네이티브 인프라스트럭처』(에이콘출판사, 2018년)와 브렌단 번즈[Brendan Burns]가 쓴 『Designing Distributed Systems』(오라일리, 2018년)를 추천합니다.

4.1 Context 패키지

이번 장에서 다루는 많은 예제들은 context 패키지를 사용합니다. Go 1.7 버전에서 처음 소개된 이 패키지는 프로세스 간 종료 시점, 취소 신호 및 요청 범위 값을 전달하기 위한 관용적인 수단을 제공해줍니다. 패키지는 context.Context라는 단일 인터페이스를 사용하며 메서드는 다음과 같습니다.

```
type Context interface {
    // Done 메서드는 Context가 취소되었을 때 닫힌 채널을 반환합니다.
    Done() <-chan struct{}

    // Err은 Done 메서드를 통해 채널이 닫혔을 때 context가 왜 취소되었는지 나타냅니다.
    // 채널이 아직 닫히지 않은 경우 Err은 nil을 반환합니다.
    Err() error

    // Deadline은 이 Context가 닫혀야 하는 시간을 반환합니다.
    // 종료 시점이 지정되지 않은 경우 ok 값으로 false를 반환합니다.
```

```
Deadline() (deadline time.Time, ok bool)

    // Value는 이 context 내에서 key와 연계된 값을 반환합니다.
    // key와 연계된 값이 없는 경우 nil을 반환하므로 조심해서 사용해야 합니다.
    Value(key interface{}) interface{}
}
```

이 중 세 개의 메서드는 Context 값의 취소 상태나 동작을 알기 위해 사용할 수 있습니다. 반면 네 번째 메서드 Value는 임의의 키와 연관된 값을 추출하는 데 사용할 수 있습니다 Context의 Value 메서드는 Go 세계에서 일부 논쟁의 초점이 되고 있으며 뒤에 나오는 '요청 범위 값의 정의'에서 자세히 살펴보겠습니다.

4.1.1 Context가 하는 일

context.Context 값은 서비스 요청에 대해 직접 값을 전달하기 위해 사용되며 보통 하나 이상의 부요청Subrequests으로 전달될 것입니다. 이것은 Context가 취소되었을 때 Context를 들고 있는(혹은 그림 4-1, 그림 4-2, 그림 4-3에 표현된 파생 Context를 갖고 있는) 모든 함수들이 신호를 받아 취소에 대해 적절히 처리하도록 하여 Context와 관련된 불필요한 자원 낭비를 막습니다.

예를 들어 데이터베이스까지 전달되는 서비스에 대한 요청을 살펴봅시다. 이상적인 시나리오에서는 그림 4-1처럼 사용자, 애플리케이션, 데이터베이스 요청이 처리되고 결과가 반환됩니다.

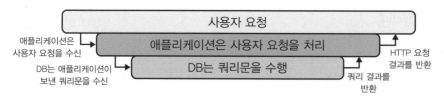

그림 4-1 성공적으로 처리된 사용자 요청

그런데 요청 처리가 완전히 끝나기 전에 사용자가 요청을 중단시키면 어떻게 될까요? 대부분의 경우 프로세스는 전반적인 맥락을 알지 못하기 때문에 요청받은 작업을 계속 처리할 것이고(그림 4-2) 아무도 사용하지 않을 결과를 만들어 내기 위해 자원을 낭비할 것입니다.

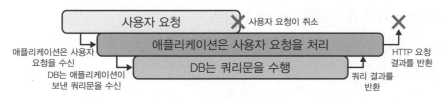

그림 4-2 사용자 요청 취소를 인지하지 못한 부요청들은 작업을 계속 진행합니다

하지만 Context를 각 부요청에 공유하면 장시간 동작해야 하는 프로세스들도 '동시에 종료' 신호를 받을 수 있게 되므로 각 프로세스들이 취소 신호를 처리하도록 할 수 있습니다(그림 4-3).

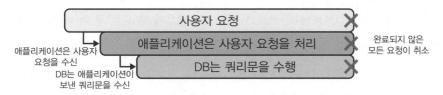

그림 4-3 Context 공유를 통해 취소 신호를 프로세스 간에 공유하고 조율할 수 있습니다

여기서 중요한 것은 Context 값이 스레드 세이프Thread Safe하다는 것입니다. 가령 Context 값에 동시에 실행되는 다수의 고루틴goroutines이 접근하는 경우에도 예측하지 못한 동작에 대한 걱정 없이 사용할 수 있습니다.

4.1.2 Context 생성

새로운 context.Context는 다음 두 가지 함수를 이용하여 생성할 수 있습니다.

- func Background() Context

  빈 Context 객체를 반환합니다. 이 객체는 취소되지 않았고 값이 할당되어 있지 않으며 종료 시점도 갖고 있지 않습니다. 보통 main 함수나 초기화, 시험, 수신되는 요청에 대한 최상위 Context 객체로 사용됩니다.

- func TODO() Context

  이 함수도 빈 Context 객체를 제공하지만 사용되는 시나리오에 차이가 있습니다. 어떤 Context를 사용해야 할지 확실하지 않은 경우 또는 부모 Context 객체가 필요하지만 아직 가용하지 않을 때 플레이스홀더로 사용합니다.

4.1.3 Context 종료 시점과 타임아웃 정의

또한 context 패키지는 타임아웃을 적용하거나 명시적으로 취소를 일으킬 수 있는 함수 후크를 통해 취소 동작을 지시할 수 있는 파생 Context 값을 만드는 여러 메서드를 제공합니다.

- func WithDeadline(Context, time.Time) (Context, CancelFunc)

  Context를 취소하고 Done 채널을 닫을 특정 시점을 지정합니다.

- func WithTimeout(Context, time.Duration) (Context, CancelFunc)

  Context를 취소하고 Done 채널이 닫히기 전까지 기다리는 시간을 지정합니다.

- func WithCancel(Context) (Context, CancelFunc)

  앞의 두 함수와 달리 WithCancel은 특별한 값을 받지 않으며 명시적으로 Context를 취소하기 위해 호출해야 하는 함수를 반환합니다.

이 세 가지 함수는 모두 요청된 특성을 가진 파생 Context와 함께 Context를 명시적으로 취소하거나 파생된 모든 값을 취소할 때 사용할 매개변수가 없는 context.CancelFunc 함수를 반환합니다.

> **NOTE** Context가 취소되면 취소된 Context로부터 파생된 모든 Contexts도 취소됩니다. 하지만 취소된 Context를 만들 때 사용한 원래의 Contexts는 취소되지 않습니다.

4.1.4 요청 범위 값의 정의

마지막으로 context 패키지는 Value 메서드를 통해 반환된 Context 및 파생된 모든 Context 값에서 접근할 수 있는 임의의 요청 범위 키-값^{Request-Scoped Key-Value} 쌍을 정의하는 함수를 제공합니다.

- func WithValue(parent Context, key, val interface{}) Context

  WithValue 함수는 key가 val 값과 연결된 parent Context의 파생 Context를 반환합니다.

[**Column**] **Context 값**

context.WithValue와 context.Value 함수는 프로세스나 API가 사용할 수 있는 임의의 키-값 쌍을 설정하거나 가져올 수 있는 편리한 구조를 제공합니다. 하지만 이 기능은 오래 지속되는 요청의 취소를 조정하는 Context의 함수와 충돌하고 프로그램의 흐름을 애매하게 만들며 컴파일 시의 결합을 망가뜨릴 수 있다는 점에서 논쟁이 이루어지고 있습니다. 보다 깊이 논의해보고 싶다면 데이브 체니(Dave Cheney)가 쓴 블로그 포스트인 「Context Is for cancelation」[3]을 읽어보기 바랍니다.

이 책에서 소개하는 예제는 이 기능을 사용하고 있지 않습니다. 만약 이 기능을 사용해보고 싶다면 모든 값들이 요청에 한정되고 있는지 확실히 살펴보고 프로세스의 기능을 변경하지 않도록 해야 하며, 기능이 누락되었을 경우에도 프로세스가 중지되지 않도록 유의해야 합니다.

4.1.5 Context 사용하기

main 함수에 의해서든 외부의 요청에 의해서든 서비스 요청이 시작되면 최상위 프로세스는 Background 함수를 이용해 새로운 Context 값을 만들고 부요청으로 Context를 공유하기 전에 context.With* 함수들을 이용해 필요한 값을 지정합니다. 부요청들은 Context를 공유받은 후 Done 채널을 관찰하면서 취소 신호가 오는지만 보면 됩니다.

예를 들어 다음 Stream 함수를 살펴봅시다.

```go
func Stream(ctx context.Context, out chan<- Value) error {
    // 10초 타임아웃을 가진 파생 Context를 생성합니다.
    // 이렇게 생성된 dctx는 타임아웃 도달 시 취소되지만 ctx는 취소되지 않습니다.
    // cancel은 dctx를 명시적으로 취소하는 함수입니다.
    dctx, cancel := context.WithTimeout(ctx, time.Second * 10)

    // SlowOperation 함수가 타임아웃되기 전에 수행되면 리소스를 반환합니다.
    defer cancel()

    res, err := SlowOperation(dctx)
    if err != nil {                    // dctx가 타임아웃되면 True가 됩니다.
        return err
```

---

3 https://oreil.ly/DaGN1

```
    }

    for {
        select {
        case out <- res:        // res를 읽어서 out으로 보냅니다.

        case <-ctx.Done():      // ctx가 취소되면 발생합니다.
            return ctx.Err()
        }
    }
}
```

Stream은 매개변수로 `ctx Context`를 받고 `WithTimeout` 메서드를 이용해 10초 타임아웃을 갖는 파생 `Context`인 `dctx`를 생성합니다. 이 데커레이션으로 인해 `SlowOperation(dctx)` 호출은 10초 후 타임아웃이 발생하며 에러를 반환합니다. 반면 원래의 `ctx`를 사용하는 함수는 이 타임아웃 데커레이션을 갖고 있지 않으며 타임아웃이 발생하지 않습니다.

자세히 살펴보면 `SlowOperation` 함수가 제공하는 `res` 채널에서 값을 읽어들이기 위한 `select` 구문을 감싼 `for` 반복문에 원래의 `ctx` 값이 사용되었습니다. `ctx.Done` 채널이 닫혔을 때 적절한 에러 값을 반환하기 위해 `case <-ctx.Done()` 구문을 사용한 것에 주목하기 바랍니다.

4.2 이 장의 구성

이 장에서 소개하는 각 패턴에 대한 설명은 『GoF의 디자인 패턴』[4]에 나온 패턴을 기반으로 작성되었습니다만 더 간단하고 덜 진부합니다. 각 패턴은 목적과 사용 이유를 짤막하게 소개하면서 시작되며 다음과 같은 단락이 이어집니다.

- **적용성**

  이 패턴이 적용될 수 있는 맥락과 설명

- **참여자**

  패턴을 구성하는 컴포넌트의 목록과 역할

---

4 『GoF의 디자인 패턴』(에릭 감마 지음, 프로텍미디어, 2015)

- **구현**

  솔루션과 그 구현에 대한 논의

- **예제 코드**

  Go에서 어떻게 코드가 구현되는지 보여주는 예제

4.3 안정성 패턴

이번 절에서 다루는 안정성 패턴^{Stability Patterns}은 분산 컴퓨팅의 오류^{Fallacies of Distibuted Computing}에서 이야기한 하나 이상의 가정을 말합니다. 보통 이들은 분산 애플리케이션이 자신의 안정성이나 자신이 속한 더 큰 시스템의 안정성을 높이는 데 적용되곤 합니다.

4.3.1 서킷 브레이커

서킷 브레이커^{Circuit Breaker}는 발생 가능한 오류에 대한 응답으로 서비스의 기능 수준을 낮춰 반복되는 오류를 제거하고 합리적인 오류 응답을 제공함으로써 더 큰 장애나 연쇄적인 오류 발생을 방지합니다.

적용성

만약 분산 컴퓨팅의 오류들이 하나로 축약될 수 있다면 아마도 그것은 분산된 클라우드 네이티브 시스템에서의 에러와 실패를 피해갈 수 없다는 사실일 것입니다. 서비스는 잘못 설정될 수 있고 데이터베이스는 망가질 수 있으며 네트워크는 쪼개질 수 있습니다. 이것을 회피할 수는 없으며 받아들이고 설명할 수 있을 뿐입니다.

그렇게 하지 않는다면 다소 불편한 결과가 초래될 수 있습니다. 우리는 그 결과들을 보아왔고 아름답지 않았습니다. 어떤 서비스는 헛된 노력을 계속한 끝에 말도 안 되는 결과를 고객에게 돌려줍니다. 또 다른 서비스는 치명적인 실패를 하고 고장과 재시작이라는 죽음의 소용돌이에 빠질 수도 있습니다. 이것은 중요한 것이 아닙니다. 왜냐하면 종국에는 모든 리소스를 낭비하고 애초에 어떤 실패 때문에 시작된 상황인지 불명확해질 것이며 이는 연쇄적인 실패 가능성을 높일 것이기 때문입니다.

반면에 서비스가 갖고 있는 의존성이 언제든 실패할 수 있다는 가정하에서 디자인된 서비스는 비슷한 상황을 만났을 때 합리적으로 대응할 수 있습니다. 서킷 브레이커는 서비스가 이런 실패를 감지할 수 있게 해주고 '서킷을 임시로 개방'하도록 하여 요청 수행을 일시 중지함으로써 고객에게 사전 약속된 통신 계약에 맞는 에러 메시지를 제공합니다.

예를 들어 사용자로부터 요청을 받아 데이터베이스 쿼리를 수행하고 결과를 반환하는 이상적인 서비스를 생각해봅시다. 데이터베이스에 문제가 생기면 어떻게 될까요? 서비스는 의미 없는 쿼리 요청을 계속할 것이고 에러 메시지가 가득한 로그가 쌓일 것이며, 타임아웃 발생이 늘어나거나 쓸모 없는 에러만 반환하게 될 것입니다. 이런 서비스들은 데이터베이스에 문제가 생겼을 때 서킷 브레이커를 이용하여 '서킷을 개방'하면 됩니다. (잠시라도) 서비스가 결과가 정해져 있는 데이터베이스 요청을 더 이상 하지 않도록 회피하고, 사용자에게 의미 있는 응답을 즉시 해줄 수 있게 될 것입니다.

참여자

이 패턴에는 다음과 같은 컴포넌트들이 관련되어 있습니다.

- **서킷(Circuit)**
  서비스와 상호 교류하는 함수

- **브레이커(Breaker)**
  서킷 Circuit과 동일한 함수 시그니처를 갖고 있는 클로저

구현

기본적으로 서킷 브레이커는 추가적인 에러 제어 로직을 넣기 위해 서킷[Circuit]을 브레이커[Breaker]로 감싼 특화된 어댑터[5] 패턴입니다.

이 패턴 이름의 기원이라 할 수 있는 전기 스위치와 마찬가지로 브레이커는 두 가지 상태값 closed와 open을 갖습니다. closed 상태일 때는 모든 기능이 평상시처럼 동작합니다. 브레이커는 사용자로부터 수신된 모든 요청을 변경 없이 서킷으로 전달하고, 서킷을 통해 만들어진 모든 응답은 사용자에게 전달됩니다. open 상태일 때는 브레이커가 요청을 서킷으로 전달하지

---

5 https://oreil.ly/bEeru

않습니다. 그 대신 상황에 대한 정보를 담은 에러 메시지를 응답함으로써 '빠른 실패'를 수행합니다.

브레이커는 내부적으로 서킷이 반환한 에러를 추적합니다. 서킷이 사전에 정의된 기준을 넘어서는 수준의 에러 응답을 하면 브레이커는 요청을 차단하고 상태를 open으로 전환합니다.

대부분의 서킷 브레이커 구현은 자동으로 서킷을 닫고 일정시간 유지하는 로직을 포함합니다. 하지만 기억해두어야 할 것은 이미 제대로 동작하고 있지 않은 서비스에 대해 재시도 요청을 많이 하는 것은 그 자체로 또 다른 문제를 일으킬 수 있다는 것입니다. 따라서 시간의 흐름에 따라 재시도 비율을 감소시키는 일종의 백오프^{backoff} 로직을 갖고 있어야 합니다. 백오프라는 주제는 꽤 미묘합니다만, 9장의 '다시 시도하기: 요청 재시도' 부분에서 더 상세히 다루므로 참고하기 바랍니다.

다중 노드 서비스에서 서킷 브레이커의 구현은 멤캐시디^{Memcached}나 레디스^{Redis} 네트워크 캐시 같은 공유 스토리지 구조를 포함하여 서킷의 상태를 추적하도록 확장됩니다.

예제 코드

데이터베이스 혹은 다른 업스트림 서비스와 상호 작용하는 함수의 시그니처를 나타내도록 서킷 타입을 생성하는 것으로 시작해보겠습니다. 실제로는 여러분이 필요로 하는 기능에 적합한 어떤 시그니처라도 될 수 있습니다. 다만 반환값 목록에 반드시 error가 포함되어야 합니다.

```
type Circuit func(context.Context) (string, error)
```

이번 예제에서 Circuit은 'Context 패키지'에서 살펴본 Context 값을 받는 함수입니다. 여러분이 실제로 사용하는 구현은 다를 수 있습니다.

Breaker 함수의 첫 번째 매개변수에는 Circuit 타입 정의를 따르는 어떤 함수라도 사용 가능합니다. 그리고 부호가 없는 정수로 선언된 매개변수는 서킷을 자동으로 open 상태로 바꾸기 전까지 허용하는 실패 횟수를 지정합니다. 함수의 반환값으로 Circuit 타입 정의를 따르는 또 다른 함수를 제공합니다.

```
func Breaker(circuit Circuit, failureThreshold uint) Circuit {
    var consecutiveFailures int = 0
    var lastAttempt = time.Now()
    var m sync.RWMutex
```

```go
    return func(ctx context.Context) (string, error) {
        m.RLock()                           // "읽기 잠금"을 수행합니다.

        d := consecutiveFailures - int(failureThreshold)

        if d >= 0 {
            shouldRetryAt := lastAttempt.Add(time.Second * 2 << d)
            if !time.Now().After(shouldRetryAt) {
                m.RUnlock()
                return "", errors.New("service unreachable")
            }
        }

        m.RUnlock()                         // 읽기 잠금을 풉니다.

        response, err := circuit(ctx)       // 요청 프로퍼티를 만듭니다.

        m.Lock()                            // 공유 자원을 잠급니다.
        defer m.Unlock()

        lastAttempt = time.Now()            // 시도한 시간을 기록해둡니다.

        if err != nil {                     // Circuit이 에러를 반환하는 경우
            consecutiveFailures++           // 실패 횟수를 기록하고
            return response, err            // 반환합니다.
        }

        consecutiveFailures = 0             // 실패 횟수를 초기화합니다.

        return response, nil
    }
}
```

Breaker 함수는 필요한 기능을 제공하기 위해 circuit을 감싼 또 다른 함수를 만들며 이 함수도 Circuit 타입을 갖습니다. 아마도 여러분은 '익명 함수와 클로저'에서 이것이 클로저로 불렸던 것을 떠올렸을 수도 있습니다. 클로저는 부모 함수의 변수에 액세스할 수 있는 중첩 함수입니다. 이후에 설명하겠지만 이번 장에서 구현하는 모든 '안정성^{Stability}' 함수는 클로저로 동작합니다.

클로저는 circuit이 반환한 연속적인 에러 수를 세는 방식으로 작동합니다. 만약 이 값이 실패 임계치를 넘어서면 실제로 circuit을 호출하지 않고 사용자에게 '서비스 접근 불가' 에러를 반환합니다. circuit에 대한 호출이 성공하면 consecutiveFailures는 0으로 초기화되고 다음 주기가 시작됩니다.

이 클로저는 몇 초 후 circuit을 다시 호출할 수 있는 자동 초기화 구조를 포함하고 있습니다. 이 구조는 서비스 접근 불가 상황이 된 후 circuit에 대한 재호출 시도 간격을 대략 두 배씩 늘리는 지수적인 백오프Exponential Backoff 방식을 사용합니다. 단순하며 널리 사용되는 백오프 알고리즘이지만 이상적인 것은 아닙니다. 왜 그런지에 대해서는 '백오프 알고리즘'에서 자세히 살펴보겠습니다.

4.3.2 디바운스

디바운스Debounce는 함수 호출 빈도를 제한하여 여러 번의 호출이 빠르게 발생했을 때 가장 처음이나 마지막 호출만 실제로 동작하도록 합니다.

적용성

디바운스는 전자 회로 테마로 분류된 우리의 두 번째 패턴입니다. 이 이름은 스위치의 접점이 열리거나 닫힐 때 '바운스Bounce'하여 회로가 안정적인 상태로 되기 전에 약간 요동치는 현상에서 유래되었습니다. 보통은 별로 문제되지 않지만 켜고 끄는 것의 반복이 데이터 스트림으로 해석될 수 있는 논리 회로에서는 이러한 '접촉 바운스'가 실제로 문제될 수 있습니다. 접촉 바운스를 줄여 회로가 열리고 닫힐 때 단 하나의 신호만 전송하도록 하는 것을 '디바운싱Debouncing'이라고 합니다.

서비스 세계에서는 속도가 느리거나 비용이 많이 드는 일련의 작업을 수행하는 경우가 종종 있습니다. 디바운스 패턴을 사용하여 시간 관점에서 빡빡하게 연결된 연속적이고 유사한 호출을 하나의 호출로 제한할 수 있으며 보통은 첫 번째나 마지막 호출을 사용합니다.

이 기술은 수년 동안 자바스크립트 진영에서 브라우저를 느리게 만드는 작업의 수를 제한하기 위해 사용되어 왔으며 첫 번째 사용자 이벤트를 취하거나 사용자가 준비될 때까지 작업을 지연시키는 방식을 사용했습니다. 아마 여러분은 이러한 기술을 사용한 애플리케이션을 본 적이 있을 것입니다. 검색 창에서 자동 완성 팝업이 즉시 노출되지 않고 입력을 멈춘 뒤 잠시 기다려야 하는 경우, 또한 버튼을 반복해서 클릭했을 때 첫 번째 클릭이 무시되고 이후의 클릭만 인식되는 경우 등을 경험해보았을 것입니다.

백엔드 서비스에 특화된 우리는 프론트엔드 동료로부터 많은 것을 배울 수 있습니다. 프론트엔드 개발자는 분산 시스템에 내재된 안정성, 지연, 대역폭 문제를 설명하기 위해 수년간 일해왔습니다. 예를 들어 이 방법을 사용하면 클라이언트와 서버의 시간을 낭비하지 않으면서 느리게 업데이트되는 원격지의 리소스를 교착 상태에 빠지지 않고 찾아올 수 있습니다.

이 패턴은 함수가 얼마나 자주 호출될 수 있는지를 제한한다는 점에서 이 장 뒤쪽에 나오는 '스로틀Throttle'과 비슷합니다. 하지만 디바운스는 일련의 연속적인 호출을 제한하는 반면, 스로틀은 단순히 일정 시간 범위를 기준으로 제한합니다. 디바운스와 스로틀의 차이에 대해서는 '스로틀과 디바운스의 차이는 무엇일까?' 부분을 참고하기 바랍니다.

참여자

이 패턴에는 다음과 같은 컴포넌트들이 관련되어 있습니다.

- 서킷(Circuit)

  조절 기능 수행

- 디바운스(Debounce)

  Circuit과 동일한 함수 시그니처를 가진 클로저

구현

디바운스의 구현은 서킷 브레이커가 Circuit을 빈도 제한Rate-limiting 로직으로 감싼 것과 유사하며 매우 직관적인 구성을 갖고 있습니다. 로직은 요청될 때마다 출력 값에 관계없이 일정한 시간 간격이 정해집니다. 이 시간 간격이 지나기 전에 들어온 요청은 무시되고 이후에 들어온 요청만 내부 함수로 전달됩니다. 이렇듯 내부 함수를 한 번만 호출하고 이후의 요청을 무시하는 구현을 펑션 퍼스트Function-first라 부르며, 이는 최초 응답을 캐시하여 이후의 응답에 사용할 수 있도록 해줍니다.

반면 펑션 라스트Function-last 구현은 일련의 요청에 대해 바로 내부 함수를 호출하지 않고 마지막 요청까지 기다립니다. 이는 자바스크립트 진영에서 비번하게 사용되는 방식으로, 검색 창에서 입력 값을 넣는 동안 매번 함수를 호출하지 않고 입력이 잠시 멈췄을 때 입력된 값을 사용하여 함수를 호출하는 것이 대표적인 예입니다. 펑션 라스트를 백엔드 서비스에서 사용하는 경우는 많지 않습니다. 그 이유는 백엔드 서비스의 경우 입력 값에 따라 즉시 응답하는 경우가 드물기 때문인데요. 여러분이 만든 함수가 즉각적인 응답이 필요하지 않을 때 사용하기 적합합니다.

예제 코드

서킷 브레이커 구현과 마찬가지로 우리가 제한하려는 함수 시그니처를 정의하는 것에서부터 구현을 시작합니다. 서킷 브레이커처럼 이 시그니처를 서킷^{Circuit}이라 부를 수 있으며 예제에서 선언된 것과 동일합니다. 다시 한 번 말하지만, 서킷은 함수의 기능에 부합할 경우 어떤 형태가 되든 관계없습니다만 error 값은 반드시 반환값에 포함되어야 합니다.

```
type Circuit func(context.Context) (string, error)
```

서킷 브레이커의 구현과 비슷해 보이는 것은 다분히 의도된 것입니다. 다음 예에 나타난 것처럼 서킷 브레이커와 디바운스의 호환성은 이들을 '연결 가능하게' 해줍니다.

```
func myFunction func(ctx context.Context) (string, error) { /* ... */ }

wrapped := Breaker(Debounce(myFunction))
response, err := wrapped(ctx)
```

다음 예제의 펑션 퍼스트 구현체 DebounceFirst는 펑션 라스트 구현에 비해 매우 직관적입니다. 정해진 시간 d 이내에 함수가 다시 호출될 경우 마지막으로 호출된 시간을 추적하여 캐시된 결과를 반환하면 되기 때문입니다.

```
func DebounceFirst(circuit Circuit, d time.Duration) Circuit {
    var threshold time.Time
    var result string
    var err error
    var m sync.Mutex

    return func(ctx context.Context) (string, error) {
        m.Lock()

        defer func() {
```

```
            threshold = time.Now().Add(d)
            m.Unlock()
        }()

        if time.Now().Before(threshold) {
            return result, err
        }

        result, err = circuit(ctx)

        return result, err
    }
}
```

구현된 DebounceFirst 함수는 스레드 안전성^{Thread Safety}을 보장하기 위해 함수 전체를 뮤텍스^{Mutex}로 감쌌습니다. 이는 호출 결과가 캐시될 때까지 일련의 연속된 함수 호출을 대기하도록 해 circuit 함수가 최초 요청에 의해 정확히 한 번만 호출되도록 보장합니다. defer는 연속된 함수 호출의 마지막 시간을 나타내는 threshold 값이 함수 호출 시마다 초기화되도록 합니다.

우리가 구현한 펑션 라스트 코드는 함수가 마지막으로 호출된 이후 충분한 시간이 흘렀는지를 결정하기 위해 time.Ticker를 사용해야 하기 때문에 다소 까다로우며, 만약 충분한 시간이 흘렀다면 circuit 함수를 호출합니다. 매번 호출될 때마다 새로운 time.Ticker를 생성하는 방법도 있긴 하지만 자주 호출되는 함수의 경우 리소스를 너무 많이 사용할 수 있다는 문제가 있습니다.

```
type Circuit func(context.Context) (string, error)

func DebounceLast(circuit Circuit, d time.Duration) Circuit {
    var threshold time.Time = time.Now()
    var ticker *time.Ticker
    var result string
    var err error
    var once sync.Once
    var m sync.Mutex

    return func(ctx context.Context) (string, error) {
        m.Lock()
        defer m.Unlock()
```

```
        threshold = time.Now().Add(d)
        once.Do(func() {
            ticker = time.NewTicker(time.Millisecond * 100)

            go func() {
                defer func() {
                    m.Lock()
                    ticker.Stop()
                    once = sync.Once{}
                    m.Unlock()
                }()

                for {
                    select {
                    case <-ticker.C:
                        m.Lock()
                        if time.Now().After(threshold) {
                            result, err = circuit(ctx)
                            m.Unlock()
                            return
                        }
                        m.Unlock()
                    case <-ctx.Done():
                        m.Lock()
                        result, err = "", ctx.Err()
                        m.Unlock()
                        return
                    }
                }
            }()
        })

        return result, err
    }
}
```

DebounceFirst와 마찬가지로 DebounceLast도 threshold 값을 사용하며 일련의 함수 호출의 마
지막 시간을 나타냅니다(추가적인 호출은 없다고 가정합니다). 서킷 브레이커와 디바운스의
유사성은 여기까지입니다.

여러분은 함수의 거의 대부분이 sync의 Do 메서드 안에서 실행된다는 것을 알아차렸을 것입니다. Once 값은 이름에서 떠올릴 수 있는 것처럼 포함된 함수가 정확히 한 번만 실행하도록 합니다. 이 코드에서 time.Ticker는 threshold가 지났는지 확인하거나 circuit 함수를 호출할 수 있는 충분한 시간이 지났는지 확인할 때 사용합니다. 마지막으로 time.Ticker가 멈추면 sync.Once는 초기화되고 cycle도 반복할 준비를 마칩니다.

4.3.3 재시도

재시도^{Retry}는 실패한 작업을 투명하게 다시 시도함으로써 분산 시스템에서 발생할 수 있는 일시적인 오류를 처리합니다.

적용성

복잡한 분산 시스템으로 작업할 때 일시적인 오류는 피할 수 없습니다. 이 오류는 다운스트림 서비스나 네트워크 자원이 방어적인 전략을 갖고 있을 때 일시적인 상황이나 조건에 의해 발생할 수 있습니다. 가령 부하가 높을 때 일시적으로 요청을 거부해 스로틀링^{Throttling}을 한다거나 필요 시 컴퓨팅 자원의 용량을 추가하는 오토스케일링 전략을 사용하는 것이 대표적입니다.

이러한 문제는 일정 시간이 지나면 자연스럽게 해소되고 약간의 지연 시간이 지난 후 재요청하는 경우(언제나 그런 것은 아니지만) 문제없이 처리되곤 합니다. 일시적인 에러 처리에 실패하면 시스템이 불안정해질 수 있습니다. 따라서 자동 재시도 전략 구현을 통해 시스템과 업스트림 서비스의 안정성을 높일 수 있습니다.

참여자

이 패턴은 다음과 같은 컴포넌트들이 관련되어 있습니다.

- **이펙터(Effector)**
  서비스와 상호 작용하는 함수

- **재시도(Retry)**
  이펙터의 요청을 받아 이펙터와 동일한 시그니처를 가진 함수를 클로저 형태로 반환하는 함수

구현

이 패턴은 함수의 시그니처를 정의하는 이펙터 타입을 통해 서킷 브레이커나 디바운스와 유사하게 동작합니다. 이 시그니처는 구현 내용에 따라 어떤 형태로든 구성될 수 있습니다만 함수가 잠재적으로 실패할 수 있는 동작을 수행할 때 반드시 이펙터가 정의한 시그니처와 동일해야 합니다.

재시도 함수는 사용자 정의 이펙터 함수를 받아서 재시도 로직을 제공하는 사용자 정의 함수를 감싼 이펙터를 반환합니다. 재시도 함수는 사용자 정의 이펙터 함수와 함께 정수 타입의 최대 재시도 횟수와 재시도 사이의 간격을 나타내는 time.Duration 값을 함께 받습니다. 만약 retries 매개변수 값이 0으로 지정되면 재시도 로직은 아무 일도 하지 않게 됩니다.

> **NOTE** 여기서는 설명하지 않지만 재시도 로직은 보통 백오프(backoff) 알고리즘을 포함합니다.

예제 코드

다음 예제에서 Retry 함수에 전달되는 함수 시그니처는 Effector입니다. Effector 함수의 시그니처는 앞선 패턴에서 살펴본 함수 타입과 다르지 않습니다.

```
type Effector func(context.Context) (string, error)
```

Retry 함수 자체는 지금까지 우리가 본 함수들과 비교했을 때 상대적으로 직관적입니다.

```go
func Retry(effector Effector, retries int, delay time.Duration) Effector {
    return func(ctx context.Context) (string, error) {
        for r := 0; ; r++ {
            response, err := effector(ctx)
            if err == nil || r >= retries {
                return response, err
            }

            log.Printf("Attempt %d failed; retrying in %v", r + 1, delay)

            select {
            case <-time.After(delay):
            case <-ctx.Done():
                return "", ctx.Err()
```

```
            }
        }
    }
}
```

어떻게 Retry 함수가 간결하게 유지되는지 이미 눈치챘을 수도 있습니다. 이 함수는 다른 함
수를 반환하지만 반환하는 함수가 다른 외부 상태 값을 갖고 있지 않습니다. 이것은 동시성을
지원하기 위해 어떤 정교한 매커니즘을 가질 필요가 없다는 의미입니다.

Retry를 사용하기 위해 잠재적으로 실패할 수 있는 작업을 수행하는 함수가 Effector의 시그
니처를 따르도록 구현합니다. 다음 예제의 EmulateTransientError 함수를 살펴보기 바랍니다.

```
var count int

func EmulateTransientError(ctx context.Context) (string, error) {
    count++

    if count <= 3 {
        return "intentional fail", errors.New("error")
    } else {
        return "success", nil
    }
}
func main() {
    r := Retry(EmulateTransientError, 5, 2*time.Second)

    res, err := r(context.Background())

    fmt.Println(res, err)
}
```

main 함수는 EmulateTransientError 함수를 Retry 함수로 전달하여 그 응답을 변수 r에 할당
합니다. 예제에서는 r이 호출되면 EmulateTransientError 함수가 호출되고, 에러 발생 시 지
정된 지연시간 후 다시 호출되도록 로직을 구성했습니다. 4번의 재시도 후 마지막 재시도 시
점에서 EmulateTransientError 함수는 nil 에러를 반환하고 프로그램이 종료됩니다.

4.3.4 스로틀

스로틀Throttle은 함수 호출에 대한 빈도를 단위 시간 동안 최대 호출 횟수로 제한합니다.

적용성

스로틀 패턴은 자동차 엔진으로 들어가는 연료의 양처럼 유체의 흐름을 관리할 때 사용하는 장치 이름에서 착안해 명명되었습니다. 이름이 지어진 연유와 마찬가지로 스로틀은 특정 주기의 시간 동안 함수가 호출될 수 있는 횟수를 제한합니다. 예를 들어보겠습니다.

- 사용자는 초당 10회의 서비스 요청만 할 수 있습니다.

- 고객은 특정 함수를 0.5초에 한 번만 호출할 수 있습니다.

- 특정 계정에 대해 24시간 동안 3번까지만 로그인 실패를 허용합니다.

스로틀을 적용하는 가장 흔한 이유는 아마도 요청 처리에 많은 비용이 들거나 서비스 품질이 저하되어 결국 시스템 가용량을 포화시킴으로써 실패 상황으로 만드는 급격한 활동 증가를 처리하기 위해서일 것입니다. 들어오는 사용자 요청을 처리하기 위해 시스템을 스케일 업하여 충분한 가용량을 확보하는 것도 방법이겠지만, 시간이 걸리는 작업이고 시스템이 충분히 빠르게 반응하지 못할 가능성이 높습니다.

[Column] 스로틀과 디바운스의 차이는 무엇일까?

개념적으로 봤을 때 디바운스와 스로틀은 꽤 비슷해 보입니다. 특히 두 가지 모두 단위 시간 동안 유입되는 호출의 수를 경감시킵니다. 하지만 그림 4-4와 같이 각 기능이 적용되는 정확한 타이밍에는 다소 차이가 있습니다.

- 스로틀은 자동차가 엔진으로 흘러들어가는 연료 양의 최대 비율을 제한하는 것과 비슷합니다. 그림 4-4에 그 내용이 잘 나타나 있습니다. 입력 함수가 얼마나 호출되었든 스로틀은 단위 시간당 고정된 개수의 호출만 허용합니다.
- 디바운스는 일련의 요청 집합인 요청 클러스터에 주안점을 두고 있으며 클러스터의 시작이나 끝 지점에서 함수가 단 한 번만 호출되도록 합니다. 펑션 퍼스트(Function-first) 디바운스 구현은 그림 4-4에 나와 있습니다. 입력 함수에 대한 요청은 두 개의 클러스터로 구분되며 디바운스는 각 클러스터의 시작 지점에서 한 번의 호출만 처리하도록 되어 있습니다.

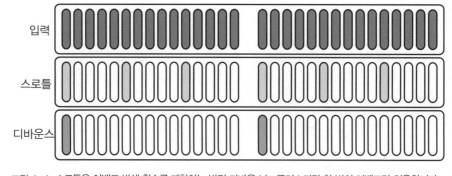

그림 4-4 스로틀은 이벤트 발생 횟수를 제한하는 반면 디바운스는 클러스터당 한 번의 이벤트만 허용합니다

참여자

이 패턴은 다음과 같은 컴포넌트들이 관련되어 있습니다.

- **서킷(Circuit)**

  조절 기능 수행

- **스로틀(Throttle)**

  이펙터[Effector]의 요청을 받아 이펙터와 동일한 시그니처를 가진 함수를 클로저 형태로 반환하는 함수

구현

스로틀 패턴은 이번 장에서 다루는 다른 많은 패턴과 비슷합니다. 앞으로 살펴볼 예제에서는 이펙터 함수를 매개변수로 받는 함수로 구현되었고 함수와 동일한 시그니처를 가지며 빈도 제한 로직을 가진 Throttle 클로저를 반환합니다.

빈도 제한을 구현하는 가장 일반적인 알고리즘은 토큰 버킷[Token Bucket]이며, 이것은 최대 토큰 수를 저장할 수 있는 버킷의 유사성을 활용합니다. 함수가 호출되면 버킷에서 토큰을 가져오며 일정한 비율로 다시 채워집니다.

버킷에 충분한 토큰이 없을 때 Throttle이 요청을 다루는 방법은 개발자의 요구사항에 따라 달라질 수 있습니다. 일반적으로 사용되는 전략은 다음과 같습니다.

- **에러 반환**

  가장 기본이 되는 전략이며 납득하기 힘들거나 잠재적으로 악용될 수 있는 사용자 요청을 제한합니다. 이 전략을 채택한 RESTful 서비스는 너무 많은 요청^{Too Many Requests}을 나타내는 HTTP 응답 코드인 429를 반환합니다.

- **마지막으로 성공한 함수 호출의 재현**

  이 전략은 함수 호출이 너무 일찍 수행되었을 때 서비스나 비용이 많이 소요되는 함수가 반환하는 결과가 똑같은 경우 유용합니다. 자바스크립트 세계에서 널리 사용되는 방식입니다.

- **충분한 토큰을 사용할 수 있을 때 요청을 대기열에 넣기**

  이 방법은 모든 요청을 처리해야 할 때 유용할 수 있지만 방식이 꽤 복잡하며 특히 메모리가 부족해지지 않도록 주의해야 합니다.

예제 코드

다음 예제는 '에러 반환' 전략을 사용하는 아주 기본적인 '토큰 버킷' 알고리즘 구현체입니다.

```go
type Effector func(context.Context) (string, error)

func Throttle(e Effector, max uint, refill uint, d time.Duration) Effector {
    var tokens = max
    var once sync.Once

    return func(ctx context.Context) (string, error) {
        if ctx.Err() != nil {
            return "", ctx.Err()
        }

        once.Do(func() {
            ticker := time.NewTicker(d)

            go func() {
                defer ticker.Stop()

                for {
                    select {
                    case <-ctx.Done():
```

```
                    return

            case <-ticker.C:
                t := tokens + refill
                if t > max {
                    t = max
                }
                tokens = t
            }
        }
    }()
})

if tokens <= 0 {
    return "", fmt.Errorf("too many calls")
}

tokens--

return e(ctx)
    }
}
```

이 Throttle 구현은 빈도 제한 로직을 가진 클로저 함수로 이펙터 함수 e를 감싼 다른 예제
들과 비슷합니다. 버킷은 초기 값으로 max 토큰을 할당받습니다. 클로저가 호출될 때마다 남
은 토큰이 있는지 확인합니다. 토큰이 아직 남아 있다면 토큰을 하나 줄이고 이펙터 함수를
호출합니다. 남은 토큰이 없다면 에러를 반환합니다. 토큰은 일정한 주기 d가 경과할 때마다
refill 값만큼 추가됩니다.

4.3.5 타임아웃

타임아웃Timeout은 응답이 오지 않을 것이라는 것이 명확해졌을 때 프로세스가 응답을 기다리는
것을 멈추도록 합니다.

적용성

분산 컴퓨팅의 오류^{Fallacies of Distributed Computing}가 말하는 첫 번째 오류는 '네트워크는 신뢰할 수 있다'는 것이며 그렇게 된 데에는 이유가 있습니다. 스위치는 고장날 수 있고 라우터와 방화벽은 잘못 설정될 수 있으며 이로 인해 패킷은 갈 곳을 잃고 버려질 수 있습니다. 여러분의 네트워크가 지금 잘 동작하는 것처럼 보여도, 네트워크 위에서 동작 중인 모든 서비스가 오작동하는 상황에서도 의미 있고 시의적절하게 응답을 보장할 만큼(혹은 아예 아무런 응답이 없거나) 사려 깊게 동작하는 것은 아닙니다.

타임아웃은 이런 딜레마에 대한 해결책이고 패턴으로 적합한지 살펴볼 필요가 없을 정도로 매우 간단합니다. 타임아웃은 주어진 서비스 요청 혹은 함수 호출에 대해 예상된 동작 시간보다 오랫동안 응답을 받지 못했을 때 응답을 기다리는 것을 멈추기만 하면 됩니다.

하지만 '단순하다'는 것과 '흔하다'는 것을 '쓸데없는' 것으로 오해하면 안 됩니다. 오히려 타임아웃 전략이 여기저기서 사용된다는 것은 그것이 유용하다는 의미입니다. 타임아웃을 적절히 사용하면 장애를 격리시키고 연쇄적인 장애를 방지할 수 있으며 다운스트림 리소스 문제가 여러분의 문제로 확대될 가능성을 줄일 수 있습니다.

참여자

이 패턴은 다음과 같은 컴포넌트들이 관련되어 있습니다.

- **클라이언트(Client)**

    응답이 느린 함수^{SlowFunction}를 실행하는 클라이언트

- **응답이 느린 함수(SlowFunction)**

    클라이언트가 필요로 하는 기능을 구현하며 수행 시간이 오래 걸리는 함수

- **타임아웃(Timeout)**

    응답이 느린 함수에 대한 래퍼 함수로 타임아웃 로직이 구현되어 있습니다.

구현

Go에서 타임아웃을 구현하는 방법은 다양하지만 이상적인 방법은 context 패키지가 제공하는 기능을 이용하는 것입니다. 자세한 내용은 앞에 나온 'Context 패키지' 부분을 참고하기 바랍니다.

이상적인 환경에서라면 수행 시간이 오래 걸리는 모든 함수는 context.Context 매개변수를 직접 받을 것입니다. 만약 그런 상황이라면 여러분이 해야 하는 일은 명확합니다. 여러분은 매개변수로 받은 값을 context.WithTimeout 함수를 통해 새로운 함수로 가공한 뒤 Context 값으로 전달하기만 하면 됩니다.

```go
ctx := context.Background()
ctxt, cancel := context.WithTimeout(ctx, 10 * time.Second)
defer cancel()

result, err := SomeFunction(ctxt)
```

하지만 이 방법이 언제나 유효한 것은 아니며 특히 Context 값을 받도록 리팩터링하는 것이 불가능한 서드파티 라이브러리 사용 시에는 활용하기 어렵습니다. 이런 경우 대응할 수 있는 가장 좋은 방법은 함수를 래핑하여 여러분의 Context 객체를 활용하게 하는 것입니다.

예를 들어 Context 값을 받지 않고, 수정이나 제어할 수 없는 패키지를 통해 제공되는 수행시간이 긴 함수를 사용 중이라고 생각해봅시다. 만약 클라이언트가 응답이 느린 함수_{SlowFunction}를 직접 호출한다면 함수가 동작을 마칠 때까지 기다려야 합니다. 자, 그러면 우리는 어떻게 해야 할까요?

응답이 느린 함수를 직접 호출하는 대신 고루틴에서 해당 함수를 호출할 수 있습니다. 이를 통해 함수가 받아들일 수 있는 시간 내에 결과를 반환하는 경우 결과를 저장할 수 있습니다. 하지만 그렇지 않은 경우 계속 진행하게 됩니다.

이를 위해 이전에 살펴본 몇 가지 도구를 활용할 수 있습니다. 타임아웃과 결과에 대한 소통 채널, 그리고 먼저 수행되는 동작을 잡아내는 데 사용된 select 구문을 위해 context.Context 를 사용할 수 있습니다.

예제 코드

다음 예제에서는 일정 시간 내에 동작을 마칠 수도 있고 아닐 수도 있는 가상의 함수 SlowFunction이 존재한다고 가정하겠습니다. 이 함수의 시그니처는 다음과 같은 타입 정의를 따르고 있습니다.

```go
type SlowFunction func(string) (string, error)
```

우리는 SlowFunction을 직접 호출하는 대신 SlowFunction을 클로저로 감싸고 WithContext 함수를 반환하는 Timeout 함수를 제공합니다. 여기서 WithContext 함수는 SlowFunction의 매개변수 목록에 context.Context를 추가합니다.

```go
type WithContext func(context.Context, string) (string, error)

func Timeout(f SlowFunction) WithContext {
    return func(ctx context.Context, arg string) (string, error) {
        chres := make(chan string)
        cherr := make(chan error)

        go func() {
            res, err := f(arg)
            chres <- res
            cherr <- err
        }()

        select {
        case res := <-chres:
            return res, <-cherr
        case <-ctx.Done():
            return "", ctx.Err()
        }
    }
}
```

SlowFunction은 Timeout이 만든 함수 안에서 고루틴을 통해 실행되며 실행이 완료되면 해당 목적을 위해 구성된 채널로 전송됩니다.

이어지는 고루틴 구문은 두 개의 채널에 대한 select 블록입니다. SlowFunction의 첫 번째 반환값은 응답 채널이고 다른 하나는 Context 값의 Done 채널입니다. 응답 채널이 먼저 값을 반환하면 클로저는 SlowFunction의 응답 값을 반환합니다. 그 외에는 Context를 통해 제공되는 에러를 반환합니다.

Timeout 함수를 이용하는 것은 함수가 두 번 호출된다는 것을 제외하고는 SlowFunction을 직접 쓰는 것에 비해 복잡하지 않습니다. 첫 번째 함수 호출은 Timeout을 호출하여 클로저를 불러오는 것이고 두 번째 함수 호출은 클로저 자신을 호출하는 것입니다.

```go
func main() {
    ctx := context.Background()
    ctxt, cancel := context.WithTimeout(ctx, 1*time.Second)
    defer cancel()

    timeout := Timeout(Slow)
    res, err := timeout(ctxt, "some input")

    fmt.Println(res, err)
}
```

마지막으로 context.Context를 이용해 서비스 타임아웃을 구현하는 것이 더 선호되기는 하지만 time.After 함수가 제공하는 채널을 이용해 채널 타임아웃을 구현할 수도 있습니다. 3장에서 살펴본 '채널 타임아웃 구현' 예제를 참고하기 바랍니다.

4.4 동시성 패턴

클라우드 네이티브 서비스는 확장에 따른 비용 증가와 문제를 겪지 않으면서도 여러 프로세스를 효율적으로 조정하고 높은(그리고 매우 변화가 심한) 수준의 부하를 처리하도록 요청되는 경우가 많습니다. 따라서 클라우드 네이티브 서비스는 고도의 동시성을 제공해야 하고 다수의 사용자로부터 유입되는 동시 다발적인 요청을 관리할 수 있어야 합니다. Go 언어는 동시성을 비교적 잘 지원하는 것으로 알려져 있지만 병목 현상이 발생할 가능성이 있고 실제로 발생하기도 합니다. 여기서는 이러한 문제를 방지하기 위한 몇 가지 패턴들에 대해 살펴보겠습니다.

4.4.1 팬인

팬인^{Fan-In}은 다수의 입력 채널을 하나의 출력 채널로 다중화합니다.

적용성

출력을 만들어 내는 워커^{Workers}를 가진 서비스는 워커의 출력을 하나의 단일화된 스트림으로 합치는 것이 유용할 수 있습니다. 이러한 시나리오에 대해 다수의 입력 채널을 읽어 들여 하나의 목적지 채널로 다중화할 수 있는 팬인 패턴을 사용합니다.

참여자

이 패턴은 다음과 같은 컴포넌트들이 관련되어 있습니다.

- **소스(Sources)**

  같은 타입을 가진 하나 이상의 입력 채널 집합으로 퍼널Funnel에 의해 수신됩니다.

- **목적지(Destination)**

  소스와 같은 타입을 가진 출력 채널입니다. 퍼널에 의해 생성되고 제공됩니다.

- **퍼널(Funnel)**

  소스로부터 데이터를 수신하여 목적지로 바로 반환합니다. 어떤 소스에서 입력되었든 목적지로 전달합니다.

구현

퍼널Funnel은 0개를 포함한 N개의 입력 채널(소스)에서 데이터를 수신하는 함수로 구현되었습니다. 퍼널 함수는 소스의 각 입력 채널로부터 값을 읽기 위해 개별적으로 고루틴을 실행하며 모든 고루틴이 공유하는 단일 출력 채널(목적지)로 값을 전송합니다.

예제 코드

Funnel 함수는 특정 형식을 가진(다음 예에서는 `int` 타입) N개의 입력 채널을 sources로 수신하는 가변인자 함수입니다.

```
func Funnel(sources ...<-chan int) <-chan int {
    dest := make(chan int)          // 공유 출력 채널 선언

    // 모든 sources의 채널이 닫혔을 때 출력 채널을 자동으로 닫기 위해 사용됩니다.
    var wg sync.WaitGroup

    wg.Add(len(sources))            // WaitGroup의 크기를 지정합니다.

    for _, ch := range sources {    // 각 입력 채널에 대해 고루틴을 시작합니다.
        go func(c <-chan int) {
            defer wg.Done()         // 채널이 닫히면 WaitGroup으로 알려줍니다.

            for n := range c {
```

```
                dest <- n
            }
        }(ch)
    }

    go func() {        // 모든 입력 채널이 닫힌 후
        wg.Wait()      // 출력 채널을 닫기 위한 고루틴을 시작합니다.
        close(dest)
    }()

    return dest
}
```

Funnel은 sources 목록의 각 채널 값을 읽어 들이도록 고루틴을 할당하고 읽어 들인 값을 모든 고루틴이 공유하는 단일 출력 채널 dest로 전달합니다.

출력 채널이 적절하게 닫혔는지 확인하려고 sync.WaitGroup을 사용한다는 점에 주목합시다. 기본적으로 WaitGroup은 입력 채널의 개수만큼 생성되고 설정됩니다. 입력 채널이 닫히면 해당 채널과 연결된 고루틴이 종료되면서 wg.Done을 호출합니다. 모든 채널이 닫히면 WaitGroup의 카운터는 0이 되고 wg.Wait에 의해 설정된 락^{Lock}이 해제되며 dest 채널이 닫힙니다.

Funnel 사용 방법은 상당히 직관적입니다. N개의 입력 채널(혹은 N채널의 슬라이스)이 있을때 이 채널들을 Funnel로 보냅니다. 결과로 반환되는 출력 채널은 일반적인 방법으로 읽을 수 있으며 모든 입력 채널이 종료된 후 닫힙니다.

```
func main() {
    sources := make([]<-chan int, 0)    // 빈 채널 슬라이스를 생성합니다.

    for i := 0; i < 3; i++ {
        ch := make(chan int)
        sources = append(sources, ch)   // 채널을 생성하여 sources에 추가합니다.

        go func() {                      // 각 채널에 대해 간단한 고루틴을 실행합니다.
            defer close(ch)              // 고루틴 실행이 끝나면 채널을 닫습니다.

            for i := 1; i <= 5; i++ {
                ch <- i
                time.Sleep(time.Second)
```

```
        }
    }()
}

dest := Funnel(sources...)
for d := range dest {
    fmt.Println(d)
}
}
```

이 예제는 세 개의 int 타입 채널 슬라이스를 생성하고 각 채널이 닫히기 전에 1부터 5까지의 값을 전송합니다. 별도로 구현된 고루틴은 단일 출력 채널 dest의 값을 출력합니다. 이 코드를 실행하면 출력 채널 dest가 닫히거나 함수가 종료되기 전에 15줄의 결과가 출력되는 것을 볼 수 있습니다.

4.4.2 팬아웃

팬아웃Fan-Out은 입력 채널 하나에서 수신된 메시지를 다수 출력 채널로 균등하게 분배합니다.

적용성

팬아웃은 입력 채널로부터 메시지를 수신하고 그것을 출력 채널에 공평하게 분배합니다. 이것은 CPU와 I/O를 병렬적으로 활용하게 해주는 좋은 패턴입니다. 예를 들어 일부 자원 집약적인 작업 단위에 대한 입력을 제공하는 입력 스트림에 Reader 혹은 메시지 브로커 리스너가 있다고 상상해봅시다. 단일 직렬 프로세스를 만드는 데 방해가 될 수 있는 입력 값과 계산 프로세스의 결합보다는 동시에 실행되는 워커 프로세스로 워크로드를 분산시킴으로써 작업 처리의 병렬성을 높이는 것을 선호할 수도 있습니다.

참여자

이 패턴은 다음과 같은 컴포넌트들이 관련되어 있습니다.

- 소스(Sources)
  입력 채널로서 스플릿Split에 의해 수신됩니다.

- **목적지(Destination)**

  소스와 같은 타입을 가진 출력 채널입니다. 스플릿에 의해 생성 및 제공됩니다.

- **스플릿(Split)**

  소스로부터 데이터를 수신하여 즉시 목적지로 반환합니다. 어떤 소스에서 입력되었든 목적지로 전달합니다.

구현

팬아웃은 개념 면에서 비교적 직관적이지만 악마는 디테일에 있다는 말을 떠올리게 합니다.

일반적으로 팬아웃은 단일 소스 채널의 수와 필요한 목적지 채널의 수를 나타내는 정수를 받는 Split 함수로 구현됩니다. 스플릿 함수는 목적지 채널을 생성하고 소스 채널로부터 값을 읽어들이는 몇 가지 백그라운드 프로세스를 실행하며 이 값들을 목적지 채널 중 하나로 전달합니다.

목적지 채널로 값을 전달하는 로직은 두 가지 방법으로 구현됩니다.

- 단일 고루틴을 사용하여 소스 채널로부터 값을 읽어 들이고 그 값을 목적지에 대해 라운드 로빈 방식으로 전달합니다. 이 방법은 단지 하나의 마스터 고루틴만 있으면 된다는 미덕을 보여주지만 다음 입력 채널을 읽을 준비가 되지 않았다면 전반적인 처리 속도를 떨어뜨리게 됩니다.

- 목적지 채널별로 나뉜 고루틴을 사용해 각각의 고루틴이 소스 채널로부터 경쟁적으로 값을 읽어 들이고 자신에게 할당된 목적지 채널로 값을 전달합니다. 이 방식은 리소스를 조금 더 많이 필요로 하지만 느리게 동작하는 단일 워커로 인해 수렁에 빠질 가능성이 적습니다.

다음에 살펴볼 예제는 두 번째 방식을 사용합니다.

예제 코드

이번 예제의 Split 함수는 하나의 수신 전용 채널 source와 입력을 몇 개의 출력 채널로 나눌지를 나타내는 정수 n을 매개변수로 사용합니다. 함수는 n개의 송신 전용 채널 슬라이스를 반환하며 이 채널들의 타입은 source와 같습니다.

내부적으로 Split 함수는 목적지 채널을 생성합니다. 생성된 각각의 채널에 대하여 for 반복문을 통해 source로부터 값을 추출하는 고루틴을 실행하고 추출한 값을 할당된 출력 채널로 전달합니다. 고루틴들은 source로부터 값을 읽기 위해 효율적으로 경쟁합니다. 만약 여러 고루틴이 동시에 읽기를 시도할 경우 경쟁의 '승리자'는 임의로 결정됩니다. source가 닫히면 모든 고루틴은 종료되며 모든 목적지 채널 역시 닫힙니다.

```go
func Split(source <-chan int, n int) []<-chan int {
    dests := make([]<-chan int, 0)        // 목적지 채널 슬라이스를 생성합니다.

    for i := 0; i < n; i++ {              // 목적지 채널을 생성합니다.
        ch := make(chan int)
        dests = append(dests, ch)

        go func() {                       // 각각의 입력 채널은 값을 읽어 들이는
            defer close(ch)               // 전용 고루틴을 할당 받습니다.

            for val := range source {
                ch <- val
            }
        }()
    }

    return dests
}
```

주어진 특정 타입의 채널에 대해 Split 함수는 여러 목적지 채널을 반환합니다. 다음 예제에 나타난 것처럼 각 목적지 채널은 별도의 고루틴을 통해 값을 전달받습니다.

```go
func main() {
    source := make(chan int)         // 입력 채널은
    dests := Split(source, 5)        // 5개의 출력 채널을 갖습니다.

    go func() {                      // 1부터 10까지의 수를 source로 보내고
        for i := 1; i <= 10; i++ {   // 반복문이 종료되면 source를 닫습니다.
            source <- i
        }

        close(source)
```

```
    }()

    var wg sync.WaitGroup        // WaitGroup을 사용해
    wg.Add(len(dests))           // 모든 출력 채널이 닫힐 때까지 기다립니다.

    for i, ch := range dests {
        go func(i int, d <-chan int) {
            defer wg.Done()

            for val := range d {
                fmt.Printf("#%d got %d\n", i, val)
            }
        }(i, ch)
    }

    wg.Wait()
}
```

이 예제는 source 입력 채널을 생성하여 Split 함수로 전달하고 출력 채널을 할당 받습니다. 고루틴을 통해 1부터 10까지의 값을 source로 전달하는 동시에 5개 dest로부터 값을 수신합니다. 값 입력이 완료되면 source 채널이 닫히고 이는 출력 채널의 클로저를 작동시킵니다. 클로저는 값을 읽기 위한 반복문을 종료시키고 읽기 작업을 수행하던 각각의 고루틴이 wg.Done을 호출하도록 하여 wg.Wait가 잡고 있던 락을 해제합니다. 이로써 함수가 종료됩니다.

4.4.3 퓨처

퓨처Future는 아직 알지 못하는 값에 대한 플레이스홀더Placeholder를 제공합니다.

적용성

Promises나 Delays라고도 알려진 퓨처[6]는 비동기 프로세스에 의해 생성되는 값에 플레이스홀더를 제공하는 동기화 생성자입니다. Go에서는 채널이 비슷한 방식으로 자주 사용되기 때문

---

6 Promises, Delays, Future는 보통 같은 의미로 사용되긴 하지만 문맥에 따라 의미가 달라질 수 있습니다. 이러한 점에 대해 저자에게 항의하지 마세요.

에 다른 언어에서처럼 퓨처를 빈번하게 사용하지는 않습니다. 예를 들어 오랫동안 수행되는 블로킹 함수 BlockingInverse(예제에는 없습니다!)가 있다고 하면 고루틴에서 이를 수행하고 채널과 함께 결과를 반환할 수 있습니다. ConcurrentInverse 함수가 바로 이 동작을 수행하며 준비된 결과를 읽어 들일 수 있는 채널을 반환합니다.

```go
func ConcurrentInverse(m Matrix) <-chan Matrix {
    out := make(chan Matrix)

    go func() {
        out <- BlockingInverse(m)
        close(out)
    }()

    return out
}
```

ConcurrentInverse 함수를 이용하여 두 개의 행렬에 대해 역곱^{Inverse Product}을 계산하는 함수를 만들 수 있습니다.

```go
func InverseProduct(a, b Matrix) Matrix {
    inva := ConcurrentInverse(a)
    invb := ConcurrentInverse(b)

    return Product(<-inva, <-invb)
}
```

이 코드는 그렇게 나빠보이지 않습니다만, 퍼블릭 API 같은 것을 바람직하지 못한 것으로 만들어 버리는 불필요한 내용이 포함되어 있습니다. 우선 호출자는 ConcurrentInverse 함수를 정확한 타이밍에 호출하도록 주의를 기울여야 합니다.

이 말의 의미를 이해하기 위해 다음 코드를 살펴봅시다.

```go
return Product(<-ConcurrentInverse(a), <-ConcurrentInverse(b))
```

무슨 문제가 있는지 파악했나요? ConcurrentInverse 함수가 실제로 호출되기 전까지 계산이 시작되지 않았기 때문에 이 생성자는 연속적으로 실행되며 실행 시간이 두 배가 됩니다.

그뿐 아니라 채널을 이런 방식으로 사용하면 한 개 이상의 반환값을 가진 함수들은 반환값 각각에 대해 전용 채널을 할당합니다. 이는 반환값의 리스트가 증가하거나 하나 이상의 고루틴에 의해 값을 읽을 필요가 있을 때 난처한 상황을 만들 수 있습니다.

퓨처 패턴은 모든 결과가 반환될 때까지 모든 호출 루틴을 차단하고, 평소처럼 메서드를 호출할 수 있는 단순한 인터페이스를 소비자에게 제공할 수 있도록 API에 캡슐화함으로써 실행시간이 길어지거나 반환 값의 갯수만큼 채널을 할당하는 것과 같은 복잡한 문제들을 끌어안습니다. 이러한 목적을 위해 특별히 설계된 인터페이스를 만들 필요는 없으며, 사용자에게 편리한 인터페이스라면 어떤 것이든지 사용할 수 있습니다.

참여자

이 패턴은 다음과 같은 컴포넌트들이 관련되어 있습니다.

- **퓨처(Future)**

  사용자가 잠재적인 결괏값을 받기 위해 사용하는 인터페이스

- **슬로우펑션(SlowFunction)**

  어떤 함수를 감싸고 있는 래퍼Wrapper 함수로 비동기적으로 실행되며 퓨처를 제공합니다.

- **이너퓨처(InnerFuture)**

  퓨처 인터페이스의 조건을 충족하며 결과 접근 로직을 제공하는 메서드를 포함합니다.

구현

사용자에게 제공되는 API는 상당히 직관적입니다. 프로그래머는 퓨처 인터페이스를 만족하는 값을 반환하는 SlowFunction을 호출합니다. 퓨처는 다음 예와 같이 맞춤형 인터페이스일 수도 있고 자체 함수로 전달 가능하며 io.Reader에 가까운 무언가일 수도 있습니다.

실제로 SlowFunction 함수가 호출되면 함수는 핵심 기능을 고루틴으로 실행합니다. 이렇게 함으로써 SlowFunction 함수는 채널로 하여금 InnerFuture로 감싸져 반환되는 핵심 기능의 출력을 캡처하도록 합니다. InnerFuture는 Future 인터페이스를 만족하는 하나 이상의 메서드를 갖고 있으며 채널로부터 핵심 기능에 의해 반환된 값을 추출하고 캐시할 뿐만 아니라 호출자에게 반환합니다. 만약 채널의 값이 사용 가능한 상태가 아니라면 요청을 차단합니다. 그리고 값이 이미 추출되었다면 캐시된 값을 반환합니다.

예제 코드

다음 예제에서는 InnerFuture가 만족하게 될 Future 인터페이스를 사용합니다.

```go
type Future interface {
    Result() (string, error)
}
```

InnerFuture 구조체는 내부적으로 동시에 동작하는 기능을 제공하기 위해 사용됩니다. 이 구조체는 Future 인터페이스를 만족하지만 Read 메서드를 추가하여 io.Reader와 같은 것을 쉽게 만족시키도록 할 수 있습니다.

```go
type InnerFuture struct {
    once sync.Once
    wg sync.WaitGroup

    res string
    err error
    resCh <-chan string
    errCh <-chan error
}

func (f *InnerFuture) Result() (string, error) {
    f.once.Do(func() {
        f.wg.Add(1)
        defer f.wg.Done()
        f.res = <-f.resCh
        f.err = <-f.errCh
    })

    f.wg.Wait()

    return f.res, f.err
}
```

앞 코드에서 구조체는 자체적으로 채널 및 Result 메서드가 반환한 값을 위한 변수를 갖고 있습니다. Result가 처음 호출되면 채널로부터 결과를 읽는 시도를 하고 InnerFuture 구조체로 결괏값을 반환하여 Result에 대한 호출들이 즉시 캐시된 값을 반환할 수 있게 합니다.

코드에서 sync.Once와 sync.WaitGroup을 사용하고 있는 데 주목하기 바랍니다. sync.Once는 글자 그대로 전달된 함수가 정확히 한 번만 수행되도록 합니다. WaitGroup은 최초 함수 호출 이후 들어온 어떤 호출이라도 wg.Wait를 통해 최초 호출의 읽기 작업이 끝날때까지 블록함으로써 함수가 스레드 세이프^{Thread Safe}하도록 합니다.

SlowFunction은 여러분이 동시에 실행하고자 하는 핵심 기능을 감싼 래퍼^{Wrapper} 함수입니다. 이 함수는 결과 채널을 만드는 잡^{Job}을 갖고 있고 핵심 기능을 고루틴에서 수행하면서 Future 구현체를 생성하고 반환합니다(이 예제의 경우 InnerFuture입니다).

```go
func SlowFunction(ctx context.Context) Future {
    resCh := make(chan string)
    errCh := make(chan error)

    go func() {
        select {
        case <-time.After(time.Second * 2):
            resCh <- "I slept for 2 seconds"
            errCh <- nil
        case <-ctx.Done():
            resCh <- ""
            errCh <- ctx.Err()
        }
    }()

    return &InnerFuture{resCh: resCh, errCh: errCh}
}
```

여러분은 이 패턴을 사용하기 위해 SlowFunction만 호출하면 되며 다른 반환값에 대해 해왔던 것처럼 반환된 Future를 사용하면 됩니다.

```go
func main() {
    ctx := context.Background()
    future := SlowFunction(ctx)

    res, err := future.Result()
    if err != nil {
        fmt.Println("error:", err)
        return
```

```
    }

    fmt.Println(res)
}
```

이 접근법은 비교적 괜찮은 사용자 경험을 제공합니다. 프로그래머는 Future를 생성하고 필요할 때 접근할 수 있으며 Context를 사용해 타임아웃이나 데드라인을 적용할 수도 있습니다.

4.4.4 샤딩

샤딩Sharding은 대규모 데이터 구조를 여러 개의 파티션으로 나눠 읽기/쓰기 락Lock의 영향 범위를 최소화합니다.

적용성

샤딩이라는 용어는 일반적으로 데이터가 분산된 상태의 환경에서 서버 인스턴스들 간에 분할 저장된 데이터를 설명하는 데 사용됩니다. 이런 종류의 수평적 샤딩Horizontal Sharding은 데이터베이스와 다른 데이터 저장소에 대한 부하를 분산하고 중복성을 제공하기 위해 사용됩니다.

조금 다른 문제로 공유 데이터를 쓰기 작업 충돌로부터 보호하기 위해 락 메커니즘을 도입한 경우가 있으며, 이는 높은 수준의 동시성 서비스에 영향을 줄 수 있습니다. 이 시나리오에서 데이터의 충실도를 보장하는 잠금은 프로세스가 작업을 수행하는 시간보다 락의 해제를 기다리는 데 더 많은 시간을 사용하는 상황이 생길 수 있다는 관점에서 병목 지점이 될 수 있습니다. 이처럼 운이 없는 현상을 락 경합Lock Contention이라고 합니다.

이 현상은 인스턴스 숫자를 늘려 해결할 수 있지만 분산 락 매커니즘이 필요하며 쓰기 작업이 무결성을 보장해야 하므로 복잡도가 높아지고 응답 지연시간이 늘어난다는 문제가 있습니다.

인스턴스가 서비스하는 과정에 락 경합을 감소시킬 수 있는 또 다른 전략은 데이터 구조에 수직적 샤딩Vertical Sharding을 적용하는 것입니다. 이것은 대규모 데이터 구조를 두 개 이상의 구조로 분할하여 각각 나뉜 부분의 전체를 나타내도록 하는 방법입니다. 이 전략을 사용하여 전체 구조의 극히 일부분에 대해 접근 제어함으로써 전반적인 락 경합을 감소시키게 됩니다.

[**Column**] **수평적 샤딩과 수직적 샤딩**

대규모 데이터 구조는 두 가지 방식으로 샤딩 혹은 파티셔닝될 수 있습니다.

- 수평적 샤딩(Horizontal Sharding)은 데이터를 여러 서비스 인스턴스들로 파티셔닝합니다. 수평적 샤 딩은 데이터 중복성(Redundancy)을 제공하고 부하가 인스턴스들 사이에 분배되도록 하지만, 데이터 분산으로 인한 지연과 복잡도의 증가가 불가피합니다.
- 수직적 샤딩(Vertical Sharding)은 데이터를 단일 인스턴스 내에서 파티셔닝합니다. 수직적 샤딩은 동 시에 실행되고 있는 프로세스 사이에서 발생하는 읽기, 쓰기 경쟁을 줄여주지만 확장성이 떨어지고 데 이터의 중복 저장도 제공되지 않습니다.

참여자

이 패턴은 다음과 같은 컴포넌트들이 관련되어 있습니다.

- **샤디드맵(ShardedMap)**

  하나 이상의 샤드^{Shards}에 대한 추상화는 마치 샤드가 단일 맵^{Map}인 것처럼 읽고 쓸 수 있 게 합니다.

- **샤드(Shard)**

  단일 데이터 파티션을 나타내는 컬렉션^{Collection}이며 개별적으로 락^{Lock}을 걸 수 있습니다.

구현

Go는 공유 리소스를 보호하기 위해 락을 사용하는 것보다 채널을 통해 메모리를 공유[7]하는 것을 선호하지만 언제나 가능한 것은 아닙니다. 특히 맵은 동시에 접근하는 경우 안전하지 않 은 타입이기 때문에 어쩔 수 없이 락을 통한 동기화 구조를 사용해야 합니다. 다행히도 Go는 이런 상황에서 사용할 수 있는 sync.RWMutex를 제공합니다.

RWMutex는 다음 예제에 나타난 것처럼 읽기/쓰기 모두에 대해 락을 걸 수 있는 메서드를 제공 합니다. 쓰기 락이 걸려 있지 않다면 이 메서드를 통해 무수히 많은 프로세스들이 동시에 읽기 락을 걸 수 있습니다. 쓰기 락은 사용 중인 읽기 락 혹은 쓰기 락이 없을 때만 걸 수 있습니다. 추가로 새로운 락을 거는 것은 앞서 생성된 락이 해제되기 전까지 허용되지 않습니다.

---

7 https://oreil.ly/BipeP

```go
var items = struct{                          // 맵과 sync.RWMutex를 가진 구조체
    sync.RWMutex
    m map[string]int
} {m: make(map[string]int)}

func ThreadSafeRead(key string) int {
    items.RLock()                            // 읽기 락을 겁니다.
    value := items.m[key]
    items.RUnlock()                          // 읽기 락을 풉니다.
    return value
}

func ThreadSafeWrite(key string, value int) {
    items.Lock()                             // 쓰기 락을 겁니다.
    items.m[key] = value
    items.Unlock()                           // 쓰기 락을 풉니다.
}
```

보통 이 전략은 완벽하게 동작합니다. 하지만 락이 한 번에 하나의 프로세스만 접근을 허용하기 때문에 읽기/쓰기를 많이 하는 애플리케이션의 경우 락이 풀리기를 기다리는 평균 시간이 리소스에 동시 접근하는 프로세스의 수에 비례하여 드라마틱하게 늘어날 수 있습니다. 그 결과 락 경합으로 인해 핵심 기능 동작에 병목 현상이 발생할 수 있습니다.

수직적 샤딩은 원래의 데이터 구조(보통은 맵입니다)를 여러 개의 개별적인 잠금 가능 맵으로 나누어 이러한 락 경합을 줄입니다. 추상화 계층은 이렇게 나뉜 맵을 마치 단일 데이터 구조인 것처럼 접근하도록 해줍니다(그림 4-5 참고).

Key	Key hash	Value
A	1	"Alpha"
B	2	"Beta"
G	3	"Gamma"
D	4	"Delta"
E	5	"Epsilon"
Z	6	"Zeta"
H	7	"Eta"
TH	8	"Theta"

Key	Key hash	Value
A	1	"Alpha"
G	3	"Gamma"
E	5	"Epsilon"
H	7	"Eta"

Key	Key hash	Value
B	2	"Beta"
D	4	"Delta"
Z	6	"Zeta"
TH	8	"Theta"

그림 4-5 키 해시를 통해 수직적 샤딩이 된 맵

내부적으로 이것은 맵의 맵A map of maps이라는 근본적인 구조에 추상화 계층을 만드는 방식으로 구현할 수 있습니다. 맵 추상화 계층을 통해 값을 읽거나 쓸 때마다 키에 대한 해시 값이 계산되고 샤드의 개수에 따라 나머지 연산을 수행한 후 샤드 인덱스를 생성합니다.

이것은 맵 추상화 계층이 필요한 인덱스를 가진 샤드에 대해서만 락을 걸 수 있게 해줍니다.

예제 코드

다음 예제는 표준 패키지로 제공되는 sync와 crypto/sha1을 사용하여 ShardedMap이라는 기본 샤딩 맵을 구현한 예입니다.

```
type Shard struct {
    sync.RWMutex            // sync.RWMutex를 구성합니다.
    m map[string]interface{}   // m은 샤드의 데이터를 갖고 있습니다.
}

type ShardedMap []*Shard      // ShardedMap은 *Shards 슬라이스 타입입니다.
```

내부적으로 ShardedMap은 단순히 Shard 값의 어떤 숫자들에 대한 포인터의 슬라이스^{Slice}지만, 우리는 이것을 타입으로 정의해 메서드를 붙일 수 있습니다. 각 Shard는 샤드의 데이터를 갖고 있는 map[string]interface{}와 개별적으로 락을 걸 수 있는 sync.RWMutex를 포함합니다.

Go에는 생성자 개념이 없으므로 ShardedMap 객체를 생성하는 NewShardedMap 함수를 제공합니다.

```go
func NewShardedMap(nshards int) ShardedMap {
    shards := make([]*Shard, nshards)    // *Shards 슬라이스를 초기화합니다.

    for i := 0; i < nshards; i++ {
        shard := make(map[string]interface{})
        shards[i] = &Shard{m: shard}
    }

    return shards                        // ShardedMap은 *Shards 슬라이스입니다!
}
```

ShardedMap은 두 개의 노출되지 않은 메서드 getShardIndex와 getShard를 갖고 있습니다. 이 메서드들은 키의 샤드 인덱스 값을 계산하고 키의 정확한 샤드를 추출하는 데 각각 사용됩니다. 이들은 하나의 메서드로 쉽게 결합할 수 있지만 테스트를 쉽게 수행하기 위해 별도로 사용하는 것이 좋습니다.

```go
func (m ShardedMap) getShardIndex(key string) int {
    checksum := sha1.Sum([]byte(key)) // crypto/sha1 패키지의 Sum 메서드를 씁니다.
    hash := int(checksum[17])         // 해시로 사용할 임의 바이트를 고릅니다.
    return hash % len(m)              // 인덱스를 얻기 위해 len(m)으로 나머지를 구합니다.
}

func (m ShardedMap) getShard(key string) *Shard {
    index := m.getShardIndex(key)
    return m[index]
}
```

이 예제 구현에 명백한 약점이 있다는 데 주목하기 바랍니다. 이 코드는 byte 연산을 이용하여 해시 값을 계산하므로 최대 255개의 샤드만 다룰 수 있습니다. 무슨 이유에서든 더 많은 샤드가 필요한 경우에는 약간의 이진 연산을 통해 값을 변형하는 것이 좋습니다.

```
hash := int(sum[13]) << 8 | int(sum[17])
```

마지막으로 ShardedMap에 메서드를 추가하여 사용자가 값을 읽고 쓸 수 있도록 합니다. 당연한 말이지만, 이 메서드 추가만으로 맵이 필요로 하는 모든 기능을 보여줄 수 있는 것은 아닙니다.

이 예제에 대한 소스 코드는 이 책의 깃허브 저장소를 통해 확인할 수 있지만 연습 삼아 직접 구현해보는 것도 나쁘지 않습니다. Delete와 Contains 메서드 정도면 좋을 것 같습니다.

```go
func (m ShardedMap) Get(key string) interface{} {
    shard := m.getShard(key)
    shard.RLock()
    defer shard.RUnlock()

    return shard.m[key]
}

func (m ShardedMap) Set(key string, value interface{}) {
    shard := m.getShard(key)
    shard.Lock()
    defer shard.Unlock()

    shard.m[key] = value
}
```

테이블 전체에 대해 락을 설정해야 할 경우 동시에 진행하는 것이 가장 좋습니다. 다음 예제에서는 고루틴과 우리의 오랜 친구인 sync.WaitGroup을 사용하여 Keys 함수를 구현했습니다.

```go
func (m ShardedMap) Keys() []string {
    keys := make([]string, 0)          // 빈 keys 슬라이스를 생성합니다.

    mutex := sync.Mutex{}              // 키에 대한 쓰기 안전을 위한 뮤텍스 선언.

    wg := sync.WaitGroup{}             // 대기 그룹을 생성하고
    wg.Add(len(m))                     // 각 슬라이스에 대해 대기할 값을 추가합니다.

    for _, shard := range m {          // 각 슬라이스에 대해 고루틴을 실행합니다.
        go func(s *Shard) {
```

```
        s.RLock()                  // s 값에 대해 읽기 락을 겁니다.

        for key := range s.m {     // 슬라이스의 키를 획득합니다.
            Mutex.Lock()
            keys = append(keys, key)
            mutex.Unlock(
        }

        s.Runlock()                // 읽기 락을 해제합니다.
        wg.Done()                  // WaitGroup으로 동작이 종료되었음을 알립니다.
    }(shard)
}

wg.Wait()                          // 모든 읽기 작업이 끝날 때까지 블록합니다.

return keys                        // 조합된 keys 슬라이스를 반환합니다.
}
```

불행히도 ShardedMap을 사용하는 것은 표준 맵을 사용하는 것과 많이 다릅니다. 다만 다르다는것이 더 복잡하다는 것을 의미하지는 않습니다.

```
func main() {
    shardedMap := NewShardedMap(5)

    shardedMap.Set("alpha", 1)
    shardedMap.Set("beta", 2)
    shardedMap.Set("gamma", 3)

    fmt.Println(shardedMap.Get("alpha"))
    fmt.Println(shardedMap.Get("beta"))
    fmt.Println(shardedMap.Get("gamma"))

    keys := shardedMap.Keys()
    for _, k := range keys {
        fmt.Println(k)
    }
}
```

SharededMap을 사용할 때의 가장 큰 단점은(물론 복잡성과 별개입니다) interface{}의 사용과 관련된 타입 안정성 상실과 타입 주장에 대한 이후의 요구사항일 것입니다. Go를 위한 제네릭의 출시와 함께 이 구현은 곧(혹은 이 글을 읽고 있는 시점에 따라 이미 하고 있거나) 과거의 문제가 될 것이라 생각합니다.

요약

이번 장에서는 매우 흥미롭고 유용한 문법들에 대해 살펴보았습니다. 아마도 클라우드 네이티브 패턴과 관련된 더 많은 문법과 패턴[8]이 존재하겠지만, 적어도 이 장에서 다룬 내용들은 직접 실전에 적용될 수 있는 것들이고 Go 언어의 기능에 대한 일종의 공개 예제와 같은 것이기 때문에 아주 중요한 내용들이라 생각할 수 있습니다.

5장에서는 3장과 4장에서 논의했던 내용을 바탕으로 할 것입니다. 키-값 저장소를 밑바닥에서부터 구현해보면서 조금 더 높은 수준의 내용을 살펴보겠습니다.

---

8 혹시 여러분이 좋아하는 내용이 빠져 있나요? 알려주시면 다음 판에 포함하도록 노력하겠습니다.

Chapter

5

클라우드
네이티브
서비스 구축

> 제2차 세계대전 전까지 삶은 단순했다. 그 이후 우리는 시스템을 갖게 되었다.[1]
>
> — 그레이스 호퍼(Grace Hopper), OCLC Newsletter(1987년)

우리가 진짜 해야 할 일이 이번 장부터 시작됩니다.

여기서는 2부에서 다루는 많은 내용들을 엮어 책의 나머지 부분에서 사용할 서비스를 만들 것입니다. 앞으로 각 장에서는 진정한 클라우드 네이티브 애플리케이션을 만들 때까지 이번 장의 내용을 바탕으로 기능 계층을 추가하는 과정을 반복할 것입니다.

당연한 말이지만 이렇게 만든 서비스는 '실제 서비스를 위한 준비'를 끝낸 것이 아니며 중요한 보안 요건 등이 빠져 있을 수 있습니다. 다만 우리가 만들어갈 서비스의 견고한 토대가 되어줄 것입니다. 그런데 우리는 무엇을 만드는 것일까요?

5.1 서비스를 만들어봅시다

좋습니다. 이제 무언가 만들어야 합니다.

여기서 만드는 서비스는 개념적으로 단순해야 합니다. 또한 가장 기본적인 형태로 구현할 수 있을 만큼 직관적이어야 하지만, 동시에 충분한 기능을 가져야 하며 확장 및 배포에도 적합해야 합니다. 우리는 이 책의 나머지 부분에서 이것을 반복적으로 다듬어 나갈 것입니다. 필자는 여기서 만들 애플리케이션이 어떤 것이어야 하는가에 대해 여러 색다른 아이디어를 생각해보고 많은 고민도 해봤지만 결론은 단순했습니다. 우리는 분산 키-값 저장소를 만들 것입니다.

5.1.1 키-값 저장소란?

키-값 저장소는 데이터를 키-값 쌍의 컬렉션으로 저장하는 관계형이 아닌 데이터베이스입니다. 이것은 우리가 익숙하게 알고 있으며 사랑[2]해온 마이크로소프트의 SQL 서버나 PostgreSQL과 같은 관계형 데이터베이스와 매우 다릅니다. 관계형 데이터베이스들이 잘 정

---

[1] 시버 필립(Schieber, Philip), 『The Wit and Wisdom of Grace Hopper』 OCLC Newsletter, March/April, 1987, No. 167.

[2] 사랑에는 여러 가지 정의가 있습니다. 아시다시피...

의된 데이터 타입을 이용해 고정된 테이블 형태로 데이터를 구조화한다면, 키-값 저장소는 사용자가 키^{Key}로 통용되는 고유 식별자를 임의의 값과 연결지을 수 있도록 하기 때문에 훨씬 더 간단합니다.

다른 말로 표현하자면 키-값 저장소는 그림 5-1과 같이 서비스 엔드포인트$^{Service\ Endpoint}$를 갖고 있는 정말 단순한 맵^{Map}이라고 할 수 있습니다. 말 그대로 가장 단순한 데이터베이스인 것입니다.

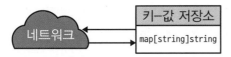

그림 5-1 키-값 저장소는 기본적으로 서비스 엔드포인트를 갖고 있는 맵

5.2 요구사항

이번 장에서는 모놀리식^{Monolithic} 키-값 저장소가 제공해야 하는 모든 기능을 수행하며 단순하고 분산되지 않은 키-값 저장소를 만들 것입니다.

- 임의의 키-값 쌍을 저장할 수 있어야 합니다.
- 사용자가 키-값 쌍을 입력^{Put}, 조회^{Get}, 삭제^{Delete}할 수 있도록 해주는 서비스 엔드포인트를 제공해야 합니다.
- 어떤 방법을 이용하든지 데이터를 영구적으로 저장할 수 있어야 합니다.

마지막으로 서비스는 멱등성을 제공해야 합니다. 왜일까요?

5.2.1 멱등성이란 무엇이고 왜 중요할까?

멱등성의 개념은 수학적 연산의 특정 속성을 표현하는 대수학에 기원을 두고 있습니다. 긴장하셨나요? 운 좋게도 이 책은 수학책이 아닙니다. 따라서 이번 절 끝부분에 잠깐 나올 때를 빼고는 수학적인 이야기를 하지 않을 것입니다.

프로그래밍 세계에서 메서드나 서비스를 호출하는 것과 같은 연산을 한 번 했을 때의 결과와 여러번 호출했을 때의 결과가 같을 때 해당 연산은 멱등성을 갖는다고 이야기합니다. 예를 들어 값을 할당하는 x = 1 연산은 멱등성을 갖습니다. 왜냐하면 값을 할당하는 작업을 몇 번 반복하더라도 x 값은 1이 되기 때문입니다.

마찬가지로 HTTP PUT 메서드를 이용해 리소스를 어떤 저장소에 여러 번 저장하는 동작이 있다고 했을 때, 이 동작을 반복해도 값이 전혀 변경되지 않으므로[3] HTTP PUT 메서드는 멱등성을 갖는다고 할 수 있습니다. 하지만 x += 1 연산은 호출될 때마다 새로운 상태 값[4]이 생성되기 때문에 멱등성을 갖지 않습니다.

멱등성과 관련된 중요한 속성 중 하나지만 상대적으로 덜 논의되는 개념이 널리포턴트Nullipotent이며 이것은 부작용이 전혀 없는 기능이나 작업을 뜻합니다. 예를 들어 x = 1 할당문과 HTTP PUT은 멱등성을 갖지만 상태 변경을 일으키기 때문에 널리포턴트하지 않습니다. 자기 자신에게 자신을 할당하는 x = x 같은 구문은 아무런 변화를 일으키지 않으므로 널리포턴트합니다. 마찬가지로 단순히 데이터를 읽어 들이는 HTTP GET 요청과 같은 것은 아무런 부작용이 없고 상태를 변화시키지 않기 때문에 널리포턴트합니다.

멱등성에 대한 개념이 이론적으로 훌륭한 것은 맞습니다만, 굳이 실무에서도 신경써야 하는 이유는 무엇일까요? 우리는 서비스 방법이 멱등성을 보장하도록 설계되었을 때 다음과 같은 여러 가지 실질적인 이점을 얻을 수 있습니다.

- **멱등성 작업이 더 안전합니다**

  여러분은 아마도 서비스로 요청을 보냈을 때 응답이 없다면 재시도할 것입니다. 하지만 이런 상황을 처음 겪었다면 어떻게 했을까요? 서비스 메서드가 멱등성을 보장한다면 문제 상황은 발생하지 않을 것입니다. 하지만 그렇지 않은 경우라면 문제를 겪을 것입니다. 이 시나리오는 생각보다 자주 일어나는 일입니다. 네트워크는 안정적이지 않고 응답은 지연될 수 있으며 패킷은 언제든 누락될 수 있습니다.

- **멱등성 작업이 보통은 더 단순합니다**

  멱등성 작업이 구현하기에 더 쉽습니다. 예를 들어 키-값 쌍을 데이터 저장소에 단순히 추가하는 PUT 메서드와 멱등성이 보장되지 않고 해당 키를 갖고 있는 데이터가 이미 있는 경우 에러를 반환하는 CREATE 메서드를 비교해보겠습니다. PUT 로직은 단순합니다. 요청을 받아서 값을 설정하는 것이 전부입니다. 반면 CREATE는 에러 발생을 확인하고 처리하

---

3 만약 뭔가 변한다면 정말 심각한 문제입니다.
4 옮긴이: 변수 x의 값이 달라지는 것을 말합니다.

는 추가적인 레이어나 서비스의 확장을 어렵게 만드는 서비스 레플리카들을 조정하며 분산 락을 적용하기도 하는 추가적인 계층을 필요로 합니다.

- **멱등성 작업이 더 선언적입니다**

  멱등성을 보장하는 API를 만듦으로써 디자이너로 하여금 최종 상태에 집중하게 해주며 더 선언적인 메서드 생성을 장려할 수 있습니다. 이것은 사용자에게 그것을 어떻게 하는 지 알려주는 대신 서비스가 해야 하는 것이 무엇인지 이야기하게 합니다. 이것은 당연한 것처럼 보일 수 있습니다만, 명령 중심의 방법과 달리 선언적 방법은 사용자가 저수준의 구조를 직접 다루지 않고 목표에 집중할 수 있게 하며 잠재적으로 부작용을 최소화할 수 있게 해줍니다.

실제로 멱등성은 특히 클라우드 네이티브 환경에서 다양한 이점을 제공하며, 어떤 사람은 '클라우드 네이티브'의 또 다른 이름이라고도 합니다.[5] 이렇게까지 생각하지 않더라도 여러분이 만드는 서비스가 클라우드 네이티브이기를 원한다면 멱등성을 받아들이는 것이 좋습니다.

[Column] 멱등성의 수학적 정의

멱등성은 수학에서 유래되었습니다. 멱등성은 반복해서 연산하더라도 최초 연산의 결과가 바뀌지 않는 연산을 의미합니다. 수학적인 용어로 표현하자면 모든 x에 대하여 $f(f(x)) = f(x)$일 때 이 함수는 멱등성을 갖는다고 말합니다.

예를 들어, 정수 x에 대한 절댓값을 취하는 $abs(x)$ 함수는 실수 x에 대해서 $abs(x) = abs(abs(x))$가 참이기 때문에 멱등성을 갖습니다.

5.2.2 궁극적인 목표

이러한 요구사항들은 고려해야 할 것이 많지만 여기서 만들려는 키-값 저장소가 쓸만한 물건이 되기 위한 최소한의 요구조건이기도 합니다. 우리는 나중에 복수 사용자 지원이나 전송구간의 데이터 암호화와 같은 중요한 기본 기능들을 추가할 것입니다. 그러나 더 중요한 것은 거

---

5 "클라우드 네이티브는 마이크로서비스의 동의어가 아닙니다. 클라우드 네이티브가 무언가와 같은 의미를 가져야 한다면 그것은 멱등성일 것이고 이것 또한 동의어를 필요로 합니다." – 홀리 커민스(Holly Cummins, Cloud Native London 2018)

칠고 불확실한 세상에서 서비스가 살아남을 수 있도록 더 확장성 있고 탄력적인 서비스를 만드는 기법과 기술을 도입하는 것입니다.

5.3 제너레이션 0: 핵심 기능

자, 이제 시작해봅시다. 가장 먼저 해야 할 일을 하겠습니다. 사용자 요청과 지속성에 대한 걱정은 잠시 잊고 어떤 웹 프레임워크를 쓰더라도 사용할 수 있는 핵심 기능을 먼저 만듭시다.

- **임의의 키-값 쌍 저장하기**

  간단한 맵을 이용해서 구현할 수 있는데 어떤 타입을 써야 할까요? 나중에 여러 가지 타입을 허용하도록 하겠지만 구현의 단순함을 위해 일단 키와 값은 문자열이라고 하겠습니다. 여기서는 map[string]string을 우리가 만드는 저장소의 핵심 자료 구조로 사용하겠습니다.

- **키-값 쌍의 put, get, delete 허용하기**

  우선 첫 번째 이터레이션에서 기본적인 수정 작업을 수행하는 간단한 Go API를 만들겠습니다. 기능을 이런 식으로 나누면 향후 진행될 이터레이션에서 기능을 쉽게 테스트하고 업데이트할 수 있습니다.

5.3.1 아주 간단한 API

가장 먼저 해야 할 것은 map을 만드는 것입니다. 여기서 만드는 키-값 저장소의 심장이라고 할 수 있습니다.

```
var store = make(map[string]string)
```

아름답지 않나요? 너무 단순하다고 걱정할 필요는 없습니다. 나중에 더 복잡하게 만들 것이기 때문입니다.

먼저 만들 함수는 저장소에 레코드를 추가할 때 사용할 Put 함수입니다. 이 함수는 이름과 같은 기능을 수행합니다. 저장할 키, 값 문자열을 매개변수로 받아 저장소에 밀어넣습니다. Put 함수의 시그니처는 나중에 사용할 error 반환값을 포함하고 있습니다.

```
func Put(key string, value string) error {
    store[key] = value

    return nil
}
```

여기서는 의도적으로 멱등성을 가진 서비스를 만들기 때문에 Put 함수는 이미 존재하는 키-값 쌍에 대한 덮어쓰기 여부를 확인하지 않으며 필요한 경우에만 확인합니다. 따라서 Put 함수를 동일한 매개변수로 여러 번 실행하는 것은 현재 상태에 관계없이 동일한 결과를 반환할 것입니다.

기본적인 패턴을 만들었으니 Get과 Delete 함수를 이어서 작성해봅시다.

```
var ErrorNoSuchKey = errors.New("no such key")

func Get(key string) (string, error) {
    value, ok := store[key]

    if !ok {
        return "", ErrorNoSuchKey
    }

    return value, nil
}

func Delete(key string) error {
    delete(store, key)

    return niml
}
```

Get 함수가 에러 반환 시 errors.New를 사용하지 않았다는 사실에 주목하기 바랍니다. Get 함수는 사전에 만들어둔 ErrorNoSuchKey라는 에러 값을 반환합니다.

왜 이렇게 할까요? 이것은 함수를 사용하는 서비스가 정확히 어떤 타입의 에러를 받았고 그에 따라 어떻게 동작해야 하는지 결정하게 해주는 센티널 에러^{Sentinel Error}의 예시입니다. 예를 들면 다음과 같이 동작합니다.

```
if errors.Is(err, ErrorNoSuchKey) {
    http.Error(w, err.Error(), http.StatusNotFound)
    return
}
```

이제 여러분은 정말로 필요한 최소한의 함수 세트를 갖게 되었습니다. 작성된 코드에 대한 테스트 코드 작성도 잊지 맙시다. 이 책에서 테스트 코드까지 작성하지는 않을 것입니다만, 테스트 코드 없이 계속 코드를 만드는 일이 걱정된다면 깃허브 저장소에 올려둔 코드[6]를 가져다 쓰기 바랍니다.

5.4 제너레이션 1: 모놀리스

최소한의 기능을 가진 키-값 API를 만들었으니 이를 활용하여 서비스 제작을 시작할 수 있습니다. 서비스를 만드는 방법은 몇 가지가 있으며 GraphQL과 같은 것을 사용할 수도 있습니다. 쉽게 가져다 쓸 수 있는 정갈한 서드파티 패키지가 여러 가지 있지만 아쉽게도 여기서 만드는 코드는 이런 것들을 꼭 사용해야 할 만큼 복잡한 데이터를 다루지 않습니다. 그리고 표준 net/rpc 패키지를 통해 원격 프로시저 콜[RPC]을 사용할 수도 있지만 클라이언트 입장에서 추가적인 오버헤드가 발생할 수 있고, 앞서 이야기했던 것처럼 보증이 필요할 만큼 데이터가 복잡하지도 않습니다.

남은 선택지는 REST입니다. 많은 사람들이 좋아하는 방식은 아니지만 REST는 단순하며 우리의 요구사항에 가장 적합합니다.

5.4.1 net/http 패키지를 이용한 HTTP 서버 구성

Go는 파이썬의 장고[Django]나 플라스크[Flask]처럼 세련되고 오랜 역사를 가진 웹 프레임워크를 직접 제공하지 않습니다. 그 대신 강력한 표준 라이브러리 세트를 제공합니다. 이것은 80% 이상의 활용 사례에 적합할 뿐 아니라 확장할 수 있도록 설계되어 있기 때문에 이를 확장해서 만든 여러 가지 Go 웹 프레임워크가 존재합니다.

---

6 https://oreil.ly/ois1B

일단은 net/http 패키지를 이용해 구현한 'Hello World' 코드를 통해 Go의 표준 HTTP 핸들러 사용 방법을 알아봅시다.

```go
package main

import (
    "log"
    "net/http"
)

func helloGoHandler(w http.ResponseWriter, r *http.Request) {
    w.Write([]byte("Hello net/http!\\n"))
}

func main() {
    http.HandleFunc("/", helloGoHandler)

    log.Fatal(http.ListenAndServe(":8080", nil))
}
```

이 예제에서는 http.HandlerFunc의 정의를 만족시키는 helloGoHandler라는 메서드를 정의합니다.

```go
type HandleFunc func(http.ResponseWriter, *http.Request)
```

매개변수 http.ResponseWriter와 *http.Request는 각각 HTTP 응답을 만들고 요청을 추출하는 데 사용됩니다. http.HandleFunc 함수를 사용하여 주어진 요청 패턴(예제에서는 루트 경로 ᴿᵒᵒᵗ ᴾᵃᵗʰ입니다)에 대해 helloGoHandler를 핸들러 함수로 사용하도록 등록할 수 있습니다.

핸들러를 등록하고 나면 ListenAndServe 함수를 통해 지정된 IP 주소 addr로 들어오는 요청을 수신할 수 있습니다. 예제에서는 이 함수의 두 번째 매개변수로 nil을 지정해두었습니다.

ListenAndServe 함수를 log.Fatal 함수로 감싼 부분에 주목하기 바랍니다. 이렇게 해둔 것은 ListenAndServe 함수가 항상 실행 흐름을 멈추고 에러가 발생한 경우에만 반환하기 때문입니다. 따라서 이 코드는 nil이 아닌 우리가 로그로 남기고자 하는 에러만 반환하게 됩니다.

앞의 예제는 컴파일이 가능하며 go run 명령으로 실행할 수 있는 완전한 프로그램입니다.

```
$ go run .
```

축하합니다! 여러분은 전 세계에서 가장 작은 웹 서비스를 만들었습니다! 한 걸음 더 나아가 curl 명령이나 웹 브라우저를 이용해서 시험해봅시다.

```
$ curl http://localhost:8080
Hello net/http!
```

[Column] ListenAndServer, Handlers 그리고 HTTP Request 멀티플렉서

http.ListenAndServer 함수는 매개변수로 전달된 주소와 핸들러를 사용하여 HTTP 서버를 시작합니다. 만약 핸들러가 nil이면(보통 표준 net/http 라이브러리만 사용하는 경우) DefaultServeMux 값이 사용됩니다. 그런데 여기서 핸들러가 무엇일까요? 그리고 DefaultServeMux는 또 무엇이고 근본적으로 'mux'란 무엇일까요?

Handler는 ServeHTTP 메서드를 제공하여 Handler 인터페이스를 만족시키는 모든 타입입니다. Handler 인터페이스는 다음과 같습니다.

```
type Handler interface {
    ServeHTTP(ResponseWriter, *Request)
}
```

기본 핸들러를 포함해 모든 핸들러 구현은 'mux'로 동작합니다. 'mux'는 멀티플렉서(Multiplexer)의 약어이며 들어오는 신호를 사용할 수 있는 출력들 중 하나로 전달하는 역할을 수행합니다. ListenAndServe 함수를 이용해 시작된 서비스가 요청을 수신했을 때, 요청된 URL을 등록된 패턴과 비교한 후 가장 관련도가 높고 적합한 핸들러 함수를 선택해서 호출하는 것은 mux의 일입니다.

DefaultServeMux는 ServeMux 타입의 글로벌 값으로 기본 HTTP 멀티플렉서 로직을 구현합니다.

5.4.2 gorilla/mux 패키지를 이용한 HTTP 서버 구성

net/http 패키지와 DefaultServeMux는 많은 웹 서비스에서 충분하면서도 완벽한 솔루션입니다. 그러나 간혹 서드파티 웹 툴킷이 제공하는 추가적인 기능이 필요한 경우가 있습니다. 비교적 새로 등장한 솔루션이고 여전히 개발 중이기는 하지만 장고[Django]나 플라스크[Flask]보다 더 풍

부한 자원을 제공하는 Gorilla[7]는 그러한 상황에서 좋은 선택이라고 할 수 있습니다. Gorilla 는 Go의 net/http 패키지 기반이지만 여러 가지 훌륭한 개선 사항들을 제공해줍니다.

Gorilla 웹 툴킷에서 제공하는 여러 패키지 중 하나인 gorilla/mux 패키지는 HTTP 요청 라 우터와 Go의 기본 서비스 핸들러인 DefaultServeMux를 대치할 수 있는 디스패처를 제공함으 로써 요청 라우팅과 핸들링에 대해 아주 유용한 개선점들을 다양하게 제공합니다. 아직은 이 러한 기능을 활용하지 않겠지만 앞으로 점점 더 유용하게 사용할 것입니다. Gorilla에 대해 궁금한 점이 있거나 천천히 살펴볼 만큼 인내심이 없다면 gorilla/mux 공식 문서[8]를 살펴보기 바랍니다.

최소한의 서비스 만들기

gorilla/mux 패키지를 이용하기로 결정했다면 gorilla/mux 라우터를 이용하기 위해 한 줄의 import 구문을 추가합니다. 다음 코드처럼 ListenAndServe의 handler 매개변수로 새롭게 생성 한 라우터 객체를 전달합니다.

```go
package main

import (
    "log"
    "net/http"
    "github.com/gorilla/mux"
)

func helloMuxHandler(w http.ResponseWriter, r *http.Request) {
    w.Write([]byte("Hello gorilla/mux!\\n"))
}

func main() {
    r := mux.NewRouter()
    r.HandleFunc("/", helloMuxHandler)
    log.Fatal(http.ListenAndServe(":8080", r))
}
```

---

7 https://oreil.ly/15sGK
8 https://oreil.ly/qfIph

코드를 작성했으니 go run 명령으로 실행해봅시다.

```
$ go run .
main.go:7:5: cannot find package "github.com/gorilla/mux" in any of:
        /go/1.15.8/libexec/src/github.com/gorilla/mux (from $GOROOT)
        /go/src/github.com/gorilla/mux (from $GOPATH)
```

아직 실행되지 않는 것 같습니다. 우리가 만든 코드는 표준 라이브러리가 아닌 서드파티 패키지를 사용하므로 Go 모듈을 이용해야 합니다.

Go 모듈을 이용한 프로젝트 초기화

존재하지 않는 의존성 관리 시스템을 명시적이고 사용하기 쉬운 것으로 교체하기 위해 Go 1.12 버전에서 도입된 Go 모듈Go modules[9]은 표준 라이브러리가 아닌 외부의 패키지를 써야할 때 사용합니다. 의존성 관리에 필요한 모든 작업은 go mod의 여러 소소한 명령들 중 하나를 사용할 것입니다.

가장 먼저 해야 할 작업은 프로젝트 초기화입니다. 새로운 빈 디렉터리를 생성하고 cd 명령으로 생성한 디렉터리로 이동합니다. 그리고 서비스에 필요한 Go 파일을 생성하거나 다른 곳에서 가져옵니다. 여러분이 만든 디렉터리에는 단 하나의 Go 파일만 있어야 합니다.

다음으로 go mod init 명령을 사용해 프로젝트를 초기화합니다. 일반적으로 프로젝트가 다른 프로젝트로부터 임포트Import된 경우 임포트된 경로를 이용하여 초기화되어야 합니다. 이것은 우리가 만들려는 것처럼 단독으로 동작하는 서비스에서는 덜 중요하므로 어떤 이름을 써야 할지 크게 신경 쓰지 않아도 됩니다.

이어지는 예제에서는 example.com/gorilla를 사용하지만 여러분은 마음에 드는 이름을 아무거나 사용해도 문제없습니다.

```
$ go mod init example.com/gorilla
go: creating new go.mod: module example.com/gorilla
```

이제 여러분의 디렉터리에는 거의 빈 파일과 다름없는 go.mod 파일이 생성되었을 것입니다.[10]

---

9 https://oreil.ly/QJzOi
10 신나지 않나요?

```
$ cat go.mod
module example.com/gorilla


go 1.15
```

이어서 go mod tidy 명령을 사용해 의존성들을 자동으로 추가할 수 있습니다.

```
$ go mod tidy
go: finding module for package github.com/gorilla/mux
go: found github.com/gorilla/mux in github.com/gorilla/mux v1.8.0
```

go.mod 파일을 확인해보면 필요한 의존성과 의존성 버전이 추가된 것을 확인할 수 있습니다.

```
$ cat go.mod
module example.com/gorilla


go 1.15


require github.com/gorilla/mux v1.8.0
```

믿기 어렵겠지만 이것이 여러분에게 필요한 전부입니다. 앞으로는 필요한 의존성을 변경할 때마다 go mod tidy 명령만 다시 실행하면 됩니다. 이제 서비스를 다시 시작해봅시다.

```
$ go run .
```

서비스는 포어그라운드^{Foreground}로 실행되기 때문에 이 터미널 창은 잠시 사용할 수 없습니다. 새 터미널을 실행하고 curl 명령을 이용해 엔드포인트를 호출하거나 브라우저를 이용하여 확인해봅시다.

```
$ curl http://localhost:8080
Hello gorilla/mux!
```

아마 정상적으로 실행되었을 겁니다. 그런데 뭔가 아쉽습니다. 아마도 여러분은 단순한 문자열을 출력하는 것 이상의 기능을 수행하는 서비스를 만들고 싶을 것입니다. 계속 다음 내용을 살펴봅시다.

URI 경로의 변수

Gorilla 웹 툴킷은 표준 net/http 패키지에서 제공하지 않는 여러 가지 기능을 제공하는데 그중 하나가 무척 흥미롭습니다. 이 기능을 활용하면 변수 세그먼트를 이용하여 경로를 생성할 수 있고 일반적으로 사용되는 정규 표현식도 사용할 수 있습니다. gorilla/mux 패키지를 활용하면 다음처럼 {name}이나 {name:pattern}과 같은 형식을 사용해 변수를 정의할 수 있습니다.

```
r := mux.NewRouter()
r.HandleFunc("/products/{key}", ProductHandler)
r.HandleFunc("/articles/{category}/", ArticlesCategoryHandler)
r.HandleFunc("/articles/{category}/{id:[0-9]+}", ArticleHandler)
```

mux.Vars 함수는 핸들러 함수가 변수 이름과 값을 map[string]string 형태로 쉽게 추출할 수 있게 해줍니다.

```
vars := mux.Vars(request)
category := vars["category"]
```

다음에는 클라이언트가 임의의 키에 대해 작업을 수행할 수 있도록 해보겠습니다.

풍부한 매처 조건

gorilla/mux가 제공하는 또 다른 기능은 개발자가 다양한 매치 조건에 대응하도록 추가한 각 경로route에 대해 여러 가지 매처Matchers를 쓸 수 있게 해준다는 것입니다. 이것은 특정한 도메인이나 서브도메인, 경로 접두어, 스키마, 헤더, 직접 만든 커스텀 매치 함수 등 여러 가지를 포함합니다.

매처는 Gorilla의 HandleFunc가 반환하는 *Route 값에 대해 적절한 함수를 호출하여 적용할 수 있습니다. 각 매처 함수는 다음 예처럼 영향을 받는 *Route 값을 반환하며 여러 조건을 연쇄적으로 사용할 수도 있습니다.

```
r := mux.NewRouter()

r.HandleFunc("/products", ProductsHandler).
    Host("www.example.com"). // 특정한 도메인에 대해 매치됩니다.
    Methods("GET", "PUT").   // GET과 PUT 메서드에 대해서만 매치됩니다.
    Schemes("http")          // http 스킴을 사용할 때만 매치됩니다.
```

사용 가능한 매처 함수의 전반적인 내용은 gorilla/mux의 공식 문서를 참고하기 바랍니다.[11]

5.4.3 RESTful 서비스 만들기

지금까지 Go가 제공하는 표준 HTTP 라이브러리 사용법에 대해 살펴봤는데, 이를 통해 5.3.1 '아주 간단한 API'에서 만들었던 API를 클라이언트가 호출할 수 있게 하는 RESTful 서비스를 만들 수 있습니다. 이것을 만들고 나면 여러분은 말 그대로 가장 간단한 키-값 저장소를 구현하게 되는 것입니다.

RESTful 메서드

여기서는 RESTful 규칙을 따르도록 최선을 다할 것이므로, API는 모든 키-값 쌍을 고유한 리소스로 간주하여 다양한 HTTP 메서드를 통해 사용될 수 있도록 개별 URI를 갖게 할 것입니다. 우리가 지원할 기본적인 세 가지 동작 Put, Get, Delete는 표 5-1과 같이 각각 다른 HTTP 메서드를 이용해 호출합니다.

키-값 쌍으로 구성된 리소스의 URI는 /v1/key/{key}와 같은 형태를 가지며 {key}는 고유한 키 문자열을 나타냅니다. v1 세그먼트는 API의 버전을 나타내고 이 규칙은 종종 API의 변경 사항을 관리하기 위해 사용됩니다. 필수적이거나 일반적인 것은 아니지만 기존 클라이언트의 통합을 깨뜨릴 수 있는 향후 변경사항을 관리하는 데 도움이 될 것입니다.

표 5-1 RESTful 메서드 목록

기능	메서드	응답 값
키-값 쌍을 저장소에 입력합니다.	PUT	201 (Created)
키-값 쌍을 저장소에서 읽어 들입니다.	GET	200 (OK), 404 (Not Found)
키-값 쌍을 저장소에서 삭제합니다.	DELETE	200 (OK)

앞부분 'URI 경로의 변수'에서 gorilla/mux 패키지를 이용해 변수 세그먼트를 가진 경로의 등록 방법에 대해 논의했습니다. 이 방법은 여러분이 모든 키를 담는 단일 변수 경로를 정의하게 해주고 모든 키를 독립적으로 등록해야 하는 압박에서 자유롭게 해줍니다. 이후 '풍부한 매처

---

11 https://oreil.ly/6ztZe

조건'에서 어떻게 경로 매처를 사용하여 경로와 관계없는 다양한 조건을 기반으로 요청을 특정 핸들러 함수로 전달하는지 논의했습니다. 이것은 여러분이 지원할 다섯 가지 HTTP 메서드 각각에 대해 별도의 핸들러 함수를 만들 때 사용할 수 있습니다.

생성 함수 구현

자, 이제 여러분은 구현을 시작할 준비가 되었습니다! 먼저 키-값 쌍을 생성하기 위한 핸들러 함수를 구현해봅시다. 이 함수는 다음과 같은 요구사항들을 만족해야 합니다.

- /v1/key/{key} 경로에 대해 PUT 요청만 허용해야 합니다.

- 5.3.1에서 작성한 '아주 간단한 API'에서 정의한 Put 메서드를 호출해야 합니다.

- 키-값 쌍이 생성되면 201 Created를 응답해야 합니다.

- 예상치 못한 에러에 대해서는 500 Internal Server Error를 응답해야 합니다.

이 요구사항들은 다음의 keyValuePutHandler 함수에 구현되어 있습니다. 요청 보디^{Body}에서 키의 값을 어떻게 추출하는지 살펴보기 바랍니다.

```go
// keyValuePutHandler는 "/v1/key/{key}" 리소스에 대한 PUT 요청을 처리합니다.
func keyValuePutHandler(w http.ResponseWriter, r *http.Request) {
    vars := mux.Vars(r)              // 요청에서 "키"를 추출합니다.
    key := vars["key"]

    value, err := io.ReadAll(r.Body)  // 요청 Body가 "값"을 갖고 있습니다.
    defer r.Body.Close()

    if err != nil {                  // 에러가 발생하면 리포트합니다.
        http.Error(w,
            err.Error(),
            http.StatusInternalServerError)
        return
    }

    err = Put(key, string(value))    // "값"을 문자열로 저장합니다.
    if err != nil {                  // 에러가 발생하면 리포트합니다.
        http.Error(w,
            err.Error(),
            http.StatusInternalServerError)
```

```
        return
    }

    w.WriteHeader(http.StatusCreated)    // 응답 코드를 반환합니다.
}
```

이제 여러분은 '키-값 생성' 핸들러 함수를 만들었으며 이 함수를 Gorilla 요청 라우터에 필요한 경로와 메서드에 대해 등록할 수 있습니다.

```
func main() {
    r := mux.NewRouter()

    // keyValuePutHandler를 "/v1/{key}" 경로에 대한 PUT 요청 핸들러 함수로 등록합니다.
    r.HandleFunc("/v1/{key}", keyValuePutHandler).Methods("PUT")

    log.Fatal(http.ListenAndServe(":8080", r))
}
```

이제 서비스에 필요한 코드를 모두 만들었습니다. 프로젝트 루트 경로에서 go run . 명령을 이용해 코드를 실행합시다. 코드가 어떻게 응답하는지 보기 위해 몇 가지 요청을 보냅시다. 우선 우리의 오랜 친구인 curl을 이용하여 key-a 키에 대해 Hello, key-value store!라는 값을 저장하기 위해서 /v1/key-a 엔드포인트를 호출합니다.

```
$ curl -X PUT -d 'Hello, key-value store!' -v http://localhost:8080/v1/key-a
```

이 명령을 실행하면 다음과 같은 출력을 얻게 됩니다. 전체 출력이 길어서 지면을 아끼기 위해 여기서 필요한 부분만 발췌했습니다.

```
> PUT /v1/key-a HTTP/1.1
< HTTP/1.1 201 Created
```

'>' 문자로 시작되는 첫 번째 줄은 요청에 대한 상세 내용을 보여줍니다. '<' 문자로 시작되는 두 번째 줄은 서버의 응답을 보여줍니다.

이 출력 내용에서 여러분이 PUT 요청을 /v1/key-a 엔드포인트로 전송했다는 것을 알 수 있으며, 이에 대해 서버는 예상했던 것처럼 201 Created 응답을 보냈습니다.

만약 /v1/key-a 엔드포인트로 지원되지 않는 GET 메서드를 이용해 요청을 보내면 어떻게 될까요? 매처 함수가 정상적으로 동작한다고 가정했을 때 다음과 같은 에러 메시지가 반환되어야합니다.

```
$ curl -X GET -v http://localhost:8080/v1/key-a
> GET /v1/key-a HTTP/1.1
< HTTP/1.1 405 Method Not Allowed
```

실제로 서버는 405 Method Not Allowed 에러를 응답했습니다. 모든 것이 다 잘 동작하는 것 같습니다.

읽기 함수 구현

이제 여러분이 만든 서비스가 잘 동작하는 Put 메서드를 갖게 되었으므로 저장한 데이터만 읽을 수 있다면 정말 좋을 것 같습니다. 이를 위해 다음과 같은 요구사항을 따르는 Get 함수를 구현해보겠습니다.

- /v1/key/{key} 경로에 대해서만 GET 요청을 허용해야 합니다.
- 5.3.1 '아주 간단한 API' 예제에서 정의한 Get 메서드를 호출해야 합니다.
- 요청받은 키가 존재하지 않으면 404 Not Found를 반환해야 합니다.
- 키가 존재하는 경우 상태코드 200과 함께 요청받은 값을 반환해야 합니다.
- 예상치 못한 에러에 대해서는 500 Internal Server Error를 반환해야 합니다.

이 요구사항들은 keyValueGetHandler 함수에 구현되어 있습니다. 키-값 API에서 추출한 값을 어떻게 핸들러의 http.ResponseWriter 매개변수 w로 전달하는지 주목하기 바랍니다.

```go
func keyValueGetHandler(w http.ResponseWriter, r *http.Request) {
    vars := mux.Vars(r)        // 요청에서 '키'를 추출합니다.
    key := vars["key"]

    value, err := Get(key)        // '키'의 '값'을 얻습니다.
    if errors.Is(err, ErrorNoSuchKey) {
        http.Error(w,err.Error(), http.StatusNotFound)
        return
    }
```

```
    if err != nil {
        http.Error(w, err.Error(), http.StatusInternalServerError)
        return
    }

    w.Write([]byte(value))         // 획득한 '값'을 응답으로 내보냅니다.
}
```

'get' 메서드에 대한 핸들러 함수를 구현했으므로 이미 요청 라우터에 추가되어 있는 'put' 핸들러와 함께 등록해보겠습니다.

```
func main() {
    r := mux.NewRouter()

    r.HandleFunc("/v1/{key}", keyValuePutHandler).Methods("PUT")
    r.HandleFunc("/v1/{key}", keyValueGetHandler).Methods("GET")

    log.Fatal(http.ListenAndServe(":8080", r))
}
```

이제 새롭게 추가된 서비스를 호출하여 잘 동작하는지 확인합시다.

```
$ curl -X PUT -d 'Hello, key-value store!' -v http://localhost:8080/v1/key-a
> PUT /v1/key-a HTTP/1.1
< HTTP/1.1 201 Created

$ curl -v http://localhost:8080/v1/key-a
> GET /v1/key-a HTTP/1.1
< HTTP/1.1 200 OK
Hello, key-value store!
```

잘 동작합니다! 입력한 값을 다시 얻을 수 있게 되었고 멱등성도 시험할 수 있게 되었습니다.
동일한 요청을 다시 한 번 호출하여 같은 결과를 얻을 수 있는지 확인해봅시다.

```
$ curl -X PUT -d 'Hello, key-value store!' -v http://localhost:8080/v1/key-a
> PUT /v1/key-a HTTP/1.1
< HTTP/1.1 201 Created

$ curl -v http://localhost:8080/v1/key-a
```

```
> GET /v1/key-a HTTP/1.1
< HTTP/1.1 200 OK
Hello, key-value store!
```

문제없어 보입니다! 그런데 기존 값을 새로운 값으로 덮어쓰고 싶을 때는 어떻게 해야 할까요? 덮어쓰기한 이후의 GET 요청은 새로운 값을 얻을 수 있을까요? 확인해보기 위해 사용했던 curl 명령을 살짝 고쳐 Hello, again, key-value store!를 키에 대한 값으로 저장해보겠습니다.

```
$ curl -X PUT -d 'Hello, again, key-value store!' \\
    -v http://localhost:8080/v1/key-a
> PUT /v1/key-a HTTP/1.1
< HTTP/1.1 201 Created

$ curl -v http://localhost:8080/v1/key-a
> GET /v1/key-a HTTP/1.1
< HTTP/1.1 200 OK
Hello, again, key-value store!
```

예상한 것처럼 GET 요청에 대해 200 응답 코드와 새로 저장한 값을 얻을 수 있었습니다.

마지막으로 여러분의 메서드 셋을 완성하기 위해 DELETE 메서드에 대한 핸들러를 작성하기 바랍니다. 이 책에서는 코드를 작성하지 않을 테니 직접 만들어보기 바랍니다. 즐기세요!

5.4.4 동시성 이슈로부터 안전한 데이터 구조 만들기

Go의 Maps는 원자성을 갖지 않으며 동시에 사용할 경우 안전하지 않습니다. 그런데 안타깝게도 여러분의 서비스는 그러한 맵Map을 감싸는 요청들을 동시에 처리하도록 설계되었습니다.

그러면 어떻게 해야 할까요? 프로그래머들은 보통 동시에 읽기, 쓰기 작업이 필요한 데이터 구조가 있을 때 고루틴Goroutine을 통해 락Lock이라고 알려진 뮤텍스Mutex와 같은 것을 동기화 메커니즘으로 사용합니다. 뮤텍스를 사용함으로써 특정 리소스에 대해 정확히 한 번에 하나의 프로세스만 접근할 수 있도록 보장할 수 있는 것입니다.

운좋게도 여러분은 이것을 직접 구현할 필요가 없습니다.[12] Go의 sync 패키지는 정확히 여러분이 필요로 하는 것을 sync.RWMutex로 제공합니다.

다음 구문은 컴포지션의 마법을 사용해 작업 대상인 맵과 임베드된 sync.RWMutex를 가진 익명 구조체Anonymous Struct를 생성합니다.

```
var myMap = struct{
    sync.RWMutex
    m map[string]string
}{m: make(map[string]string)}
```

myMap 구조체는 임베드된 sync.RWMutex의 모든 메서드를 포함하고 있기 때문에 Lock 메서드를 사용해 myMap 맵에 쓰기 작업을 할 때 쓰기 락을 걸 수 있습니다.

```
myMap.Lock()           // 쓰기 락을 겁니다.
myMap.m["some_key"] = "some_value"
myMap.Unlock()         // 쓰기 락을 풉니다.
```

만약 다른 프로세스가 읽기, 쓰기 락을 시도하면 Lock 메서드는 먼저 수행된 락이 풀릴 때까지 새로운 락 요청을 막습니다.

비슷한 방식으로 맵에서 데이터를 읽을 때는 RLock 메서드를 사용하여 읽기 락을 걸 수 있습니다.

```
myMap.RLock()          // 읽기 락을 겁니다.
value := myMap.m["some_key"]
myMap.RUnlock()        // 읽기 락을 풉니다.

fmt.Println("some_key:", value)
```

읽기 락을 동시에 걸 수 있는 프로세스 수를 비교해보면 읽기 락이 쓰기 락에 비해 덜 제한적이라는 것을 알 수 있습니다. 다만 쓰기 락이 걸려 있는 경우 락이 풀릴 때까지 RLock을 사용할 수 없습니다.

---

12 또한 직접 구현하지 않는 것이 좋습니다. 뮤텍스는 제대로 구현하기 무척 어려울 수 있습니다.

읽기-쓰기 뮤텍스를 애플리케이션에 통합하기

이제 여러분은 기본적인 읽기-쓰기 뮤텍스를 구현하기 위해 sync.RWMutex를 어떻게 써야 하는지 알게 되었으며, 5.3.1 '아주 간단한 API' 예제에서 만들었던 코드로 돌아가 이 내용을 적용해볼 수 있습니다.

먼저 store 맵을 리펙터링해보겠습니다.[13] 여러분은 이것을 맵과 임베디드된 sync.RWMutex를 포함한 익명 구조체 myMap처럼 만들 수 있습니다.

```go
var store = struct{
    sync.RWMutex
    m map[string]string
}{m: make(map[string]string)}
```

이제 store 구조체를 만들었으니 필요한 락을 걸 수 있도록 Get과 Put 함수를 업데이트하겠습니다.

```go
func Get(key string) (string, error) {
    store.RLock()
    value, ok := store.m[key]
    store.RUnlock()

    if !ok {
        return "", ErrorNoSuchKey
    }

    return value, nil
}

func Put(key string, value string) error {
    store.Lock()
    store.m[key] = value
    store.Unlock()

    return nil
}
```

---

13 제가 이 map을 더 복잡하게 만들었다고 말하지 않았던가요?

Get은 store 맵에 대해 읽기 작업만 할 수 있으므로 RLock을 사용하여 읽기 락만 걸 수 있습니다. 반면에 Put은 맵을 수정할 수 있기 때문에 Lock을 이용해 쓰기 락을 걸어야 합니다.

코드의 패턴은 명확합니다. 함수가 맵을 수정해야 하는 경우(Put, Delete), 함수는 쓰기 락을 위해 Lock을 사용합니다. 하지만 함수가 존재하는 데이터를 읽어(Get) 들이기만 해도 충분하다면 함수는 RLock을 통해 읽기 락을 수행할 수 있습니다.

> **NOTE** 락을 해제하는 것을 잊지 맙시다! 그리고 정확하게 해제가 필요한 락 타입을 확인합시다!

5.5 제너레이션 2: 리소스 상태 유지

분산 클라우드 네이티브 애플리케이션의 오랜 도전 과제 중 하나는 '어떻게 상태를 유지할 것인가'입니다. 애플리케이션 리소스의 상태를 여러 서비스 인스턴스로 분산시키는 방법은 다양합니다만, 지금 여기서는 최소한의 실행 가능한 제품에만 초점을 맞춰 우리가 만드는 애플리케이션 상태를 관리하는 두 가지 방법만 고려할 것입니다.

- 5.5.2 '트랜잭션 로그 파일에 상태 저장하기'에서는 리소스가 변경될 때마다 그 기록을 관리하기 위해 파일 기반의 트랜잭션 로그Transaction Log를 사용합니다. 서비스가 중지, 재기동되거나 불안정한 상태가 되었을 때 트랜잭션 로그는 서비스가 트랜잭션을 다시 수행하여 원래의 상태를 쉽게 만들 수 있도록 해줍니다.

- 5.5.3 '외부 데이터베이스에 상태 저장하기' 부분에서는 트랜잭션 로그를 저장하기 위해 파일 대신 외부 데이터베이스를 사용합니다. 여러분이 구축 중인 애플리케이션의 특성을 고려했을 때 데이터베이스를 사용하는 것이 중복되어 보일 수 있습니다만, 데이터 저장을 목적으로 디자인된 또 다른 서비스로 데이터를 외부화하는 것은 서비스 복제본 사이에 상태를 공유하고 탄력성을 제공하는 일반적인 방법입니다.

여러분은 이벤트를 기록하는데 왜 필요한 값만 데이터베이스에 저장하지 않고 트랜잭션 로그 전략을 사용하는지 궁금할 수도 있습니다. 이 전략은 여러분의 애플리케이션 데이터가 대부분의 시간 동안 메모리에 저장되어 있고, 애플리케이션 구동 시나 백그라운드에서 동작할 때만 지속적인 저장 메커니즘을 사용할 때 의미가 있습니다.

그뿐 아니라 이것은 또 다른 기회를 제공해줍니다. 트랜잭션 로그를 파일과 데이터베이스 양쪽에 쓰는 것과 같이 비슷한 역할을 하는 서로 다른 두 개의 구현을 생성하는 경우, 두 구현을 모두 만족하는 인터페이스를 정의해 기능을 설명할 수 있습니다. 이것은 특히 요구사항에 따라 구현 방식을 선택하고 싶을때 꽤 유용합니다.

[Column] 애플리케이션 스테이트와 리소스 스테이트

스테이트리스(Stateless)라는 용어는 클라우드 네이티브 아키텍처를 이야기할 때 많이 사용되는 반면 스테이트(State)는 굉장히 안 좋은 것으로 간주되곤 합니다. 그렇다면 스테이트란 정확히 무엇이고 왜 나쁘다고 하는 것일까요? 애플리케이션이 '클라우드 네이티브'화하려면 어떤 종류의 스테이트도 완전히 허용되지 않는 것일까요? 이 질문은 답하기가 무척 어렵습니다.

우선 애플리케이션 스테이트(Application State)와 리소스 스테이트(Resource State)를 구분하는 것이 중요합니다. 이 둘은 상당히 다른 의미를 갖지만 사람들은 비슷한 것으로 생각하고 많이 헷갈려 합니다.

- 애플리케이션 스테이트
  애플리케이션 또는 클라이언트가 애플리케이션을 사용하는 방법에 대한 서버 측 데이터입니다. 사용자의 접근 자격 증명이나 일부 다른 애플리케이션 콘텍스트와 연결하는 등의 클라이언트 세션 추적 용도로 많이 사용됩니다.
- 리소스 스테이트
  특정 시점 기준으로 서비스에 속한 자원의 현재 상태를 의미합니다. 모든 클라이언트에 대해 동일한 값이며 클라이언트와 서버 사이에서 이루어지는 어떠한 상호 작용과도 관련이 없습니다.

어떤 스테이트든 기술적인 도전 과제가 있지만 그중에서도 특히 애플리케이션 스테이트는 특정 서버 선호도(Server Affinity)[14]를 갖게 되므로 더 문제될 수 있습니다. 이는 애플리케이션의 복잡도를 높이고 서비스 복제본을 종료시키거나 교체하는 것을 어렵게 만듭니다.

스테이트와 스테이트리스는 7장의 '스테이트와 스테이트리스' 부분에서 더 자세히 논의할 것입니다.

5.5.1 트랜잭션 로그란 무엇일까?

가장 간단한 형태의 트랜잭션 로그Transaction Log는 데이터 저장소가 실행한 변경사항의 기록을 유지하는 단순한 로그 파일입니다.

---

14 각 사용자의 요청을 해당 사용자의 세션이 처음 만들어진 서버로 보내는 것을 의미합니다.

트랜잭션 로그는 서비스에 문제가 생기거나 재시작되었을 때 혹은 불안정한 상태라는 것을 인식했을 때 트랜잭션을 다시 수행해서 서비스의 기능적인 상태를 복원할 수 있게 해줍니다.

트랜잭션 로그는 데이터베이스 관리 시스템에서 애플리케이션의 크래시나 하드웨어 오류가 발생했을 때 일정 수준의 데이터 복원력을 제공하는 데 많이 사용됩니다. 하지만 이 기술을 구현하는 것은 꽤 복잡할 수 있으므로 여기서 만드는 트랜잭션 로그 저장 구현체는 가능한 한 직관적이 되도록 할 것입니다.

트랜잭션 로그 포맷

코드를 살펴보기 전에 트랜잭션 로그가 꼭 가져야 하는 것들에 대해 정해봅시다.

여기서는 서비스가 재시작되었거나 상태를 복원할 필요가 생겼을 때 트랜잭션 로그가 읽기 전용이라고 가정할 것입니다. 그리고 트랜잭션 로그의 이벤트는 오래된 것부터 최신 순으로 읽어 들여 각각 순서대로 재연할 것입니다. 즉, 트랜잭션 로그는 순서가 정해져 있는 변경에 대한 이벤트 목록으로 구성될 것입니다. 빠른 처리와 쉬운 사용을 위해 추가만 가능하도록 구성할 것이므로, 예를 들어 키-값 저장소에서 한 레코드가 삭제되면 트랜잭션 로그에는 delete가 기록될 것입니다.

지금까지 논의된 모든 것들을 종합해봤을때 기록된 각 트랜잭션 이벤트는 다음과 같은 속성을 가져야 합니다.

- **순번(Sequence number)**
  쓰기 작업에 대한 고유 ID로 항상 증가합니다.

- **이벤트 타입(Event type)**
  수행된 타입에 대한 설명으로 PUT이나 DELETE가 될 수 있습니다.

- **키(Key)**
  트랜잭션에 의해 영향받는 키를 포함한 문자열입니다.

- **값(Value)**
  만약 이벤트가 PUT이라면 트랜잭션의 값을 갖습니다.

간단하고 좋습니다. 바라건대 계속 지금처럼 간단하면 좋겠습니다.

트랜잭션 로거 인터페이스

가장 먼저 할 작업은 TransactionLogger 인터페이스를 선언하는 것입니다. 일단 PUT과 DELETE 이벤트에 대해 각각의 트랜잭션 로그를 저장할 WritePut과 WriteDelete 메서드를 정의하겠습니다.

```
type TransactionLogger interface {
    WriteDelete(key string)
    WritePut(key, value string)
}
```

다른 메서드도 추가하고 싶겠지만 우선은 첫 번째 구현에 집중하고, 다른 메서드는 필요할 때 인터페이스에 추가합시다.

5.5.2 트랜잭션 로그 파일에 상태 저장하기

우리가 시도할 첫 번째 접근방법은 데이터 저장소가 실행한 변경사항의 기록을 유지하면서 로그를 추가만 할 수 있는 가장 기본적이고 일반적인 형태의 트랜잭션 로그입니다. 파일 기반의 구현은 매력적인 장점을 갖고 있지만 단점도 명확합니다.

장점

- **다운스트림에 대한 의존성이 없다**
  실패하거나 접근이 안 될 수 있는 외부 서비스에 대해 의존성이 없습니다.

- **기술적인 직관성**
  로직이 복잡하지 않아 빠르게 구현하여 사용할 수 있습니다.

단점

- **확장하기가 어렵다**
  노드 확장이 필요할 때 노드 간에 상태 정보를 분산하여 공유할 수 있는 추가적인 방법이 필요합니다.

- **제어하기 어려운 파일 증가**

  로그가 디스크에 저장되기 때문에 파일 크기가 무한히 커지도록 둘 수 없습니다. 파일 크기를 줄일 수 있는 방법이 필요합니다.

트랜잭션 로거 프로토타이핑

코드를 작성하기 전에 설계 관점에서 몇 가지 의사 결정이 필요합니다. 우선 단순함을 위해 로그는 평문으로 저장합니다. 바이너리나 압축된 형식의 로그는 시간과 공간에 대해 효율적이기는 하지만 최적화는 나중에 하도록 합시다.

두 번째로 각 로그 엔트리는 하나의 로그 라인으로 기록합니다. 이렇게 하면 나중에 데이터를 읽기가 쉽습니다.

마지막으로 각 트랜잭션은 5.5.1 '트랜잭션 로그 포맷'에서 이야기한 4개의 필드를 포함하며 각 필드는 탭 문자로 구분합니다.

- **순번**

  쓰기 작업에 대한 고유 ID로 증가하기만 합니다.

- **이벤트 타입**

  수행된 동작 타입에 대한 설명으로 PUT이나 DELETE가 될 수 있습니다.

- **키**

  트랜잭션에 의해 영향받는 키를 포함한 문자열입니다.

- **값**

  이벤트 타입이 PUT이면 트랜잭션의 값을 갖습니다.

기본적인 내용을 정립했으니 계속 진행하여 FileTransactionLogger 타입을 정의해봅시다. 이 타입은 TransactionLogger 인터페이스의 암시적인 구현으로 PUT, DELETE 이벤트의 트랜잭션 로그에 대해 각각 앞쪽의 '트랜잭션 로거 인터페이스' 부분에서 기술된 WritePut과 WriteDelete 메서드가 쓰기 작업을 하도록 구현합니다.

```go
type FileTransactionLogger struct {
    // 쓰기 작업에 필요한 필드를 정의합니다.
}

func (l *FileTransactionLogger) WritePut(key, value string) {
```

```
    // PUT 메서드에 대한 로그 쓰기 작업 로직을 구현합니다.
}

func (l *FileTransactionLogger) WriteDelete(key string) {
    // PUT 메서드에 대한 로그 쓰기 작업 로직을 구현합니다.
}
```

메서드들이 아직은 좀 미약해 보이지만 곧 살을 붙여 나갈 것입니다.

이벤트 타입 정의하기

조금 더 생각해보면 WritePut과 WriteDelete 메서드는 비동기로 동작하는 쪽이 좋을 것 같습니다. 이것은 events 채널과 같은 것을 이용해 몇 개의 고루틴^{Goroutine}이 동시에 데이터를 읽고 로그를 쓰도록 하여 구현할 수도 있습니다. 언뜻 보면 좋은 생각인 것 같지만 이런 방식으로 구현하면 내부적으로 '이벤트'를 나타낼 수 있는 무언가가 필요해집니다.

그렇다고 해도 이렇게 구현하는 것이 큰 문제가 되는 것은 아닙니다. 5.5.1 '트랜잭션 로그 포맷'에서 이야기했던 모든 필드를 이용하여 Event 구조체를 만들면 대략 다음과 같습니다.

```
type Event struct {
    Sequence uint64      // 고유의 레코드 ID
    EventType EventType  // 이벤트의 동작 혹은 메서드
    Key string           // 트랜잭션으로 인해 영향받은 키(key)
    Value string         // PUT 메서드인 경우 저장할 값(value)
}
```

Sequence는 일련 번호이고 Key와 Value는 이름만으로도 의미를 알 수 있어 직관적인 구조체로 보입니다. 그런데 EventType은 어떤가요? 이 필드를 뭐라고 부르든 이 값을 활용해 어떤 타입의 이벤트가 발생했는지 참고할 수 있고, 그 값에는 아마도 PUT과 DELETE 이벤트도 포함되어 있을 것입니다. 이것을 구현하는 한 가지 방법은 byte 값을 갖는 상수를 할당하는 것입니다.

```
const (
    EventDelete byte = 1
    EventPut    byte = 2
)
```

앞 코드는 당연히 잘 동작하겠지만 Go는 더 우수하고 독특한 iota를 제공합니다. iota는 미리 정의된 값으로 일련의 관계 있는 상수 값을 만들어 상수^{Constant}를 선언할 때 사용됩니다.

[Column] iota를 이용한 상수 선언

iota를 상수(Constant) 선언에 사용하는 경우 타입이 지정되지 않은 정수형 상수를 나타내며, 연관 관계를 가진 상수의 집합을 만드는 데 사용할 수 있습니다. iota 값은 매 상수 선언 시마다 0부터 시작하며 상수가 할당될 때마다 증가합니다(iota 식별자를 참조했는지는 중요하지 않습니다). iota는 연산에도 사용될 수 있습니다. 연산에서 사용하는 예는 다음과 같으며 각각 곱셈, 바이너리 시프트 연산, 나누기 연산에서 iota를 사용하고 있습니다.

```
const (
    a = 42 * iota  // iota == 0; a == 0
    b = 1 << iota  // iota == 1; b == 2
    c = 3          // iota == 2; c == 3 (iota를 쓰지 않았지만 iota 값은 증가합니다)
    d = iota / 2   // iota == 3; d == 1
)
```

iota는 그 자체가 타입이 지정되지 않은 숫자이므로 여러분은 iota를 이용해 타입이 지정된 할당문을 명시적인 타입 변환 없이 만들 수 있습니다. 심지어 iota에 float64 값도 할당할 수 있습니다.

```
const (
    u = iota * 42         // iota == 0; u == 0 (타입이 지정되지 않은 정수 상수)
    v float64 = iota * 42 // iota == 1; v == 42.0 (float64 상수)
)
```

iota 키워드는 암묵적으로 반복을 허용하기 때문에 임의의 크기를 가진 일련의 상수 세트를 쉽게 만들 수 있습니다. 다음 예제는 여러 가지 용량 단위를 나타내는 상수를 선언하기 위해 iota를 사용한 예입니다.

```
type ByteSize uint64
const (
    _            = iota           // iota == 0; 0 값은 무시합니다.
    KB ByteSize = 1 << (10 * iota) // iota == 1; KB == 2^10
    MB                            // iota == 2; MB == 2^20
    GB                            // iota == 3; GB == 2^30
    TB                            // iota == 4; TB == 2^40
    PB                            // iota == 5; PB == 2^50
)
```

iota를 사용하면 수작업으로 상수에 값을 지정할 필요가 없습니다. 그 대신 다음처럼 할 수 있습니다.

```
type EventType byte

const (
    _                       = iota  // iota == 0; 0 값을 무시합니다.
    EventDelete EventType = iota  // iota == 1
    EventPut                   // iota == 2; 암묵적으로 반복합니다.
)
```

예제에서 살펴본 것처럼 상수가 두 개만 있다면 iota를 사용하든 사용하지 않든 큰 차이가 없습니다. 하지만 관련된 상수가 많거나 어떤 값이 어디에 할당되었는지 직접 추적하고 싶지 않다면 무척 유용할 것입니다.

> **NOTE** 직렬화에서 iota를 열거형으로 사용하는 경우 리스트에 추가(Append)만 하도록 신경 쓰고 순서를 바꾸거나 값을 중간에 끼워 넣지 않도록 주의해야 합니다. 그렇지 않으면 나중에 역직렬화할 수 없게 됩니다.

지금까지 TransactionLogger와 두 개의 주요 쓰기 메서드가 어떤 형태인지 살펴보았습니다. 또한 단일 이벤트를 나타내는 구조체를 정의했으며 새로운 EventType 타입을 만들고 iota를 이용해 값을 정의했습니다. 이제 정말로 시작할 준비가 끝났습니다.

FileTransactionLogger 구현하기

이제 진도가 좀 나갔습니다. 쓰기 이벤트를 위한 메서드를 TransactionLogger에 구현해야 하며 이벤트에 대한 설명을 코드에 추가해두었습니다. 그런데 FileTransactionLogger는 어떻게 구현해야 할까요?

서비스는 트랜잭션 로그의 물리적인 위치를 추적해야 하므로 이 정보를 나타내는 os.File 속성을 사용해야 합니다. 그뿐 아니라 각 이벤트에 대해 정확한 일련 번호를 부여하기 위해 로그에 할당된 마지막 일련 번호를 알고 있어야 하며 부호가 없는 64비트 정수를 저장할 수 있어야 합니다. 좋습니다. 하지만 FileTransactionLogger는 실제로 어떻게 이벤트를 저장해야 할까요?

한 가지 접근법은 `WritePut`과 `WriteDelete` 메서드가 직접 호출할 수 있는 `io.Writer`를 사용하는 것입니다. 하지만 이것은 싱글스레드Single-threaded 방식이기 때문에 고루틴을 통해 명시적으로 실행하기 전까지 생각보다 많은 시간을 I/O에 사용하고 있다는 것을 발견하게 될 것입니다. 또 다른 방법으로는 고루틴이 처리한 Event 값의 슬라이스Slice를 이용해 버퍼Buffer를 만드는 것입니다. 훌륭한 방법이지만 꽤 복잡합니다.

결론적으로 표준 버퍼링 채널Stadnard Buffered Channels만 사용하면 되기 때문에 굳이 이 모든 작업을 할 필요가 없습니다. 지금까지 살펴본 내용에 따라 다음과 같이 `FileTransactionLogger`와 `Write` 메서드를 작성해보았습니다.

```go
type FileTransactionLogger struct {
    events chan<- Event     // 송신 이벤트에 대한 쓰기 전용 채널입니다.
    errors <-chan error     // 수신 이벤트에 대한 읽기 전용 채널입니다.
    lastSequence uint64     // 마지막으로 사용한 이벤트 일련 번호입니다.
    file *os.File           // 트랜잭션 로그의 위치입니다.
}

func (l *FileTransactionLogger) WritePut(key, value string) {
    l.events <- Event{EventType: EventPut, Key: key, Value: value}
}

func (l *FileTransactionLogger) WriteDelete(key string) {
    l.events <- Event{EventType: EventDelete, Key: key}
}

func (l *FileTransactionLogger) Err() <-chan error {
    return l.errors
}
```

이제 마지막 이벤트의 일련 번호를 가진 unit64 값과 Event 값을 수신하는 쓰기 전용 채널, Event 값을 채널로 보내는 `WritePut`과 `WriteDelete` 메서드를 가진 `FileTransactionLogger`를 만들었습니다.

그런데 이들 외에도 코드가 더 있습니다. 대표적으로 수신 전용 에러 채널을 반환하는 `Err` 메서드가 있으며 이 메서드는 필요한 이유가 분명합니다. 이미 앞에서 이야기했던 것처럼 로그를 쓰는 작업은 events 채널로부터 이벤트를 수신하는 고루틴에 의해 동시 처리됩니다. 이는 쓰기 작업의 효율성을 높일 수 있지만 동시에 `WritePut`과 `WriteDelete` 메서드에 문제가 생겼을 때 `error`를 쉽게 반환하지 못한다는 단점을 갖습니다. 그러므로 우리는 에러에 대한 의사소통을 위해 전담 에러 채널을 제공하고자 합니다.

새로운 FileTransactionLogger 제작

지금까지 잘 따라왔다면 `FileTransactionLogger`의 그 어떤 속성들도 초기화되지 않았다는 것을 알아차렸을 겁니다. 이 이슈를 수정하지 않는다면 문제가 발생할 것입니다. Go는 생성자가 없기 때문에 생성자 역할을 해줄 함수를 정의하고 `NewFileTransactionLogger`라 부르겠습니다.

```
func NewFileTransactionLogger(filename string) (TransactionLogger, error) {
    file, err := os.OpenFile(filename, os.O_RDWR|os.O_APPEND|os.O_CREATE, 0755)
    if err != nil {
        return nil, fmt.Errorf("cannot open transaction log file: %w", err)
    }

    return &FileTransactionLogger{file: file}, nil
}
```

> **NOTE** `NewFileTransactionLogger`는 포인터 타입을 반환하지만 반환되는 리스트는 분명히 포인터 타입이 아닌 `TransactionLogger` 인터페이스를 따르고 있습니다. 이렇게 된 이유는 다소 복잡합니다. Go는 포인터 타입이 인터페이스를 구현할 수 있도록 해주지만 포인터가 인터페이스 타입이 되는 것은 허용하지 않기 때문입니다.

`NewFileTransactionLogger`는 `os.OpenFile` 함수의 `filename` 매개변수에 로그를 저장할 파일을 명시하여 호출합니다. 이 함수는 파일을 여는 동작을 지정하는 몇 가지 플래그를 갖고 있으며 OR를 이용해 동시에 지정할 수 있습니다.

- `os.O_RDWR`

  파일을 읽고 쓸 수 있는 모드로 엽니다.

- `os.O_APPEND`

  파일에 대한 쓰기 요청은 파일 뒷부분에 추가되며 기존 내용을 덮어쓰지 않습니다.

- os.O_CREATE

  파일이 존재하지 않는 경우 생성하고 엽니다.

이 세 가지 외에도 다수의 플래그가 존재합니다. 더 많은 플래그를 살펴보고 싶다면 os 패키지에 대한 공식 문서[15]를 참고하기 바랍니다.

지금까지 트랜잭션 로그 파일이 확실히 생성되도록 해주는 생성자 함수를 만들었습니다. 그런데 채널은 어떻게 해야 할까요? 우리는 NewFileTransactionLogger로 채널을 만들고 고루틴을 생성할 수 있지만 이렇게 하면 미스터리한 기능을 너무 많이 추가하는 느낌이 듭니다. 따라서 이렇게 하는 대신 Run 메서드를 만들어보겠습니다.

트랜잭션 로그에 엔트리 추가하기

아직까지 events 채널에서 읽을 만한 것이 아무것도 없으며 이것은 이상적인 상태가 아닙니다. 더 좋지 않은 것은 채널들이 초기화조차 되지 않았다는 것입니다. 다음과 같이 Run 메서드를 생성하여 이것을 바꿔보겠습니다.

```go
func (l *FileTransactionLogger) Run() {
    events := make(chan Event, 16)      // events 채널을 생성합니다.
    l.events = events

    errors := make(chan error, 1)       // errors 채널을 생성합니다.
    l.errors = errors

    go func() {
        for e := range events {         // 다음 이벤트를 불러옵니다.

            l.lastSequence++            // 일련 번호를 증가시킵니다.

            _, err := fmt.Fprintf(      // 로그에 이벤트를 저장합니다.
                l.file,
                "%d\\t%d\\t%s\\t%s\\n",
                l.lastSequence, e.EventType, e.Key, e.Value)

            if err != nil {
```

---

15 https://pkg.go.dev/os

```
                errors <- err
                return
            }
        }
    }()
}
```

NOTE 이 구현은 너무 기본적입니다. 심지어 공백이 들어가 있거나 멀티라인(Multi-line)으로 만들어진 엔트리도 제대로 다루지 못합니다.

Run 함수는 몇 가지 아주 중요한 일들을 수행합니다.

우선 Run 함수는 버퍼링된 events 채널을 생성합니다. 버퍼링된 채널을 TransactionLogger에서 사용하는 것은 버퍼가 가득 차지 않은 이상 WritePut과 WriteDelete 메서드의 호출이 블록되지 않는다는 것을 의미합니다. 이것은 이벤트를 처리하는 서비스가 디스크 I/O로 인한 지연 없이 아주 약간의 이벤트 집중만 다루면 되도록 해줍니다. 버퍼가 가득 찬 경우 로그를 기록하는 고루틴이 따라잡을 때까지 버퍼링된 채널에 대한 쓰기 작업이 중지됩니다.

두 번째로 트랜잭션 로그에 이벤트를 동시 기록하는 고루틴에서 발생한 오류를 알려주기 위해 버퍼링된 errors 채널을 생성합니다. 이 채널의 버퍼 값이 1이면 블록 없이 에러를 보낼 수 있습니다. 마지막으로 events 채널로부터 Event 값을 추출한 뒤 fmt.Fprintf 함수를 통해 트랜잭션 로그를 쓰는 고루틴을 시작합니다. fmt.Fprintf가 에러를 반환하는 경우 고루틴은 errors 채널로 에러를 보내고 동작을 중지합니다.

bufio.Scanner를 이용한 파일 트랜잭션 로그 재연

제아무리 훌륭한 트랜잭션 로그라 하더라도 읽지 않는다면 쓸모 없는 것이 됩니다.[16] 하지만 어떻게 읽어야 할까요?

여러분은 로그의 가장 첫 줄부터 읽어 들여 각 행의 구문을 분석해야 합니다. io.ReadString과 fmt.Sscanf를 이용하면 어렵지 않게 작업할 수 있습니다.

---

16 그런데 트랜잭션 로그를 '좋은' 것으로 만드는 것은 무엇일까요?

신인성 있는 우리의 친구, 채널은 여러분의 서비스가 결과를 컨슈머 쪽으로 보낼 수 있게 해 줍니다. 반복적인 작업으로 느껴질 수 있겠지만 잠시 멈추고 코드에 감사합시다. 많은 언어에서 사용되는 가장 쉬운 방법은 파일을 통째로 읽어 배열에 저장하는 것입니다. 그리고 반복문을 통해 배열의 내용을 순회하면서 이벤트를 재연합니다. Go의 편리한 동시성 기본 요소 덕분에 훨씬 더 공간 효율적이고 메모리 효율적인 방식으로 쉽게 데이터를 컨슈머에게 전달할 수 있습니다.

다음의 ReadEvents 메서드[17]는 이러한 내용을 잘 보여줍니다.

```go
func (l *FileTransactionLogger) ReadEvents() (<-chan Event, <-chan error) {
    scanner := bufio.NewScanner(l.file)  // l.file에 대한 Scanner를 생성합니다.
    outEvent := make(chan Event)         // 버퍼링을 하지 않는 Event 채널을 생성합니다.
    outError := make(chan error, 1)      // 버퍼링을 하는 error 채널을 생성합니다.

    go func() {
        var e Event

        defer close(outEvent)            // 고루틴 수행이 끝나면
        defer close(outError)            // 채널을 닫습니다.

        for scanner.Scan() {
            line := scanner.Text()

            if err := fmt.Sscanf(line, "%d\\t%d\\t%s\\t%s",
                &e.Sequence, &e.EventType, &e.Key, &e.Value); err != nil {

                outError <- fmt.Errorf("input parse error: %w", err)
                return
            }

            // 일련 번호가 증가하고 있는지 확인합니다.
            if l.lastSequence >= e.Sequence {
                outError <- fmt.Errorf("transaction numbers out of sequence")
                return
            }
```

---

17 이름을 만드는 것은 정말 어렵습니다.

```
            l.lastSequence = e.Sequence      // 마지막으로 일련 번호를 저장해둡니다.

            outEvent <- e                    // 이벤트를 보냅니다.
        }

        if err := scanner.Err(); err != nil {
            outError <- fmt.Errorf("transaction log read failure: %w", err)
            return
        }
    }()

    return outEvent, outError
}
```

ReadEvents 메서드는 두 개의 함수를 하나로 합쳐둔 것이라고 할 수 있습니다. 바깥쪽 함수는 파일 리더를 초기화하고 이벤트와 에러 채널을 생성해 반환합니다. 안쪽 함수는 로그 파일의 콘텐츠를 한 줄씩 읽어 들인 후 결과를 채널로 보내기 위해 바깥쪽 함수와 동시에 실행됩니다.

흥미롭게도 TransactionLogger의 file 속성은 *os.File 타입이며 io.Reader 인터페이스를 만족시키는 Read 메서드를 갖고 있습니다. Read는 상당히 낮은 수준의 메서드지만 필요하다면 데이터를 읽어 들이기 위해 사용할 수 있습니다. 반면에 bufio 패키지는 Scanner 인터페이스라는 더 나은 방법을 제공합니다. Scanner 인터페이스는 줄 바꿈으로 구분된 텍스트를 읽을 수 있는 편리한 수단을 제공합니다. 우리는 io.Reader(이번 경우에는 os.File입니다)를 bufio.NewScanner로 전달하여 새로운 Scanner 값을 얻을 수 있습니다.

scanner.Scan 메서드에 대한 각각의 호출은 다음 줄의 텍스트로 진행하며 더 이상 읽어 들일 텍스트가 없으면 false를 반환합니다. 그리고 이어지는 scanner.Text 메서드를 호출하여 읽어 들인 텍스트를 반환합니다.

안쪽의 익명 고루틴에서 사용한 defer 구문에 주목합시다. 이 구문은 출력 채널이 언제나 닫혀 있도록 해줍니다. defer는 그들이 선언된 함수의 범위를 갖기 때문에 ReadEvents가 아닌 고루틴의 마지막 부분에서 호출됩니다.

3장에 나온 'Go의 입출력 포매팅'에서 fmt.Sscanf 함수가 단순 문자열을 파싱할 수 있는 단순한(가끔은 지나치게 단순한) 방법을 제공한다는 내용을 떠올린 사람도 있을 것입니다. fmt 패키지의 다른 메서드와 마찬가지로 예상되는 문자열 포맷은 다양한 '동사[Verbs]'를 포함한 포매팅

문자열을 이용하여 지정합니다. 코드에서는 두 개의 숫자(%d), 두 개의 문자열(%s), 탭 문자
(\t)를 사용했습니다. fmt.Sscanf를 사용하면 편리하게도 각 동사의 목표값을 직접 업데이트
할 수 있도록 포인터를 전달할 수 있습니다.

> **NOTE** Go의 포매팅 문자열은 C의 printf와 scanf가 등장한 시기로 거슬러 올라갈 만큼 긴 역
> 사를 배경으로 합니다만, 이러한 포매팅 문자열은 수십 년 동안 C++, 자바, Perl, PHP,
> Ruby, Scala 등 많은 언어에서 채택되었습니다. 그러므로 대부분의 독자는 포맷팅 문자
> 열에 익숙할 것이라 생각되지만 그렇지 못한 독자가 있다면 fmt 패키지 공식 문서[18]를 통해
> 잠시 내용을 살펴보기 바랍니다.

반복문이 수행될 때마다 마지막에 사용된 일련 번호는 이제 막 읽어 들인 값으로 업데이트되
고 이벤트는 갈 길을 갑니다. 사소한 것입니다만 Event 값을 새로 생성하는 대신 반복 시마다
어떻게 같은 Event 값을 재사용하는지 주목하기 바랍니다. 이것은 outEvent 채널이 구조체 값
에 대한 포인터가 아닌 구조체 값 자체를 보내고 있기 때문에 가능한 것입니다. 다시 말해 우
리가 보낸 값이 뭐든 복제본을 제공했다는 의미입니다.

마지막으로 함수는 Scanner의 에러를 점검합니다. Scan 메서드는 단일 불린 값을 반환하므로
반복문에 사용하기 편합니다. 그 대신 에러를 만나면 Scan 메서드는 false를 반환하고 Err 메
서드를 통해 에러를 전달합니다.

돌아온 트랜잭션 로거 인터페이스

모든 기능을 완전히 갖춘 FileTransactionLogger를 구현했으니 TransactionLogger 인
터페이스에 통합하기 위해 사용할 수 있는 새로운 메서드를 확인할 차례입니다. 실제로
TransactionLogger 인터페이스에 대한 다음 최종 형태를 봤을 때 구현에 유지해야 할 것은 거
의 없어 보입니다.

```
type TransactionLogger interface {
    WriteDelete(key string)
    WritePut(key, value string)
    Err() <-chan error
```

---

18 https://pkg.go.dev/fmt

```
    ReadEvents() (<-chan Event, <-chan error)

    Run()
}
```

이제 모든 준비가 끝났으니 마지막으로 트랜잭션 로그를 여러분의 키-값 서비스로 통합하는 작업을 시작할 수 있습니다.

웹 서비스에서 FileTransactionLogger 초기화하기

FileTransactionLogger 작성이 끝났으니 이제 여러분의 웹 서비스가 FileTransactionLogger 를 사용하도록 구현하는 일만 남았습니다. 첫 번째 단계로 새로운 TransactionLogger 값을 생성하고 존재하는 이벤트를 읽어 들여 재연하며 Run 메서드를 호출하는 새로운 함수를 추가합시다.

우선 service.go 파일에 TransactionLogger의 참조를 추가합니다. 이름을 만드는 것은 어려운 작업이니 대충 logger라 부르겠습니다.

```
var logger TransactionLogger
```

구현할 세부 사항은 이미 정리되어 있으므로 다음과 같이 초기화 메서드를 정의합시다.

```
func initializeTransactionLog() error {
    var err error

    logger, err = NewFileTransactionLogger("transaction.log")
    if err != nil {
        return fmt.Errorf("failed to create event logger: %w", err)
    }

    events, errors := logger.ReadEvents()
    e, ok := Event{}, true

    for ok && err == nil {
        select {
        case err, ok = <-errors:          // 에러가 있는 경우 에러 정보를 추출합니다.
        case e, ok = <-events:
```

```
        switch e.EventType {
        case EventDelete:                // DELETE 이벤트를 수신했을 때
            err = Delete(e.Key)
        case EventPut:                   // PUT 이벤트를 수신했을 때
            err = Put(e.Key, e.Value)
        }
    }
}

    logger.Run()

    return err
}
```

이 함수는 예상했던 대로 시작합니다. `NewFileTransactionLogger`를 호출하고 `logger`에 할당합니다.

다음 부분은 조금 더 흥미롭습니다. `logger.ReadEvents`를 호출하고 수신한 Event 값을 기반으로 결과를 재연합니다. events와 errors 채널에 대한 반복문에서 select, case 구문을 통해이 로직을 수행합니다.

select의 case 구문이 어떻게 `case foo, ok = <-ch` 형식을 활용하는지 주목하기 바랍니다. 채널을 읽은 후 반환된 bool 값은 채널이 닫혔을 경우 false가 됩니다. 이때 ok 값을 설정하고 for 반복문을 종료하는 로직이 구현되어 있습니다.

events 채널로부터 Event 값을 받으면 값에 따라 적절히 Delete나 Put을 호출합니다. 만약 errors 채널로부터 에러를 받았다면 err을 nil이 아닌 값으로 설정하고 for 반복문을 종료합니다.

웹 서비스에서 FileTransactionLogger 통합하기

초기화 로직이 준비되었으니 이제 TransactionLogger 통합을 완료하기 위해 남은 작업은 웹 서비스에 정확히 세 개의 함수 호출을 추가하는 것입니다. 이것은 매우 직관적이므로 코드를 일일이 살펴보지 않겠습니다. 하지만 간략히 설명하면 다음과 같습니다.

- main 메서드에 initializeTransactionLog 추가하기

- keyValueDeleteHandler에 logger.WriteDelete 추가하기

- keyValuePutHandler에 logger.WritePut 추가하기

실제 구현은 독자 여러분을 위한 연습과제로 남겨두겠습니다.

향후 개선 과제

지금까지 우리는 최소한의 기능을 가진 실행 가능한 트랜잭션 로거를 구현했습니다. 하지만 여전히 많은 이슈가 남아 있고 개선해야 할 점들도 많습니다.

- 테스트가 없습니다.

- 파일을 안전하게 닫기 위한 Close 메서드가 없습니다.

- 쓰기 버퍼에 이벤트가 남아 있어도 서비스가 종료될 수 있어 이벤트 소실의 우려가 있습니다.

- 트랜잭션 로그에서 키와 값이 인코딩되어 있지 않아 멀티 라인 혹은 공백으로 인해 파싱이 제대로 되지 않고 실패할 수 있습니다.

- 키와 값의 크기가 지정되어 있지 않습니다. 방대한 키 혹은 값이 추가될 수 있으며 디스크를 가득 채울 수 있습니다.

- 트랜잭션 로그가 평문으로 저장됩니다. 평문을 사용하면 디스크 공간을 생각보다 많이 차지합니다.

- 로그가 삭제된 값의 기록을 영원히 보관합니다. 이 정보는 무한히 커질 수 있습니다.

이 모든 것들은 운영 환경에서 장애물이 될 수 있습니다. 따라서 이 내용에 대해 해결책을 생각해보고 코드로 구현하기 바랍니다.

5.5.3 외부 데이터베이스에 상태 저장하기

전부는 아니겠지만 대부분의 비즈니스와 웹 애플리케이션 중심에 데이터베이스와 데이터가 있고 Go 역시 코어 라이브러리를 통해 SQL(혹은 SQL과 같은) 데이터베이스를 위한 표준 인터페이스를 제공하고 있습니다.

그런데 여기서 만드는 키–값 저장소를 위해 SQL 데이터베이스를 사용하는 것이 좋은 선택일까요? 무엇보다 우리의 데이터 저장소가 다른 데이터 저장소에 의존한다는 것은 저장소가 중복되어 사용된다는 의미 아닐까요? 네, 확실히 그렇습니다.

하지만 특별히 데이터 저장을 위한 목적으로 설계되고 만들어진 데이터베이스와 같은 곳으로 서비스의 데이터를 외부화^{Externalizing}하는 것은 스테이트^{State}를 서비스의 복제본들 사이에 공유하고 데이터에 탄력성을 부여하는 일반적인 패턴입니다. 핵심은 완벽한 애플리케이션을 디자인하는 것이 아니라 어떻게 데이터베이스와 상호작용하는지 보여주는 것입니다.

이번 절에서는 5.5.2 '트랜잭션 로그 파일에 상태 저장하기'에서 했던 것과 마찬가지로 외부 데이터베이스의 지원을 받으면서 TransactionLogger 인터페이스를 만족하는 트랜잭션 로그 저장 코드를 구현할 것입니다. 이 코드는 당연히 잘 동작할 것이고 언급했던 몇 가지 이점도 있겠지만 트레이드오프^{Tradeoffs}도 분명 존재합니다.

장점

- **애플리케이션 스테이트의 외부화**
  분산된 스테이트에 대해 덜 걱정해도 되며 '클라우드 네이티브'에 더 가깝습니다.

- **용이한 확장성**
  복제본들 사이에 공유할 데이터가 없으므로 확장을 더 쉽게 하도록 해줍니다(쉽다는 이야기는 아닙니다).

단점

- **병목 발생**
  스케일업이 필요한 경우 어떻게 해야 할까요? 만약 모든 복제본이 한꺼번에 동일한 데이터베이스에서 정보를 읽어야 하는 상황이 된다면 문제가 없을까요?

- **업스트림 의존성 발생**
  실패할 수도 있는 외부 리소스에 대한 의존성이 생깁니다.

- **필수적인 초기화**
  만약 Transactions 테이블이 존재하지 않으면 어떻게 될까요?

- 복잡도 증가

    관리하고 구성해야 하는 또 다른 것들이 증가합니다.

Go에서 데이터베이스 사용하기

SQL이나 SQL류의 데이터베이스는 상당히 많습니다. 이들 사용을 거부할 수는 있겠지만 일종의 데이터 컴포넌트를 이용한 애플리케이션을 만드는 중이라면 어느 시점에서 데이터베이스와 상호 작용할 수밖에 없습니다.

다행히도 Go 표준 라이브러리 창시자는 database/sql 패키지를 통해 SQL을 비롯하여 SQL과 비슷한 데이터베이스에 대해 널리 사용되면서도 가벼운 인터페이스를 제공하고 있습니다. 이번 절에서는 이 패키지를 어떻게 사용하는지 간단히 살펴보고 그 과정에서 몇 가지 중요한 부분을 찾아보겠습니다.

database/sql 패키지 중 가장 널리 사용되는 것이 sql.DB이며 Go의 주요 데이터베이스 추상화와 구문, 트랜잭션을 만들어 쿼리를 수행한 후 결과를 가져오는 진입점이기도 합니다. 이름에서 알 수 있듯이 데이터베이스나 스키마의 특정 개념에 매핑되지는 않지만 데이터베이스와의 연결 협상 및 데이터베이스 연결 풀 관리를 포함해 많은 작업을 수행합니다.

잠시 후 sql.DB를 어떻게 생성하는지 알아보겠습니다. 하지만 그 전에 데이터베이스 드라이버에 대해 먼저 이야기해봅시다.

데이터베이스 드라이버 가져오기

sql.DB 타입은 SQL 데이터베이스와의 상호작용을 위한 공통 인터페이스를 제공하기 위해 특정 데이터베이스 타입에 대해 세부 사항을 구현해야 하며 이 작업은 데이터베이스 드라이버에 의존적입니다. 이 책을 번역하는 2021년 12월을 기준으로 Go 저장소에는 57개의 데이터베이스 드라이버가 등록되어 있습니다.[19]

다음에 바로 PostgreSQL 데이터베이스를 사용하여 작업을 진행할 것이므로 서드파티 lib/pq PostgreSQL 드라이버 구현체를 사용할 것입니다.[20]

---

19 https://oreil.ly/QDQIe
20 https://oreil.ly/hYW8r

데이터베이스 드라이버를 불러오기 위해 패키지 검증자의 별칭을 _(언더스코어)로 지정하여 드라이버 패키지를 익명으로 불러옵니다. 이것은 패키지가 가진 초기화 코드를 실행하면서 동시에 패키지를 직접 사용할 의도가 없다는 것을 컴파일러에 알립니다.

```
import (
    "database/sql"
    _ "github.com/lib/pq"      // 익명으로 드라이버 패키지를 불러옵니다.
)
```

이 작업까지 마쳤다면 sql.DB 값을 만들고 데이터베이스에 접근할 준비가 끝났습니다.

PostgresTransactionLogger 구현하기

앞서 일반적인 트랜잭션 로그에 대해 표준 정의를 제공하는 TransactionLogger 인터페이스를 살펴봤습니다. 여러분은 이 인터페이스가 로거를 시작시키기 위한 메서드뿐 아니라 다음과 같이 로그를 읽고 쓰는 메서드를 정의했다는 것을 기억할 것입니다.

```
type TransactionLogger interface {
    WriteDelete(key string)
    WritePut(key, value string)
    Err() <-chan error

    ReadEvents() (<-chan Event, <-chan error)

    Run()
}
```

우리의 목표는 데이터베이스를 이용하는 TransactionLogger를 구현하는 것입니다. 다행히 우리가 해야 하는 작업의 대부분은 이미 완료되어 있습니다. 앞쪽의 'FileTransactionLogger 구현하기'를 참고해 비슷한 로직으로 PostgresTransactionLogger를 만들 수 있을 듯 합니다.

WritePut, WriteDelete, Err 메서드부터 작성해보겠습니다.

```
type PostgresTransactionLogger struct {
    events chan<- Event      // 송신 이벤트에 대한 쓰기 전용 채널입니다.
    errors <-chan error      // 수신 에러에 대한 읽기 전용 채널입니다.
    db *sql.DB // The database access interface
```

```
}

func (l *PostgresTransactionLogger) WritePut(key, value string) {
    l.events <- Event{EventType: EventPut, Key: key, Value: value}
}

func (l *PostgresTransactionLogger) WriteDelete(key string) {
    l.events <- Event{EventType: EventDelete, Key: key}
}

func (l *PostgresTransactionLogger) Err() <-chan error {
    return l.errors
}
```

FileTransactionLogger의 코드와 비교해보면 코드가 거의 동일합니다. 이번에 변경한 것은 다음 내용 정도입니다.

- 명시적으로 타입 이름을 PostgresTransactionLogger로 변경했습니다.

- *os.File을 *sql.DB로 바꿨습니다.

- 데이터베이스가 일련 번호에 대해 관리하도록 lastSequence를 제거했습니다.

새로운 PostgresTransactionLogger 생성하기

모두 좋아 보입니다만 아직 sql.DB를 어떻게 만들지 이야기하지 못했습니다. 여러분이 어떤 기분일지 잘 알고 있습니다. 저 역시 긴장감에 오금이 저릴 정도입니다.

여기서는 NewFileTransactionLogger 함수에서 했던 것처럼 PostgresTransactionLogger를 위한 생성자 함수를 만들 것이고 그것을 (예상했다시피) NewPostgresTransactionLogger라 부르겠습니다. 다만 새로운 생성자 함수는 NewFileTransactionLogger처럼 파일을 여는 대신 데이터베이스와 연결을 맺을 것이고 연결에 실패할 경우 error를 반환할 것입니다.

그런데 눈살이 약간 찌푸려지는 부분이 있습니다. 그것은 Postgres 데이터베이스와 연결을 맺기 위해 아주 많은 매개변수를 받아야 한다는 점입니다. 데이터베이스가 동작하고 있는 호스트명을 알아야 하고 데이터베이스의 이름, 사용자 이름과 비밀번호도 알아야 합니다. 이것을 쉽게 다루기 위한 한 가지 방법은 다음과 같이 여러 문자열 매개변수를 수신하는 간단한 함수를 만드는 것입니다.

```
func NewPostgresTransactionLogger(host, dbName, user, password string)
    (TransactionLogger, error) { ... }
```

그러나 이 방법은 깔끔해 보이지 않습니다. 게다가 새로운 매개변수가 추가로 필요한 상황에 대응하기도 어렵습니다. 함수의 매개변수 리스트 뒤에 새로운 매개변수를 넣어 이미 함수를 사용하고 있는 코드를 망가뜨릴 것인가요? 더 좋지 않은 점은 관련 내용을 참고하지 않으면 매개변수 사용 순서도 명확하지 않다는 것입니다.

더 나은 방법이 있어야 합니다. 따라서 이 잠재적인 호러 쇼 대신 조그만 헬퍼 구조체를 만들어보겠습니다.

```
type PostgresDBParams struct {
    dbName string
    host string
    user string
    password string
}
```

수많은 문자열 매개변수를 사용하는 방법과 달리 이 구조체는 작고 읽기 쉬우며 쉽게 확장 가능합니다. 구조체를 사용하기 위해 PostgresDBParams 변수를 생성하고 변수를 생성자 함수로 전달합니다. 이렇게 만든 코드가 어떤 모습일지는 다음 내용을 참고하기 바랍니다.

```
logger, err = NewPostgresTransactionLogger(PostgresDBParams{
    host: "localhost",
    dbName: "kvs",
    user: "test",
    password: "hunter2"
})
```

새로운 생성자 함수는 다음과 같습니다.

```
func NewPostgresTransactionLogger(config PostgresDBParams) (TransactionLogger,error)
{
    connStr := fmt.Sprintf("host=%s dbname=%s user=%s password=%s",
        config.host, config.dbName, config.user, config.password)

    db, err := sql.Open("postgres", connStr)
```

```
    if err != nil {
        return nil, fmt.Errorf("failed to open db: %w", err)
    }

    err = db.Ping()          // 데이터베이스 연결을 시험합니다.
    if err != nil {
        return nil, fmt.Errorf("failed to open db connection: %w", err)
    }

    logger := &PostgresTransactionLogger{db: db}

    exists, err := logger.verifyTableExists()
    if err != nil {
        return nil, fmt.Errorf("failed to verify table exists: %w", err)
    }
    if !exists {
        if err = logger.createTable(); err != nil {
            return nil, fmt.Errorf("failed to create table: %w", err)
        }
    }

    return logger, nil
}
```

이 생성자 함수는 여러 가지 일을 합니다만 기본적으로 NewFileTransactioinLogger와 크게 다르지 않습니다.

함수가 하는 첫 번째 일은 sql.Open을 사용해 *sql.DB 값을 읽어 들이는 것입니다. sql.Open에 전달된 커넥션 문자열은 많은 매개변수를 갖고 있습니다만 lib/pq 패키지는 코드에서 사용된 것보다 훨씬 더 많은 매개변수를 지원합니다. 자세한 내용은 패키지에 대한 공식 문서를 참고하기 바랍니다.[21]

lib/pq를 포함한 많은 데이터베이스 드라이버들은 데이터베이스에 대한 연결을 즉시 생성하지 않으며 db.Ping을 이용해 드라이버가 연결을 만들고 테스트하도록 합니다.

---

21 https://oreil.ly/uIgyN

마지막으로 함수는 PostgresTransactionLogger를 생성하고 transactions 테이블이 존재하는지 확인하며 필요한 경우 테이블을 생성합니다. 테이블 존재 여부를 확인하지 않으면 PostgresTransactionLogger는 기본적으로 테이블이 존재한다는 가정하에서 동작하며 테이블이 없으면 작업이 실패합니다.

여기서 verifyTableExists와 createTable 메서드가 함수에 구현되지 않았다는 것을 눈치챈 분도 있을 것입니다. 이것은 다분히 의도된 것입니다. database/sql 문서[22]를 살펴보고 어떻게 구현하는 것이 좋을지 연습 삼아 생각해보기 바랍니다. 만약 귀찮다면 이 책에서 제공하는 깃허브 저장소에서 만들어둔 구현을 찾아보기 바랍니다.[23]

이제 여러분은 데이터베이스로의 연결을 만들고 새롭게 생성한 TransactionLogger를 반환하는 생성자 함수를 만들었습니다. 하지만 다시 한번 말하건대 일은 지금부터 시작입니다. 앞으로는 events와 errors 채널을 생성하고 이벤트를 수집하는 고루틴을 생성할 수 있는 Run 메서드를 구현해야 합니다.

db.Exec를 이용한 SQL INSERT 구문 실행

여러분은 FileTransactionLogger에서 채널을 초기화하고 트랜잭션 로그를 파일로 쓰는 함수를 가진 Run 메서드를 구현했습니다.

PostgresTransactionLogger도 꽤 비슷합니다만 로그 라인을 파일에 추가하는 대신 db.Exec를 이용해 SQL INSERT 구문을 수행하여 같은 결과를 얻습니다.

```go
func (l *PostgresTransactionLogger) Run() {
    events := make(chan Event, 16)        // events 채널을 만듭니다.
    l.events = events

    errors := make(chan error, 1)         // errors 채널을 만듭니다.
    l.errors = errors

    go func() {                           // INSERT 쿼리를 만들고 실행합니다.
        query := `INSERT INTO transactions
            (event_type, key, value)
```

22 https://oreil.ly/xuFlE
23 https://oreil.ly/1MEIr

```
            VALUES ($1, $2, $3)`

        for e := range events {        // 다음 Event를 추출합니다.
            _, err := l.db.Exec(        // INSERT 쿼리를 실행합니다.
                query,
                e.EventType, e.Key, e.Value)

            if err != nil {
                errors <- err
            }
        }
    }()
}
```

이 Run 메서드는 FileTransactionLogger와 거의 동일한 작업을 수행합니다. 버퍼링된 events 와 errors 채널을 생성하고 고루틴을 이용해 events 채널로부터 Event 값을 추출하며 이것을 트랜잭션 로그에 기록합니다.

파일에 로그를 추가하는 FileTransactionLogger와 달리 여기에서의 고루틴은 db.Exec를 이용 해 transactions 테이블에 행을 추가하는 SQL문을 실행합니다. 쿼리 구문의 숫자로 된 인자 ($1, $2, $3)들은 쿼리 매개변수를 위한 플레이스홀더로 db.Exec 함수가 호출되었을 때 적절 한 값이 채워져야 합니다.

db.Query를 이용한 postgres 트랜잭션 로그 재연

5.5.2 'bufio.Scanner를 이용한 파일 트랜잭션 로그 재연'에서는 bufio.Scanner를 사용하여 파일에 기록된 트랜잭션 로그를 읽어올 수 있었습니다.

Postgres를 이용해 구현하는 것은 파일을 이용해 구현하는 것에 비해 그리 직관적이지는 않 지만 기본적인 원리는 동일합니다. 즉, 데이터 소스를 맨 처음부터 마지막까지 읽어 들이면 됩니다.

```
func (l *PostgresTransactionLogger) ReadEvents() (<-chan Event, <-chan error) {
    outEvent := make(chan Event)            // 버퍼링하지 않는 Event 채널을 생성합니다.
    outError := make(chan error, 1)         // 버퍼링하는 errors 채널을 생성합니다.
```

```go
go func() {
    defer close(outEvent)          // 고루틴 수행이 끝나면
    defer close(outError)          // 채널을 닫습니다.

    query := `SELECT sequence, event_type, key, value FROM transactions
                ORDER BY sequence`

    rows, err := db.Query(query)   // 쿼리를 수행하고 결과를 저장합니다.
    if err != nil {
        outError <- fmt.Errorf("sql query error: %w", err)
        return
    }

    defer rows.Close()             // 중요한 행입니다!

    e := Event{}                   // 빈 Event를 생성합니다.

    for rows.Next() {              // 읽어온 행에 대해 반복문을 수행합니다.

        err = rows.Scan(           // 행으로부터 값을 읽어 들이고
            &e.Sequence, &e.EventType,  // Event에 저장합니다.
            &e.Key, &e.Value)

        if err != nil {
            outError <- fmt.Errorf("error reading row: %w", err)
            return
        }

        outEvent <- e              // Event를 채널로 보냅니다.
    }

    err = rows.Err()
    if err != nil {
        outError <- fmt.Errorf("transaction log read failure: %w", err)
    }
}()

return outEvent, outError
}
```

흥미로운(혹은 새로운) 일들은 모두 고루틴 안에서 일어납니다. 하나씩 살펴보겠습니다.

- query는 SQL 쿼리를 담는 문자열입니다. 이 코드에서 쿼리는 4개의 칼럼(sequence, event_type, key, value)을 요청합니다.

- db.Query는 query를 데이터베이스로 보내고 *sql.Rows 타입을 가진 값과 error를 반환합니다.

- defer 키워드를 이용해 rows.Close를 지연 처리합니다. 이 작업이 제대로 수행되지 않으면 데이터베이스 커넥션릭^{Connection Leaks}이 발생할 수 있습니다.

- rows.Next는 읽어 들인 행을 반복하게 하며 행의 마지막까지 읽었거나 에러가 발생했을 때는 false를 반환합니다.

- rows.Scan은 현재 행의 칼럼 값을 읽어 지정된 값으로 저장합니다.

- 이벤트 정보가 채워진 e를 출력 채널로 보냅니다.

- rows.Err은 에러가 발생했을 때 에러 정보를 반환하며 rows.Next가 false를 반환하도록 합니다.

PostgresTransactionLogger 초기화하기

PostgresTransactionLogger가 거의 완성되었습니다. 이제 웹 서비스에 통합하는 작업을 진행해봅시다. 다행히도 우리는 이미 FileTransactionLogger를 만들어서 사용하고 있습니다. 한 줄의 코드만 바꾸면 파일 대신 Postgres를 사용하도록 할 수 있습니다.

```
logger, err = NewFileTransactionLogger("transaction.log")
```

앞 코드를 아래와 같이 바꿔봅시다.

```
logger, err = NewPostgresTransactionLogger("localhost")
```

네, 끝입니다. 정말입니다.

NewPostgresTransactionLogger는 TransactionLogger 인터페이스를 구현하고 있기 때문에 나머지 코드는 그대로 사용할 수 있습니다. 따라서 이전에 보았던 메서드를 그대로 사용하여 PostgresTransactionLogger와 상호작용할 수 있습니다.

향후 개선 과제

FileTransactionLogger와 마찬가지로 PostgresTransactionLogger 역시 최소한의 실행 가능한 트랜잭션 로거 구현체입니다. 따라서 개선할 부분이 많습니다. 다음 목록은 개선사항 중 일부이며 이것이 전부는 아닙니다.

- 데이터베이스와 테이블이 이미 존재한다고 가정하기 때문에 그렇지 못한 경우 에러가 발생합니다.

- 커넥션 문자열이 하드코딩되어 있습니다. 심지어 비밀번호도 하드코딩되어 있습니다.

- 열려 있는 연결을 닫고 정리하기 위한 Close 메서드가 구현되어 있지 않습니다.

- 쓰기 버퍼에 이벤트가 남아 있는 경우에도 서비스가 종료되어 이벤트 소실 우려가 있습니다.

- 로그가 삭제된 값의 기록을 영원히 보관합니다. 이 정보는 무한히 커질 수 있습니다.

이들은 운영 환경에서 주요 장애물이 될 수 있으므로 이 내용들에 대한 해결책을 생각해보거나 구현하는 것이 좋습니다.

5.6 제너레이션 3: 전송 계층 보안 구현

보안을 사랑하든 증오하든 분명한 사실은 보안이 중요한 요소라는 것이며 이는 애플리케이션이 클라우드 네이티브인지 아닌지에 상관없이 적용됩니다. 종종 파국적인 결과가 초래될 수 있음에도 보안을 사후 고려 사항으로 취급하는 안타까운 경우가 많습니다.

전통적인 서비스 환경의 경우 훌륭한 보안 도구들이 많으며 모범 사례도 잘 정립되어 있습니다. 하지만 작고 생애주기가 짧은 마이크로서비스 형태의 많은 클라우드 네이티브 애플리케이션에 대해서는 그렇지 못합니다. 클라우드 네이티브의 아키텍처는 유연성과 확장성이라는 이점을 갖고 있지만, 잠재적인 공격자들에게는 지나칠 수 없는 기회를 제공하기도 합니다. 클라우드 네이티브 아키텍처에서는 모든 통신이 네트워크를 경유하여 이뤄지기 때문에 사실상 도청과 조작에 완전히 개방되어 있다고 해도 틀린 말이 아닙니다.

보안을 주제로 이야기를 시작하면 책 한 권을 따로 써야 할 정도로 할 말이 많습니다.[24] 그러므로 이 책에서는 보안 관련 주제들 중 하나인 암호화[Encryption]에만 집중하도록 하겠습니다. 데이터를 '전송구간'(혹은 '선로상')에서 암호화하는 것은 도청과 메시지 변조에 대응하는 일반적인 방법이며 어떤 프로그래밍 언어에서든 어렵지 않게 구현할 수 있습니다.

5.6.1 전송 계층 보안

전송 계층 보안[Transport Layer Security, TLS]은 컴퓨터 네트워크를 통한 통신의 보안을 제공하기 위해 설계된 암호화 프로토콜입니다. 이 프로토콜은 다양한 분야에서 널리 사용되고 있으며 인터넷을 통한 어떤 통신 구간에서든 적용할 수 있습니다. 여러분은 아마 이 암호화 기술을 주로 HTTPS(HTTP over TLS라고 알려진) 형태로 접했을 것이고 이것은 TLS를 이용해 주고받을 데이터를 암호화하여 HTTP 프로토콜로 전송합니다.

TLS는 자유롭게 부여되는 공개키와 소유주에게만 공개되는 사설키를 포함해 각 종단이 각자의 키 쌍으로 공개키 암호화[Public-key Cryptography]를 사용해 메시지를 암호화하는 방식입니다(그림 5-2 참고).

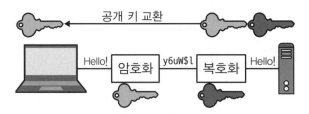

공개 키 교환

Hello! 암호화 y6uW$l 복호화 Hello!

그림 5-2 한쪽 방향으로 공개키를 교환합니다

누구든 공개키를 이용해 메시지를 암호화할 수 있지만 이에 상응하는 사설키를 이용해야만 메시지를 복호화할 수 있습니다. 이 프로토콜을 활용해 사적으로 정보를 주고받으려는 통신 양측은 공개키를 교환하여 암복호화를 수행할 수 있으며, 이어지는 통신들은 공개키에 대한 사설키를 가진 의도된 수신자들만 읽을 수 있도록 제한됩니다.[25]

---

24 이상적으로 보자면 저보다 보안에 대해 잘 알고 있는 누구라도 쓸 수 있습니다.

25 이것은 정말 단순하지만 의도된 동작을 수행합니다. 독자 여러분이 더 많이 공부해서 필자에게 가르침을 주었으면 좋겠습니다.

인증서, 인증기관, 그리고 신뢰

만약 TLS에 신조가 있다면 그것은 아마도 '믿지만 검증하라'일 것입니다. 실제로도 신뢰[Trust]를 걷어내고 모든 것을 검증해야 합니다.

서비스가 단순히 공개키를 제공하는 것만으로는 충분치 않습니다.[26] 그 대신 모든 공개키는 키의 소유권을 증명하는 데 사용되는 전자 문서인 디지털 인증서와 관련되어 있습니다. 사실 인증서는 공개키의 소유주가 누구인지 보여주고 어떻게 키가 사용되어야 하는지 알려줍니다. 이것은 공개키를 수신하는 측에서 인증서를 받아들여도 될지를 결정하기 위해 다양한 '신뢰기관'과 인증서를 비교하도록 해줍니다.

우선 인증서는 디지털적으로 서명되어야 하고 디지털 인증서를 발급하는 신뢰할 수 있는 인증기관[Certificate Authority]에 의해 증명되어야 합니다.

또 인증서의 이름은 클라이언트가 연결하려는 서비스의 도메인 이름과 일치해야 합니다. 이것은 여러분이 수신한 인증서가 유효한 것이고 중간자 공격에 의해 탈취, 변조되지 않았다는 것을 확신하도록 도와줍니다.

여기까지 확인되면 비로소 통신을 계속 진행할 수 있습니다.

> **NOTE** 웹 브라우저나 다른 도구들은 보통 인증서 검증에 실패하더라도 계속 진행할지 선택하게 합니다. 예를 들어 자체 서명 인증서(Self-signed Certificate)를 개발 목적으로 사용하는 경우가 대표적입니다. 그렇지만 일반적으로는 인증서 검증 실패 경고를 보면 주의하는 것이 좋습니다.

5.6.2 사설키와 인증서 파일

TLS(그리고 그 전신인 SSL)는 충분히 오래된 기술[27]이기 때문에 한 가지의 키 컨테이너 포맷이 자리잡았을 것이라고 생각할 수 있지만 실제로는 그렇지 않습니다. '키 파일 포맷'에 대해 검색해보면 파일 확장자들이 모인 가상 동물원이라고 해도 무방할 정도로 다양한 키 포맷을

---

26 여러분은 키가 어디에 있었는지 알 수 없습니다.

27 SSL 2.0은 1995년에 출시되었고 TLS 1.0은 1999년에 출시되었습니다. 재미있게도 SSL 1.0은 상당히 심각한 보안 결함 몇 가지를 갖고 있었으며 공개된 적이 없습니다.

만나게 됩니다. .csr, .key., .pkcs12, .der, .pem은 사용된 키 포맷의 극히 일부에 지나지 않습니다.

이들 중 가장 일반적으로 쓰이는 것이 .pem입니다. 또한 .pem은 Go의 net/http 패키지가 가장 쉽게 지원하는 포맷이기도 합니다. 그렇기 때문에 여기서도 .pem을 사용할 것입니다.

프라이버시 향상 메일(PEM) 파일 포맷

프라이버시 향상 메일Privacy Enhanced Mail, PEM 포맷은 널리 사용되는 인증서 컨테이너 포맷으로 .pem 파일에 저장되지만 .cer이나 .crt(certificates를 의미함), .key(공개키와 사설키의 포맷) 역시 널리 사용되고 있습니다. PEM은 base64로 인코딩되어 있어 텍스트 에디터에서 손쉽게 열어볼 수 있고 (예를 들어) 이메일 본문에 복사해 넣어도 안전합니다.[28]

보통 .pem 파일은 쌍으로 움직이며 완전한 키 쌍을 나타냅니다.

- **cert.pem**

  서버 인증서로 CA가 서명한 공개키도 포함됩니다.

- **key.pem**

  공유되면 안 되는 사설키

앞으로는 여러분의 키가 이러한 쌍으로 구성되어 있다고 가정하겠습니다. 만약 아직까지 갖고 있는 키 쌍이 없거나 개발 목적으로 만들어야 할 필요가 있다면 온라인에서 키 생성 방법을 쉽게 찾을 수 있습니다. 만약 키를 갖고 있기는 하지만 다른 형식의 포맷으로 되어 있는 경우 위의 포맷으로 변경할 수 있습니다. 그러나 이것은 책의 범주를 넘어서는 내용이므로 자세히 다루지는 않겠습니다. 하지만 인터넷은 마법과 같은 공간이므로 널리 사용되는 키 포맷들을 다른 포맷으로 변환하는 방법에 대해 많은 지침서를 찾아볼 수 있습니다.

5.6.3 웹 서비스를 HTTPS로 보호하기

이제 보안을 심각하게 고려해야 한다는 것을 알게 되었고 TLS를 통한 통신을 이용해 통신 전반을 안전하게 만드는 첫 걸음을 내딛고자 합니다. 그런데 어떻게 해야 하는 것일까요?

---

28 당연히 공개키만입니다. 제발요.

한 가지 방법은 리버스 프록시를 서비스 앞에 두고 HTTPS 요청을 다루는 것입니다. 리버스 프록시는 우리가 만든 키–값 서비스로 HTTP 프로토콜을 이용해 요청을 전달합니다. 하지만 이 방법은 리버스 프록시와 웹 서비스가 같은 서버에서 동작하기 전까지 여전히 네트워크를 통해 암호화되지 않은 통신을 하게 됩니다. 그뿐 아니라 서비스 추가는 우리가 피하고 싶은 아키텍처의 복잡성을 증가시킵니다. 그렇다면 키–값 저장소 서비스를 HTTPS를 통해 서비스해야 하는 것일까요?

사실 그렇게 할 수도 있습니다. 5.4 'net/http 패키지를 이용한 HTTP 서버 구성'으로 돌아가보면 net/http 패키지가 다음과 같이 기본적인 형태의 ListenAndServe 함수를 담고 있다는 것을 떠올릴 수 있을 것입니다.

```go
func main() {
    http.HandleFunc("/", helloGoHandler)    // 루트 경로에 대한 핸들러를 추가합니다.

    http.ListenAndServe(":8080", nil)       // HTTP 서버를 시작합니다.
}
```

이 예시는 루트 경로에 대한 핸들러 함수를 추가하기 위해 HandleFunc 함수를 호출합니다. 코드를 간결히 유지하기 위해 ListenAndServe가 반환하는 에러는 무시하겠습니다.

동작에 영향을 줄 만한 부분이 별로 없어서 좋아 보입니다. net/http 패키지 설계자들은 이 철학을 유지하면서 TLS가 활성화된 ListenAndServe의 변형된 함수를 제공하므로 익숙합니다.

```go
func ListenAndServeTLS(addr, certFile, keyFile string, handler Handler) error
```

코드에서 볼 수 있는 것처럼 ListenAndServeTLS 함수는 두 개의 매개변수 certFile과 keyFile을 추가로 사용한다는 점을 제외하면 ListenAndServe 함수와 무척 비슷합니다. 인증서와 사설키 PEM 파일을 갖고 있다면 HTTPS로 암호화된 서비스 연결을 만들기 위해 인증서와 사설키의 파일 이름을 ListenAndServeTLS 함수의 매개변수로 전달하기만 하면 됩니다.

```go
http.ListenAndServeTLS(":8080", "cert.pem", "key.pem", nil)
```

이런 방식은 쉽고 편해보입니다만 진짜로 잘 동작할까요? 자체 서명 인증서를 활용해 서비스를 구동시켜보고 정말 잘 동작하는지 판단해보겠습니다.

우리의 오랜 친구인 curl을 이용해 키-값 쌍을 입력해봅시다. URL에서 http 대신 https 스킴을 사용한다는 데 주목하기 바랍니다.

```
$ curl -X PUT -d 'Hello, key-value store!' -v https://localhost:8080/v1/key-a
* SSL certificate problem: self signed certificate
curl: (60) SSL certificate problem: self signed certificate
```

안타깝게도 계획했던 것처럼 잘 동작하지 않았습니다. 앞 부분의 "인증서, 인증기관 그리고 신뢰"에서 이야기했던 것처럼 TLS는 인증기관을 통해 서명된 인증서를 기대하며 이는 자체 서명 인증서와는 다른 것입니다.

다행히도 curl은 --insecure 플래그를 이용해 TLS의 안정성 체크를 끌 수 있습니다.

```
$ curl -X PUT -d 'Hello, key-value store!' --insecure -v \
    https://localhost:8080/v1/key-a
* SSL certificate verify result: self signed certificate (18), continuing anyway.
> PUT /v1/key-a HTTP/2
< HTTP/2 201
```

curl 명령 수행 시 엄중한 경고 문구가 나왔지만 정상 동작하는 데는 문제가 없었습니다.

5.6.4 전송 계층 요약

지금까지 얼마 안 되는 지면을 할애하여 정말 많은 것을 다루었습니다. 보안은 광활한 주제이고 정의롭게 이행할 방법도 없습니다. 하지만 적어도 TLS를 도입할 수 있었고 보안 전략 관점에서 어떻게 저비용, 고효율 컴포넌트로 활용할 수 있는지에 대해서도 생각해보았습니다.

그뿐 아니라 Go의 net/http 패키지가 어떻게 TLS를 구현할 수 있는지 살펴보았고 유효한 인증서를 갖고 있다는 전제하에 어떻게 많은 노력을 기울이지 않고도 서비스의 통신을 안전하게 만들 수 있는지도 알아보았습니다.

5.7 키-값 저장소의 컨테이너화

컨테이너[Container]는 경량의 운영체제 레벨 가상화 기술[29]로 호스트와 다른 컨테이너로부터 프로세스 격리에 대한 추상화를 제공합니다. 컨테이너의 개념은 2000년대 초 처음 등장했지만 2013년에 도커[Docker]가 소개되면서부터 대중들이 쉽게 접할 수 있게 되었고 컨테이너화가 메인스트림으로 자리 잡게 되었습니다.

중요하게 기억할 것은 컨테이너가 가상 머신이 아니라는 사실입니다.[30] 컨테이너는 하이퍼바이저[Hypervisor]를 사용하지 않으며 자체적인 운영체제 없이 호스트의 커널[Kernel]을 공유합니다. 그 대신 chroot, cgroups, 커널 네임스페이스와 같은 리눅스 커널이 가진 여러 가지 똑똑한 기능, 애플리케이션에 의한 컨테이너 격리 기능이 제공됩니다. 사실 컨테이너는 편리한 추상화에 지나지 않으며 컨테이너는 실제로 존재하지 않는다는 주장도 일리가 있습니다.

사실 컨테이너가 가상 머신이 아니지만[31], 가상 머신이 제공하는 것과 비슷한 이점을 제공합니다. 가장 대표적인 것이 애플리케이션과 의존성[Dependiencies], 그리고 많은 환경 정보를 단일 산출물인 컨테이너 이미지로 패키지화하여 적당한 호스트 위에서 실행될 수 있게 해준다는 것입니다.

물론 컨테이너의 장점은 이것만이 아닙니다. 혹시나 필요한 독자가 있을지 몰라 몇 가지 장점을 정리해보았습니다.

- **민첩성**

  운영체제 전체가 필요하고 대용량 메모리를 요구하는 가상 머신과 달리 컨테이너는 이미지의 크기가 수 메가바이트에 불과하며 시작 시간도 수 밀리세컨드 이내입니다. 바이너리 크기가 작고 의존성에서 비교적 자유로운 Go 애플리케이션은 특히 더 그렇습니다.

- **격리**

  이미 살펴본 내용이지만 한 번만 더 반복하겠습니다. 컨테이너는 CPU, 메모리, 스토리지, 네트워크 리소스를 운영체제 레벨에서 가상화하고 다른 애플리케이션으로부터 논리적으로 격리된 운영체제의 샌드박스 뷰를 개발자에게 제공합니다.

---

29 컨테이너는 가상 머신이 아닙니다. 가상 머신은 하드웨어 대신 운영 체제를 가상화합니다.

30 중요한 부분이라 일부러 반복하여 언급하고 있습니다.

31 네, 이미 말했지만 다시 한 번 말합니다.

- **표준화와 생산성**

  컨테이너는 특정 버전의 언어 런타임과 라이브러리 같은 의존성들을 애플리케이션과 함께 패키지화하여 배포본 재현이 가능하고 예측 가능하며 버전 관리가 가능한, 단일 배포할 수 있는 바이너리로 만듭니다.

- **오케스트레이션**

  쿠버네티스[Kubernetes]와 같이 복잡한 컨테이너 오케스트레이션 시스템은 굉장히 많은 이점을 제공해줍니다. 이제 여러분의 애플리케이션을 컨테이너화함으로써 쿠버네티스 같은 시스템이 주는 혜택을 누릴 준비가 된 것입니다.

이처럼 동기부여가 되는 요소는 딱 네 가지입니다.[32] 이 네 가지를 다른 말로 표현하면 '컨테이너화는 정말, 정말, 유용합니다' 정도일 것 같습니다.

이 책에서는 컨테이너 이미지를 만들기 위해 도커[Docker]를 사용합니다. 다른 이미지 생성 도구도 있지만 최근 사용되는 컨테이너 관련 도구들 중 도커가 가장 일반적으로 사용되며 Dockerfile로 알려진 도커 빌드파일은 여러분이 익숙한 셸 스크립팅 명령과 유틸리티들을 사용할 수 있게 해줍니다.

다만 이 책은 도커나 컨테이너화에 관한 책이 아니므로 책에서 다루는 내용은 도커를 Go와 함께 사용할 때 필요한 기본 사항으로 한정되어 있습니다. 여러분이 도커나 컨테이너화에 대해 더 깊이 공부해보고 싶다면 션 P. 케인[Sean P.Kane]과 칼 마티아스[Karl Matthaias]가 쓴 『도커: 설치에서 운영까지』[33](제이펍, 2016)를 추천합니다.

5.7.1 생초보를 위한 도커 기초

이야기를 이어 나가기 전에 컨테이너 이미지와 컨테이너를 구분해봅시다. 컨테이너 이미지는 기본적으로 실행 가능한 바이너리로 애플리케이션 런타임과 의존성을 포함합니다. 반면에 이미지가 실행된 결과로 생성되는 프로세스는 컨테이너입니다. 이미지를 여러 번 실행하여 기본적으로 동일한 컨테이너를 여러 개 생성할 수 있습니다.

---

[32] 이 책의 초고에서는 더 많은 요소를 나열했지만 이미 이번 장이 충분히 길어지고 있어 네 가지로 줄여보았습니다.

[33] https://jpub.tistory.com/596

다음 몇 페이지에 걸쳐서 간단한 Dockerfile을 만들고 이미지를 생성하여 실행할 것입니다. 혹시 도커 커뮤니티 에디션이 설치되어 있지 않다면 먼저 설치한 후 책을 계속 읽어나가기 바랍니다.[34]

Dockerfile

Dockerfile은 기본적으로 도커 이미지를 만들기 위해 필요한 단계를 정의하고 있는 빌드 파일입니다. Dockerfile의 가장 작고 완벽한 예제는 다음과 같습니다.

```
# 빌드할 이미지의 부모가 되는 이미지입니다.
# 빌드 시 이 이미지를 가져오고 이미지에 대해 필요한 작업을 진행합니다.
FROM ubuntu:20.04

# apt의 캐시를 업데이트하고 승인 여부 확인 프롬프트 없이 nginx를 설치합니다.
RUN apt-get update && apt-get install --yes nginx

# 이미지의 컨테이너가 80포트를 사용한다는 것을 도커에 알립니다.
EXPOSE 80

# nginx를 포어그라운드에서 실행합니다. 이것은 매우 중요한 부분인데요.
# 컨테이너는 포어그라운드에서 실행되는 프로세스가 없을 경우 자동으로 중지됩니다.
CMD ["nginx", "-g", "daemon off;"]
```

Dockerfile에서 사용한 네 개의 명령어를 살펴보겠습니다.

- FROM

  빌드 파일이 사용할 기본 이미지를 지정합니다. 보통 ubuntu나 alpine 같은 리눅스 배포판을 사용합니다. 빌드 시 이 이미지를 저장소에서 가져와 실행하고 이어지는 명령을 적용합니다.

- RUN

  현재 이미지에 대해 지정된 명령어를 실행합니다. 실행 결과는 Dockerfile의 다음 명령어에서 사용됩니다.

- EXPOSE

---

34 https://oreil.ly/yYwKL

컨테이너가 사용할 포트를 도커에 알립니다. 뒤에 나오는 '포트를 노출하는 것과 게시하는 것의 차이'에서 포트 노출에 대해 자세히 살펴보겠습니다.

- **CMD**

  컨테이너가 실행되었을 때 실행할 명령입니다. 각 Dockerfile에는 하나의 CMD만 존재합니다.

이 네 가지 명령은 Dockerfile에서 사용할 수 있는 많은 작업들 중 가장 일반적으로 쓰이는 것들입니다. 명령어 전체 목록은 Dockerfile 공식 문서를 참고하기 바랍니다.[35]

짐작했겠지만 앞에서 살펴본 예제는 존재하는 리눅스 배포판의 이미지(Ubuntu 20.04)로 시작해 컨테이너가 시작되면 실행되는 nginx를 설치했습니다.

일반적으로 Dockerfile의 파일 이름은 Dockerfile입니다. 계속 진행하기 위해 Dockerfile이라는 이름의 새로운 파일을 생성하고 앞에서 살펴본 예제를 파일에 입력하기 바랍니다.

컨테이너 이미지 만들기

여러분은 간단한 Dockerfile을 만들었으며 이를 통해 컨테이너 이미지를 만들 수 있습니다. 컨테이너 이미지가 Dockerfile이 만들어진 경로와 같은 곳에 있는지 확인하고 다음과 같이 입력합니다.

```
$ docker build --tag my-nginx .
```

이 명령은 도커로 하여금 빌드 프로세스를 시작하도록 지시합니다. 모든 것이 제대로 작동한다면(그렇지 않을 이유가 없죠?) 출력으로 도커가 부모 이미지를 다운로드하고 apt 명령을 실행하는 것을 보게 될 것입니다. 처음으로 이 명령을 실행했다면 실행하는 데 1~2분 정도 걸릴 수 있습니다.

마지막 출력 라인에서 다음과 같은 내용을 볼 수 있습니다.

```
Successfully tagged my-nginx:latest.
```

---

35 https://oreil.ly/8LGdP

이 경우 docker images 명령을 사용해 여러분이 생성한 이미지가 제공되었는지 검증할 수 있습니다. 명령을 수행하면 다음과 같은 결과가 나옵니다.

```
$ docker images
REPOSITORY    TAG       IMAGE ID       CREATED          SIZE
my-nginx      latest    64ea3e21a388   29 seconds ago   159MB
ubuntu        20.04     f63181f19b2f   3 weeks ago      72.9MB
```

모든 것이 계획대로 되었다면 여러분은 적어도 두 개의 이미지가 목록에 출력된 것을 볼 수 있을 것입니다. 하나는 부모 이미지 ubuntu:20.04를 사용한 것이고 다른 하나는 우리가 만든 my-nginx:latest 이미지입니다. 다음 단계로 넘어가 서비스 컨테이너를 시작하겠습니다.

[**Column**] **latest가 의미하는 것은 무엇일까요?**

이미지의 이름에 주목하기 바랍니다. latest는 무엇일까요? 이것은 복잡한 정답을 가진 간단한 질문입니다. 도커 이미지는 repository와 tag라는 두 가지 컴포넌트를 갖고 있습니다. repository 컴포넌트는 이미지가 저장되어 있거나 저장될 호스트의 도메인 이름을 포함합니다. 예를 들어 FooCorp가 운영하는 이미지에 대한 저장소 이름은 docker.foo.com/ubuntu와 같은 형태가 될 것입니다. 만약 저장소 이름이 명시되지 않은 경우라면 이미지는 100% 로컬 환경에 있거나(우리가 막 만든 이미지처럼) 도커 허브에 존재합니다.[36]

tag 컴포넌트는 이미지의 특정 버전에 대한 고유 라벨로 사용되며 보통은 버전을 기록하는 데 사용됩니다. latest 태그는 기본 태그 이름으로 특별히 태그 값을 지정하지 않았을 때 사용됩니다. 그런데 latest 태그를 갖고 있는 이미지의 콘텐츠는 의도치 않게 바뀔 수 있기 때문에 운영 환경에서 latest 태그를 사용하는 것은 좋지 않습니다.

컨테이너 이미지 실행하기

이미지를 만들었으니 실행해보겠습니다. 이미지를 실행하기 위해 docker run 명령을 사용합니다.

```
$ docker run --detach --publish 8080:80 --name nginx my-nginx
61bb4d01017236f6261ede5749b421e4f65d43cb67e8e7aa8439dc0f06afe0f3
```

---

36 https://hub.docker.com/

이 명령은 여러분이 만든 my-nginx 이미지를 사용하여 도커가 컨테이너를 실행하도록 합니다. --detach 플래그는 컨테이너가 백그라운드로 실행되도록 합니다. --publish 8080:80을 사용하면 도커가 호스트의 8080포트를 컨테이너의 80포트로 연결시키며 localhost:8080으로의 연결을 컨테이너의 80포트로 포워딩합니다. 마지막으로 --name nginx 플래그에는 컨테이너의 이름을 지정하며 사용하지 않을 경우 임의로 생성된 이름이 컨테이너에 부여됩니다.

이 명령을 실행하면 복잡하게 암호화된 16진수 문자 65개로 구성된 암호화 결과가 표시됩니다. 이것은 생성된 컨테이너의 ID로 컨테이너를 지칭할 때 이름 대신 사용할 수 있습니다.

[Column] 포트를 노출하는 것과 게시하는 것의 차이

컨테이너 포트를 '노출(Exposing)'하는 것과 '게시(Publishing)'하는 것을 혼동할 수도 있지만 여기에는 두 가지 중요한 차이점이 있습니다.

- 포트를 '노출'하는 것은 컨테이너가 사용하는 포트를 사용자와 도커에 명확히 문서화하는 방법입니다. 이것은 호스트의 어떤 포트를 매핑하거나 열지 않습니다. 노출할 포트는 Dockerfile에서 EXPOSE 키워드를 사용하여 지정하거나 docker run 명령에서 --expose 플래그를 통해 지정할 수 있습니다.
- 포트를 '게시'하는 것은 컨테이너의 네트워크 인터페이스에서 어떤 포트를 열어야 하는지 도커에 알리는 것입니다. docker run 명령의 플래그로 --publish나 --publish-all을 사용하여 게시할 포트를 지정할 수 있으며, 이것은 호스트 방화벽에 컨테이너 포트를 호스트의 포트로 매핑하는 규칙을 생성합니다.

컨테이너가 실행 중인지 확인하기

컨테이너가 실행 중이고 기대와 같이 동작하는지 검증하기 위해 docker ps 명령으로 실행 중인 모든 컨테이너의 목록을 확인할 수 있습니다. 명령 결과는 다음과 같습니다.

```
$ docker ps
CONTAINER ID   IMAGE      STATUS         PORTS                 NAMES
4cce9201f484   my-nginx   Up 4 minutes   0.0.0.0:8080->80/tcp  nginx
```

이 결과는 독자 여러분의 편의를 위해 간결히 정리되었습니다(COMMAND와 CREATED 칼럼이 없다는 것을 눈치챘을 것입니다). 여러분의 환경에서 실행한 결과는 다음 일곱 가지 칼럼을 갖고 있어야 합니다.

- **CONTAINER ID**

  컨테이너 ID의 첫 12글자입니다. docker run 명령 결과와 일치한다는 것을 알 수 있습니다.

- **IMAGE**

  컨테이너의 소스 이미지 이름으로 tag가 지정된 경우 같이 표기됩니다. latest tag는 표시되지 않습니다.

- **COMMAND(예시에는 없습니다)**

  컨테이너 내부에서 실행 중인 명령입니다. docker run 명령 사용 시 플래그로 덮어쓰기 하지 않았다면 기본적으로 Dockerfile에 기술한 CMD 명령과 동일합니다. 따라서 예시의 경우 nginx -g 'daemon off;'가 됩니다.

- **CREATED(예시에는 없습니다)**

  컨테이너가 생성된 시점으로부터 경과된 시간을 나타냅니다.

- **STATUS**

  컨테이너의 현재 상태를 나타내는 값으로 up, exited, restarting 등이 표기되며 해당 상태가 된 후 경과된 시간을 함께 보여줍니다. 상태가 한 번이라도 바뀌었다면 CREATED 의 값과 달라집니다.

- **PORTS**

  노출되거나 게시된 모든 포트를 보여줍니다(바로 앞에 나온 '포트를 노출하는 것과 게시하는 것의 차이' 부분을 참고하기 바랍니다). 예시의 경우 호스트의 0.0.0.0:8080을 게시했고 컨테이너의 80포트와 매핑했습니다. 따라서 호스트의 8080포트로 들어오는 모든 요청은 컨테이너의 80포트로 전달됩니다.

- **NAMES**

  컨테이너 이름입니다. 도커는 명시적으로 지정되지 않은 경우 임의의 값을 컨테이너에 할당합니다. 이름이 똑같은 컨테이너는 상태와 관계없이 동시에 같은 호스트에 존재할 수 없습니다. 이름을 재사용하려면 먼저 필요하지 않은 컨테이너를 delete해야 합니다.

게시된 컨테이너 포트로 요청 전송하기

여기까지 잘 따라왔다면 여러분의 환경에서 docker ps 명령을 수행했을 때 컨테이너의 80포트로 전달되는 8080포트가 게시된 nginx 컨테이너가 보여야 합니다.

문제가 없다면 컨테이너로 요청을 보낼 준비가 완료되었습니다. 그런데 몇 번 포트로 요청을 보내야 할까요?

`nginx` 컨테이너는 80포트를 수신하고 있습니다. 접근 가능한가요? 사실 불가능합니다. 80포트는 `docker run` 명령을 수행하는 동안 어떤 네트워크 인터페이스로도 게시되지 않아 접근이 불가능합니다. 게시되지 않은 컨테이너 포트로 시도하는 연결은 실패하게 됩니다.

```
$ curl localhost:80
curl: (7) Failed to connect to localhost port 80: Connection refused
```

여러분은 80포트를 게시한 것이 아니라 8080포트를 게시했고 컨테이너의 80포트로 전달하도록 구성했습니다. 검증을 위해 브라우저나 curl 명령을 사용해 `localhost:8080`으로 접근이 가능한지 확인할 수 있습니다. 모든 것이 제대로 동작하고 있다면 그림 5-3과 같은 `nginx`의 기본 'Welcome' 페이지를 확인할 수 있을 것입니다.

그림 5-3 nginx의 기본 환영 페이지

여러 컨테이너 실행하기

컨테이너화의 핵심 기능 중 하나는 호스트에서 구동되는 모든 컨테이너가 다른 컨테이너들로부터 격리된 환경이므로 컨테이너가 사용하는 기술이나 스택에 관계없이 동일한 호스트에서 서로 다른 포트를 사용하는 한 많은 컨테이너를 실행할 수 있다는 것입니다.

예를 들어 httpd 컨테이너를 이미 실행 중인 my-nginx 컨테이너와 동시에 실행하고 싶은 경우 그대로 실행하면 됩니다.

여러분 중에는 "하지만 두 컨테이너 모두 80포트를 노출하고 있으니 충돌하는 것 아닌가요?" 라고 질문하고 싶은 사람도 있을 것입니다.

훌륭한 질문입니다만 대답은 행복하게도 '아니오'입니다. 사실 동일한 네트워크 인터페이스에 대해 같은 포트를 게시하지 않는다면 같은 포트를 노출^{Expose}하고 동일한 이미지를 사용하는 컨테이너를 많이 실행하는 것은 문제가 없습니다.

예를 들어 서로 다른 포트를 게시하는 한(여기에서는 8081포트입니다) docker run 명령을 다시 사용함으로써 여러 httpd 이미지를 실행할 수 있습니다.

```
$ docker run --detach --publish 8081:80 --name httpd httpd
```

계획대로 명령이 수행되면 8081포트의 요청을 수신하는 컨테이너가 생성됩니다. docker ps와 curl 명령을 사용해 테스트해봅시다.

```
$ curl localhost:8081
<html><body><h1>It works!</h1></body></html>
```

실행 중인 컨테이너를 중지하고 삭제하기

여러분은 컨테이너를 무사히 실행할 수 있었습니다. 같은 이름으로 새로운 컨테이너를 다시 실행해야 하는 상황을 만난다면 실행 중인 컨테이너를 중지시키고 삭제해야 합니다.

실행 중인 컨테이너를 중지시키려면 docker stop 명령을 사용해 매개변수로 컨테이너 이름이나 컨테이너 ID의 일부(삭제하려는 컨테이너를 고유하게 식별할 수 있는 길이의 문자열이면 충분합니다)를 전달하면 됩니다. 컨테이너 ID를 이용해 nginx 컨테이너를 중지시키려면 다음과 같은 명령을 사용합니다.

```
$ docker stop 4cce      # 'docker stop nginx'를 사용해도 됩니다.
4cce
```

docker stop 명령이 성공적으로 수행되면 매개변수로 전달한 컨테이너의 이름이나 ID가 출력됩니다. 컨테이너가 정말 동작을 멈췄는지 확인하기 위해 docker ps --all 명령을 사용할 수 있습니다. 이 명령은 실행 중인 컨테이너뿐 아니라 중지된 컨테이너를 포함해 모든 컨테이너 목록을 보여줍니다.

```
$ docker ps --all
CONTAINER ID    IMAGE       STATUS                    PORTS      NAMES
4cce9201f484    my-nginx    Exited (0) 3 minutes ago             nginx
```

httpd 컨테이너도 실행했다면 위의 결과에 httpd 컨테이너가 실행 중(Up)이라는 정보도 함께 출력되었을 것입니다. 필요하다면 이 컨테이너도 같은 방법으로 중지시킬 수 있습니다.

결과에 나타난 것처럼 nginx 컨테이너는 Exited 상태로 바뀌었습니다. 컨테이너 종료 시의 exit code가 표기되어 있고 예시의 exit code 0은 점진적인 종료가 수행되었다는 것을 의미합니다. 그 뒤로 컨테이너가 현재 상태(Exited)로 바뀌고 얼마나 되었는지를 나타내는 정보가 출력됩니다.

이제 컨테이너 실행이 중지되었으니 언제든 자유롭게 삭제할 수 있습니다.

> **NOTE** 실행 중인 컨테이너나 실행 중인 컨테이너가 사용하고 있는 이미지는 삭제할 수 없습니다.

중지한 컨테이너를 삭제하기 위해 docker rm(또는 최신 명령어인 docker container rm) 명령을 사용할 수 있으며, 중지 시와 마찬가지로 매개변수에 삭제하려는 컨테이너 이름이나 ID의 일부를 전달합니다.

```
$ docker rm 4cce      # 'docker rm nginx'도 동작할 것입니다.
4cce
```

컨테이너 중지와 마찬가지로 명령 실행 결과에 컨테이너 이름이나 전달한 ID가 출력되면 작업이 성공한 것입니다. 모든 컨테이너 목록을 조회하는 docker ps --all 명령을 다시 수행하면 컨테이너 목록에 아무것도 없는 것을 확인할 수 있습니다.

5.7.2 키-값 저장소 컨테이너 만들기

컨테이너의 기본적인 사용법을 알아보았으니 이것을 활용해 키-값 저장소를 컨테이너화해봅시다.

정적으로 연결된 바이너리로 컴파일하는 Go의 능력은 다행히도 컨테이너화에 제격입니다. 대부분의 다른 언어들은 부모 이미지를 만들 때 해당 언어의 런타임을 이미지에 포함시켜야 합니다.

가령 자바의 `openjdk:15` 런타임은 486MB 용량을 가지며, `python:3.9`의 경우 885MB 크기의 런타임이 필요합니다.[37] 반면에 Go 바이너리는 런타임이 전혀 필요하지 않으며 부모 이미지에 포함될 일도 없습니다. Go 바이너리는 'scratch' 이미지에 직접 포함되기만 하면 되고 부모 이미지에는 포함될 필요가 없습니다.

이터레이션 1: 바이너리를 FROM scratch 이미지에 추가하기

바이너리를 scratch 이미지에 추가하기 위해 Dockerfile을 작성합시다. 다음 예제는 매우 전형적인 Dockerfile 예시로 Go 바이너리를 컨테이너화합니다.

```
# 아무 배포 파일도 포함되지 않은 'scratch' 이미지를 이용합니다.
# 생성되는 이미지와 컨테이너는 서비스 바이너리만 갖게 됩니다.
FROM scratch

# 호스트로부터 바이너리를 복사합니다.
COPY kvs .

# PEM 파일을 복사합니다.
COPY *.pem .

# Docker에 8080포트를 사용한다는 것을 알립니다.
EXPOSE 8080

# 'docker run' 실행 시 도커가 다음 명령을 실행하도록 합니다.
CMD ["/kvs"]
```

이 Dockerfile은 이전에 살펴본 파일의 내용과 무척 비슷합니다. 다만 이전 예제는 `apt`를 이용해 저장소로부터 애플리케이션을 설치하도록 했던 반면, 이 예제에서는 `COPY` 명령을 이용해 이미지를 빌드하는 파일 시스템에서 컴파일된 바이너리를 가져오도록 되어 있습니다.

---

[37] 공정하게 말하자면, 이미지들은 각각 240MB와 337MB만 압축되어 있습니다.

예제에서는 kvs라는 이름을 가진 바이너리가 존재할 것이라고 가정합니다. 이 명령이 잘 동작하도록 하려면 바이너리를 먼저 빌드해야 합니다.

컨테이너 내에서 바이너리가 사용될 수 있도록 하려면 몇 가지 제약조건을 극복해야 합니다.

- 리눅스 환경에서 컴파일(혹은 크로스 컴파일)되어야 합니다.

- 정적인 링크를 갖고 있어야 합니다.

- kvs라는 이름을 사용해야 합니다(Dockerfile에서 사용하기 때문입니다).

이 모든 것은 다음과 같이 하나의 명령으로 수행할 수 있습니다.

```
$ CGO_ENABLED=0 GOOS=linux go build -a -o kvs
```

이 명령이 하는 일을 살펴봅시다.

- CGO_ENABLED=0은 컴파일러가 cgo를 비활성화하도록 하며 C바인딩을 정적으로 연결합니다. 이 설정이 정적 링크를 적용한다는 것 외에 어떤 역할을 하는지는 더 깊게 다루지 않겠습니다만, 관심이 있다면 cgo의 공식 문서[38]를 살펴보기 바랍니다.

- GOOS=linux는 컴파일러가 리눅스 바이너리를 생성하도록 명령하고 필요한 경우 크로스 컴파일링을 수행합니다.

- -a는 컴파일러가 이미 최신 버전인 패키지들에 대해 리빌드하도록 합니다.

- -o kvs는 컴파일된 바이너리가 kvs라는 이름으로 저장되도록 합니다.

이 명령을 실행하면 정적으로 연결된 리눅스^Linux 바이너리가 생성됩니다. file 명령을 이용해 이것을 검증할 수 있습니다.

```
$ file kvs
kvs: ELF 64-bit LSB executable, x86-64, version 1 (SYSV), statically linked,
not stripped
```

---

[38] https://oreil.ly/XUI8H

NOTE 리눅스 바이너리는 리눅스 컨테이너 안에서 실행되며 macOS나 윈도우 운영체제의 도커 환경에서 동작할 것입니다. 하지만 도커 환경이 아닌 macOS나 윈도우 운영체제에서 직접 실행되는 것은 아닙니다.

좋습니다! 이제 컨테이너 이미지를 빌드하고 결과를 확인해봅시다.

```
$ docker build --tag kvs .
...output omitted.

$ docker images
REPOSITORY  TAG     IMAGE ID      CREATED          SIZE
kvs         latest  7b1fb6fa93e3  About a minute ago  6.88MB
node        15      ebcfbb59a4bd  7 days ago       936MB
python      3.9     2a93c239d591  8 days ago       885MB
openjdk     15      7666c92f41b0  2 weeks ago      486MB
```

kvs의 용량이 7MB도 채 되지 않습니다. 이것은 다른 언어의 런타임이 갖는 이미지 파일 크기에 비해 상당히 작은 크기입니다. 이는 수백 대의 노드에 하루에도 수차례씩 이미지를 배포해야 하거나 확장성 있도록 서비스를 운영할 때 무척 유용할 수 있습니다.

이렇게 작은 크기의 이미지인데 잘 동작할 수 있을까요? 한번 확인해봅시다.

```
$ docker run --detach --publish 8080:8080 kvs
4a05617539125f7f28357d3310759c2ef388f456b07ea0763350a78da661afd3

$ curl -X PUT -d 'Hello, key-value store!' -v http://localhost:8080/v1/key-a
> PUT /v1/key-a HTTP/1.1
< HTTP/1.1 201 Created
$ curl http://localhost:8080/v1/key-a
Hello, key-value store!
```

잘 동작하는 것 같습니다!

이제 미리 컴파일된 바이너리로 이미지를 빌드하는, 간단하지만 아주 훌륭한 Dockerfile이 만들어졌습니다. 그러나 이 방법은 도커 빌드에 대해 여러분이나 여러분이 사용하는 CI 시스템이 바이너리를 매번 새로 리빌드해야 한다는 것을 의미합니다.

아주 나쁘지는 않습니다만 빌드 작업을 수행하는 서버에 적어도 Go가 설치되어 있어야 합니다. 다시 한 번 말씀드리지만 아주 나쁜 방식은 아닙니다. 다만 우리는 더 좋은 방법을 찾을 수 있을 것입니다.

이터레이션 2: 멀티 스테이지 빌드

앞에서 기존 리눅스 바이너리를 가져와 'scratch' 이미지로 래핑하는 간단한 Dockerfile을 만들었습니다. 하지만 도커에서 Go 컴파일을 비롯해 모든 사항이 포함된 전체 이미지 빌드를 수행할 수 있다면 어떨까요?

가장 먼저 시도해볼 수 있는 방법은 golang 이미지를 부모 이미지로 사용하는 것입니다. 이렇게 하면 Dockerfile은 Go 코드를 컴파일할 수 있으며 그 결과로 나온 바이너리를 배포 시 실행할 것입니다. 이는 Go 컴파일러가 설치되지 않은 호스트에서 빌드할 수 있게 해주기는 하지만 결과적으로 생성되는 이미지는 golang:1.16 기준으로 빌드 장비의 저장 공간 862MB를 사용하게 될 것입니다.

또 다른 방법은 두 개의 Dockerfile을 사용하는 것입니다. 하나는 바이너리를 빌드할 때 사용하고 다른 하나는 첫 번째 빌드 결과를 컨테이너화할 때 사용합니다. 여러분이 얻고자 하는 것에 무척 가깝지만, 순차적으로 빌드해야 하고 별도의 스크립트로 관리되는 두 개의 Dockerfile이 필요하다는 번거로움이 있습니다.

한 스테이지의 산출물을 선택적으로 다른 스테이지로 복사할 수 있게 되고, 서로 연결될 수 있는 다수의 개별 빌드가 허용되는 멀티스테이지 도커 빌드의 등장 때문에 최종 이미지에 필요하지 않은 모든 산출물을 뒤에 남겨둘 수 있는 더 나은 방법이 생겼습니다.

이 방법을 사용하려면 빌드를 두 개의 스테이지로 나눠야 합니다. '빌드^{Build}' 스테이지에서는 Go 바이너리를 생성하고 '이미지^{Image}' 스테이지에서는 바이너리를 최종 이미지로 만드는 작업을 수행합니다.

이를 위해 Dockerfile에서 여러 개의 FROM 구문을 사용하고 각 구문이 새로운 스테이지의 시작을 알리도록 정의했습니다. 각 스테이지는 임의로 이름 지을 수 있습니다. 예를 들어 빌드 스테이지에 대한 이름을 다음과 같이 정할 수 있습니다.

```
FROM golang:1.16 as build
```

스테이지에 이름을 붙여두면 Dockerfile에서 COPY 명령을 사용할 때 이전 스테이지의 산출물을 쉽게 복사할 수 있습니다. 마지막 스테이지는 다음과 같은 명령을 이용해 빌드 스테이지의 /src/kvs 파일을 현재 작업 디렉터리로 복사합니다.

```
COPY --from=build /src/kvs .
```

이야기한 내용을 종합하면 완전한 두 개의 스테이지를 가진 Dockerfile을 얻을 수 있습니다.

```
# 스테이지1: 컨테이너화된 Golang 환경에서 바이너리를 컴파일합니다.
FROM golang:1.16 as build

# 호스트로부터 소스파일을 복사합니다.
COPY . /src

# 소스파일을 복사한 디렉터리를 작업 디렉터리로 설정합니다.
WORKDIR /src

# 바이너리를 빌드합니다.
RUN CGO_ENABLED=0 GOOS=linux go build -o kvs

# 스테이지2: 키-값 저장소 이미지를 빌드합니다.
# 아무 배포 파일도 포함되지 않은 'scratch' 이미지를 사용합니다.
FROM scratch

# 빌드 컨테이너로부터 바이너리를 복사합니다.
COPY --from=build /src/kvs .

# TLS를 사용하는 경우 pem 파일들도 복사합니다.
COPY --from=build /src/*.pem .

# 8080포트를 사용한다는 것을 도커에 알립니다.
EXPOSE 8080

# 도커에 "docker run" 명령을 사용하여 컨테이너가 실행될 때 다음 명령을 실행하도록 합니다.
CMD ["/kvs"]
```

이제 완벽한 Dockerfile이 만들어졌으며 이전과 같은 방법으로 정확히 이미지를 빌드할 수 있습니다. 이 이미지의 태그를 multipart로 지정해 이전에 만든 이미지와 비교해보겠습니다.

```
$ docker build --tag kvs:multipart .
...output omitted.

$ docker images
REPOSITORY   TAG         IMAGE ID        CREATED         SIZE
kvs          latest      7b1fb6fa93e3    2 hours ago     6.88MB
kvs          multipart   b83b9e479ae7    4 minutes ago   6.56MB
```

고무적인 결과입니다. 여러분은 단일 Dockerfile을 이용해 빌드 워커가 Go 컴파일러를 갖고 있는지 신경쓰지 않고 Go 코드를 컴파일할 수 있었습니다. 그리고 정적으로 실행 가능한 바이너리를 연결한 컴파일 결과물을 FROM scratch 기본 이미지에 넣어 여러분이 만든 키-값 저장소 서비스만 담은 아주아주 작은 이미지를 생성했습니다.

여기서 멈출 필요는 없습니다. 필요하다면 빌드 스테이지 이전에 단위 테스트를 수행하도록 test 스테이지와 같은 것을 추가할 수 있습니다. 특별히 다른 기술을 요구하는 작업이 아니므로 여기서는 연습해보지 않겠지만 직접 꼭 해볼 것을 권장합니다.

5.7.3 컨테이너 데이터의 외부화

컨테이너는 의도적으로 짧은 생명주기를 갖도록 되어 있기 때문에 컨테이너가 언제든 자신의 모든 데이터를 가진 채 종료되고 다시 생성될 수 있다는 전제를 바탕으로 컨테이너를 설계하고 실행해야 합니다. 보다 명확히 말하자면 이것은 컨테이너의 기능이고 의도적으로 설계된 것이기 때문에 여러분은 데이터가 컨테이너보다 오랫동안 생존할 수 있도록 해야 합니다.

예를 들어 외부에서 관리되는 파일들을 직접 일반적인 컨테이너의 파일 시스템으로 마운트하는 것은 컨테이너 이미지에서 설정을 분리하는 방법이며, 단순히 설정을 변경하는 것 때문에 컨테이너 이미지가 재빌드되어야 하는 상황을 막아줍니다. 아마도 이것은 매우 강력한 전략인 동시에 컨테이너 데이터 외부화의 가장 일반적인 용례일 것입니다. 심지어 쿠버네티스에서는 설정을 분리하기 위한 전용 리소스 타입인 ConfigMap을 제공하기도 합니다.

마찬가지로 컨테이너 안에서 생산된 데이터들을 컨테이너의 생명주기보다 더 오랫동안 존재하도록 하고 싶을 것입니다. 가령 호스트에 데이터를 저장하는 것은 비교적 자주 액세스되는 캐시Warming Cache에 대한 훌륭한 전략입니다.

하지만 그 어떤 것도 영원하지 않고 서버조차 언제든 소멸될 수 있는 클라우드 네이티브 인프라스트럭처의 실상을 염두해야 합니다. 완전히 사라져도 상관없는 데이터가 아니라면 호스트 서버에 그 어떤 것도 저장해서는 안 됩니다.

다행히 '순순한' 도커 환경은 컨테이너의 데이터를 직접 로컬 디스크로 외부화하는 것을 제한하며[39] 쿠버네티스 같은 컨테이너 오케스트레이션 도구는 호스트가 사라졌을 때도 데이터가 살아 있을 수 있도록 다양한 추상화 계층을 제공합니다.[40]

그러나 이 책은 Go에 대한 서적이므로 쿠버네티스에 대해 자세히 다루지 않습니다. 다만 아직까지 한 번도 읽어보지 않았다면 쿠버네티스의 공식 문서[41]를 꼭 읽어보기 바라며 브렌던 번스[Brendan Burns], 조 베다[Joe Beda], 켈시 하이타워[Kelsey Hightower]가 쓴 『쿠버네티스 시작하기 2/e』(에이콘출판사, 2020년)도 읽어보기 바랍니다.[42]

요약

이 장은 무척 길었고 꽤 많은 주제를 다루었습니다. 이번 장에서 얼마나 많은 것을 배웠는지 정리해봅시다.

이 장에서는 net/http와 gorilla/mux를 이용해 간단한 모놀리식 키-값 저장소를 설계 및 구현했으며, 작고 독립적이면서 쉽게 테스트할 수 있는 Go 라이브러리를 제공하는 RESTful 서비스를 만들었습니다.

또한 Go가 제공하는 강력한 인터페이스 기능을 이용해 두 개의 완전히 다른 트랜잭션 로거를 만들었습니다. 하나는 로컬 파일 기반의 구현으로 os.File, fmt, bufio 패키지를 사용했고 다른 하나는 Postgres 데이터베이스, database/sql, github.com/lib/pq Postgres 드라이버 패키지를 사용했습니다.

---

39 필자는 도움이 될 수 있기는 하지만 자체적인 문제를 안고 있는 아마존의 EBS(Elastic Block Store)와 같은 솔루션을 의도적으로 언급하지 않고 있습니다.

40 https://oreil.ly/vBXfA

41 https://oreil.ly/wxImg

42 http://acornpub.co.kr/book/kubernetes-up-and-running-2e

그리고 보안의 중요성에 대해 일반적인 논의를 실시했고 큰 보안 전략의 일부로 TLS를 살펴본 후 서비스에 HTTPS를 적용했습니다.

마지막으로 클라우드 네이티브 기술의 핵심 중 하나인 컨테이너화를 다루면서 컨테이너 이미지를 어떻게 만들어야 하는지, 컨테이너를 실행하고 관리하는 방법으로 어떤 것이 있는지도 살펴보았습니다. 또 우리가 만든 애플리케이션을 컨테이너화했을 뿐 아니라 빌드 프로세스까지 컨테이너로 만들어보았습니다.

앞으로는 새로운 개념을 도입하면서 키-값 저장소 서비스를 다양한 방식으로 확장해나갈 예정이므로 계속 지켜봐주기 바랍니다. 뭔가 점점 더 재미있어지려고 하니까요!

Part
3

클라우드 네이티브 특징

Part 3 클라우드 네이티브 특징

Chapter

6

신인성

프로그램의 가장 중요한 속성은 '사용자의 의도를 달성해줄 수 있는가?'라는 것이다.[1]

– 토니 호어(C.A.R. Hoare), Communications of the ACM(1969년 10월)

찰스 앤터니 리처드(토니) 호어^{Charles Antony Richard(Tony) Hoare} 교수는 영특한 사람입니다. 그는 퀵소트^{Quicksort}를 창안했고 컴퓨터 프로그램의 정확도를 증명하기 위해 호어 로직^{Hoare Logic}을 저술했을 뿐 아니라 Go의 동시성 모델의 시초가 된 '순차 프로세스 통신^{Communicating Sequential Processes, CSP}'이라는 전형적인 언어를 만들었습니다. 그리고 오늘날 사용되는 대부분의 현대적 프로그래밍 언어가 채택하고 있는 구조적 프로그래밍 패러다임을 개발하기도 했습니다.[2] 그는 null 참조를 발명하기도 했는데 이 사실 때문에 여러분이 호어 교수와 척지지 않았으면 좋겠습니다. 그 또한 2009년에 null 참조는 '수십억 달러짜리 실수'라고 공개적으로 사과했기 때문입니다.[3]

호어 교수는 말 그대로 우리가 알고 있는 프로그래밍을 발명했습니다. 따라서 그가 프로그램의 가장 중요한 특징이 사용자의 의도를 달성하는 것이라고 한 사실에서 여러분은 그것을 일종의 권한으로 받아들일 수도 있습니다. 잠시 생각해봅시다. 호어 교수는 프로그램을 만든 사람이 아니라 프로그램 사용자의 의도라고 이야기했고, 이것은 프로그램이 정확하게 동작하는지 알려주는 중요한 지점입니다. 프로그램 창작자와 프로그램 사용자의 의도가 언제나 같은 것이 아니라면 얼마나 불편하겠습니까!

이 주장을 고려했을 때 프로그램에 대해 사용자가 갖는 첫 번째 기대는 프로그램이 잘 동작하는 것입니다. 그런데 프로그램은 언제 동작할까요? 사실 이것은 굉장히 중요한 질문이고 클라우드 네이티브 설계의 핵심이기도 합니다. 이번 장의 첫 번째 목표는 이 생각에 대해 살펴보는 것이고 프로세스에서는 사용자의 기대를 잘 설명하거나 만족시키기 위해 사용할 수 있는 '신인성^{Dependability}'이나 '신뢰성^{Reliability}' 같은 개념을 도입해보겠습니다. 마지막으로 클라우드 네이티브 개발 시 서비스가 사용자의 요구사항을 만족시키도록 하는 데 종종 사용되는 몇 가지 사례를 간략히 살펴보겠습니다. 이 책의 나머지 부분을 통해 각각의 아이템에 대하여 깊이 있게 논의해봅시다.

---

1 Hoare, C.A.R. 「An Axiomatic Basis for Computer Programming」 Communications of the ACM, vol. 12, no.10, October 1969, pp. 576–583. https://oreil.ly/jOwO9

2 에즈허르 데이크스트라(Edsger W. Dijkstra)는 호어 교수의 구조적 프로그래밍에 대한 작업을 참고하여 'GOTO는 해롭다'는 표현을 만들어 냈습니다.

3 Hoare, Tony. 「Null References: The Billion Dollar Mistake」 http://infoq.com/. 25 August 2009. https://oreil.ly/4QWS8

6.1 클라우드 네이티브의 핵심은 무엇인가?

1장에서는 클라우드 네이티브 컴퓨팅 재단이 정의한 '클라우드 네이티브'의 정의에서부터 시작해 이상적인 클라우드 네이티브 서비스의 속성으로 '클라우드 네이티브'를 정의하기 위해 지면을 할애했습니다. 또한 처음부터 클라우드 네이티브를 쓰도록 하는 환경의 변화에 대해서도 논의했습니다.

그렇지만 '왜 클라우드 네이티브인가?'하는 부분에 대해서는 아직 많은 이야기를 나누지 못했습니다. 클라우드 네이티브라는 개념은 왜 존재하는 것일까요? 우리는 왜 시스템이 클라우드 네이티브화 되기를 원할까요? 목적은 무엇일까요? 클라우드 네이티브를 특별하게 만드는 것은 무엇이고 왜 신경 써야 하는 것일까요?

'클라우드 네이티브는 왜 존재할까요'에 대한 답은 굉장히 직관적입니다. 모든 것은 신인성 때문입니다. 이번 장 첫 부분에서는 신인성의 개념을 알아보고 이것이 무엇인지, 왜 중요한지, 그리고 이것이 어떻게 클라우드 네이티브라고 부르는 모든 패턴과 기술의 바탕이 되었는지 살펴볼 것입니다.

6.2 가장 중요한 것은 신인성이다

IBM Garage의 전 세계 개발자 커뮤니티 프랙티스 리드인 홀리 커민스[Holly Cummins]는 "만약 클라우드 네이티브가 무언가의 동의어여야 한다면 그것은 바로 멱등성일 것이다"라는 유명한 말을 남겼습니다.[4] 커민스는 매우 총명한 사람이고 기억에 남는 유명한 말을 많이 남긴 것은 분명[5]하지만 클라우드 네이티브에 대해서는 절반밖에 보지 못했다고 생각합니다. 멱등성은 아주 중요한 개념이고 클라우드 네이티브에 필수적인 것도 맞지만 클라우드 네이티브가 무엇인지 충분히 설명해주지는 못합니다. 왜 그런지에 대해 자세히 설명해보겠습니다.

네트워크를 기반으로 하는 소프트웨어의 역사는 점점 더 복잡한 요구사항을 갖는 사용자들의 기대에 부응하기 위해 고군분투해왔습니다. 오래전으로 거슬러 올라가면 서비스는 '유지보수'를 위해 야간에 중지되는 경우가 일반적이었습니다. 오늘날의 사용자들은 그들이 사용하는 서

---

4 "클라우드 네이티브는 문화에 대한 것이지 컨테이너에 대한 것이 아니다", 홀리 커민스. Cloud Native London 2018
5 홀리 커민스가 했던 연설들을 들을 기회가 있다면 꼭 들어볼 것을 강력히 추천합니다.

비스에 의존적인 경우가 많아 이 서비스들을 항상 사용할 수 있어야 하며 요청에 대해 즉각 응답하기를 바랍니다. 넷플릭스 영화가 재생되기를 기다리면서 여러분 인생 중 5초를 사용해야 했던 때가 마지막으로 언제였는지 기억하시나요? 네, 바로 그것입니다.

사용자는 여러분의 서비스가 유지보수를 필요로 한다는 데 관심이 없습니다. 정체를 알 수 없는 서비스 지연의 원인을 찾느라 고생하는 동안 사용자는 참을성 있게 기다려주지 않습니다. 사용자는 단지 드라마 브레이킹 베드의 두 번째 시즌을 빠르게 정주행하고 싶을 뿐입니다.[6]

클라우드 네이티브와 연관된 모든 패턴 및 기술들은 서비스가 신뢰할 수 없는 환경에서도 확장성 있게 배포, 운영, 유지보수 가능하도록 하기 위해 존재하며 사용자가 끊임없이 행복하도록 신인성 있는 서비스를 만들고자 하는 요구사항에 의해 주도되고 있습니다.

다시 말해 '클라우드 네이티브'가 무언가의 동의어여야만 한다면 그것은 바로 '신인성'일 것입니다.

6.3 신인성은 무엇이고 왜 중요한가?

'신인성'이라는 단어는 아무렇게나 선택된 것이 아닙니다. 신인성은 똑똑한 사람들이 복잡한 시스템의 설계 및 관리에 대해 이야기하는 시스템 엔지니어링 업계의 핵심 콘셉트라고 할 수 있습니다. 컴퓨터 업계에서 통용되는 신인성의 개념은 사용자의 기대에 부합하기 위해 시스템 신인성을 정의한 장 클로드 라프리(Jean Claude Laprie)가 35년 전 처음 정의[7]했습니다. 라프리가 정한 원래의 정의는 많은 사람들에 의해 변형되고 확장되었지만 그중에서 필자가 가장 좋아하는 정의는 다음과 같습니다.

> **컴퓨터 시스템의 신인성은 사용자가 받아들일 수 없는 수준의 빈도, 심각성, 장애 지속시간을 갖는 실패 상황을 회피하는 능력입니다.[8]**
>
> – Fundamental Concepts of Computer System Dependability(2001)

---

6 월터 화이트가 제인 마골리스에게 무슨 짓을 했는지 기억하시나요? 정말 역겨웠습니다.

7 Laprie, J−C. 「Dependable Computing and Fault Tolerance: Concepts and Terminology」 FTCS−15 The 15th Int'l Symposium on Fault−Tolerant Computing, June 1985, pp. 2 - 11. https://oreil.ly/UZFFY.

8 A. Avižienis, J. Laprie, and B. Randell. 「Fundamental Concepts of Computer System Dependability」 Research Report No. 1145, LAAS−CNRS, April 2001. https://oreil.ly/4YXd1.

바꿔 말하면 신인성이 있는 시스템은 사용자가 기대하는 동작을 지속적으로 수행하며 그렇지 못할 경우 빠르게 문제를 해결할 수 있어야 한다는 이야기입니다.

이 정의에 따르면 시스템은 정당하게 신뢰Trust할 수 있을 때만 신인성이 있다고 말할 수 있습니다. 시스템이 실패에서 복구되는 데 몇 시간이 걸리거나 시스템을 구성하는 컴포넌트의 작은 결함 때문에 자주 멈추면 그 시스템은 신인성이 있다고 할 수 없습니다. 비록 여러 달 동안 한 번도 중지하지 않고 동작한 시스템이라도 신인성이 없는 시스템이면 재앙으로부터 단지 한 걸음 떨어져 있을 뿐이며, 신인성은 결코 행운으로 얻어지지 않는다는 것을 명심해야 합니다.

불행히도 '사용자의 기대'를 측정하는 것은 어렵습니다. 따라서 신인성은 그림 6-1처럼 신인성은 가용성Availability, 신뢰성Reliability, 유지보수성Maintainability과 같이 더 세부적이고 측정 가능한 속성을 포괄하는 우산의 개념으로 봐야 하며, 이는 결함 예방Fault prevention, 결함 제거Fault removal, 결함 감내Fault tolerance, 결함 예측Fault forecasting과 같은 방법으로 극복할 수 있는 결함Faults, 에러Errors, 실패Failures 등의 위협을 그 대상으로 합니다.

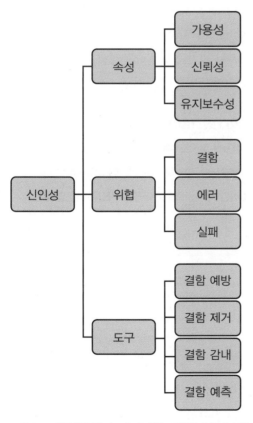

그림 6-1 신인성을 만드는 데 기여하는 시스템 속성과 수단

즉 '신인성'을 개념만으로 이해하려고 하면 다소 어수선하고 주관적으로 느껴질 수 있지만, 신인성을 만드는 데 기여하는 속성들은 정량적이고 측정 가능하기 때문에 '신인성'을 이야기할 때 유용할 수 있습니다.

- **가용성(Availability)**

  시스템이 임의의 시점에 자신의 기능을 정상적으로 수행할 수 있는 능력을 말합니다. 이것은 보통 시스템에 대한 요청 처리에 성공할 확률로 표현되며 가동시간^{Uptime}을 시스템 동작시간$^{Total time}$으로 나눈 값으로 정의됩니다.

- **신뢰성(Reliability)**

  시스템이 주어진 시간 간격 동안 자신의 기능을 정상적으로 수행할 수 있는 능력을 말합니다. 이것은 보통 실패와 실패 사이의 소요 시간 평균 값[9]이나(MTBF) 실패율[10]로 표현됩니다.

- **유지보수성(Maintainability)**

  수정과 수리를 거치는 시스템의 능력을 말합니다. 새로운 요구사항을 만족시킬 수 있도록 시스템의 동작을 변경하는 데 필요한 총 소요시간을 추적하는 순환복잡도$^{Cyclomatic\ Complexity}$ 계산에서부터 새로운 요구사항을 충족시키거나 정상 작동 상태로 복원되는 것과 같이 유지보수성을 간접적으로 측정하는 다양한 방법이 있습니다.

> **NOTE** 라프리 이후 많은 저자들은 신인성의 정의가 안전, 기밀성, 무결성을 포함해 여러 가지 보안 관련 속성을 내포하도록 확장했습니다. 하지만 필자는 책이 다루는 내용의 간결성 유지를 위해 보안에 대한 내용을 마지 못해 생략했습니다. 그러나 이는 보안이 중요하지 않아서가 아니며, 보안에 대해 의미 있는 논의를 하려면 책 한권으로도 다 담기 어렵기 때문입니다.

---

9 총 소요시간을 실패한 횟수로 나눈 값.

10 총 실패 수를 시스템 동작시간으로 나눈 값.

[Column] **신인성은 신뢰성이 아니다**

현재 다양하게 출간된 사이트 신뢰성 엔지니어링(Site Reliability Engineering, SRE) 관련 서적[11]을 한 권이라도 읽어봤다면 이미 신뢰성(Reliability)에 대해 충분히 이해했을 것입니다. 하지만 그림 6-1과 같이 신뢰성은 신인성(Dependability) 전반에 기여하는 하나의 속성일 뿐입니다.

그렇다면 왜 신뢰성이 서비스 기능에 대한 표준 지표가 된 것일까요? 그리고 왜 '사이트 신뢰성 엔지니어'라고는 하는데 '사이트 신인성 엔지니어'라고 하지는 않는 것일까요? 이 질문에 대한 답은 여러 가지가 있겠지만 아마도 '신인성은 전적으로 정성적인 단어이기 때문'이 가장 완벽한 답일 것입니다. 이것을 측정할 방법은 존재하지 않으며 그렇기 때문에 관련된 규칙을 만드는 것도 어렵습니다.

반면에 신뢰성은 정량적입니다. 이것은 시스템이 '정확한' 서비스를 제공한다는 것에 대한 명확한 정의[12]가 주어졌을 때 비교적 직관적으로 시스템의 '신뢰성'을 계산할 수 있고 그것을 사용자 경험의 강력한 지표로 만들 수 있습니다.

6.3.1 신인성: 더 이상 운영만을 위한 것이 아니다

네트워크로 연결되는 서비스가 등장한 이래, 서비스를 만드는 것은 개발자의 일이었고 이 서비스를 서버에 배포하고 실행되도록 하는 것은 시스템 관리자(혹은 운영)의 일이었습니다. 이런 분업은 한동안 문제없이 잘 이루어졌지만 개발자들이 운영과 안정성에 대해 신경 쓰지 않고 기능 개발에만 우선순위를 두도록 만드는 부작용이 있었습니다.

다행히도 지난 십수 년 사이에 데브옵스[DevOps] 운동이 일어났고 모든 일을 완전히 바꿔놓을 수 있는 잠재력을 가진 새로운 기술이 몰려오기 시작했습니다.

운영 관점에서 봤을 때 서비스로서의 인프라[Infrastructure as a Service, IaaS]와 서비스로서의 플랫폼[Platform as a Service, PaaS], 그리고 테라폼[Terraform]과 앤서블[Ansible]같은 도구의 등장으로 인프라와 일하는 것이 점점 더 소프트웨어를 만드는 것과 비슷해지고 있습니다.

---

11 아직 읽어보지 않았다면 『사이트 신뢰성 엔지니어링: 구글은 어떻게 프로덕션 시스템을 운영하는가』(제이펍, 2018)를 읽어보기 바랍니다. 정말 좋은 책입니다.

12 많은 조직들은 서비스 레벨 목표(Service Level Objectives, SLOs)를 정확히 이 목적으로 사용합니다.

개발 측면에서 컨테이너, 서버리스 함수와 같은 기술이 대중화됨에 따라 개발자에게 가상화와 배포에 대해 완전히 새로운 '운영' 목적의 기능을 제공할 수 있게 되었습니다.

그 결과 소프트웨어와 인프라스트럭처의 경계선이 점점 모호해지고 있습니다. 혹자는 가상화 같은 인프라스트럭처 추상화, 쿠버네티스 같은 컨테이너 오케스트레이션 프레임워크, 서비스 메시Service Meshes 같은 소프트웨어 정의 동작의 발전과 채택 증가로 인해, 어쩌면 소프트웨어와 인프라스트럭처가 하나로 합쳐진 시대에 이르렀다고 말할 수도 있습니다. 이제 모든 것은 소프트웨어입니다.

지속적으로 늘어나는 서비스 신인성에 대한 요구는 완전히 새로운 세대의 클라우드 네이티브 기술 탄생을 이끌고 있습니다. 새로운 기술의 효과는 상당해서 전통적인 개발자와 운영자 역시 이에 맞춰 역할을 변화시키고 있습니다. 결국 사일로Silos는 무너지고 있으며 신인성이 있는 높은 품질의 서비스를 빠르게 만들기 위해 관련된 디자이너, 개발자, 운영자 모두의 완벽한 협업이 요구되고 있습니다.

6.4 신인성 확보

이제부터 진검 승부가 시작됩니다. 여기까지 오신 분들 모두에게 축하 인사를 전합니다.

지금까지 우리는 '행복한 사용자들'로 쉽게 바꿔 말할 수 있고 가용성, 신뢰성Reliability, 유지보수성의 속성을 가진 라프리의 '신인성' 정의에 대해 논의해왔습니다. 다 좋습니다만 어떻게 신인성Dependability을 얻을 것인지에 대한 실질적인 조언이 없다면 이 모든 것들은 학술적인 논의로만 남을 수 있습니다.

라프리 역시 그렇게 생각했고 시스템의 신인성을 개선하는 데 사용할 수 있는(혹은 사용하지 않을 경우 신인성이 떨어질 수 있는) 기술을 네 가지 카테고리로 정의했습니다.

- **결함 예방(Fault prevention)**
  결함 예방 기술은 시스템을 구축하는 동안 발생할 수 있는 결함을 막기 위해 사용됩니다.

- **결함 감내(Fault tolerance)**
  결함 감내 기술은 시스템을 디자인하고 구현하는 동안 결함으로 인해 서비스가 실패하는 것을 막는 데 사용됩니다.

- **결함 제거(Fault removal)**

  결함 제거 기술은 결함의 수와 심각도를 줄이는 데 사용됩니다.

- **결함 예측(Fault forecasting)**

  결함 예측 기술은 결함의 등장, 생성, 결과를 식별하는 데 사용됩니다.

그림 6-2에 나타난 것처럼 네 가지 카테고리는 놀랍게도 1장에서 살펴본 클라우드 네이티브의 다섯 가지 속성에 부합합니다.

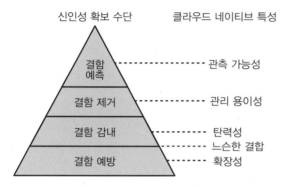

그림 6-2 신인성을 확보하는 네 가지 방법과 클라우드 네이티브 속성이 부합

결함 예방과 결함 감내는 피라미드 아래쪽 두 개 층을 구성하며 확장성^{Scalability}, 느슨한 결합^{Loose Coupling}, 탄력성^{Resilience}과 연결됩니다. 확장성 있는 시스템을 설계하는 것은 클라우드 네이티브 애플리케이션이 흔히 겪는 다양한 결함을 막아주며 복원 기술을 통해 불가피하게 발생하는 결함을 견딜 수 있게 합니다. 이들은 라프리가 이야기한 것처럼 시스템이 지정된 기능을 수행할 수 있는 능력을 제공하는 수단으로 신인성^{Dependability} 제공에 기여한다고 할 수 있습니다.

관리 용이성^{Manageability}에 기여하는 기술과 설계는 쉽게 수정할 수 있는 시스템을 만들어 결함 발견 시 이를 제거하는 절차를 단순화하는 데 도움이 됩니다. 마찬가지로 관찰 가능성도 태생적으로 시스템의 결함을 예측하는 능력에 힘을 보탭니다. 결함 제거와 예측 기술은 라프리가 이야기한 시스템의 지정된 기능 수행 능력에 대해 신뢰^{Confidence}를 얻는 수단으로 신인성 검증에 기여합니다.

이러한 관계들이 신인성 확보에 어떤 영향을 끼칠지 생각해봅시다. 35년 전 순수한 학술적 활동이었던 것이 신뢰할 수 있는 상용 시스템을 만드는 다년간의 경험 축적으로 인해 독립적인 개념으로 재발견되었습니다. 신인성^{Dependability}이 다시 원래의 자리로 돌아온 것입니다.

다음 절에서는 이러한 관계들에 대해 더 자세히 살펴보고, 이어지는 장에서는 완전히 이질적인 두 개의 시스템이 어떻게 밀접하게 상호작용할 수 있는지 논의해보겠습니다.

6.4.1 결함 예방

'신인성 확보 수단' 피라미드의 기저에는 결함 발생이나 도입을 방지하는 데 초점을 맞춘 기술들이 존재합니다. 실력 있는 프로그래머들이 증명해온 것처럼 개발 초기 단계에서 많은(대부분은 아니더라도) 종류의 에러와 결함을 예측하고 방지할 수 있습니다. 따라서 많은 결함 예방Fault prevention 기술들이 서비스 설계와 구현 단계에서 사용됩니다.

좋은 프로그래밍 사례

결함 예방은 일반적으로 소프트웨어 엔지니어링의 주요 목표 중 하나이고 페어 프로그래밍에서부터 테스트 주도 개발과 코드 리뷰 사례에 이르기까지 여러 개발 방법론의 명확한 목표 중 하나이기도 합니다.

이처럼 많은 기술들은 실제로 '좋은 프로그래밍 사례'로 간주되어 분류되고 있으며 셀 수 없이 많은 훌륭한 책과 글을 통해 알려져 있으므로 이 책에서는 다루지 않겠습니다.

언어 기능

언어 선택 또한 결함을 방지하거나 수정하는 여러분의 능력에 지대한 영향을 끼칩니다. 동적 타이핑, 포인터 연산, 수동 메모리 관리, 예외 일으키기와 같이 프로그래머가 기대하는 많은 언어의 기능들은 문제를 찾고 고치는 것을 어렵게 만들거나 악의적으로 이용되는 것과 같은 의도치 않은 동작을 쉽게 일으킬 수 있습니다.

이러한 기능들은 Go 언어의 설계 사양을 만드는 데 큰 영향을 끼쳤고 오늘날 우리가 사용하고 있는 것처럼 강하게 타이핑된 가비지 콜렉션을 제공하는 Go라는 프로그래밍 언어 탄생에 영향을 주었습니다.

왜 Go가 특별히 클라우드 네이티브 서비스의 개발에 잘 어울리는지 주의를 환기하기 위해 2장으로 잠시 돌아가 내용을 살펴보고 오는 것도 좋을 것입니다.

확장성

1장에서는 확장성의 개념에 대해 간략하게 살펴보았고 요청량이 급격히 변화되더라도 정확한 서비스를 계속 제공할 수 있는 시스템의 능력을 이야기한다고 했습니다.

1장에서 확장성을 제공하는 두 가지 다른 접근법을 소개했습니다. 하나는 수직적 스케일링 혹은 스케일 업으로 사용 중인 리소스의 규격을 변경하는 것이었고, 다른 하나는 수평적 스케일링 혹은 스케일 아웃으로 서비스 인스턴스를 추가하거나 삭제하는 방식이었습니다. 이 두 가지는 각각 장단점을 가지고 있습니다.

두 가지 확장성 구현 방식에 대해서는 7장에서 조금 더 자세히 살펴볼 것이며 특히 문제점과 단점에 대해 알아볼 것입니다. 또한 스테이트로 인해 생기는 문제들에 대해서도 심도 있게 이야기할 것입니다.[13] 지금은 일단 비용이나 복잡성, 디버깅에 한정하지 않고 약간의 오버헤드를 감수하면서 여러분의 서비스를 확장한다고 해도 충분할 것입니다.

리소스를 확장하는 것은 하드웨어가 문제에 빠지도록 하는 유혹을 견디면서 실행 효율과 알고리즘 기반 확장을 감안했을 때 보통 리소스 확장을 지연시키는 것보다 더 좋은 선택이 되며 심지어 저렴하기까지 합니다. 따라서 시스템 확장을 막는 메모리 누수, 락 경합과 같은 공통적인 문제를 식별하고 수정할 수 있게 해주는 Go의 여러 가지 기능과 도구를 살펴볼 필요가 있습니다.

느슨한 결합

1장 '느슨한 결합' 부분에서 처음 정의했던 느슨한 결합은 시스템 속성이면서 시스템의 컴포넌트가 다른 컴포넌트에 대해 가능한 한 적은 정보만 갖도록 하는 설계 전략입니다. 서비스 간의 결합 정도는 자주 과소평가되지만 시스템의 확장성, 장애에 대한 격리와 감내에 큰 영향을 줍니다.

마이크로서비스가 시작된 이래 아키텍처가 너무 복잡해서 현실적이지 않다고 이야기하며 마이크로서비스 기반 시스템을 배포, 관리하는 것이 어렵다고 지적하는 반대자들이 늘 있었습니다. 필자는 이 의견에 동의하지 않지만 분산 모놀리스^{Distributed Monolith} 시스템을 만드는 것이 정말 쉽다는 것을 생각해보면 그런 주장이 왜 나오는지 이해할 수 있습니다. 분산 모놀리스 시

---

13 애플리케이션의 스테이트는 어려울 뿐 아니라 잘못 구현될 경우 확장성에 독이 됩니다.

스템의 특징은 컴포넌트 간의 강한 결합이므로 애플리케이션이 마이크로서비스의 모든 복잡성뿐 아니라 전형적인 모놀리식 시스템의 복잡한 의존성 관계까지 안고 가는 결과를 초래합니다. 만약 모든 서비스가 한꺼번에 배포돼야 한다거나 단일 상태 체크 실패가 전체 시스템에 연쇄적인 실패를 일으킨다면, 아마도 분산 모놀리스 시스템을 갖고 있을 가능성이 높습니다.

느슨히 결합된 시스템을 만드는 것은 말처럼 쉽지 않겠지만 약간의 원칙과 합리적인 경계를 세운다면 해낼 수 있습니다. 8장에서는 그 경계를 만들고 다른 동기, 비동기 통신 모델과 아키텍처 패턴, 구현에 필요한 패키지를 만들기 위해 어떻게 데이터 교환 규약을 사용하는지 살펴보고 두렵기까지 한 분산 모놀리스 시스템을 회피해볼 것입니다.

6.4.2 결함 감내

결함 감내Fault tolerance는 시스템이 에러를 감지하고 연쇄적인 실패로 빠지는 것을 막아주는 능력을 나타내는 셀프 리페어Self-repair, 셀프 힐링Self-healing, 복원력Resilience처럼 다양하게 표현되기도 합니다. 보통 결함 감내는 두 가지 부분으로 구성됩니다. 하나는 평소의 서비스 운영 상태에서 에러를 발견하는 에러 검출Error Detenction이고 다른 하나는 시스템이 다시 활성화 혹은 정상 운영 상태로 돌아가는 복구Recovery입니다.

복원력을 제공하는 가장 흔한 전략은 중복성Redundancy 제공일 것입니다. 중요한 컴포넌트에 여러 개의 서비스 레플리카를 갖도록 구성하거나 함수에 대한 요청 재시도를 통해 구현되곤 합니다. 복원력은 미묘하고 방대하면서 매우 흥미로운 분야로 9장에서 자세히 살펴보겠습니다.

6.4.3 결함 제거

세 번째 신인성 확보 수단인 결함 제거Fault removal는 결함이 에러로 이어지기 전에 결함 수와 심각도를 줄이는 프로세스입니다. 이상적인 상황에서조차 시스템이 에러를 일으키거나 예상치 못한 방식으로 동작하는 경우가 많습니다. 시스템은 기대했던 동작을 하지 못하거나 완전히 잘못 동작할 수 있으며 보통 이런 동작은 시스템에 좋지 않은 영향을 끼칩니다. 상황을 조금 더 복잡하게 만들어보자면 조건은 언제나 이상적이지 않습니다.

많은 결함들은 테스트를 통해 식별 가능하며 사전에 정의된 시험 조건에서 시스템 혹은 적어도 특정 컴포넌트가 예상대로 동작하는지 검증할 수 있습니다.

하지만 예측하지 못한 조건에서는 어떨까요? 요구사항은 바뀌고 실제 서비스 환경은 여러분이 고심하며 만든 시험 환경을 신경쓰지 않습니다. 그러나 다행히도 노력을 기울이면 시스템은 충분히 관리 가능한 형태로 설계될 수 있고, 시스템의 동작은 보안이 보장된 채 안정적으로 실행되면서 변경 요구사항을 만족하도록 조정될 수 있습니다.

검증과 테스팅

겉으로 드러나지 않는 코드상의 소프트웨어 결함을 찾는 방법은 정확히 네 가지입니다. 테스팅, 테스팅, 테스팅, 그리고 불운입니다.

네, 아시다시피 농담입니다만 현실과 아주 동떨어진 농담은 아닙니다. 만약 여러분이 소프트웨어의 결함을 찾아내지 못한다면 사용자들이 찾아낼 것입니다. 이것은 운이 좋은 경우입니다. 운이 없다면 악의적인 사용자들이 결함을 찾아낼 것이고 그 결함을 어떻게든 활용하려고 할 것입니다.

개발 단계에서 소프트웨어의 결함을 찾아내는 데는 두 가지 접근 방법이 있습니다.

- **정적 분석**

  실제로 프로그램을 실행하지 않고 수행할 수 있는 자동화된 규칙 기반 코드 분석 방법입니다. 정적 분석은 사람의 지식과 노력 없이 소프트웨어에 대한 초기 피드백 제공, 일관된 시험 수행, 일반적인 에러와 보안 취약점 찾기에 유용합니다.

- **동적 분석**

  통제되는 조건하에서 시스템이나 서브시스템이 정확히 동작하는지 검증하고 평가하는 방법입니다. 더 일반적인 용어로 '시험'이라고 부르기도 합니다.

소프트웨어 테스팅의 핵심은 소프트웨어를 구성하는 컴포넌트의 자유도(가능한 상태 범위)를 최소화하여 테스트가 용이하도록 소프트웨어를 설계하는 것입니다. 테스트가 쉬운 함수는 단일 목적을 가지며 입력과 출력 값이 잘 정의되어 있어 부작용이 없거나 적은 함수입니다. 다른 말로 하면 함수 범위를 벗어난 변수를 수정하지 않는 함수들이라 하겠습니다.

이런 함수들은 다소 괴짜가 만든 특이한 형태의 코드로 보일 수도 있지만 각 함수가 검색 영역(함수가 가질 수 있는 모든 상태)을 최소화할 수 있어 테스트에 적합합니다.

종종 무시되긴 합니다만 테스팅은 분명 소프트웨어 개발에서 가장 중요한 단계입니다. Go 창시자는 이것을 잘 인식하고 있었으며 go test 명령과 테스팅 패키지[14]를 제공하는 형태로 언어가 자체적인 단위 테스팅과 벤치마킹을 지원하도록 했습니다. 안타깝게도 테스팅 이론을 자세히 살펴보는 것은 이 책의 범주를 넘어섭니다. 그 대신 9장에서 기초적인 테스팅을 맛보도록 하겠습니다.

관리 용이성

결함은 시스템이 요구사항에 맞게 동작하지 않을 때 발생합니다. 그렇다면 요구사항이 바뀌었을 때는 무슨 일이 일어날까요?

관리가 용이하도록 설계하는 것은 1장의 '관리 용이성'Manageability에서 처음 소개했고 코드 변경 없이도 시스템의 동작을 바꿀 수 있다는 것을 의미합니다. 관리 가능한 시스템은 일종의 '손잡이'를 제공해 시스템이 안전하고 부드럽게 실행되면서도 요구사항 변경을 빠르게 따라갈 수 있도록 해주며 실시간 제어가 가능합니다.

관리 용이성은 여러 가지 형태로 구현할 수 있습니다. 리소스 사용을 조정 및 설정하거나 운영 중에 보안 수정사항을 반영할 수 있고 특정한 기능을 켜거나 끌 수 있는 기능 플래그를 제공하는 한편, 플러그인 방식으로도 동작을 불러올 수 있도록 하는 것이 대표적인 관리 용이성의 구현 형태입니다.

이처럼 관리 용이성은 광범위합니다. Go가 제공하는 관리 용이성의 몇 가지 구조에 대해 10장에서 살펴보도록 하겠습니다.

6.4.4 결함 예측

그림 6-2의 신인성 확보 수단 피라미드 정점에는 결함 예측Fault forecasting이 위치해 있습니다. 결함 예측은 피라미드 아래에 위치한 것들에서 얻은 지식과 구현된 해결 방안을 기반으로 현재의 결함 수와 미래에 발생할 수 있는 결함을 추정하려는 시도입니다.

이 과정은 종종 많은 추측과 직감으로 이루어지기 때문에 가정이 깨진 순간 예측하지 못한 결

---

14 https://oreil.ly/PrhXq

함으로 이어집니다. 따라서 고장 형태 영향 분석[Failure Mode and Effects Analysis, FMEA][15]과 스트레스 테스팅 같이 보다 구조화된 접근이 필요하며 이는 시스템에서 발생 가능한 결함 형태를 이해하는 데 많은 도움이 됩니다.

11장에서 다룰 관찰 가능성[Observability]을 감안하여 설계된 시스템은 에러가 발생하기 전에 결함을 예상하고 수정해 고장 형태 지표를 추적할 수 있습니다. 그뿐 아니라 필연적으로 발생하는 예측하지 못한 결함이 나타났을 때 관측 시스템은 이면에 있는 결함을 빠르게 식별 및 격리하며 수정할 수 있게 해줍니다.

6.5 The Twelve-Factor App과의 지속적인 관련성

2010년 초 PaaS[Platform as a Service] 사업자이자 초기 클라우드 개척자였던 Heroku의 개발자들은 웹 애플리케이션이 동일하고 기본적인 결함을 가진 채 반복적으로 개발된다는 것을 알아차렸습니다. 그들은 현대적인 애플리케이션 개발의 시스템 문제에서 동기를 부여받아 The Twelve-Factor App의 초안을 만들었습니다. 이는 웹 애플리케이션을 만드는 데 필요한 개발 방법론을 구성하는 12개의 규칙이자 가이드라인이었고 그 연장선상에서(비록 Heroku에서 초안을 만들 때는 용어가 존재하지 않았지만) 클라우드 네이티브 애플리케이션 개발에도 적용될 수 있었습니다. 이는 다음 특징을 가진 웹 애플리케이션 개발을 위한 방법론입니다.[16]

- 설정 자동화를 위해 선언적인 포맷을 사용함으로써 새로운 개발자가 프로젝트에 참여하는 데 드는 시간과 비용을 최소화합니다.
- 운영체제에 따라 달라지는 부분을 명확히 하고 실행환경 사이의 이식성을 극대화합니다.
- 최신 클라우드 플랫폼으로 배포하는 데 적합하고 서버와 시스템 관리가 가급적 필요 없어야 합니다.
- 개발 환경과 운영 환경의 차이를 최소화하고 민첩성을 극대화하여 지속적인 배포가 가능합니다.
- 도구, 아키텍처 혹은 개발 방식을 크게 변화시키지 않고 확장할 수 있어야 합니다.

---

15 https://oreil.ly/sNe6P
16 https://12factor.net/ko/

초안이 발표된 2011년에는 이 원칙이 널리 인정받지 못했지만 클라우드 네이티브 개발의 복잡성이 알려지기 시작하면서 The Twelve-Factor App과 이것이 주창하는 속성들은 클라우드 네이티브화하려는 모든 서비스가 따라야 할 최소한의 요건으로 회자되기 시작했습니다.

6.5.1 코드베이스

버전 관리 시스템을 통해 추적되는 단일 코드베이스와 다양한 배포 – The Twelve-Factor App

어떤 서비스에 대해 다양한 환경으로 반복해서 배포하더라도 변하지 않는 하나의 코드베이스만 존재해야 합니다. 여기서 이야기하는 환경은 운영 사이트, 하나 이상의 스테이징과 개발 사이트를 포함합니다.

동일한 코드를 공유하는 다수의 서비스 운영은 모듈 사이의 경계를 모호하게 만드는 경향이 있었고 모놀리스 같은 형태로 유행하기도 했습니다. 하지만 이것은 서비스의 특정 부분을 예상하지 못한 방법으로 변경했을 때 서비스의 다른 부분(혹은 다른 서비스)에 영향이 없도록 하기 어렵게 만들었습니다. 따라서 공유되는 코드는 개별적으로 버전 관리될 필요가 있으며 의존성 관리자를 통해 다른 프로젝트에서 사용될 수 있도록 라이브러리 형태로 리팩터링되어야 합니다.

다만 여러 저장소에 걸친 서비스를 갖게 되면 서비스 라이프 사이클의 빌드와 배포 단계를 자동으로 적용하는 것이 거의 불가능해집니다.

6.5.2 의존성

명시적으로 코드의 의존성을 선언하고 격리시킵니다. – The Twelve-Factor App

어떤 코드베이스의 특정한 버전에 대한 go build, go test, go run 명령 수행 결과는 일정해야 합니다. 어떻게 코드가 수행되든지 동일한 결과를 보여줘야 하고 서비스는 언제나 동일한 입력 값에 대해 같은 방식으로 응답해야 합니다. 그런데 빌드를 망가뜨리거나, 버그를 일으키거나, 서비스와 호환되지 않게 하는 의존성(임포트된 코드 패키지 혹은 개발자의 의사와 관계없이 시스템에 설치된 도구) 변경은 어떻게 다뤄야 할까요?

대부분의 프로그래밍 언어는 지원하는 라이브러리를 배포하기 위해 패키지 시스템을 제공하는데 Go 역시 다르지 않습니다.[17] Go 모듈을 사용해 모든 의존성을 선언함으로써 완전하고 정확하게 임포트된 패키지들이 서비스의 빌드를 예측하지 못한 방식으로 바꾸지 않을 것이라고 확신할 수 있습니다. 이를 좀 더 확장해보면 서비스는 os/exec 패키지의 Command 함수를 통해 curl이나 ImageMagick와 같은 외부 도구를 호출하지 않아야 합니다.

앞에서 언급된 도구들이 여러분이 사용하는 대부분 혹은 모든 시스템에서 사용 가능할 수도 있지만, 이 도구들이 항상 모든 서버에 존재하며 앞으로 서비스가 실행될 모든 환경에서 완벽히 호환된다고 보장하기는 어렵습니다. 이상적인 상황이라면 서비스에서 외부 도구를 사용해야 할 때 해당 도구를 서비스 저장소에 포함시켜 서비스로 공급하는 것이 좋습니다.

6.5.3 설정

서비스 설정은 환경 변수에 저장합니다. − The Twelve−Factor App

설정 혹은 환경(스테이징, 운영, 개발 환경 등)에 따라 달라질 수 있는 모든 값은 코드로부터 완전히 분리되어야 합니다. 그 어떤 환경에서든 애플리케이션의 설정이 코드에 포함되면 안 됩니다. 설정 항목에는 보통 다음과 같은 내용이 포함되지 않도록 해야 합니다만, 이외에도 주의해야 할 값들은 여러 가지가 있을 수 있습니다.

- 단기간 내에 바뀔 가능성이 적다고 해도 URL 혹은 데이터베이스 같은 다른 업스트림 서비스 의존성과 리소스 핸들이 포함되면 안 됩니다.
- 비밀번호, 외부 서비스의 자격 증명Credential 같은 어떠한 비밀 값도 설정에 포함되면 안 됩니다.
- 배포 대상이 되는 위임된 호스트명과 같이 환경별로 특화된 값입니다.

코드로부터 설정을 추출하는 일반적인 방법은 코드와 함께 저장되든 그렇지 않든 설정을 YAML[18]과 같은 설정 파일로 외부화Externalizing하는 것입니다. 이 방법은 설정을 코드에 포함시키는 것보다 분명 개선된 것이기는 하지만 이상적인 방법은 아닙니다.

우선 여러분의 설정 파일이 저장소 외부에 있다고 해도 실수로 체크인될 수 있습니다. 게다가

---

17 공식 의존성 도구의 등장이 너무 오래 걸리기는 했습니다.
18 아마도 YAML은 설정을 관리하는 언어 중 최악의 형식일 것입니다.

이런 파일들은 서로 다른 곳에 존재하면서 환경에 따라 버전이 달라질 수 있기 때문에 일관성 있게 설정을 관리하기 어렵습니다.

대안으로 저장소에 서로 다른 환경에 대한 설정을 저장하고 관리할 수도 있습니다. 다만 이렇게 관리하는 것은 생각보다 쉽지 않고 아슬아슬한 줄타기를 하는 것처럼 위험천만한 상황이 이어질 수도 있습니다.

> **[Column] 부분적으로 노출되는 비밀 값은 없습니다**
>
> 설정 값들이 절대 코드에 포함되지 않도록 해야 하며 비밀번호나 다른 예민한 비밀 값들은 하늘이 무너지더라도 절대, 절대 코드에 포함되지 않아야 한다고 강조하고 싶습니다. 이런 비밀 값들이 잠깐의 부주의로 세상에 공개되는 것은 언제든 일어날 수 있는 일입니다.
>
> 비밀 값이 외부에 노출되었다면 말 그대로 끝입니다. 부분적으로 노출되는 비밀 값은 절대 없습니다. 저장소와 저장소에 저장된 코드는 언제든 공개될 수 있다고 생각해야 합니다. 실제로 그럴 수 있습니다.

설정 값을 코드에 저장하든 외부 설정으로 저장하든 Twelve-factor App은 환경 변수를 통해 설정을 노출하도록 권고합니다. 환경 변수를 통해 설정 값을 사용하는 것에는 많은 이점이 있습니다.

- 이 방식은 표준이고 OS와 언어를 가리지 않습니다.
- 코드 변경 없이 각 배포에 변경 사항을 적용하기 쉽습니다.
- 컨테이너 환경에서도 변수값을 아주 쉽게 주입할 수 있습니다.

Go는 이를 위한 여러 가지 도구를 제공합니다.

첫 번째로 os 패키지를 이용하는 가장 기본적인 방법을 살펴보겠습니다. 환경 변수값을 읽기 위해 os 패키지가 제공하는 os.Getenv 함수를 다음과 같이 사용할 수 있습니다.

```go
name := os.Getenv("NAME")
place := os.Getenv("CITY")

fmt.Printf("%s lives in %s.\n", name, place)
```

조금 더 복잡한 설정 옵션을 제공하는 훌륭한 패키지들도 다양하게 준비되어 있습니다. 그중 가장 널리 사용되는 것이 spf13/viper 패키지입니다. 실제로 Viper 패키지를 사용하는 코드의 예는 다음과 같습니다.

```go
viper.BindEnv("id")                // 대문자로 자동 치환됩니다.
viper.SetDefault("id", "13")       // 기본값을 13으로 설정합니다.

id1 := viper.GetInt("id")
fmt.Println(id1)                   // 13

os.Setenv("ID", "50")              // 보통은 애플리케이션 외부에서 수행합니다.

id2 := viper.GetInt("id")
fmt.Println(id2)                   // 50
```

Viper는 표준 패키지가 제공하지 않는 다양한 기능을 제공합니다. 기본값의 정의를 비롯해 타입이 정해진 변수, 커맨드라인 플래그로부터 값 읽기, 다양한 포맷의 설정 파일을 지원할 뿐 아니라 etcd나 Consul 같은 외부 설정 시스템도 지원합니다.

10장에서는 Viper와 다른 설정 관련 주제에 대해 심도 깊게 살펴볼 예정입니다.

6.5.4 백엔드 서비스

백엔드 서비스를 연결된 리소스로 생각합니다. – The Twelve-Factor App

서비스가 정상 동작하기 위해 네트워크를 경유하여 사용하며 모든 다운스트림 의존성을 가진 컴포넌트를 백엔드 서비스라고 부릅니다(1장의 '업스트림과 다운스트림 의존성' 부분을 참고하세요). 서비스는 같은 유형의 백엔드 서비스를 차별해서는 안 됩니다. 동일한 조직 안에서 관리되는 내부 서비스든 서드 파티가 관리하는 원격 서비스든 차이가 없어야 합니다.

각 업스트림 서비스는 서비스 입장에서 봤을 때 그림 6-3처럼 설정 가능한 URL이나 다른 리소스 핸들을 통해 구분될 수 있는 또 다른 리소스 중 하나로 취급되어야 합니다. 모든 리소스는 4장에서 살펴본 '분산 컴퓨팅의 오류Fallacies of Distributed Computing'를 감안하여 동등하게 취급되어야 합니다.

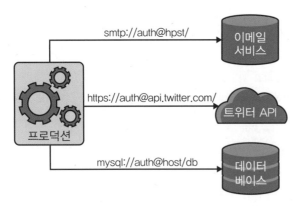

그림 6-3 각 업스트림 서비스는 여러 리소스 중 하나로 취급합니다

다시 말해 팀 내 시스템 관리자가 운영하는 MySQL 데이터베이스는 AWS에서 운영되는 RDS 인스턴스와 같은 선상에 두어야 합니다. 업스트림 서비스가 지구 반대편에 있는 또 다른 데이터 센터에서 운영되든 도커 컨테이너 기반으로 같은 서버 내에서 실행되든 모든 업스트림 서비스에는 같은 원칙이 적용됩니다.

내부에서 운영되든 그렇지 않든 같은 종류의 다른 리소스로 간단한 설정 값만 변경해 바꿀 수 있다면 서비스는 더 쉽게 다른 환경으로 배포될 수 있게 되고 더 쉽게 테스트 및 관리할 수 있게 됩니다.

6.5.5 빌드, 릴리즈, 실행

빌드와 실행 단계는 철저히 분리되어야 합니다. – The Twelve-Factor App

특정 버전으로 빌드된 코드와 설정의 집합체인 각 배포는 불변해야 하고 고유 레이블이 지정되어야 합니다. 가능하다면 이전 버전으로 되돌아가는 배포가 필요할 때 정확히 해당 버전의 배포를 재생성할 수 있어야 합니다.

이전 버전의 배포 재생성은 보통 그림 6-4와 다음에 기술되는 내용처럼 세 단계로 구분하여 진행됩니다.

- **빌드**
  빌드 단계에서는 자동화된 프로세스가 특정 버전의 코드를 추출하고 의존성 리소스를 가져온 후 실행 가능한 산출물을 컴파일하는데 우리는 이것을 빌드라 부릅니다. 모든 빌드는 언제나 고유한 식별자를 가져야 하며 보통은 타임스탬프나 빌드 넘버를 증가시켜 식별자로 사용합니다.

- **릴리즈**

  릴리즈 단계에서는 특정 빌드와 설정을 결합하여 목표한 빌드를 만듭니다. 그 결과로 만들어진 릴리즈는 즉시 실행할 수 있습니다. 빌드와 마찬가지로 릴리즈 역시 고유 식별자를 가져야 합니다. 중요한 것은 운영 환경으로 동일한 빌드 버전을 내보내야 하는 경우 절대로 코드를 다시 빌드해서 배포하면 안 되며, 환경의 동일성과 각 환경에 대한 설정을 유지하기 위해 이전에 빌드한 산출물을 사용해야 합니다.

- **실행**

  실행 단계에는 릴리즈가 배포 환경으로 전달되고 서비스 프로세스를 시작해 실행합니다.

이상적으로는 새로운 코드가 배포될 때마다 새로운 버전의 빌드가 자동으로 생성될 것입니다.

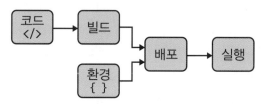

그림 6-4 코드베이스를 개발 환경이 아닌 환경으로 배포하는 절차는 서로 다른 빌드, 릴리즈, 실행 단계를 통해 수행되어야 합니다.

6.5.6 프로세스

애플리케이션을 하나 혹은 여러 개의 스테이트리스 프로세스로 실행합니다.

– The Twelve-Factor App

서비스 프로세스들은 스테이트리스Stateless해야 하고 서로 아무것도 공유하지 않아야 합니다. 그리고 유지되어야 하는 데이터들은 보통 데이터베이스나 외부 캐시 같은 스테이트풀Stateful 백엔드 서비스에 저장되어야 합니다.

우리는 이미 스테이트리스에 대해 이야기했고 다음 장에서도 조금 더 이야기할 예정입니다. 따라서 이번 절에서는 깊게 이야기하지 않겠습니다.

다만 스테이트리스에 대해 미리 살펴보고 싶다면 7장의 '스테이트와 스테이트리스' 부분을 읽어보기 바랍니다.

6.5.7 데이터 격리

각 서비스는 각자의 데이터를 관리합니다. – 클라우드 네이티브, 데이터 격리(Data Isolation)

각 서비스는 완전히 자립할 수 있어야 합니다. 다시 말해 서비스는 자신의 데이터를 관리해야 하고 이 데이터는 데이터 접근을 목적으로 만들어진 API를 통해 접근 가능해야 합니다. 이 이야기가 익숙하다면 다행입니다! 사실 이것은 마이크로서비스의 핵심 원칙 중 하나이며 7장의 '마이크로서비스 시스템 아키텍처'에서 더 자세히 살펴볼 예정입니다.

이러한 구조는 종종 RESTful API나 특정 포트로 들어오는 요청을 수신하기 위해 노출되는 RPC 프로토콜과 같은 요청–응답 서비스 형태로 구현됩니다. 물론 비동기나 발행–구독Publish–subscription 메시지 패턴을 사용하는 이벤트 기반 서비스 형태로 구현되기도 합니다. 이러한 패턴들에 대해서는 8장에서 자세히 살펴보겠습니다.

> ### [Column] 이력에 대한 노트
>
> Twelve Factor App 일곱 번째 절의 원래 제목은 '포트 바인딩(Port Binding)'이고 '포트 바인딩을 통해 서비스를 노출합니다'라는 내용을 담고 있습니다. 원칙이 처음 등장한 당시에는 맞는 말이었습니다만, 원칙의 제목으로 인해 서비스가 자신의 데이터를 캡슐화하여 관리해야 하고 반드시 API를 통해서만 데이터를 공유해야 한다는 핵심 포인트를 모호하게 만들어 버렸습니다.
>
> 이미 웹 애플리케이션 대부분이 포트를 통해 API를 노출하고, 서비스로서의 함수(Functions as a Service, FaaS)가 증가하고 있으며 이벤트 지향 아키텍처에는 더 이상 포트 바인딩이 꼭 필요하지는 않다는 것을 보여주고 있습니다. 따라서 필자는 원문의 내용 대신 보리스 숄(Boris School), 트렌트 스완슨(Trent Swanson), 피터 야우쇼베츠(Peter Jausovec)가 쓴 『클라우드 네이티브: 클라우드 네이티브 애플리케이션을 설계, 개발, 운영하는 핵심 가이드』[19](한빛미디어, 2020년)에서 요약해준 최신 내용을 쓰기로 했습니다.

마지막으로 Go 언어가 아닌, 다른 언어나 프레임워크에서는 실행 환경의 애플리케이션 서버가 실행 중에 웹으로 노출된 서비스를 주입할 수 있도록 해주기도 합니다. 이러한 방식으로 구

19 https://oreil.ly/uvvsa

현하는 것은 데이터 격리와 환경에 관계없이 기능을 수행할 수 있는 것을 망가뜨려 테스트 용이성과 이식성을 제한시킵니다. 따라서 가급적 사용하지 않는 것이 좋습니다.

6.5.8 확장성

프로세스 모델을 이용한 확장 – The Twelve-Factor App

서비스는 더 많은 인스턴스를 추가해 수평적으로 확장할 수 있어야 합니다. 이 책에서는 확장성에 대해 많은 이야기를 하고 있습니다. 심지어 7장은 전체 내용이 확장성에 대한 이야기이기도 합니다. 좋게 해석해 확장성의 중요성은 아무리 강조해도 지나치지 않기 때문입니다.

물론 서비스의 단일 서버가 모든 요청을 처리하도록 하는 것은 아주 단기간 동안이라면 문제 없고 편리할 수 있습니다. 그러나 수직적 스케일링은 장기적으로 봤을 때 실패한 전략입니다.

운이 좋다면 여러분은 수직적으로 더 이상 스케일링할 수 없는 지점에 점진적으로 도달할 것입니다. 단일 서버만 사용하는 경우 서버 사양을 스케일업하는 데 필요한 시간보다 부하가 빠르게 증가함에 따라 아무런 경고 없이 적절히 페일오버Failover되지 않은 채 서버가 다운되는 상황을 맞을 수도 있습니다.[20] 분명한 것은 두 가지 시나리오 모두 많은 사용자를 불행에 빠트릴 것이라는 점입니다. 앞에서 언급했습니다만 우리는 확장성에 대해 7장에서 보다 심도 있게 살펴볼 것입니다.

6.5.9 폐기 가능성

빠른 시작과 그레이스풀 셧다운을 통한 견고함 극대화 – The Twelve-Factor App

클라우드 환경은 변화무쌍합니다. 준비된 서버는 시도 때도 없이 말도 안 되는 이유로 사라집니다. 서비스는 일회성으로 존재한다고 가정하고 이런 상황의 발생에 대응해야 합니다. 서비스 인스턴스는 의도적이든 그렇지 않든 언제라도 시작되고 중지될 수 있어야 합니다.

서비스를 탄력적으로 확장하기 위해 서비스가 배포, 재배포되는 시간을 줄임으로써 실행에 소요되는 시간을 최소화하기 위해 최선을 다해야 합니다. Go는 가상 머신을 사용하지 않는

---

20 보통 이런 일은 새벽 세 시쯤 일어나곤 합니다.

것은 물론, 다른 언어 환경에 비해 시작 시간에 영향을 줄 만한 오버헤드가 적기 때문에 실행 시간 최소화에 강점을 갖고 있습니다.

컨테이너는 빠른 시작 시간을 제공하며 언급된 확장 시나리오에 유용하게 사용될 수 있지만, 새로운 컨테이너 이미지를 초기 배포할 때 발생할 수 있는 데이터 전송 오버헤드가 최소화되도록 이미지 사이즈를 가능한 한 작게 유지하도록 신경 써야 합니다. 그런데 Go는 이러한 컨테이너 환경에서도 장점을 갖고 있습니다. Go는 별도의 언어 실행을 위한 런타임 또는 외부 의존성 없이 SCRATCH 이미지에 설치될 수 있습니다. 이는 이미지를 경량으로 유지하는 데 도움이 되고 배포 시 오버헤드를 최소화해줍니다. 우리는 이미 5장 '키-값 저장소 컨테이너 만들기'에서 이 내용을 살펴보았습니다.

서비스는 SIGTERM 시그널을 수신했을 때 저장이 필요한 모든 데이터를 저장하고 열려 있는 네트워크 연결을 중단시키며 아직 진행 중인 작업을 완료하고 현재의 잡(Job)을 작업 큐로 돌려보냅니다.

6.5.10 개발/프로덕션 환경 일치

개발, 스테이징, 운영 환경은 가급적 비슷하게 유지합시다. – The Twelve-Factor App

개발 환경과 운영 환경 사이에는 필연적으로 차이가 발생하기 마련이지만 우리는 이것을 가능한 한 작게 유지해야 합니다. 이는 코드의 차이뿐 아니라 다음과 같은 항목에도 적용되어야 합니다.

- **코드 다이버전스(Code divergence)**
  개발 브랜치는 단기간 동안만 유지되어야 하고 시험을 마치면 가능한 한 빠르게 운영 환경으로 배포되어야 합니다. 이를 통해 각 환경 사이의 기능적인 차이를 최소화하고 배포와 롤백 과정에 발생할 수 있는 위험을 줄일 수 있습니다.

- **스택 다이버전스(Stack divergence)**
  개발과 운영 환경에서 서로 다른 컴포넌트를 사용하지 않도록 하여(가령 macOS 개발 환경에서 SQLite를 쓰고 리눅스 기반 운영 환경에서 MySQL을 쓰는 것과 같은) 각 환경이 비슷하게 유지되도록 합니다. 경량 컨테이너는 이런 환경을 구성하는 데 최고의 도구입니다. 이를 통해 거의 같은 환경으로 구성되며 미세한 차이로 인해 발생할 수 있는 불편함 때문에 여러분의 하루가 망가지지 않게 할 수 있습니다.

- **퍼스널 다이버전스(Personnel divergence)**

  프로그래머는 코드를 작성하고 운영자는 코드를 배포하는 것이 한때 일반적이었지만 이런 방식은 인센티브의 격차를 만들었고 생산적인 관계를 만드는 데 악영향을 끼쳤습니다. 코드 작성자가 그들이 만든 코드의 배포에 참여하고 운영 환경에서 코드 동작에 책임지도록 하는 것은 개발과 운영의 사일로[Silo 21]를 부수고 안정성과 속도를 중심으로 인센티브가 부여되도록 하는 데 도움이 됩니다.

이 모든 것은 개발과 운영 환경의 차이를 작게 만듦으로써 빠르고 자동화된 배포가 지속적으로 이루어지게 합니다.

6.5.11 로그

로그를 이벤트 스트림으로 생각합시다. – The Twelve-Factor App

서비스의 끝없는 의식의 흐름이라고 할 수 있는 로그는 놀라울 정도로 유용하며 특히 분산 환경에서 그 가치가 더 빛납니다. 좋은 로깅은 실행 중인 애플리케이션의 동작에 가시성을 제공해 오동작을 찾아내고 분석하는 작업을 굉장히 단순하게 만들 수 있습니다.

전통적으로 서비스는 로그 이벤트를 로컬 디스크의 파일에 기록해왔습니다. 하지만 클라우드 수준의 인프라 규모에서 파일을 사용한 로깅 방식은 가치 있는 정보를 찾기 어렵게 만들고 로그에 대한 접근을 불편하게 만듭니다. 그뿐 아니라 로그를 빠르게 수집하기도 어렵게 합니다. 쿠버네티스처럼 동적이고 일시적으로 존재하는 자원을 적극 활용하는 환경에서는 서비스 인스턴스와 인스턴스의 로그가 여러분이 로그를 찾으려고 하는 시점에 존재하지 않을 수도 있다는 점을 기억해야 합니다.

대신 클라우드 네이티브 서비스는 로그 정보를 버퍼링 없이 직접 stdout으로 보내 기록한 이벤트의 스트림 그 이상도 이하도 아닌 것으로 취급해야 합니다. 로그 이벤트의 라우팅이나 저장과 같이 사소한 구현은 신경 쓰지 않아야 하며 실행자가 로그 이벤트에서 발생하는 일을 결정하도록 해야 합니다.

---

21 옮긴이: 회사 안 부서들이 자기 부서의 이익만 추구하는 현상을 뜻합니다.

얼핏 단순해 보이고 한편으로 직관적이지 않을 수도 있지만 클라우드 네이티브 환경에서의 이 작은 변화는 굉장히 큰 자유도를 부여합니다.

로컬 환경에서 개발하는 동안 프로그래머는 서비스의 동작을 관찰하기 위해 터미널에서 이벤트 스트림을 볼 수 있습니다. 배포가 진행되는 동안 출력 스트림은 실행 환경을 통해 저장되고 일래스틱 서치Elasticsearch, 로그스태시Logstash, 키바나Kibana와 같은 ELK 스택이나 리뷰 및 분석을 위해 스플렁크Splunk 혹은 장기 보관 저장소로 구성된 데이터 웨어하우스 같은 하나 이상의 로그 인덱싱 시스템으로 전달됩니다.

이 책에서는 관찰 가능성Observability의 맥락에서 로그와 로깅을 논의해볼 것이며 보다 자세한 내용은 11장에서 다루도록 하겠습니다.

6.5.12 관리 프로세스

관리성 작업들은 일회성 프로세스로 실행합니다. – The Twelve-Factor App

The Twelve-Factor App의 원래 원칙들 중 '관리 프로세스' 항목은 이 원칙들이 얼마나 오래전에 만들어졌는지 잘 보여줍니다. 한 가지 예로, 이 원칙은 작업을 수동으로 실행하기 위해 환경으로 감싸는 것을 권고하고 있습니다. 쉽게 말하면 수작업으로 서버 인스턴스를 변경하는 것은 눈송이를 만드는 것과 같습니다. 이것은 좋지 않은 패턴이며 왜 그런지에 대해서는 바로 다음에 나오는 '특별한 눈송이들'에서 자세히 설명하겠습니다.

작업을 감쌀 수 있는 환경이 있다고 가정해봅시다. 여러분은 언제든 이 환경이 없어지거나 다시 생성될 수 있다고 가정해야 합니다. 모든 조건을 잠시 잊고 '관리성 작업들은 일회성 프로세스로 실행합니다'라는 원래의 취지로 돌아가봅시다. 이것은 두 가지 방식으로 해석될 수 있으며 각각은 고유의 접근 방법을 요구합니다.

- 여러분의 작업이 데이터 수정 작업이나 데이터베이스 마이그레이션 같은 관리 프로세스라면 이 프로세스들은 단기 프로세스로 실행되어야 합니다. 컨테이너와 함수는 그런 목적을 위한 훌륭한 운송수단입니다.

- 여러분의 변경이 서비스나 실행 환경에 대한 업데이트라면 서비스나 환경 생성/설정 스크립트를 각각 수정해야 합니다.

서버를 건강하게 유지하는 것은 도전 과제가 될 수 있습니다. 새벽 3시, 모든 것이 깊이 잠든 시간에는 옷을 빨리 갈아입고 침대에 눕고 싶은 마음이 간절할 것입니다. 축하합니다! 지금 막 수작업 변경을 통해 만들어진 특별한 서버 인스턴스를 통해 독특하고 문서화되지 않은 동작을 하는 눈송이를 하나 만들었습니다!

사소하고 해를 끼치지 않을 것 같은 변경조차 심각한 문제로 이어질 수 있습니다. 자주 일어나는 일은 아니지만 변경사항이 문서화되어 있어도 클러스터 내의 모든 서버를 동기화해서 운영 중일때 눈송이 서버는 똑같이 재생성되기 어렵습니다. 이것은 서비스를 새로운 하드웨어에 재배포해야 하는 상황에서 왜 서버가 제대로 동작하지 않는지 알 수 없는 등의 불행으로 이어질 수 있습니다.

이외에도 테스팅 환경이 더 이상 운영 환경과 일치하지 않기 때문에 개발 환경을 통해 운영 환경으로 배포하는 것을 신뢰할 만한 수준으로 재현할 수 없다고 생각할 것입니다.

그 대신 서버와 컨테이너는 변경할 수 없는 것처럼 취급되야 합니다. 만약 뭔가 업데이트 또는 수정되어야 하고 어떤 방식으로든 변경되어야 한다면, 변경사항은 적절한 빌드 스크립트의 업데이트나 새로운 공통 이미지를 구움[22]으로써 새로운 서버 혹은 컨테이너 인스턴스가 이전에 생성된 서버나 컨테이너를 대치하도록 해야 합니다.

많이 회자되는 말처럼 인스턴스는 애완동물(Pet)이 아니라 가축(Cattle)처럼 취급되어야 합니다.

요약

이번 장에서는 '클라우드 네이티브의 요점이 무엇인가'라는 질문에 대해 생각해보았습니다. 흔한 답변으로는 '클라우드에서 동작하는 컴퓨터 시스템' 정도가 될 것입니다. 다만 여기서 '동작'의 의미는 여러 가지일 수 있고 우리는 더 좋은 답변을 만들어볼 수 있을 것 같습니다.

답변의 첫 부분에서 이야기한 '신인성'을 만든 현학자 토니 호어Tony Hoare와 장 클로드 라프리J–C Laprie의 이야기로 돌아가봅시다. '신인성'을 다른 말로 표현하면 근본적으로 불안정한 환경에서 조차 사용자가 받아들일 수 있는 방식으로 동작하는 컴퓨터 시스템을 이야기한다고 봐도 괜찮을 것 같습니다.

당연하게도 말로 하는 것이 행동으로 보여주는 것보다 훨씬 쉽습니다. 그래서 우리는 어떻게 이런 컴퓨터 시스템을 만들 수 있는지에 대해 세 가지 방법을 검토해보았습니다.

---

22 '굽다'라는 용어는 가끔 새로운 컨테이너나 서버 이미지를 생성하는 프로세스를 이야기하는 데 사용됩니다.

- 결함 예방, 결함 감내, 결함 제거, 결함 예측을 포함한 라프리의 '신인성 확보 수단'

- 다소 권위적이고 일부 오래된 접근 방법을 알려주는 애덤 위긴스[Adam Wiggins]의 Twelve Factor App

- 1장에서 소개했고 이 책의 근간이 되는 CNCF의 '클라우드 네이티브'에 기반을 둔 우리만의 '클라우드 네이티브 속성'

비록 이번 장이 본질적으로 Twelve Factor App 이론에 대한 짧은 조사 정도로 느껴질 수도 있지만, 이른바 '클라우드 네이티브'를 달성하기 위해 필요한 동기와 수단을 설명하는 중요하고도 기본적인 정보를 많이 다루었다고 할 수 있습니다.

Chapter

7

확장성

어떤 최고의 프로그래밍은 종이를 통해 이루어집니다. 정말입니다. 컴퓨터에 코드를 입력하는 것은 좋은 프로그래밍의 일부분일 뿐입니다.[1]

– 맥스 카넷-알렉산더, 『Code Simplicity: 소프트웨어 생명 연장을 위한 원칙』

필자는 2016년 여름 작은 회사에 합류했습니다. 이 회사는 주정부와 지방정부가 즐겨 사용하는 양식과 여러 가지 종이 문서 작업을 디지털화하는 과제를 수행하고 있었습니다. 회사의 핵심 애플리케이션은 전형적인 초기 단계 스타트업의 애플리케이션이었기 때문에 그해 가을까지 인프라를 컨테이너화하고 코드로 인프라스트럭처를 관리하도록 하여 배포를 완전 자동화했습니다.

회사의 고객 중에는 버지니아 남동부에 위치한 작은 해안 도시가 있었습니다. 이 도시는 최근 10여 년 사이에 처음으로 육지에 상륙하는 카테고리 5 허리케인 메튜의 영향권에 들어갈 것이라는 예보로 주 비상상태가 선포되었고, 시민들에게 정보를 수집해야 하는 서류 작업을 위해 회사의 시스템을 이용했습니다. 준비된 양식은 소셜미디어를 통해 게시되었고 50만 명 이상의 시민이 한꺼번에 시스템에 접속했습니다.

알람이 발생했고 온콜 엔지니어는 시스템 지표들을 확인했으며 CPU 사용률이 100%를 기록하면서 수많은 요청들이 타임아웃되고 있다는 것을 발견했습니다.

이슈를 해소하기 위해 요구 용량$^{Desired\ Capacity}$ 필드에 0을 넣은 오토스케일링 그룹을 구현했고 평소 수준으로 부하를 낮출 수 있었습니다. 사용자 요청량 급증은 24시간이 채 지나기 전에 낮아졌고 다시 서버를 축소$^{Scale\ in}$할 수 있었습니다.

우리가 이 사건에서 오토스케일링이 주는 장점 외에 배운 것은 무엇일까요?[2]

우선 확장 기능이 없었다면 이 시스템은 더 긴 장애 시간을 겪었을 것이라는 점을 강조하고 싶습니다. 요청량에 따라 리소스를 추가할 수 있다는 점은 사용자가 예상보다 훨씬 많은 부하를 일으키는 상황에서도 정상적인 서비스를 할 수 있음을 의미합니다. 또 다른 장점은 특정 서버가 죽는 상황이 발생해도 전체 부하를 남은 서버들이 나누어 서비스하게 된다는 점입니다.

---

1 맥스 카넷-알렉산더(Kanat-Alexander, Max). 『Code Simplicity: 소프트웨어 생명 연장을 위한 원칙』(한빛미디어, 2012년)
2 솔직히 오토스케일링이 진작부터 구현되어 있었더라면 무슨 일이 지나갔는지조차 몰랐을 것입니다.

두 번째, 필요한 리소스보다 훨씬 많은 리소스를 사용하는 것은 단순한 낭비일 뿐 아니라 비용이 많이 발생하는 일이기도 합니다. 필요에 따라 확장한 인스턴스를 요청량 감소에 따라 축소하는 것은 우리가 필요한 만큼만 리소스를 사용하고 비용을 지불할 수 있다는 것을 의미합니다. 스타트업 입장에서 봤을때 재정적으로 큰 이점이 됩니다.

불행히도 확장이 불가능한 서비스들도 초기 조건에서는 완벽히 동작하는 것처럼 보일 수 있기 때문에 서비스를 설계할 때 항상 확장성을 고려하기는 어렵습니다. 단기적으로는 이것도 문제 없어 보일 수 있지만 당초의 예측을 넘는 요청을 처리하도록 확장할 수 없는 서비스는 그 생명 주기가 길지 않을 것입니다. 게다가 이런 서비스는 확장 가능하도록 리팩터링^{Refactoring}하는 것이 극도로 어려운 경우가 종종 있어 장기적으로는 확장성을 염두에 두고 서비스를 만드는 것이 결국 시간과 돈을 아껴줄 것입니다.

이 책은 Go에 대한 서적이며 아무리 많이 양보하더라도 인프라스트럭처나 아키텍처에 대한 책이 아닌 Go에 대한 책입니다. 이번 장에서는 확장 가능한 아키텍처와 메시징 패턴에 대해 논의하면서 어떻게 인프라스트럭처가 아닌 확장성 방정식의 다른 부분, 즉 효율성^{Efficiency}에 기댄 서비스를 만드는 데 Go가 활용될 수 있는지 보여주는 데 집중할 것입니다.[3]

7.1 확장성이란 무엇일까?

확장성의 개념은 1장에서 처음 소개했습니다. 확장성은 사용자 요청이 급격하게 변화되었을 때도 시스템이 제대로 된 서비스를 지속적으로 제공할 수 있는 능력을 말합니다. 이 정의에 따르면 부하가 급격히 증가하는 동안에도 설계 변경 없이 의도했던 기능을 수행할 수 있을 때 시스템이 확장 가능하다고 간주합니다.

이 정의[4]는 물리적인 리소스를 추가하는 것에 대해 이야기하지 않습니다. 그 대신 시스템이 대규모 요청을 다루는 능력에 대해 이야기합니다. 이 절에서 이야기하는 '확장된^{Scaled}'은 요청

---

[3] 클라우드 네이티브 인프라스트럭처와 아키텍처에 대해 더 자세히 알고 싶다면 시중에 나와 있는 많은 책들을 참고할 수 있습니다. 그중에서도 특히 저스틴 개리슨(Justin Garrison), 크리스 노바(Kris Nova) 공저의 『클라우드 네이티브 인프라스트럭처』(책만, 2018년)와 피니 레즈닉(Pini Reznik), 제이미 돕슨(Jamie Dobson), 미셸 지노(Michelle Gienow)가 쓴 『클라우드 네이티브 트랜스포메이션』(에이콘출판사, 2022년)을 추천드립니다.

[4] 여기에서의 정의는 필자가 만든 정의입니다. 일반적으로 사용되는 다른 정의들도 많다는 것을 알고 있습니다.

의 규모입니다. 리소스를 추가하는 것은 확장성을 확보하는 완벽한 방법 중 하나이기는 하지만 확장 가능하다는 것과 동일하지는 않습니다. 상황을 더 복잡하게 만드는 것은 '확장^{Scaling}'이라는 단어가 시스템에도 적용될 수 있다는 것이고 이 경우에는 할당된 리소스 양의 변화를 의미합니다.

그러면 어떻게 리소스를 추가하지 않고 많은 요청을 다룰 수 있을까요? 잠시 후 '지연된 확장: 효율성'에서 살펴보겠지만 효율성^{Efficiency}을 염두하여 구축한 시스템은 드라마틱하게 급증하는 요청에 대응하기 위한 하드웨어 추가나 '상황이 발생했을 때$^{Just\ in\ Case}$' 대규모 오버프로비저닝 $^{Over-provision}$ 없이 점점 증가하는 높은 요청을 흡수할 수 있는 확장 기능을 태생적으로 갖고 있습니다.

7.1.1 다양한 형태의 확장

불행히도 가장 능률적인 전략조차 한계가 있으며 점차 추가적인 리소스를 제공할 수 있도록 서비스를 확장할 필요성을 느끼게 될 것입니다. 그림 7-1과 같이 서비스를 확장하는 방식은 크게 두 가지가 있는데 각각 장점과 단점을 갖고 있습니다.

- **수직적 확장(Vertical scaling)**

  시스템은 할당된 리소스를 증가시켜 수직적인 확장 혹은 스케일 업$^{Scaled\ up}$할 수 있습니다. 퍼블릭 클라우드에서 사용 중인 서버는 인스턴스의 크기를 변경함으로써 비교적 쉽게 수직적으로 확장할 수 있지만, 사용할 수 있는 더 큰 인스턴스 타입이 소진되기 전이나 예산이 떨어지기 전까지만 확장할 수 있습니다.

- **수평적 확장(Horizontal scaling)**

  시스템은 시스템을 복제하거나 개별 서버에 대한 부하를 제한해 수평적인 확장 혹은 스케일 아웃$^{Scaled\ out}$할 수 있습니다. 이 전략을 사용하는 시스템은 보통 아주 많은 요청을 처리할 수 있도록 확장되지만, 잠시 후 '스테이트와 스테이트리스'에서 살펴볼 내용처럼 상태 값의 존재로 인해 어떤 시스템에서는 이 전략을 사용하기 어렵거나 불가능할 수도 있습니다.

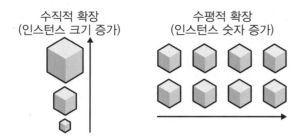

수직적 확장
(인스턴스 크기 증가)

수평적 확장
(인스턴스 숫자 증가)

그림 7-1 수직적 확장은 효과적인 단기 솔루션이 될 수 있습니다. 수평적 확장은 기술적인 요구사항이 있기는 하지만
더 나은 장기적인 전략입니다.

이 두 가지 용어는 확장에 대해 생각할 수 있는 가장 일반적인 방법을 나타내며, 이것은 전체
시스템을 취하고 그것을 더 만드는 전략입니다. 하지만 이들 외에도 다양한 확장 전략들이 존
재합니다.

그중 가장 널리 알려진 것이 기능적 분할Functional Partitioning입니다. 이 전략에 익숙하다면 괜찮
겠지만 그렇지 않다면 이름이 미심쩍을 수 있습니다. 기능적 분할은 복잡한 시스템을 최적화
Optimized 및 관리 가능Managed하고 확장Scaled 가능한 작은 기능 단위로 나누는 것을 포함합니다.
아마 여러분은 이 전략을 기본적인 프로그램 디자인에서 고급 분산 시스템 디자인에 이르기까
지 여러 가지 모범 사례의 일반화된 버전이라고 인식할 수도 있습니다.

데이터베이스로 대표되는 대량의 데이터를 가진 시스템 차원의 또 다른 접근 전략은 샤딩
Sharding입니다. 이 전략을 사용하는 시스템은 샤드Shards라고 불리는 파티션으로 데이터를 나눠
부하를 분산하는 전략을 사용하며, 각 샤드는 상위 데이터 셋의 하위 셋을 포함합니다. 샤드
에 대한 기본 예제는 뒤쪽에 나오는 '샤딩을 통한 락킹 최소화' 부분에서 소개하겠습니다.

7.2 4가지 대표적인 병목

시스템에 대한 요청이 증가함에 따라 특정 리소스가 페이스를 유지하지 못하거나 확장을 위한
어떤 노력도 효과적으로 작동하지 않는 시기를 만나게 됩니다. 우리는 이것을 리소스가 병목
지점Bottleneck이 되었다고 이야기합니다.

시스템을 원활하게 운영할 수 있는 수준으로 되돌리기 위해 병목을 확인하고 조치해야 합니
다. 단기적으로는 병목이 되고 있는 컴포넌트의 메모리를 추가하거나 CPU를 상위 사양으로

변경하는 것처럼 리소스를 늘리는 수직적 확장으로 대응할 수 있습니다. 바로 앞에 나온 '다양한 형태의 확장'에서 이야기했던 것을 복기해보면 이 접근 방법이 언제나 사용 가능하고 비용 효율적인 것은 아니며 영원히 답을 찾지 못할 수도 있습니다.

하지만 시스템 리소스 중 여유 있는 것을 활용해 병목이 발생한 컴포넌트의 부하를 줄이거나 개선시킴으로써 병목을 해소하는 방법도 종종 사용됩니다. 가령 데이터베이스의 병목은 메모리를 이용한 데이터 캐시를 활용해 디스크 I/O에서의 병목을 회피할 수 있고, 반대로 메모리가 부족한 서비스는 페이지 데이터를 디스크로 스왑하도록 해 문제를 해소할 수 있습니다.

수평적인 확장이 시스템을 병목으로부터 자유롭게 하는 것은 아닙니다. 인스턴스를 더 많이 투입하는 것은 더 많은 통신 오버헤드가 발생한다는 것을 의미하고 네트워크 자원을 고갈시킬 수 있습니다. 높은 수준의 동시 처리를 제공하는 시스템조차 증가하는 요청을 처리하기 위한 내부 작업으로 인해 부하의 희생자가 될 수 있고 자원에 대한 락 경합^{Lock Contention}이 나타날 수도 있습니다. 자원을 효율적으로 활용하는 것은 언제나 이율배반적일 수밖에 없습니다.

병목 현상을 바로잡기 위해 먼저 제한이 발생하는 구성 요소를 식별해야 하며, 식별 과정의 결과로 도출된 리소스를 확장하든 효율적으로 사용하든 결국 리소스는 네 가지로 귀결됩니다.

- **CPU**

  시스템의 중앙 프로세서에 의해 단위 시간당 수행되는 명령의 숫자로 측정되며 많은 시스템의 공통 병목 지점입니다.

  CPU에 대한 확장 전략으로 메모리를 많이 사용하게 되는 비싼 작업인 결정론적 연산^{Deterministic Operations} 결과를 캐싱하거나, 스케일 아웃 시 많은 네트워크 I/O 비용이 발생할 수 있는 프로세서의 수와 크기를 늘릴 수 있습니다.

- **메모리**

  메인 메모리에 저장할 수 있는 데이터의 양으로 표현됩니다. 오늘날 많은 시스템들이 엄청나게 많은 양의 데이터를 수십, 수백 기가바이트의 메모리에 저장할 수 있게 되었지만 디스크 I/O의 속도 제한을 극복하기 위해 메모리에 의존할 수밖에 없는 데이터 중심 시스템에서는 여전히 메모리 용량이 부족한 상황이 발생할 수 있습니다.

  확장 전략으로는 메모리에 적재된 데이터를 디스크(디스크 I/O의 희생이 발생합니다) 또는 외부의 전용 캐시로 옮기거나(네트워크 I/O를 더 쓰게 됩니다) 사용할 수 있는 메모리 용량을 늘리는 것이 있습니다.

- **디스크 I/O**

  하드디스크나 영구적으로 저장할 수 있는 매체로부터 데이터를 읽거나 쓰는 데 소요되는 속도를 의미합니다. 디스크 I/O의 병목은 데이터베이스와 같이 디스크로부터 데이터를 읽거나 쓸 때 굉장히 높은 수준의 병렬 요청을 유발하는 시스템에서 자주 발생하는 흔한 일입니다.

  디스크 I/O에 대한 확장 전략으로 데이터를 메모리에 저장하거나(메모리의 희생이 필요하겠죠) 외부의 전용 캐시를 사용할(네트워크 I/O를 더 사용합니다) 수 있습니다.

- **네트워크 I/O**

  데이터가 특정 지점의 네트워크 또는 경유지에서 다른 곳으로 전송되는 속도를 말하며, 단위 시간 동안 네트워크가 얼마나 많은 데이터를 전송할 수 있는가를 직접 나타냅니다.

  네트워크 I/O의 확장 전략은 상대적으로 제한적이기는 하지만[5] 곧 살펴볼 여러 가지 최적화 전략에 특히 적합합니다.

시스템에 대한 요청량이 늘어나면 앞에서 살펴본 내용들 중 병목이 발생하는 것을 발견하게 될 것입니다. 이러한 병목을 해소하기 위해 적용할 수 있는 효율적인 전략들이 있지만 하나 이상의 다른 리소스 희생을 감수해야 합니다.

결국 시스템에서 발생한 병목을 해결하는 동안 또 다른 리소스가 병목에 빠지는 것을 발견하게 됩니다.

7.3 스테이트와 스테이트리스

우리는 5장의 '애플리케이션 스테이트와 리소스 스테이트'에서 스테이트리스[Stateless]에 대해 가볍게 살펴보면서 애플리케이션이 어떻게 클라이언트에 의해 사용되는지 보여주는 서버 측 데이터인 애플리케이션 스테이트를 가급적 사용하지 않는 것이 좋다고 했습니다. 다만 이번에는 스테이트가 무엇이고 왜 문제가 될 수 있는지, 그리고 우리가 무엇을 할 수 있는지에 대해 알아보겠습니다.

---

5 일부 클라우드 사업자들은 경량 인스턴스에 대해서 네트워크 I/O에 제약을 두고 있습니다. 그래서 가끔 인스턴스의 크기를 늘리는 것이 네트워크 I/O를 늘리는 효과로 이어지기도 합니다.

희한하게도 '스테이트'는 정의하기 어렵다고 알려져 있어 필자 나름대로 설명해보겠습니다. 이 책의 목표를 생각했을 때 스테이트는 일종의 애플리케이션 변수이고 변경되었을 때 애플리케이션의 동작에 영향을 주는 것으로 정의하겠습니다.[6]

7.3.1 애플리케이션 스테이트와 리소스 스테이트의 차이

대부분의 애플리케이션은 어떠한 형태로든 스테이트를 갖지만 모든 스테이트가 동일하게 생성되는 것은 아닙니다. 스테이트는 두 가지 형태로 존재하며 그중 하나는 나머지 다른 하나에 비해 덜 바람직합니다.

첫째, 애플리케이션이 로컬 환경의 이벤트를 기억해야 할 때 사용하는 애플리케이션 스테이트Application State가 있습니다. 어떤 사람이 스테이트풀Stateful 애플리케이션에 대해 이야기한다면 보통은 로컬에 상태를 저장할 수 있는 방법을 갖도록 설계된 애플리케이션을 이야기하는 경우가 많습니다. 여기에서 핵심 단어는 '로컬Local'입니다.

둘째, 모든 클라이언트에 동일하며 외부 저장소에 저장되거나 설정 관리 도구를 이용해 관리되는 데이터처럼 클라이언트의 행위에 대해 영향을 주지 않는 리소스 스테이트Resource State가 있습니다. 오해를 살 수도 있는데, 애플리케이션이 스테이트리스Stateless하다는 것의 의미가 애플리케이션이 아무 데이터도 갖지 않는다는 것은 아닙니다. 단지 로컬에 영구적으로 저장되는 데이터로부터 자유로울 수 있도록 설계되었다는 것을 의미할 뿐입니다. 이러한 애플리케이션은 자신의 모든 스테이트 정보를 외부 데이터 저장소에 저장하기 때문에 애플리케이션이 갖는 유일한 스테이트는 리소스 스테이트입니다.

이 두 가지 스테이트의 차이점을 이해하기 위해 클라이언트의 세션을 추적하고 이것을 특정 애플리케이션의 콘텍스트에 연결하는 애플리케이션을 상상해봅시다. 만약 사용자의 세션 데이터가 애플리케이션에 의해 로컬 환경에서 관리된다면 이것은 '애플리케이션 스테이트'라고 부를 수 있습니다. 하지만 데이터가 외부 데이터베이스에 저장된다면 이것은 원격 리소스이기 때문에 '리소스 스테이트'라고 부릅니다.

애플리케이션 스테이트는 일종의 '반 확장성Anti-scalability' 요소입니다. 스테이트풀 서비스의 여러 인스턴스들은 각 레플리카별로 서로 다른 입력을 받기 때문에 자신들의 개별 스테이트가 다르

---

6 더 나은 정의가 있다면 필자에게 알려주기 바랍니다. 이 책의 다음 버전을 준비해야 한다는 생각을 하고 있습니다.

다는 것을 알게 됩니다. 서버 선호도Affinity는 각 클라이언트의 요청을 동일한 서버로 전달되도록 해줌으로써 이러한 경우에 대한 우회 경로를 제공하지만, 단일 서버의 문제가 데이터 유실로 연결될 수 있기 때문에 데이터 관점에서 위협이 존재하는 전략입니다.

7.3.2 스테이트리스의 장점

지금까지 애플리케이션 스테이트와 리소스 스테이트의 차이점에 대해 논의했고 아직까지 이렇다할 근거를 내세우지는 못했지만 애플리케이션 스테이트는 나쁜 것이라는 이야기도 했습니다. 하지만 스테이트리스하다는 것이 갖는 장점도 분명히 있습니다.

- **확장성(Scalability)**

  가장 눈에 띄는 동시에 자주 언급되는 장점은 스테이트리스 애플리케이션의 경우 수신된 요청을 이전 요청과 관계없이 개별적으로 다룰 수 있다는 점입니다. 이것은 서비스의 모든 복제본들이 어떤 요청이든 처리할 수 있고 애플리케이션을 확대하거나 축소시킬 수 있게 해주며, 처리 중인 세션이나 요청의 데이터를 유실시키지 않고 서비스를 재시작할 수 있게 해줍니다. 서비스를 구성하는 인스턴스Instance, 노드Node, 파드Pod는 언제든 생성되거나 예상치 못한 시점에 사라질 수 있기 때문에 서비스를 오토스케일링으로 구성하는 경우 특히 중요합니다.

- **내구성(Durability)**

  단일 서비스 복제본과 같이 한곳에만 존재하는 데이터는 복제본이 어떤 이유로든 사라졌을 때 소실될 수 있습니다. '클라우드'에 존재하는 모든 것은 점차 사라질 수 있다는 것을 기억해둡시다.

- **단순함(Simplicity)**

  애플리케이션 스테이트가 없다면 스테이트리스 서비스는 자신의 스테이트를 잘 관리해야 하는 필요성으로부터 자유로워집니다.[7] 서비스 측의 스테이트를 동기화하고 일관성을 유지하면서 복구 로직[8]을 갖춰야 하는 부담이 없다는 것은 스테이트리스 API를 덜 복잡하게 해주며 설계, 빌드, 관리를 더 쉽게 만듭니다.

---

[7] 스테이트라는 단어를 너무 많이 사용하고 있다는 것은 인식하고 있습니다. 글을 쓰는 것은 정말 어려운 일입니다.
[8] 멱등성도 참고하기 바랍니다.

- **캐시 가능성(Cacheability)**

  스테이트리스 서비스가 제공하는 API는 상대적으로 캐시 가능성에 대한 설계를 쉽게 하도록 해줍니다. 만약 서비스가 특정한 요청이 언제나 동일하다는 것을 알고 있다면 누가 혹은 언제 그것을 만들든 상관없이 나중에 쉽게 검색할 수 있도록 결과를 안전하게 보관할 수 있을 것이고 효율성을 높이며 응답시간을 줄여줄 것입니다.

이 네 가지 항목들은 서로 다른 것처럼 보이지만 무엇을 제공하느냐에 따라 겹치는 영역이 존재합니다. 특히 스테이트리스한 것은 서비스의 빌드, 배포, 관리를 단순하면서도 안전하게 해줍니다.

7.4 지연된 확장: 효율성

우리는 클라우드 컴퓨팅 환경에서 시스템이 네트워크와 컴퓨팅 리소스를 추가할 수 있는 능력을 확장성이라고 생각합니다. 하지만 확장성을 이야기할 때 빼놓을 수 없는 효율성의 역할은 종종 간과하곤 합니다. 특히 시스템이 리소스를 추가하거나 과도하게 준비하는 일 없이 시시각각 변화하는 요청을 처리할 수 있는 능력을 확장성 관점에서 고려하지 않을 때가 많습니다.

대부분의 사람들이 프로그램의 효율성을 거의 생각하지 않는다고 말하는 것은 논쟁의 여지가 있습니다만, 서비스의 요청이 늘어남에 따라 효율성에 대한 생각을 하지 않을 수 없습니다. 만약 사용 중인 언어가 프로세스당 동시성 부하를 상대적으로 많이 만든다면(보통 동적인 타이핑을 제공하는 언어가 그렇습니다), 가벼운 부하만 만드는 언어에 비해 가용 메모리 영영이나 리소스를 훨씬 빠르게 소진할 것입니다. 이로 인해 동일한 요청량을 처리하기 위해 더 많은 리소스가 필요하고 더 잦은 확장 이벤트가 발생할 것입니다.

이것은 Go의 동시성 모델^{Concurrency Model}을 설계할 때 가장 크게 고려한 부분이며 고루틴^{Goroutine}이 스레드가 아닌 경량의 루틴을 다수의 OS 스레드에 분산시켜 다중화한 이유이기도 합니다. 이는 스택^{Stack} 공간을 할당하는 것보다 다소 비용이 더 드는 작업이기는 하지만 잠재적으로 수백만 개 이상 동시 실행 가능한 루틴을 생성할 수 있게 합니다.

이번 절에서는 자주 발생하는 확장성 문제인 메모리 릭^{Memory Leaks}이나 락 경합^{Lock Contentions}을 회피하도록 도와주는 Go의 기능과 도구를 살펴보고, 이런 문제를 발견했을 때 식별하고 수정하는 방법에 대해서도 알아보겠습니다.

7.4.1 LRU 캐시를 이용한 효율적 캐싱

메모리 캐싱은 CPU, 디스크 I/O, 네트워크 I/O뿐 아니라 원거리에서의 접속이나 느리게 수행되는 동작으로 인한 지연을 완화시키는 데 사용할 수 있는 매우 유연하고 효율적인 전략입니다.

캐싱의 개념은 확실히 직관적입니다. 값이 변하지 않고 비용이 많이 발생하는 계산 결과와 같이 기억해두고 싶은 어떤 값이 있을 때는 키-값으로 구성된 맵^{Map}에 넣기만 하면 됩니다. 그렇죠?

네, 그렇게 할 수 있습니다만 얼마 지나지 않아 문제에 봉착하게 됩니다. CPU 코어와 고루틴의 수가 늘어나면 무슨 일이 일어날까요? 우리는 아직 동시성을 고려하고 있지 않기 때문에 수정 사항들이 다른 로직에 영향을 주고 원치 않는 결과로 이어지는 것을 발견하게 될 것입니다. 그뿐 아니라 맵에 등록된 값을 지우는 것을 깜빡했다면 시스템의 메모리가 완전히 소진될 때까지 맵은 무한히 커질 수도 있습니다.

우리가 원하는 캐시는 다음과 같습니다.

- 동시에 읽고 쓸 수 있으며 삭제할 수 있어야 합니다.
- 코어나 고루틴의 개수가 늘어남에 따라 확장 가능해야 합니다.
- 모든 메모리를 소진할 정도로 계속 커지지 않아야 합니다.

이런 딜레마에 대한 일반적인 해결책 중 하나가 LRU^{Least Recently Used} 방식의 캐시입니다. LRU는 특히 사랑받는 데이터 구조로, 각각의 캐시키가 최근 어떻게 사용되었는지 추적할 수 있습니다. 이를 통해 어떤 값이 캐시에 추가될 때 미리 정의된 용량을 넘어설 경우 가장 오랫동안 사용되지 않은 값을 제거^{Evict}할 수 있습니다.

LRU 캐시를 어떻게 구현할 것인지에 대한 상세 내용은 이 책의 범위를 넘어서는 주제입니다만 확실한 것은 굉장히 똑똑한 방법이라는 것입니다. 그림 7-2와 같이 LRU 캐시는 값을 갖고 있는 이중 링크드 리스트^{Linked List}와 링크드 리스트상의 노드, 각 키를 연결하는 맵을 갖고 있습니다. 키를 읽거나 쓸 때마다 그에 맞는 노드는 리스트의 마지막으로 이동되고 가장 최근까지 사용되지 않은 노드가 가장 위로 올라옵니다.

사용할 수 있는 Go의 LRU 캐시 구현체는 여러 가지가 있지만 아직까지 코어 라이브러리에 포함되어 있지는 않습니다. 아마도 가장 널리 사용되는 LRU 캐시 구현체는 golang/

groupcache 라이브러리에서 찾을 수 있을 것입니다. 하지만 필자는 groupcache에 대한 해시코프HashiCorp의 오픈 소스 확장 기능인 hashicorp/golang-lru를 선호합니다. 이 패키지는 문서화가 잘 되어 있고 동시성으로 인한 문제로부터 안전하도록 sync.RWMutexes를 제공합니다.

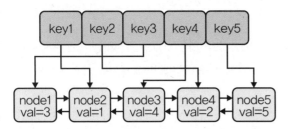

그림 7-2 LRU 캐시는 맵과 이중 링크드 리스트를 갖고 있으며 용량을 초과했을 때 오래된 항목을 버릴 수 있게 합니다.

해시코프의 라이브러리는 두 가지 생성자 함수를 갖고 있으며 두 함수 모두 *Cache 타입의 포인터와 error를 반환합니다.

```
// New 함수는 매개변수로 지정된 용량을 가진 LRU 캐시를 생성합니다.
func New(size int) (*Cache, error)

// NewWithEvict 함수는 매개변수로 지정된 용량을 가진 LRU 캐시를 생성하고
// 값이 제거되었을 때 호출할 '제거 콜백' 함수를 매개변수로 받습니다.
func NewWithEvict(size int, onEvicted func(key interface{}, value interface{}))
(*Cache, error)
```

*Cache 구조체는 여러 가지 메서드가 있으며 그중 가장 유용한 메서드는 다음과 같습니다.

```
// 캐시에 값을 추가하고 값이 제거된 경우 true를 반환합니다.
func (c *Cache) Add(key, value interface{}) (evicted bool)

// 추가하려는 키가 이미 존재하는지 확인합니다.
// 최근 액세스에 대한 업데이트는 수행하지 않습니다.
func (c *Cache) Contains(key interface{}) bool

// 키에 대한 값을 탐색하며 값이 존재하는 경우 (값, true)를 반환합니다.
// 만약 값이 존재하지 않으면 (nil, false)를 반환합니다.
func (c *Cache) Get(key interface{}) (value interface{}, ok bool)

// Len 메서드는 캐시에 저장된 항목의 개수를 반환합니다.
func (c *Cache) Len() int
```

```
// Remove 메서드는 캐시로부터 매개변수로 전달된 키를 찾아 삭제합니다.
func (c *Cache) Remove(key interface{}) (present bool)
```

이 외에도 다양한 메서드가 존재하며 전체 메서드 목록과 내용에 대해서는 Go 공식 문서를 참고하기 바랍니다.[9]

다음 예제에서는 두 개의 키를 저장할 수 있는 LRU 캐시를 생성하고 사용해보겠습니다. 캐시 제거가 발생한 것을 강조하기 위해 캐시 제거가 발생했을 때 stdout으로 일부 결과를 출력하는 콜백 함수를 포함하고 있습니다. init 함수에서 cache 변수를 초기화하는 것에 주목하기 바랍니다. init 함수는 main 함수 호출 전, 변수의 선언이 각각의 초기화 함수로부터 처리된 후 자동으로 호출되는 특별한 함수입니다.

```go
package main

import (
    "fmt"

    lru "github.com/hashicorp/golang-lru"
)

var cache *lru.Cache

func init() {
    cache, _ = lru.NewWithEvict(2,
        func(key interface{}, value interface{}) {
            fmt.Printf("Evicted: key=%v value=%v\n", key, value)
        },
    )
}

func main() {
    cache.Add(1, "a")    // 캐시키 1과 값을 추가합니다.
    cache.Add(2, "b")    // 캐시키 2와 값을 추가합니다. 캐시는 아직 용량에 문제 없습니다.

    // "a true"가 출력됩니다. 캐시키 1이 가장 최근에 사용된 캐시입니다.
    fmt.Println(cache.Get(1))
```

---

9 https://oreil.ly/ODcff

```
    cache.Add(3, "c")    // 캐시키 3을 추가하면 캐시키 2가 제거됩니다.

    // "<nil> false"가 출력됩니다(캐시키가 존재하지 않습니다).
    fmt.Println(cache.Get(2))
}
```

이 예제에서 cache는 캐시키를 두 개까지만 저장할 수 있게 생성되었고 이것은 세 번째 값을 저장하려고 할 때 가장 최근까지 사용되지 않은 값 한 개가 제거된다는 것을 의미합니다.

{1: "a"}와 {2: "b"}를 캐시에 추가한 후 cache.Get(1)을 호출하여 {1: "a"}가 {2: "b"}보다 최근에 호출된 것으로 인식되도록 했습니다. 따라서 다음 단계에서 {3: "c"}를 추가했을 때 최근 사용되지 않은 {2: "b"}가 제거되며 cache.Get(2) 호출 시 아무런 값도 반환되지 않습니다. 앞 프로그램을 실행하여 실제로 이 내용을 확인하면 다음과 같은 결과가 나올 것입니다.

```
$ go run lru.go
a true
Evicted: key=2 value=b
<nil> false
```

LRU 캐시는 대부분의 시나리오에 글로벌 캐시로 사용될 수 있는 훌륭한 데이터 구조체이지만 한계도 명확합니다. 초당 700만 개의 명령을 수행해야 하는 상황처럼 굉장히 높은 수준의 동시성이 필요한 경우 일정 부분 경합이 발생하기 시작할 것입니다.

불행히도 이 책을 쓰는 시점 기준으로 Go에는 아주 높은 처리량^{Throughput}을 소화할 수 있는 캐시 구현체가 없습니다.[10]

7.4.2 효율적인 동기화

Go에서 지속적으로 하는 이야기는 '메모리를 공유하여 정보를 주고받으려 하지 말고, 정보를 주고받음으로써 메모리를 공유해라'입니다. 다른 말로 하면 Go에서는 데이터 구조체를 공유하는 것보다 채널을 사용하는 것이 선호된다는 이야기입니다.

---

10 하지만 Go의 고성능 캐싱에 대해 배우고 싶은 욕심이 있다면 매니시 라이 제인(Manish Rai Jain)이 쓴 「The State of Caching in Go」를 읽어보기 바랍니다(https://oreil.ly/N6lrh).

이것은 매우 강력한 개념입니다. 무엇보다도 Go가 제공하는 동시성의 근간이라고 할 수 있는 고루틴과 채널은 강력하고 인상적인 동기화 수단을 제공합니다. 가령 데이터 구조체에 대한 참조 정보를 주고받기 위해 채널을 사용하는 일련의 고루틴은 락Locks을 통신의 이해 관계자 모두에게 분산시킵니다.

혹시 채널과 고루틴의 세부적인 내용이 잘 기억나지 않는다고 해도 스트레스 받지 맙시다. 필요하다면 3장의 '고루틴'으로 잠시 돌아갔다 오는 것도 나쁘지 않습니다.

다시 말해 Go는 sync 패키지를 이용하는 방법으로 더 전통적인 형태의 락 매커니즘을 제공합니다. 그런데 채널이 그렇게 좋다면 왜 sync.Mutex와 같은 것이 필요하고, 또 언제 무엇을 사용해야 하는 것일까요?

자, 이미 이야기한 것처럼 채널이 엄청나게 유용한 것은 분명하지만 모든 문제를 해결할 수 있는 만병통치약은 아닙니다. 채널은 많은 이산 값들Discrete Values을 처리하거나 데이터의 소유권을 넘겨주기 위해 더 좋은 방법이 필요할 때 혹은 단위 작업을 분산시키거나 비동기적으로 처리된 결과를 주고받을 때 진가를 발휘합니다. 반면 뮤텍스Mutex는 캐시나 거대한 스테이트풀Stateful 구조체에 대한 접근을 동기화할 때 사용하기 적합합니다.

결국 모든 문제를 해결할 수 있는 만능 도구는 없습니다. 궁극적으로 가장 좋은 선택은 가장 적합하거나 간단한 도구를 사용하는 것입니다.

통신을 통한 메모리 공유

스레드를 쓰는 것은 쉽지만 락을 거는 것Locking은 어렵습니다. 이번에는 앤드류 제랑Andrew Gerrand이 Go 블로그에 투고한 고전 중 하나인 '통신을 통한 메모리 공유[11]'에서 소개한 오래된 예제를 이용해 이 진부한 명제를 증명하고 어떻게 Go의 채널이 동시성을 안전하고 쉽게 만들 수 있는지 알아볼 것입니다.

URL 목록을 가져오기 위해 GET 요청을 보내고 응답을 기다리는 가상의 프로그램을 상상해봅시다. 여기서 각 요청은 서비스가 응답할 때까지 어느 정도 기다려야 하고 서비스에 따라 짧

---

11 앤드류 제랑의 「Share Memory By Communication」은 2010년 7월 13일 Go 블로그(https://oreil.ly/GTURp)에 게시되었습니다. 이번 장에서 수정해 공유한 내용은 구글이 공표한 정책에 기반하고 있으며(https://oreil.ly/D8ntT) 크리에이티브 커먼즈 4.0 어트리뷰션 라이선스의 내용을 따르고 있습니다.

게는 수밀리세컨드에서 길게는 수초 혹은 그 이상 기다려야 할 수도 있다는 것을 기억하기 바랍니다. 동시성과 관련하여 뭔가 이득을 보는 작업이 될 것 같지 않나요?

동기화를 위해 락을 거는 전통적인 스레드 기반 환경이라면 다음과 같은 데이터 구조체를 사용했을 것입니다.

```go
type Resource struct {
    url string
    polling bool
    lastPolled int64
}

type Resources struct {
    data []*Resource
    lock *sync.Mutex
}
```

이 코드에서는 URL 문자열의 슬라이스를 사용하는 대신 Resource와 Resources라는 두 개의 구조체를 사용했으며, URL 문자열과 직접적인 관계가 없는 몇 가지 동기화 구조를 사용했습니다.

전통적인 방식에서 폴링Polling 프로세스를 멀티스레드화하려면 다음 코드처럼 여러 스레드를 실행하는 Poller 함수를 사용해야 합니다.

```go
func Poller(res *Resources) {
    for {
        // 최근에 폴링되지 않은 Resource를 찾아 폴링되었다고 표기합니다.
        res.lock.Lock()

        var r *Resource

        for _, v := range res.data {
            if v.polling {
                continue
            }
            if r == nil || v.lastPolled < r.lastPolled {
                r = v
            }
        }
```

```
        if r != nil {
            r.polling = true
        }

        res.lock.Unlock()

        if r == nil {
            continue
        }

        // URL 목록을 폴링하는 로직을 이곳에 구현합니다.

        // Resource의 polling과 lastPolled 속성을 업데이트합니다.
        res.lock.Lock()
        r.polling = false
        r.lastPolled = time.Nanoseconds()
        res.lock.Unlock()
    }
}
```

이 코드는 잘 동작하지만 개선해야 할 부분이 많습니다. 책의 한 페이지를 채울 정도로 코드가 길고 가독성이 떨어지며 왜 이런 코드를 썼는지 이해하기 어렵습니다. 그뿐 아니라 우리의 목적인 URL 폴링 로직은 아직 구현되지도 않았고 Resources 풀이 소진되는 상황을 부드럽게 다룰 수 있는 코드가 포함되어 있지 않습니다.

이제 Go 채널을 이용해서 구현한, 같은 기능을 수행하는 코드의 구현체를 살펴봅시다. 이 예제에서 Resource는 URL 문자열을 담기 위한 기본적인 컴포넌트로 그 역할이 축소되었습니다. Poller 함수는 입력 채널로부터 Resource 값을 매개변수로 받아 작업이 끝났을 때 출력 채널로 값을 전달합니다.

```
type Resource string

func Poller(in, out chan *Resource) {
    for r := range in {
        // URL 목록을 폴링하는 로직을 이곳에 구현합니다.

        // 처리된 Resource를 out 채널로 전송합니다.
        out <- r
```

```
    }
}
```

정말 간단합니다. Poller 함수에서 시계 태엽 장치처럼 쓰이던 락 로직을 완전히 걷어냈고 Resource 데이터 구조체는 불필요한 정보를 더 이상 갖고 있지 않습니다. 결국 남아 있는 코드들이 중요한 부분입니다.

그런데 하나 이상의 Poller 프로세스가 필요하다면 어떻게 해야 할까요? 여러 개의 Poller 프로세스를 사용하는 것이 우리가 하려던 것 아니었나요? 한 번 더 이야기하지만 정답은 아주 간단합니다. 바로 고루틴입니다. 다음 코드를 살펴봅시다.

```
for i := 0; i < numPollers; i++ {
    go Poller(in, out)
}
```

Poller 고루틴을 실행하여 Poller를 동시에 실행되는 프로세스로 만들 수 있고 각 프로세스는 같은 채널로부터 데이터를 읽고 쓸 수 있게 됩니다.

채널을 사용하지 않은 예제와 비교해보면 많은 부분들이 생략되었고 필요한 것들이 강조되었습니다. 이 아이디어를 활용해 이상적으로 구현한 Go 프로그램을 살펴보려면 '통신을 통한 메모리 공유' 예제 코드를 참고하기 바랍니다.[12]

버퍼링을 제공하는 채널을 통해 블로킹 줄이기

여러분은 이번 장을 읽으면서 '채널이 정말 훌륭하기는 한데 결국 채널에 쓰는 과정은 여전히 블로킹될 수 있는것 아니야?'라고 생각했을 수도 있습니다. 결국 채널에 대한 모든 전송 명령은 적당한 응답을 받기 전까지 블록됩니다. 그렇죠? 거의 맞는 말이기는 합니다. 적어도 버퍼링을 하지 않는 채널을 사용할 때는 말입니다.

3장의 '채널 버퍼링'에서 살펴본 것처럼 내부에 메시지 버퍼를 가진 채널을 만들 수 있습니다. 버퍼링하는 채널에 대한 전송 동작은 버퍼가 가득 찼을 때 블록되고, 채널로부터의 값 수신이 블록되는 경우는 버퍼가 비어 있는 경우로 한정됩니다.

---

12 https://oreil.ly/HF1Ay

버퍼링하는 채널은 make 함수 호출 시 버퍼 용량에 대해 추가적인 매개변수를 전달하여 생성할 수 있었습니다.

```
ch := make(chan type, capacity)
```

버퍼링하는 채널은 '급격히 증가'하는 부하를 다룰 때 특히 유용합니다. 사실 우리는 5장의 FileTransactionLogger 초기화 코드에서 이 전략을 이미 사용했습니다. 5장에서 사용했던 로직을 간략하게 정리해보면 다음과 같습니다.

```go
type FileTransactionLogger struct {
    events chan<- Event            // 이벤트 전송을 위한 쓰기 전용 채널입니다.
    lastSequence uint64            // 마지막으로 사용된 이벤트 일련번호입니다.
}

func (l *FileTransactionLogger) WritePut(key, value string) {
    l.events <- Event{EventType: EventPut, Key: key, Value: value}
}

func (l *FileTransactionLogger) Run() {
    l.events = make(chan Event, 16)     // 이벤트 채널을 생성합니다.

    go func() {
        for e := range events {          // 다음 이벤트를 추출합니다.
            l.lastSequence++             // 일련번호를 증가시킵니다.
        }
    }()
}
```

이 코드에는 Run 함수 내에서 생성된 고루틴이 가진 for 반복문을 통해 얻은 메시지를 events 채널로 보내는 WritePut 함수가 있습니다. 만약 events가 버퍼를 갖고 있지 않은 일반 채널이었다면 각 전송 요청은 익명의 고루틴이 수신 동작을 마칠 때까지 블록되었을 것입니다. 보통은 문제가 없는 동작이겠지만 고루틴이 요청을 처리하는 데 필요한 시간보다 훨씬 빠르게 여러 개의 쓰기 작업이 들어오면 업스트림 클라이언트에서 블록킹이 발생합니다.

이 코드는 버퍼링 제공 채널을 사용함으로써 최대 16개까지 집중적으로 들어오는, 작지만 급격한 부하 증가를 감당할 수 있게 만들어져 있습니다. 하지만 기억해야 할 것은 17번째 쓰기 요청이 블록될 것이라는 점입니다.

버퍼링된 채널을 사용할 때 고려해야 하는 한 가지 중요한 점은 고루틴이 처리하지 못한 버퍼가 있는 상태에서 프로그램이 종료되면 데이터 소실이 발생할 수 있다는 것입니다.

샤딩을 통한 락킹 최소화

앞 부분의 '효율적인 동기화'에서 언급했던 것처럼 채널은 무척 사랑스러운 존재지만 모든 문제를 해결해주지는 못합니다. 대표적인 사례가 캐시처럼 용량이 크고 중앙에 모여 있는 데이터 구조인데 작은 단위의 작업으로 분리하기 어렵습니다.[13]

공유된 데이터 구조체가 동시에 접근되어야 하는 경우 5장의 '동시성 이슈로부터 안전한 데이터 구조 만들기'에서 살펴본 것처럼 sync 패키지가 제공하는 뮤텍스[Mutex]와 같은 락 매커니즘을 사용하는 것이 표준입니다. 예를 들면 다음과 같이 맵[Map]과 sync.RWMutex를 포함한 구조체를 만들 수 있습니다.

```
var cache = struct {
    sync.RWMutex
    data map[string]string
} {data: make(map[string]string)}
```

루틴이 캐시를 써야 하는 경우 쓰기 락을 걸기 위해 cache.Lock을 조심스럽게 사용하고, 쓰기 작업이 종료되면 cache.Unlock을 통해 락을 해제합니다.

다음과 같은 함수를 만들어 이 작업을 쉽게 수행할 수 있습니다.

```
func ThreadSafeWrite(key, value string) {
    cache.Lock()                // 쓰기 락을 겁니다.
    cache.data[key] = value
    cache.Unlock()              // 쓰기 락을 해제합니다.
}
```

이 코드는 어떤 루틴이 락을 걸었든 추가적인 액세스를 제한하도록 설계되어 있습니다. 이러한 패턴은 일반적으로 동작하는 데 문제가 없습니다. 하지만 4장에서 논의했던 것처럼 데이터에 쓰기 작업을 하는 동시 작업 수가 늘어나면 프로세스가 락이 풀리기를 기다리는 평균 시간

---

13 채널이 어떻게든 거대한 캐시를 처리할 수 있게 할 수는 있지만 락을 거는 것보다 간단한 방법을 찾기는 쉽지 않습니다.

도 점점 길어집니다. 이런 상황을 일컫는 불행한 조건을 락 경합^{Lock Contention}이라고 불렀던 것이 기억날 것입니다.

락 경합은 인스턴스의 숫자를 늘려 해결되는 경우도 있지만 분산 락이 적용되어야 하고 쓰기 작업에 대한 정합성을 유지해야 하기 때문에 서비스 구조가 복잡해지고 추가적인 지연이 발생할 수 있습니다. 공유 데이터 구조체의 락 경합을 줄이는 또 다른 전략은 수직적 샤딩^{Vertical Sharding}입니다. 수직적 샤딩은 거대한 데이터 구조체를 두 개 이상의 구조체로 나눠 각각 전체를 대신하도록 하는 것입니다. 이 전략을 사용하면 한 번에 전체 데이터의 일부분만 락을 걸고 전체적으로 봤을 때 락 경합을 줄이는 효과가 있습니다.

4장의 '샤딩' 부분에서 수직적 샤딩에 대해 이야기했습니다. 수직적 샤딩에 대한 이론이나 구현에 대해 명확하지 않은 부분이 있다면 앞으로 돌아가서 샤딩에 대해 한 번 더 살펴보고 오는 것이 좋겠습니다.

7.4.3 메모리 릭

메모리 릭^{Memory Leak}은 할당된 메모리가 더 이상 필요하지 않은데도 제대로 해제되지 않는 버그를 말합니다. 이 버그는 매우 미묘하며 메모리 관리를 수작업으로 해야 하는 C++와 같은 언어에서 발생하기 쉽습니다. 가비지 콜렉션^{Garbage Collection}은 프로그램에서 더 이상 사용하지 않는 객체가 점유한 메모리를 재사용하도록 해주지만, 가비지 콜렉션이 제공된다고 하여 Go와 같은 언어가 메모리 릭으로부터 완전히 자유로운 것은 아닙니다. 데이터 구조체는 제한되지 않은 채 계속 커질 수 있고 동작이 완료되지 않은 고루틴이 계속 누적될 수 있으며 멈추지 않은 time.Ticker 값과 같은 것들도 메모리 릭을 일으킬 수 있습니다.

이번 절에서는 Go에서 발생할 수 있는 몇 가지 메모리 릭의 일반적인 원인과 해결 방법을 살펴볼 것입니다.

고루틴의 메모리 릭

이 주제에 대해 검증된 실제 데이터를 갖고 있는 것은 아닙니다[14]만 순전히 개인적인 경험을 바탕으로 했을 때 Go에서 메모리 릭을 일으키는 가장 큰 원인은 분명 고루틴일 것입니다.

---

14 혹시 독자 여러분이 알고 있는 내용이 있다면 저에게도 알려주기 바랍니다!

고루틴은 실행될 때마다 2048바이트의 크기를 가진 아주 작은 메모리 스택Stack을 할당하고 실행 대상인 프로세스의 필요에 따라 동적으로 용량을 늘리거나 줄입니다. 스택 크기의 정확한 최대 크기는 많은 요소들에 의해 결정[15]됩니다만 기본적으로는 가용한 물리 메모리의 양을 반영합니다.

보통 고루틴이 결과를 반환하면 고루틴의 스택은 할당 해제되거나 재활용을 위해 따로 보관됩니다.[16] 하지만 설계된 것이든 의도치 않은 사고든 모든 고루틴이 적절히 메모리를 반환하는 것은 아닙니다. 다음 코드를 살펴봅시다.

```go
func leaky() {
    ch := make(chan string)

    go func() {
        s := <-ch
            fmt.Println("Message:", s)
    }()
}
```

예제의 leaky 함수는 채널을 생성하고 채널로부터 데이터를 읽어 들이는 고루틴을 실행합니다. leaky 함수는 에러 객체 없이 반환하도록 되어 있습니다만, 조금만 자세히 살펴보면 ch로 값이 들어오지 않을 경우 고루틴이 절대 종료되지 않고 할당된 스택 또한 영원히 할당 해제되지 않을 것입니다. 이로 인한 부수적인 피해도 있습니다. 고루틴이 ch를 참조하고 있기 때문에 ch 값 역시 가비지 콜렉터에 의해 정리되지 않을 것입니다.

이제 우리는 진짜 메모리 릭을 갖게 되었습니다. 이런 함수가 주기적으로 호출되면 사용 중인 메모리의 양은 가용한 메모리가 완전히 소진될 때까지 천천히 증가할 것입니다.

예제의 상황은 인위적으로 만들어진 것입니다만, 현실의 프로그래머들도 오랫동안 동작하는 고루틴을 사용해야 하는 여러 가지 이유와 상황이 있기 마련입니다. 그래서 이러한 현상이 발견되었을 때 그런 프로세스가 인위적으로 만들어진 것인지 알아내는 것은 상당히 어렵습니다.

---

15 데이브 체니(Dave Cheney)는 이 주제에 대해 '왜 고루틴의 스택은 무한한가'(https://oreil.ly/PUCLF)라는 훌륭한 기사를 썼습니다. 고루틴의 동적인 메모리 할당에 관심이 있다면 꼭 한번 읽어보기 바랍니다.

16 뱅상 블랑숑(Vincent Blanchon)이 고루틴의 재활용에 대해 쓴 '어떻게 Go는 고루틴을 재활용하는가'(https://oreil.ly/GnoV2)라는 글이 있습니다.

그러면 어떻게 해야 할까요? 데이브 채니^{Dave Cheney}는 이에 대해 다음과 같이 아주 훌륭한 조언을 해주었습니다. "여러분은 어떻게 종료될 것인지 알 수 없는 고루틴을 절대 시작하면 안됩니다. 여러분이 작성한 프로그램이 고루틴을 실행시키기 위해 go 키워드를 사용할 때마다 어떻게, 언제 고루틴이 종료될 것인지 알아야 합니다. 만약 답을 모른다면 그것이 바로 잠재적인 메모리 릭입니다."[17]

당연한 조언처럼 느껴질 수 있고 사소하게 생각될 수도 있지만 이것은 정말 중요한 지적입니다. 메모리 릭을 일으킬 수 있는 고루틴을 사용하여 함수를 작성하는 것은 무척 쉽지만 이로 인한 메모리 릭을 식별하고 찾아내는 것은 정말 어렵습니다.

멈추지 않는 티커

특정한 미래 시점이나 일정한 주기로 코드를 실행할 필요가 있을 때 몇 가지 시간 차원을 Go 코드에 추가합니다.

time 패키지는 Go 코드 실행에 쓸 수 있는 시간 차원을 추가하는 유용한 도구 두 개를 제공합니다. 하나는 미래의 특정 시점에 실행되는 time.Timer이고 다른 하나는 지정된 주기마다 반복적으로 실행되는 time.Ticker입니다.

time.Timer는 지정된 시작과 끝 시점 동안만 살아 있지만 time.Ticker는 그런 제한이 없습니다. 즉, time.Ticker는 영원히 살아 있을 수 있습니다. 아마도 여러분은 이것이 어디로 가는지 볼 수 있을것입니다.

타이머^{Timers}와 티커^{Tickers}는 모두 유사한 매커니즘을 사용하며 메서드가 발동될 때 값을 전달할 수 있도록 채널을 제공합니다. 다음 예제를 살펴봅시다.

```go
func timely() {
    timer := time.NewTimer(5 * time.Second)
    ticker := time.NewTicker(1 * time.Second)

    done := make(chan bool)

    go func() {
```

---

[17] 데이브 체니(Cheney, Dave). 「Never Start a Goroutine without Knowing How It Will Stop」 dave.cheney. net, 22 Dec. 2016. https://oreil.ly/VUlrY

```
    for {
        select {
        case <-ticker.C:
            fmt.Println("Tick!")
        case <-done:
            return
        }
    }
}()

<-timer.C
fmt.Println("It's time!")
close(done)
}
```

timely 함수는 매초마다 발생되는 ticker 혹은 고루틴이 반환하는 done 채널로부터 신호를 수신해 일정한 주기로 고루틴을 반복 실행합니다. <-timer.C 줄은 5초짜리 타이머가 발동될 때까지 실행되지 않고 블록되며 case <-done 조건이 트리거링되거나 반복문이 끝났을 때 done 신호를 통해 종료될 수 있습니다.

timely 함수는 예상대로 완료되고 고루틴은 정의된 반환이 있기 때문에 코드에 문제가 없다고 생각할 수 있습니다. 하지만 예상하지 못한 버그가 있습니다. time.Ticker는 활성화된 고루틴을 갖고 있기 때문에 이를 사용할 경우 포함된 고루틴이 제대로 정리되지 않습니다. timer를 정지시키지 않았기 때문에 timely 함수는 메모리 릭을 일으킬 수 있습니다.

해결책은 명확합니다. 모든 타이머를 정지시켰는지 항상 확인하기 바랍니다. defer 키워드를 사용하면 이를 쉽게 구현할 수 있습니다.

```
func timelyFixed() {
    timer := time.NewTimer(5 * time.Second)
    ticker := time.NewTicker(1 * time.Second)
    defer ticker.Stop()     // ticker를 정지시켜야 한다는 것을 잊지 마세요!

    done := make(chan bool)

    go func() {
        for {
            select {
```

```
        case <-ticker.C:
            fmt.Println("Tick!")
        case <-done:
            return
        }
    }
}()

<-timer.C
fmt.Println("It's time!")
close(done)
}
```

ticker.Stop()를 호출함으로써 코드 이면에 있는 Ticker를 종료시킬 수 있고, 가비지 콜렉터가 메모리를 재사용하도록 하여 메모리 릭을 막을 수 있습니다.

7.4.4 효율성이란

이번 절에서는 여러분이 만든 프로그램의 효율성을 개선하기 위해 사용할 수 있는 방법들을 살펴보았습니다. 맵^{Map}대신 LRU 캐시를 사용해 캐시가 메모리를 점유하는 양을 제한할 수 있었고 프로세스를 효율적으로 동기화하는 접근 방법을 살펴봤으며 메모리 릭을 막는 방법도 이야기했습니다. 각 절에서 다루는 내용이 별로 연관 관계가 없어 보일 수도 있지만, 모두 확장성 있는 프로그램을 만들기 위해 생각해야 하는 중요한 사항들입니다.

물론 이 외에도 필자가 좋아하는 셀 수 없이 많은 다른 방법들도 있습니다만 시간과 지면 관계상 전부를 다룰 수는 없었습니다.

다음 절에서는 테마를 한 번 더 바꿔 일반적인 서비스 아키텍처와 이 아키텍처들이 확장성을 보장하기 위해 하고 있는 노력들에 대해 살펴보겠습니다. 이들이 Go와 직접적으로 관계되는 것은 아니지만 확장성, 특히 클라우드 네이티브 환경에서의 확장성을 학습하는 데 매우 중요한 것들입니다.

7.5 서비스 아키텍처

마이크로서비스의 개념은 2010년대 초 서비스 오리엔티드 아키텍처Service-Oriented Architecture, SOA 를 개량 및 단순화하고 당시 널리 채용되었던 아키텍처 모델이자 거대한 단일 실행 객체로 만들어진 서버 사이드 애플리케이션이었던 모놀리스Monolith의 대안으로 처음 등장했습니다.[18]

그 당시 개별 프로세스에서 동작하면서 경량 매커니즘을 이용해 통신하는 여러 개의 작은 서비스로 구성된 마이크로서비스 아키텍처라는 아이디어는 혁명적이었습니다. 시스템에 대해 어떤 작은 변화가 발생해도 애플리케이션 전체를 다시 빌드하고 재배포해야했던 모놀리스 아키텍처와 달리, 마이크로서비스는 완전히 자동화된 배포 매커니즘을 이용해 독립적으로 배포할 수 있었습니다. 작은 변화이고 사소해 보일 수도 있지만 가진 힘은 굉장했습니다.

프로그래머에게 모놀리스 아키텍처와 마이크로서비스 아키텍처를 비교하라고 하면 대부분 마이크로서비스는 작고 날렵하며 큰 인기를 얻고 있는 반면, 모놀리스는 느리고 둔하면서도 비대한 아키텍처라고 이야기할 것입니다. 하지만 광범위한 일반화는 항상 잘못될 수 있기 때문에 우리 스스로에게 이 이야기가 맞는지 되물어보고, 모놀리스 아키텍처가 올바른 선택이 되는 경우는 언제인지도 생각해봐야 합니다.

모놀리스와 마이크로서비스에 대해 이야기할 때 각각에 대해 어떤 의미를 부여했는지 정의하면서 시작해보겠습니다.

7.5.1 모놀리스 시스템 아키텍처

모놀리스 아키텍처에는 기능적으로 구별 가능한 서비스의 관점들이 한곳에 모두 엮여 있습니다. 대표적인 예가 사용자 인터페이스, 데이터 레이어, 비즈니스 로직이 모두 한곳에 뒤섞인 웹 애플리케이션으로 보통 단일 서버에서 동작하곤 합니다.

전통적으로 기업용 애플리케이션은 그림 7-3과 같이 세 개의 부분으로 나뉩니다. 사용자 컴퓨터에서 실행되는 클라이언트 사이드 인터페이스와 모든 데이터가 저장되는 관계형 데이터베이스, 그리고 사용자의 입력을 받아 비즈니스 로직을 실행하고 데이터베이스로부터 데이터를 읽거나 쓰는 서버 사이드 애플리케이션이 그것입니다.

---

18 그렇다고 모놀리스와 SOA가 사라졌다는 것은 아닙니다.

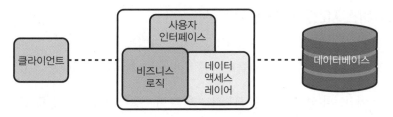

그림 7-3 모놀리스 아키텍처에는 서비스 관점의 여러 기능 요소가 한곳에 모여 있습니다.

당시에는 이런 패턴이 일반적으로 사용되었습니다. 모든 비즈니스 로직은 단일 프로세스에서 실행되었고 개발하기 쉬웠으며 로드밸런서를 이용해 동일한 구조의 모놀리스 서버를 늘리는 방식으로 확장도 가능했습니다. 또한 사용자의 세션 영속성을 확보하기 위해 스티키 세션^{Sticky} ^{Session}을 활용해 서버에 대한 선호도^{Affinity}를 유지했습니다. 아무 문제가 없었고 꽤 오랜 시간 동안 웹 애플리케이션을 만드는 일반적인 방식으로 활용되었습니다.

오늘날에도 규모가 작거나 단순한 애플리케이션에 대해서는('작고', '단순한' 일부 경우만입니다) 모놀리스 아키텍처가 잘 동작합니다(물론 필자는 이 경우에도 서버에 대한 선호도를 유지하는 것보다 스테이트리스가 더 좋다고 생각합니다).

하지만 애플리케이션의 기능과 모놀리스 아키텍처의 일반적인 복잡성이 늘어나면서 어려움이 생기기 시작했습니다.

- 모놀리스 아키텍처에서 배포는 단일 산출물^{Single Artifact}로 구성되기 때문에 작은 변경만 필요해도 전체 모놀리스 산출물을 다시 빌드하고 시험한 뒤 배포해야 합니다.
- 각고의 노력에도 불구하고 모놀리스 코드는 시간이 흐르면 규격화하기 어려워지므로 예상치 못한 방식으로 서비스의 다른 부분에 영향을 주지 않으면서 특정 부분을 변경하는 것이 힘들어집니다.
- 애플리케이션을 확장한다는 것은 일부분에 대한 확장이 아니라 전체 애플리케이션의 복제본을 만든다는 것을 의미합니다.

모놀리스 아키텍처가 점점 커지고 복잡해질수록 이런 영향들은 더 뚜렷해집니다. 2000년대 초중반, 이 이슈는 널리 알려진 것이었고 혼란에 빠진 프로그래머들로 하여금 크고 복잡한 서비스를 작고 독립적으로 배포 가능하면서 확장 가능한 컴포넌트로 쪼개는 실험을 하게 만들었습니다. 2012년까지 이러한 패턴은 마이크로서비스 아키텍처라는 이름을 갖고 있었습니다.

7.5.2 마이크로서비스 시스템 아키텍처

마이크로서비스 아키텍처의 특징을 정의해보면 기능 요소들이 개별적으로 빌드, 테스트, 배포, 확장 가능한 여러 개의 분산된 작은 서비스들로 나뉜 서비스라고 할 수 있습니다.

그림 7-4와 같이 클라이언트와 상호 작용하는 HTML 기반의 웹 애플리케이션이나 공용 API 형태의 사용자 인터페이스 서비스는 비즈니스 로직을 직접 수행하지 않습니다. 그 대신, 내부의 요소 서비스들로 요청을 보내 필요한 기능을 수행하도록 합니다. 요소 서비스들 역시 필요한 경우 다른 서비스로 추가 요청을 보낼 수도 있습니다.

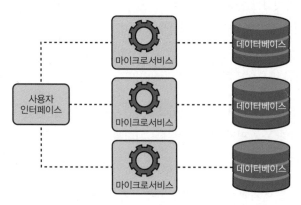

그림 7-4 마이크로서비스 아키텍처에서 기능 요소들은 여러 개의 작은 서비스들로 나뉩니다.

마이크로서비스 아키텍처는 모놀리스 아키텍처에 비해 장점이 많지만 비용적으로 고려해야 할 부분도 있습니다. 우선 마이크로서비스 아키텍처는 다음과 같은 장점을 갖고 있습니다.

- 큰 조직이나 여러 팀이 협업할 때 명확한 관심사 구분은 모듈화를 지지하고 강화합니다.

- 마이크로서비스는 서비스를 독립적으로 배포할 수 있게 하고 쉽게 관리할 수 있도록 하면서 에러와 실패를 격리합니다.

- 마이크로서비스 시스템은 개별 서비스들이 기능 제공을 위해 가장 적합한 언어나 개발 프레임워크, 데이터 저장소를 사용할 수 있게 하며 서비스별로 다른 기술이 사용될 수 있습니다.

이러한 장점은 평가 절하될 수 없습니다. 마이크로서비스의 증가된 모듈화와 기능적인 격리는 동일한 기능을 수행하는 모놀리스 시스템과 비교했을 때 일반적으로 훨씬 나은 관리 용이성을 제공합니다.

결과적으로 마이크로서비스 시스템은 단순히 서비스를 배포하기 편리하고 관리하기 쉬울 뿐만 아니라 많은 프로그래머와 팀이 시스템을 더 쉽게 이해하고 추론할 수 있게 하며 확장할 수 있게 합니다.

> **NOTE** 서로 다른 기술을 섞어서 사용하는 것은 매력적으로 보일 수 있지만 과도하지 않도록 자제해야 합니다. 각 기술들은 새로운 도구와 전문성을 요구합니다. 어떠한 기술[19]이든 새로운 기술을 채택할 때는 장단점을 주의 깊게 고려해야 합니다.

마이크로서비스의 이산적 속성은 마이크로서비스를 모놀리스에 비해 관리, 배포, 확장하기 쉽도록 해줍니다. 이러한 이점은 분명 실질적으로 효용을 부여하지만 단점도 있습니다.

- 마이크로서비스의 분산적 속성은 4장에서 살펴본 분산 컴퓨팅의 오류Fallacies of Distributed Computing에 빠지게 할 수 있으며 프로그래밍하거나 디버그하기 어렵게 만듭니다.
- 서비스 간에 스테이트를 공유하는 것이 아주 어려울 수 있습니다.
- 여러 서비스를 배포하고 관리하는 건 꽤 복잡하며 높은 수준의 운영 역량을 요구합니다.

지금까지 살펴본 장단점을 고려했을 때 여러분은 어떤 아키텍처를 선택할 것인가요? 상대적으로 단순한 모놀리스인가요? 아니면 유연한 확장성을 가진 마이크로서비스인가요? 아마도 여러분은 애플리케이션이 커지고 관여하는 팀이 늘어남에 따라 마이크로서비스가 제공하는 대부분의 이점에서 그 효용성이 더 커진다는 것을 알아차렸을 것입니다. 이러한 이유 때문에 초기에 모놀리스를 선택했던 많은 사람들도 나중에는 시스템을 작게 분리하는 것을 지지하곤 합니다.

개인적으로 그 어떤 조직도 성공적으로 거대한 모놀리스 시스템을 분해하는 것을 보지 못했지만 시도하는 조직들은 분명 많았습니다. 불가능하다는 이야기를 하는 것은 아니지만 굉장히 어려운 일이라는 점은 분명합니다. 처음부터 시스템을 마이크로서비스로 만들어야 할지, 모놀리스로 만든 후 나중에 분리해야 할지 선택하는 것은 어렵습니다. 만약 필자가 아키텍처 선택에 대해 조언한다면 분명 나중에 그 조언에 대해 화가 나서 메일을 보내는 분들도 많을 것입니다. 중요한 것은 여러분이 어떤 아키텍처를 선택하든 스테이트리스한 시스템을 만들어야 한다는 것입니다.

---

19 Go를 도입하는 것도 마찬가지입니다.

7.5.3 서버리스 아키텍처

서버리스 컴퓨팅^{Serverless Computing}은 웹 애플리케이션 아키텍처에서 상당히 인기 있는 주제이고 많은 사람들이 온라인에 관련 글을 쓰고 있습니다. 전부는 아니겠지만 이 과대광고^{Hype}의 많은 부분은 서버리스에 대해 큰 투자를 집행한 주요 클라우드 사업자들에 의해 이루어졌습니다.

그런데 서버리스 컴퓨팅이라는 것은 정말로 무엇일까요?

많은 경우 이 질문을 누구에게 하느냐에 따라 답변이 달라집니다. 하지만 이 책의 목적을 고려하여 서버리스 컴퓨팅을 유틸리티 컴퓨팅의 한 형태로 정의할 것입니다. 유틸리티 컴퓨팅은 프로그래머가 작성한 서버 사이드 로직을 갖고 있으면서 관리되는 임시 환경에서 사전에 정의된 동작 조건에 의해 실행 및 응답하는 구조를 이야기합니다. 이것은 종종 '서비스로서의 함수^{Functions as a Service}' 혹은 'FaaS'로 불리기도 합니다. 주요 클라우드 사업자 대부분은 FaaS 상품을 제공하며 대표적으로 AWS의 Lambda와 GCP의 Cloud Functions가 있습니다.

이런 기능들은 매우 유연하며 많은 아키텍처에 유용하게 통합 가능합니다. 짧게 논의한 것처럼 전체 서버리스 아키텍처는 전통적인 서비스를 전혀 사용하지 않고 모든 것을 FaaS 리소스와 서드파티 관리형 서비스를 이용해 만들 수 있습니다.

> **[Column] 과대광고를 의심하라**
>
> 경력이 오래된 개발자의 노파심처럼 보일 수도 있겠지만, 모든 문제를 해결해주겠다고 주장하면서도 그 기술을 제대로 이해한 사람을 찾기 힘든 새로운 기술은 경계해야 합니다.
>
> IT와 기술 트렌드를 연구하는 데 일가견이 있는 리서치 펌 가트너에 따르면 서버리스 인프라스트럭처는 '하이프 사이클(Hype Cycle)'의 가장 높은 지점인 '부풀려진 기대의 정점(Peak of Inflated Expectations)[20]'에 근접했거나 그 근처에 도달했습니다. 따라서 점차 '환멸 단계(Trough of Disillusionment)'로 진입하는 것은 피할 수 없는 수순입니다.
>
> 전부는 아니지만 시간이 흐르면서 사람들은 그 기술이 정말 유용한지 판단하고 언제 사용해야 하는지 깨닫게 되면서 '계몽 단계(Slope of Enlightenment)'와 '생산성 안정 단계(Plateau of Productivity)'에 들어서게 될

---

20 Bowers, Daniel, et al. "Hype Cycle for Compute Infrastructure, 2019." Gartner, Gartner Research, 25 July 2019. https://oreil.ly/3gkJh

것입니다. 그동안 필자가 배워온 것은 기술이 후자의 두 단계에 접어들 때까지 성숙되기를 기다린 후 해당 기술에 대해 많은 투자를 하는 것이 가장 좋다는 것입니다.

정리하면 서버리스 컴퓨팅은 흥미롭고 매력적인 기술이며 몇 가지 사용 사례에 대해 쓸만한 기술로 보입니다.

서버리스의 장점과 단점

다른 아키텍처 관점의 결정과 마찬가지로 서버리스 아키텍처를 부분적으로든 전향적으로든 도입을 검토하고 있다면 가용한 모든 옵션들을 비교하여 면밀하게 도입 여부를 결정해야 합니다. 서버리스가 제공하는 장점은 분명하지만(서버가 전혀 필요 없다는 것은 아주 명백한 사실이지만, 비용이나 에너지를 절약할 수 있는지에 대해서는 논란의 여지가 있습니다) 전통적인 아키텍처와 많이 다르고 단점도 존재합니다. 말이 나온 김에 장단점을 자세히 검토해봅시다. 먼저 장점을 살펴보겠습니다.

- **운영 관리**

  서버리스 아키텍처의 가장 분명한 장점 하나는 운영에 대한 부담이 적다는 것입니다.[21] 준비하거나 관리해야 하는 서버가 없으며 구매해야 하는 라이선스나 설치해야 하는 소프트웨어도 없습니다.

- **확장성**

  서버리스 함수를 사용할 때 필요한 용량을 충족시키기 위해 확장을 제공해야 하는 책임은 사용자가 아닌 서비스 제공자에게 있습니다. 그렇기 때문에 서비스를 구현하는 사람은 확장에 대한 규칙을 검토하고 구현하는 데 적은 시간과 노력만 들여도 됩니다.

- **비용 감소**

  FaaS 서비스 제공자는 일반적으로 'pay-as-you-go' 모델을 사용해 함수가 실행될 때 할당된 메모리 용량과 사용한 시간에 대해서만 비용을 과금합니다. 이것은 전통적인 서비스들을 활용률이 낮은 서버로 배포하는 것에 비해 비용 효율적입니다.

- **생산성**

  FaaS 모델에서 작업의 단위는 이벤트 기반 함수입니다. 이 모델은 '함수 우선'의 마음가짐을 갖도록 해주어 단순하고 더 읽기 쉬우며 시험하기 편한 코드를 만들도록 합니다.

---

21 이름이 모든 것을 이야기 해주고 있습니다!

장점만 있는 것은 아닙니다. 서버리스 아키텍처 도입 시 꼭 고려해야 하는 단점들도 있습니다.

- **시작 지연**

  함수가 처음 호출되면 클라우드 서비스 제공자는 함수를 '가동'합니다. 보통은 1초 이내의 시간이 필요한 작업이지만 간혹 최초 요청을 처리하는 데 10초 이상 걸리기도 합니다. 이것은 콜드 스타트Cold Start 지연이라고 알려져 있습니다.

  더 심한 것은 서비스 제공자에 따라 다르기는 하지만, 함수가 수 분 동안 호출되지 않으면 서비스 제공자가 함수를 '가동'하는 데 수 분이 걸리기도 하므로 함수가 다시 시작되는 경우 더 많은 콜드 스타트 시간이 필요할 수도 있습니다. 여러분이 만든 함수가 콜드 스타트가 필요할 만큼 한가한 상태가 아니라면 별 문제는 아니겠습니다만 함수로 들어오는 부하가 '급격히 증가Bursty'하는 경우 이슈가 될 수 있습니다.

- **관찰 가능성**

  대부분의 클라우드 벤더들이 FaaS 제품에 대해 기본적인 모니터링을 제공하지만 보통 초보적인 수준에 불과합니다. 서드파티 모니터링 도구 제공 사업자들이 모니터링의 빈 공간을 채우기 위해 노력하고 있지만 단기간 동안만 생존하는 함수들로부터 수집되는 데이터 품질이나 사용할 수 있는 양이 충분치 못한 경우가 많습니다.

- **테스팅**

  서버리스 함수에 대한 단위 테스트는 매우 간단하다는 경향이 있지만 통합 테스트는 매우 어렵습니다. 서버리스 환경을 시뮬레이션하는 것은 어렵거나 불가능한 경우가 많으며 모의 테스트는 기껏해야 근삿값일 뿐입니다.

- **비용**

  요청량이 적은 시스템에서는 'pay-as-you-go' 모델이 비교적 저렴해 보일 수도 있지만, 모든 시스템에서 그런 것은 아니라는 사실을 깨닫는 순간이 옵니다. 사실 부하가 굉장히 높은 시스템에서는 'pay-as-you-go' 모델이 아주 비싼 과금 방식이 될 수 있습니다.

서버리스 아키텍처 도입을 생각한다면 이러한 장단점을 모두 고려해야 합니다. 서버리스에 대한 과대광고가 많은 시기지만 어느 정도는 납득되는 부분이 있는 것도 사실입니다. 서버리스는 확장성과 비용 감소를 약속하며 실제로도 그런 편이기는 합니다.

하지만 테스팅이나 디버깅을 포함해 서버리스 환경에 대한 여러 가지 도전 과제들이 있는 것도 사실입니다. 관찰 가능성Observability에 대해 늘어나는 운영 부하는 말할 필요도 없습니다.[22]

마지막으로 다음 절에서 살펴볼 서버리스 아키텍처는 전통적인 아키텍처에 비해 아주 많은 사전 계획을 필요로 합니다. 어떤 사람들은 오히려 이것이 긍정적인 면이라고 말하기도 합니다만 아키텍처의 복잡도가 현저히 증가될 수도 있습니다.

서버리스 서비스

앞서 이야기한 것처럼 서비스로서의 함수FaaS는 전통적인 서비스를 전혀 사용하지 않는 전체 서버리스 아키텍처의 기초로 활용될 만큼 충분히 유연합니다. 다만 이를 위해서는 온전히 FaaS 리소스만 사용하고 서드파티가 제공하는 관리형 서비스를 이용해 구축되어야 합니다.

클라이언트가 서버로 요청을 보내고 데이터베이스와 상호 작용하는 익숙한 스리티어Three-tier 시스템을 예로 들어봅시다. 5장에서 살펴본 키-값 저장소를 모놀리식 아키텍처로 구성한다면 그림 7-5와 같은 형태가 될 것입니다.

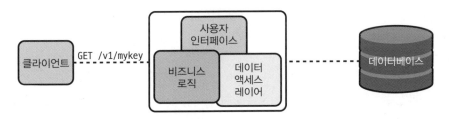

그림 7-5 원시적인 형태의 키-값 저장소 모놀리식 아키텍처

이 모놀리스 아키텍처를 서버리스 아키텍처로 바꾸기 위해 API 게이트웨이가 필요합니다. API 게이트웨이는 특정한 HTTP 엔드포인트를 노출하도록 설정하여 각 엔드포인트를 통해 FaaS 함수처럼 요청을 받아 일정한 작업을 수행하고, 응답을 내보내는 특정한 리소스로 전달하도록 합니다.

이 아키텍처를 이용하면 우리의 키-값 스토어는 그림 7-6과 같은 형태의 아키텍처를 갖게됩니다.

---

22 안타깝게도 NoOps 따위는 존재하지 않습니다.

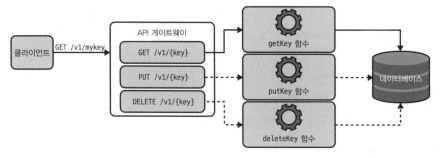

그림 7-6 API 게이트웨이는 HTTP 요청을 서버리스 핸들러 함수로 보냅니다.

이 예시에서 모놀리스 아키텍처는 세 개의 엔드포인트 GET /v1/{key}, PUT /v1/{key}, DELETE /v1/{key}를 지원하는 API 게이트웨이로 대치되었습니다(엔드포인트의 {key}는 호출 경로의 문자열로 대치되고 그 값을 key로 참조합니다).

API 게이트웨이는 세 개의 엔드포인트로 들어온 요청을 각각 다른 핸들러 함수 getKey, putKey, deleteKey로 전달하도록 설정되어 있습니다. 각 함수는 요청을 처리하는 로직을 갖고 있으며 뒤쪽 단의 데이터베이스와 상호 작용합니다.

물론 이것은 정말 간단한 애플리케이션이고 훌륭한 서드파티 서비스인 Auth0나 Okta와 같은 곳에서 제공하는 인증은 다루지 않습니다만 몇 가지는 아주 명백합니다.

우선 고려해야 하는 유동적인 부분이 정말 많기 때문에 사전 계획과 테스팅이 필요합니다. 예를 들어 핸들러 함수에서 에러가 발생하면 무슨 일이 일어날까요? 요청은 어떻게 될까요? 문제가 생긴 함수가 아닌 다른 함수로 전달되거나 데드레터Dead-letter 큐에 넣어두고 다음 처리를 기다리도록 해야 할까요?

이러한 것들이 복잡도를 현저히 증가시킨다는 부분을 절대 무시해서는 안 됩니다. 진행 중인 상호 작용을 완전히 관리되며 분산된 컴포넌트로 대체할 경우, 이전에는 존재하지 않았던 많은 문제를 야기시킬 뿐 아니라 실패 케이스를 만들 수도 있습니다. 비교적 간단했던 문제가 엄청나게 복잡한 문제로 바뀌었을 수도 있습니다. 복잡도는 죽음을 초래하므로 단순함이 늘어나야 합니다.

두 번째, 이렇게 다양한 컴포넌트가 포함되므로 모놀리스나 작은 마이크로서비스 시스템에서보다 더 정교하면서도 분산된 모니터링 시스템이 필요합니다. FaaS는 클라우드 서비스 제공자에게 크게 의존하기 때문에 이런 시스템을 준비하는 것은 큰 도전 과제가 되거나 적어도 불편한 부분이 될 것입니다.

마지막으로, FaaS는 영구적이지 않다는 특성을 갖고 있기 때문에 캐시와 같이 단기간 존재하는 최적화를 포함해 모든 스테이트를 데이터베이스, 레디스^{Redis}와 같은 외부 캐시 또는 네트워크로 연결된 S3 내의 파일, 오브젝트 저장소 등으로 외부화해야 합니다.

다시 한 번 말하지만 이것을 긍정적인 변화라고 주장할 수는 있습니다. 그러나 동시에 전면적인 복잡도를 증가시키는 것은 분명합니다.

요약

이번 장은 집필이 매우 어려웠습니다. 할 말이 많지 않아서가 아니라 확장성의 경우 많은 것들이 관계된 굉장히 큰 주제이고 깊게 살펴봐야 했기 때문입니다. 이 모든 것들은 필자의 머릿속에서 여러 주 동안 싸움을 벌였습니다.

회고를 해보자면 완벽하게 좋은 아키텍처에 대해 적었던 글을 버려야 하는 경우도 있었는데, 그 이유는 단순히 이 책과 내용이 맞지 않았기 때문입니다. 필자가 썼던 메시징에 대한 어떤 부분은 통째로 8장으로 옮겨져 살아남은 경우도 있습니다. 그 글들은 그곳에서 행복할 것이라고 생각합니다.

집필하는 동안 확장성이라는 것이 정말로 무엇인지 고민하는 데 많은 시간을 할애했고 효율성이 확장성 안에서 하는 역할에 대해 생각해보았습니다. 궁극적으로 확장성 문제에 대해 인프라적인 해결책 대신 프로그래밍을 통한 솔루션을 찾는 데 더 많은 시간을 할애한 것은 옳은 결정이었습니다.

이미 이야기한 것처럼 최종 산출물은 나쁘지 않다고 생각합니다. 여기서는 확실히 많은 분야를 다루었습니다.

- 확장성의 다른 관점들에 대해 살펴보았고 스케일 아웃이 어떻게 장기적으로 최선의 전략이 될 수 있는지 이야기했습니다.
- 스테이트와 스테이트리스에 대해 논의했고 애플리케이션의 스테이트가 왜 기본적으로 '반 확장성'인지 살펴보았습니다.
- 효율적인 인메모리 캐싱과 메모리 릭을 피할 수 있는 전략에 대해 배웠습니다.

- 모놀리식 아키텍처와 마이크로서비스 아키텍처, 서버리스 아키텍처를 비교하고 대조해 보았습니다.

정말 많은 내용들을 이야기했는데 조금 더 자세히 파헤칠 수 있었다면 더 좋았을 것이라는 아쉬움이 남습니다. 그렇지만 적어도 필자가 경험했던 것들을 다룰 수 있어 다행이었습니다.

Chapter

8

느슨한
결합

우리는 도시를 만든 방식으로 컴퓨터를 만듭니다. 계획 없이 시간은 흐르고 폐허 위에 무언가를 만듭니다.[1]

    – 엘런 울먼(Ellen Ullman), The Dumbing-down of Programming (1998년 5월)

결합Coupling은 이론적으로 매우 직관적이고 매력적인 주제 중 하나지만 실제로는 상당히 도전적인 주제입니다. 앞으로 논의하겠지만 시스템에서 어떤 결합을 사용하는지에 대해 다양한 경로가 존재하며 이것은 결합이 큰 주제라는 것을 의미합니다. 이미 상상했을 수도 있지만 이번 장은 꽤 야심찬 장이고 따라서 많은 내용을 다룹니다.

먼저 주제에 대해 소개하고 '결합'의 개념에 대해 깊게 파고들며 '느슨한 결합Loose Coupling'과 '강한 결합Tight Coupling' 결합의 상대적인 장점을 짚어보겠습니다. 그 과정에서 일반적으로 사용되는 결합 매커니즘을 살펴보고 일부 강한 결합이 어떻게 무시무시한 '분산 모놀리스Distributed Monolith'를 만들어 내는지도 알아보겠습니다.

다음으로 서비스 간 통신에 대해 이야기하고 깨지기 쉬운 교환 프로토콜이 어떻게 분산 시스템의 강한 결합으로 널리 사용되게 되었는지 살펴보겠습니다. 오늘날 일반적으로 사용되는 프로토콜 중 두 서비스 간의 결합 정도를 최소화해주는 프로토콜도 다룹니다.

세 번째로 잠시 방향을 틀어 서비스 자체의 구현에 대해 알아보겠습니다. 혼재된 구현과 관심사 분리 위반으로 인해 결합될 수 있는 코드 산출물로서의 서비스에 대해 이야기하고 동적으로 구현을 추가하여 플러그인을 사용하는 방법을 살펴볼 것입니다.

마지막으로 느슨한 결합을 프로그램 설계 철학의 중심축으로 만든 아키텍처 패턴인 육각형 아키텍처Hexagonal Architecture에 대한 논의로 이번 장을 마무리하겠습니다.

이번 장 전반에 걸쳐 이론, 아키텍처, 구현에 대한 내용이 균형을 이룰 수 있도록 최선을 다할 것입니다. 이번 장의 대부분은 재미있는 내용들로 채워져 있습니다. 분산 환경에서 결합을 관리하는 다양한 전략에 대해 논의하고(분산 환경만으로 한정되는 것은 아닙니다) 앞서 만든 키-값 저장소 예제를 확장하여 데모를 보여줄 것입니다.

---

1 엘런 울먼. 『The Dumbing-down of Programming』Salon 12 May 1998. https://oreil.ly/Eib3K

8.1 강한 결합

'결합'은 컴포넌트들이 직접적으로 알고 있는 지식 수준을 표현하는 용어로서 일면 로맨틱한 용어입니다. 예를 들어 서비스로 요청을 보내는 클라이언트는 정의상 해당 서비스에 결합되어 있습니다. 다만 결합 정도는 생각하기에 따라 달라질 수 있으며 두 개의 극단적인 지점 사이 어디에든 위치할 수 있습니다. '강하게 결합된Tightly Coupled' 컴포넌트는 다른 컴포넌트에 대해 많은 정보를 갖고 있습니다. 아마 양쪽 컴포넌트 모두 통신을 위해 공유된 같은 버전의 라이브러리가 필요할 것이고 클라이언트는 서버의 아키텍처나 데이터베이스 스키마를 이해할 필요가 있을 것입니다. 단기 최적화를 위해 강하게 결합된 시스템을 만드는 것은 쉽지만 큰 단점이 존재합니다. 두 개의 컴포넌트가 강하게 결합될수록 한 컴포넌트에 대한 변경이 나머지 다른 컴포넌트에게도 상응하는 변경을 요구할 가능성이 높습니다. 결과적으로 강하게 결합된 시스템은 마이크로서비스 아키텍처가 주는 많은 장점을 잃게 됩니다.

반면 '느슨하게 결합된Loosely Coupled' 컴포넌트는 서로에 대해 최소한의 정보만 갖고 있습니다. 상대적으로 독립적이며 보통은 변화에 강한 추상화를 통해 상호 작용합니다. 느슨하게 결합된 시스템 설계는 보다 많은 사전 계획이 필요하지만 자유롭게 업그레이드하거나 재배포할 수 있고, 의존성을 가진 컴포넌트에 큰 영향 없이 전체 시스템을 새롭게 작성할 수 있습니다.

다시 말해 여러분의 시스템이 얼마나 강하게 결합되어 있는지 파악하려면 다른 컴포넌트에 영향을 주지 않으면서 한 컴포넌트에 대해 얼마나 많은, 어떤 종류의 변경을 할 수 있는지 확인하면 됩니다.

> **NOTE** 시스템 개발 초기 단계에서 어느 정도의 결합은 나쁜 것이 아닙니다. 지나치게 추상적이거나 지나치게 복잡해질 수 있는 섣부른 최적화는 여전히 모든 악의 근원입니다.

[Column] 이종 컴퓨팅 환경에서의 결합

컴퓨팅 환경에서 '결합'이라는 용어는 마이크로서비스와 서비스 오리엔티드 아키텍처보다 한참 앞서 등장했고, 오랫동안 한 컴포넌트가 다른 컴포넌트에 대해 얼마나 알고 있는지 나타내기 위해 사용되어 왔습니다.

프로그래밍에서는 코드가 인터페이스(3장의 인터페이스를 참고하세요) 같은 추상화 계층 대신 종속 클래스에 대해 직접 구체적으로 구현체를 참조할 때 강하게 결합될 수 있습니다. 가령 Go에서는 io.Reader 사용 시 os.File이 필요한 것과 같습니다.

메모리를 공유하여 통신하는 멀티프로세서 시스템은 강하게 결합되어 있습니다. 느슨하게 결합된 시스템에서는 컴포넌트가 메시지 전송 시스템(Message Transfer System, MTS)을 통해 연결됩니다(7장의 '효율적인 동기화'에서 Go가 채널을 이용해 문제를 해결했다는 것을 떠올려봅시다).

어떤 컴포넌트에 대해서는 차라리 강하게 결합되는 것이 더 나을 수 있다는 것을 기억합시다. 추상화 계층을 없애고 다른 중간 계층을 없애는 것은 불필요한 부하를 줄일 수 있고 빠른 속도라는 시스템 요구사항에 대해 최적화가 가능합니다.

이 책은 분산 아키텍처에 대한 내용을 주로 다루므로 네트워크를 통해 연결되는 컴포넌트 간의 결합에 집중할 것입니다. 다만 소프트웨어가 각자의 환경에서 리소스와 강하게 결합될 수 있는 다른 방법들도 있다는 점을 염두에 두기 바랍니다.

8.1.1 강한 결합의 다양한 형태

분산 시스템에서 컴포넌트가 자신이 강하게 결합되어 있는지 찾는 방법은 많습니다. 하지만 모든 방법들은 또 다른 컴포넌트의 어떤 속성이 절대 바뀌지 않을 것이라고 잘못 가정하고 있다는 근본적인 결함을 갖고 있기 때문에 결합된 리소스에 따라 몇 가지 큰 범주로 나눌 수 있습니다.

깨지기 쉬운 교환 프로토콜

SOAP^{Simple Object Access Protocol}를 기억하시나요? 통계적으로 말하면 잘 모르실 것 같습니다.[2] SOAP는 1990년대 후반에 개발된 메시징 프로토콜로 확장성과 중립적인 구현을 위해 설계되었습니다. SOAP 서비스는 클라이언트가 요청을 만들 때 따라야 하는 계약을 제공합니다.[3] 계약의 개념은 당시 혁신적인 것이었지만 SOAP의 구현은 깨지기 쉬웠습니다. 계약이 어떤 형태로든 변경되면 클라이언트는 변경된 내용에 맞춰 업데이트해야 했습니다. 이 요구사항은 SOAP 클라이언트가 그들이 이용하는 서비스에 강하게 결합되어 있다는 것을 의미합니다.

사람들은 이것이 문제라는 것을 금방 인식했고 SOAP는 빠르게 빛을 잃어갔습니다. SOAP는 REST로 대체되었고 분명 상당히 개선되기는 했지만 REST 역시 나름대로 강한 결합이 있었

---

2 저는 고인 물입니다.
3 XML도 마찬가지입니다. 당시에는 더 나은 방법이 없었습니다.

습니다. 2016년 구글은 gRPC^{google Remote Procedure Call}[4]를 출시했습니다. gRPC는 오픈소스 프레임워크로 컴포넌트 간의 느슨한 결합을 허용하는 것을 포함해 여러 유용한 기능을 갖고 있었습니다.

뒤에 나오는 '서비스 간의 통신'에서 보다 현대적인 옵션을 살펴보면서 Go의 net/http 패키지를 이용해 REST/HTTP 클라이언트를 만드는 방법과, gRPC 프론트엔드를 활용해 키-값 저장소를 확장하는 방법에 대해 알아볼 것입니다.

공유된 의존성

2016년, 페이스북의 벤 크리스텐슨^{Ben Christensen}은 마이크로서비스 실무자 서밋^{Microservices Practitioner Summit}에서 강하게 결합된 분산 서비스를 위한 공통 매커니즘에 대해 발표하면서 프로세스에서의 '분산 모놀리스^{Distributed Monolith}'라는 용어를 처음 사용했습니다.

벤은 코드 실행이나 다른 서비스와의 상호 작용을 위해 특정 라이브러리, 심지어 특정 버전을 사용해야 하는 서비스에서의 안티패턴^{Anti-pattern}에 대해 설명했습니다. 이런 시스템은 시스템 전반에 걸친 의존성 문제에 직면해 있으며, 공유 라이브러리를 업그레이드하기 위해 모든 서비스를 강제로 업그레이드해야 했습니다. 이처럼 공유된 의존성^{Shared Dependencies}은 서비스 전반에 걸쳐 강하게 결합되어 있었습니다.

> **[Column] 분산 모놀리스**
>
> 우리는 7장에서 적어도 여러 개별 함수들로 구성된 복잡한 시스템은 일반적으로 모놀리스가 덜 바람직하고 마이크로서비스가 더 적합하다는 결론을 내렸습니다.[5] 물론 이렇게 말하기는 쉽지만 실제로는 강하게 결합된 서비스로 구성된 마이크로서비스 기반의 분산 모놀리스 시스템을 실수로 만들 가능성이 매우 높습니다.
>
> 분산 모놀리스 아키텍처에서는 어떤 서비스에 대한 작은 변경이 다른 서비스의 변경을 유발할 수 있고 의도치 않은 결과를 낳기도 합니다. 서비스가 단독으로 배포되기 어려우므로 배포는 주의 깊게 준비되어야 하며 특정 컴포넌트에서 전체 시스템에 대해 연쇄적인 에러를 일으킬 수 있습니다. 롤백은 기능적으로 불가능합니다.

---

[4] 구글에서도 재귀적으로 약어를 사용하고 있습니다.
[5] 사실 이것은 상당히 미묘한 논쟁거리입니다. 7장의 '서비스 아키텍처' 부분을 참고하기 바랍니다.

한마디로 분산 모놀리스는 많은 의존성과 모놀리스가 뒤엉킨 여러 서비스에 대한 관리 부하와 복잡성 때문에 '사상 최악'의 시스템이라고 할 수 있으며 이 과정에서 마이크로서비스의 많은 이점을 잃게 됩니다. 따라서 어떻게 해서든 피해야 합니다.

공유된 시점

많은 시스템은 클라이언트가 서비스로부터 즉각적인 응답을 기대한다는 전제로 설계됩니다. 요청-응답 메시징 패턴을 사용하는 시스템은 암묵적으로 서비스가 존재하며 즉시 응답할 수 있다고 가정합니다. 하지만 그렇지 못한 경우 요청은 실패할 것입니다. 따라서 이들은 시간적으로 결합_{Coupled in Time}되어 있다고 할 수 있습니다.

하지만 시간 관점에서 결합되는 것이 꼭 나쁜 것만은 아닙니다. 상황에 따라 선호될 수도 있는 결합이고 특히 즉각적인 응답을 기다리는 경우 유효한 방식이기도 합니다. 심지어 그러한 클라이언트의 개발에 대해 뒤쪽의 '요청-응답 메시징' 부분에서 자세히 살펴볼 것입니다.

하지만 시간 제한을 받으면서 응답될 필요가 없다면 메시지를 중간 단계의 큐로 보내 수신자가 준비되었을 때 메시지를 가져갈 수 있도록 하는 것이 조금 더 안전한 접근 방식입니다. 이러한 메시지 패턴을 보통 발행-구독 메시징_{Publish-Subscribe Messaging}이라고 하며 줄여서 '펍-섭_{pub-sub}'이라고 부르기도 합니다.

고정된 주소

다른 서비스와 통신하고 싶어하는 것은 마이크로서비스의 천성입니다. 하지만 이렇게 하려면 우선 서로를 찾을 수 있어야 합니다. 이처럼 네트워크에서 서비스를 찾는 프로세스를 서비스 디스커버리_{Service Discovery}라 부릅니다.

전통적으로 서비스는 상대적으로 고정되어 있으며 일종의 중앙화된 등록처를 통해 발견될 수 있는 잘 알려진 네트워크 지점에 존재했습니다. 처음에는 이러한 형태의 접근이 수작업으로 관리되는 hosts.txt 파일을 통해 이뤄졌지만 네트워크가 확장됨에 따라 DNS와 URL이 도입되었습니다.

전통적인 DNS는 네트워크에서 위치가 좀처럼 바뀌지 않으며 장기간 운영되는 서비스에 대해 잘 동작했습니다. 그러나 짧은 기간 동안 존재하는 마이크로서비스 기반 애플리케이션이 인기를 얻기 시작하면서 서비스 인스턴스의 생애는 월간, 연간 단위가 아닌 초, 분 단위로 측정되는 세계로 바뀌었습니다. 그와 같이 동적인 환경에서는 URL과 전통적인 DNS도 또 다른 형태의 강한 결합이 되었습니다.

이처럼 동적이고 유연한 서비스 디스커버리에 대한 요구사항은 분산 시스템에서 리소스들 사이의 서비스 대 서비스 통신을 도와주는 전담 계층인 서비스 메시Service Mesh와 같이 완전히 새로운 전략의 채택으로 이어졌습니다.

> **NOTE** 안타깝지만 이 책에서는 서비스 디스커버리, 서비스 메시와 같이 매력적이고 빠른 개발을 도와주는 주제를 다루지 않습니다. 다만 서비스 메시 분야에는 Envoy[6], Linkerd[7], Istio[8]와 같이 활발한 오픈소스 프로젝트들이 상당히 많으며 해시코프의 Consul[9]과 같은 상용 제품들도 존재할 정도로 풍부합니다.

8.2 서비스 간의 통신

분산 시스템에서 통신과 메시지 전달은 아주 중요한 기능이기 때문에 모든 분산 시스템은 명령과 지시의 수신, 정보 교환과 결과 및 업데이트를 제공하기 위해 어떤 형태로든 메시징에 의존합니다. 물론 수신 측이 이해하지 못하는 메시지는 쓸모가 없습니다.

서비스가 통신하려면 먼저 메시지가 어떻게 구성되는지 정의하는 명시적 혹은 암시적인 계약을 맺어야 합니다. 필수적으로 계약을 맺게 되면 계약에 의존적인 컴포넌트들을 효과적으로 연결할 수 있게 되기도 합니다.

이러한 방식 때문에 강한 결합이 쉽게 생길 수도 있지만 어느 정도 강한 결합인가 하는 부분은 프로토콜의 안전한 변화 능력에 따라 달라질 수 있습니다. 프로토콜 버퍼Protocol Buffers와 gRPC처럼 하위, 상위 호환되는 변경을 허용하는지 또는 SOAP처럼 계약에 대한 사소한 변경이 통신을 크게 망가뜨리지는 않는지 등을 살펴봐야 합니다.

---

6 https://oreil.ly/woDEQ
7 https://linkerd.io/
8 https://oreil.ly/zggyu
9 https://consul.io/

물론 데이터 교환 프로토콜과 그 계약은 상호 간의 통신에 사용되는 단순한 변수가 아닙니다. 사실 여기에는 두 가지 광범위한 메시징 패턴의 클래스가 존재합니다.

- **요청-응답(동기)**

  양방향 메시지 교환 패턴으로 요청자(클라이언트)는 수신자(서비스)에게 요청을 보내고 응답을 기다립니다. 교과서적인 예시로 HTML이 있습니다.

- **발행-구독(비동기)**

  단방향 메시지 교환 패턴으로 요청자(발행자)는 메시지를 직접 수신자에게 보내는 대신 이벤트 버스나 메시지 교환소로 보냅니다. 메시지는 비동기적으로 추출될 수 있고 하나 혹은 그 이상의 서비스(구독자)에 의해 사용됩니다.

이러한 패턴은 여러 가지 구현과 특정한 사용 사례가 있으며 각각 장단점을 갖고 있습니다. 사례를 전부 이야기할 수는 없으므로 Go에서 이러한 패턴을 구현할 때 쓸만한 조사나 일종의 방향성을 제공할 수 있도록 최선을 다하겠습니다.

8.3 요청-응답 메시징

이름에서 알 수 있듯이 요청-응답 혹은 동기 메시징 패턴을 사용하는 시스템은 조율된 요청과 응답을 사용하여 통신합니다. 요청자(클라이언트)는 요청을 수신자(서비스)로 보내고 수신자가 요청한 데이터 혹은 서비스와 함께 응답할 때까지 기다립니다(그림 8-1 참고).

이러한 메시징 패턴으로 가장 널리 알려진 것은 아마도 HTTP일 것입니다. HTTP는 원래의 목적보다 더 크게 확장되어 어디서나 볼 수 있고 잘 확립되어 있으며 REST, GraphQL과 같은 일반적인 메시징 프로토콜의 기반이 되고 있습니다.

그림 8-1 요청-응답 메시징 패턴을 사용하는 시스템은 일련의 조율된 요청과 응답을 사용하여 통신합니다.

요청-응답 패턴은 상대적으로 추론하기 쉽고 직관적으로 구현할 수 있다는 장점이 있으며 오랫동안 특히 퍼블릭으로 노출되는 서비스의 기본적인 메시징 패턴으로 인식되어 왔습니다.

하지만 이것은 하나의 요청자와 수신자가 관여하는 '점 대 점Point-to-Point' 통신이고 응답을 받을 때까지 더 이상 새로운 요청을 보내지 않도록 요청 프로세스를 멈출 필요가 있습니다.

종합하면 이러한 속성들은 요청-응답 패턴을 빠른 응답시간이 보장되는 종단점 간 직관적 데이터 교환을 위한 좋은 선택이 되도록 만듭니다. 그러나 메시지를 여러 수신자에게 보내야 하거나 응답에 소요되는 시간이 요청자가 기다리는 시간보다 오래 걸린다면 적합하지 않습니다.

8.3.1 일반적인 요청-응답 구현

수년 동안 많은 요청-응답 프로토콜이 다양한 목적으로 개발되었지만 시간이 흐르면서 세 가지 주요 구현으로 정착되었습니다.

- **REST**

  여러분은 5.4 'net/http 패키지를 이용한 HTTP 서버 구성' 부분에서 자세히 살펴본 REST 방식에 이미 상당히 익숙할 것입니다.

  REST는 사람이 읽기 좋은 형태로 되어 있으며 구현하기 쉬워 외부로 노출되는 서비스를 위한 좋은 선택입니다(5장에서 REST를 선택했던 이유이기도 합니다). 다음에 바로 이어지는 'net/http 패키지를 이용한 HTTP 요청 발행'에서 조금 더 살펴보겠습니다.

- **원격 프로시저 호출(RPC)**

  원격 프로시저 호출Remote Procedure Calls 프레임워크는 프로그램이 다른 컴퓨터를 가리키는 주소 공간의 프로시저를 실행하도록 합니다.

  Go는 net/rpc 패키지를 통해 Go에 특화된 표준 RPC 구현체를 제공합니다. 이 외에도 특정 언어에 종속되지 않는 Apache Thrift와 gRPC라는 두 개의 큰 RPC 플레이어를 사용할 수도 있습니다. 설계와 사용 목표가 비슷한 두 가지 플레이어 중 gRPC가 채용 비율이나 커뮤니티를 통한 지원을 고려했을 때 주도권을 잡은 것으로 보입니다. gRPC에 대해서는 뒤쪽에 나오는 'gRPC를 이용한 원격 프로시저 호출'에서 보다 자세히 살펴보겠습니다.

- **GraphQL**

  이 분야에서 비교적 최근에 등장한 프로토콜인 GraphQL은 질의 및 조작 언어로 REST에 대한 대안으로 여겨지고 있으며 특히 복잡한 데이터 셋을 이용하는 작업에 강점을 보이고 있습니다.

이 책에서는 GraphQL에 대해 깊게 다루지 않지만 새롭게 외부로 노출되는 API를 설계할 기회가 생긴다면 한번 사용해보기 바랍니다.[10]

8.3.2 net/http 패키지를 이용한 HTTP 요청 발행

HTTP는 아마 가장 널리 사용되는 요청-응답 프로토콜일 것입니다. 특히 외부로 노출되는 서비스에 대해 독보적으로 사용되고 있으며, REST와 GraphQL 같이 인기 있는 API 프로토콜의 기반이기도 합니다. 만약 HTTP 서비스와 상호 작용해야 한다면 프로그래밍적인 방법을 이용해 요청을 서비스로 보내고 응답을 받을 것입니다.

운 좋게도 Go 표준 라이브러리는 net/http 패키지를 통해 훌륭한 HTTP 클라이언트와 서버 구현체를 제공하고 있습니다. 아마도 5.4 'net/http 패키지를 이용한 HTTP 서버 구성'에서 첫 번째 키-값 저장소를 만들때 net/http 패키지를 사용했던 것이 기억날 것입니다.

net/http 패키지는 여러 가지 HTTP 요소들 중 GET, HEAD, POST 메서드를 위한 함수들을 포함합니다. 이들 중 우선 http.Get과 http.Head에 대한 함수 시그니처를 살펴봅시다.

```go
// Get 함수는 특정한 URL에 대해 Get 요청을 발행합니다.
func Get(url string) (*http.Response, error)

// Head 함수는 특정한 URL에 대해 Head 요청을 발행합니다.
func Head(url string) (*http.Response, error)
```

이 함수들은 직관적이면서도 비슷한 방식으로 사용됩니다. 각 함수는 관심 있는 URL을 string 타입 매개변수로 받고 error 값과 http.Response 구조체에 대한 포인터를 반환합니다.

http.Response 구조체는 응답 코드와 응답 보디뿐 아니라 요청에 대한 모든 서비스 응답정보를 담고 있기 때문에 특히 유용합니다.

http.Response 구조체의 일부분을 발췌하면 다음과 같습니다.

```go
type Response struct {
    Status     string    // 예: "200 OK"
    StatusCode int       // 예: 200
```

---

10 https://graphql.org/

```
    // Header는 header 키와 값을 매핑합니다.
    Header Header

    // Body는 응답 보디를 나타냅니다.
    Body io.ReadCloser

    // ContentLength는 응답의 크기를 기록합니다.
    // 만약 값이 -1이라면 응답 크기를 알 수 없다는 의미입니다.
    ContentLength int64

    // Request는 이 Response를 얻기 위해 전송한 요청을 담고 있습니다.
    Request *Request
}
```

유용한 정보들이 많이 보입니다. 특히 눈길을 끄는 것은 HTTP 응답 보디에 액세스할 수 있는 Body 필드입니다. 이것은 ReadCloser 인터페이스를 구현하고 있어 값을 읽기 시작하면 요청에 따라 보디 내용을 스트림해줄 것이고 마지막에 호출해야 하는 Close 메서드를 갖고 있습니다.

다음 예제는 여러 가지 활용 사례를 담고 있습니다. Get 편의 함수를 어떻게 사용하는가, 응답 보디는 어떻게 닫아야 하는가, 그리고 필요한 경우 io.ReadAll을 이용해 전체 응답 보디를 문자열로 읽어 들이는 방법은 무엇인가와 같은 것들입니다.

```go
package main

import (
    "fmt"
    "io"
    "net/http"
)

func main() {
    resp, err := http.Get("http://example.com") // HTTP GET 요청을 보냅니다.
    if err != nil {
        panic(err)
    }
    defer resp.Body.Close()                      // 응답 객체를 닫습니다.

    body, err := io.ReadAll(resp.Body)           // 응답 보디를 []byte 타입으로 읽습니다.
    if err != nil {
```

```
        panic(err)
    }

    fmt.Println(string(body))
}
```

이 예제는 `http.Get` 함수를 사용해 http://example.com URL로 GET 요청을 보냈으며 응답으로 `http.Response` 구조체와 error 값을 받습니다.

앞서 말했던 것처럼 `resp.Body` 변수를 통해 HTTP 응답 보디에 접근할 수 있으며 `io.ReadCloser` 인터페이스가 구현되어 있습니다. `defer`를 이용해 `resp.Body.Close()` 메서드를 호출하는 것에 주목하기 바랍니다. 이것이 중요한 이유는 응답 보디 객체를 닫는 데 실패하면 예상치 못한 메모리 릭이 발생할 수 있기 때문입니다.

`Body`는 `io.Reader` 인터페이스를 구현하고 있어 보디의 데이터를 추출하는 여러 가지 표준 방법을 사용할 수 있습니다. 예제에서는 높은 신뢰성을 보장하는 `io.ReadAll`을 사용했고 이는 전체 보디를 `[]byte` 슬라이스로 반환해주기 때문에 쉽게 출력할 수 있습니다.

> **NOTE** 응답 보디를 닫기 위해 꼭 `Close()`를 사용해야 한다는 것을 잊지 맙시다! 그렇지 않으면 예상치 못한 메모리 릭이 발생할 수 있습니다.

지금까지 Get과 Head 함수를 살펴봤습니다. 그런데 POST 메서드는 어떻게 요청할 수 있을까요? 다행히 앞서 봤던 것과 비슷한 편의 함수가 준비되어 있습니다. 실제로 POST 요청을 보내기 위한 함수는 `http.Post`와 `http.PostForm`입니다. 두 함수의 시그니처는 다음과 같습니다.

```
// Post 함수는 특정한 URL로 POST 요청을 보냅니다.
func Post(url, contentType string, body io.Reader) (*Response, error)

// PostForm 함수는 키와 값이 URL 인코드된 데이터를
// 요청 보디에 담아 특정한 URL로 POST 요청을 보냅니다
func PostForm(url string, data url.Values) (*Response, error)
```

먼저 Post 함수는 POST 요청의 보디며, JSON 객체를 가진 파일을 제공할 수 있는 `io.Reader`를 매개변수로 사용합니다. 다음 코드는 POST 요청을 통해 JSON 텍스트를 업로드하는 예제입니다.

```
package main

import (
    "fmt"
    "io"
    "net/http"
    "strings"
)

const json = `{ "name":"Matt", "age":44 }`     // 업로드 대상이 되는 JSON 객체입니다.

func main() {
    in := strings.NewReader(json)              // JSON을 io.Reader로 감쌉니다.

    // "text/json" Content-Type을 가진 HTTP POST 요청을 보냅니다.
    resp, err := http.Post("http://example.com/upload", "text/json", in)
    if err != nil {
        panic(err)
    }
    defer resp.Body.Close()                    // 응답 객체를 닫습니다.

    message, err := io.ReadAll(resp.Body)
    if err != nil {
        panic(err)
    }

    fmt.Printf(string(message))
}
```

[Column] 편의 함수의 잠재적인 함정

Get, Head, Post, PostForm 함수를 '편의 함수(Convenience Functions)'라고 부르는데 이것은 도대체 어떤 의미일까요?

이 함수들을 자세히 살펴보면 HTTP를 이용하는 통신의 내부를 관리하기 위해 사용되며 동시성 이슈에 대해 안전한 타입인 기본 *http.Client 값에 대한 메서드를 호출하고 있다는 것을 알 수 있습니다.

예를 들어 Get 편의 함수에 대한 코드는 기본 클라이언트의 `http.Client.Get` 메서드를 호출합니다.

```
func Get(url string) (resp *Response, err error) {
    return DefaultClient.Get(url)
}
```

코드에서 볼 수 있듯이 `http.Get`을 사용하면 실제로는 `http.DefaultClient`를 사용하게 됩니다. `http.Client`는 동시성에 대해 안전하기 때문에 패키지 변수로 사전에 정의된 단 하나의 객체만 사용해도 문제가 없습니다.

`DefaultClient`를 생성하는 소스 코드는 제로(Zero) 값을 갖는 `http.Client`를 생성하는 평범한 코드입니다.

```
var DefaultClient = &Client{}
```

이 코드는 일반적인 상황에서 아무 문제가 없습니다. 하지만 타임아웃을 수반한 잠재적인 이슈가 발생할 수 있습니다. `http.Client` 메서드가 오랫동안 실행되는 요청을 종료하기 위해 타임아웃을 일으킬 수 있기 때문입니다. 사실 이것은 매우 유용한 기능입니다만, 기본 타임아웃 값이 0이고 Go는 이것을 '타임아웃이 설정되지 않았다'라고 해석할 뿐입니다.

좋습니다. Go의 기본 HTTP 클라이언트에서는 절대 타임아웃이 발생하지 않는다고 가정합시다. 문제가 되나요? 보통은 그렇지 않지만 응답을 제대로 하지 않거나 연결을 적절히 닫지 않는 서버에 연결되면 어떻게 될까요? 아마도 그 결과는 형편없기는 하지만 결정적이지는 않은 메모리 릭일 것입니다.

그렇다면 이것은 어떻게 수정해야 할까요? `http.Client`는 타임아웃을 지원하는 것으로 알려져 있기 때문에 단지 커스텀 `Client`를 생성하고 타임아웃을 지정해 기능을 활성화하는 것만으로 충분합니다.

```
var client = &http.Client{
    Timeout: time.Second * 10,
}
response, err := client.Get(url)
```

`net/http` 패키지 공식 문서를 참고하여 `http.Client`와 설정 값들에 대해 자세히 살펴보기 바랍니다.

8.3.3 gRPC를 이용한 원격 프로시저 호출

구글에서 개발한 gRPC는 효율적이면서 여러 가지 언어를 통해 구현될 수 있는 데이터 교환 프레임워크로 구글 내부에서 십수 년간 사용하던 범용 RPC 프레임워크 스터비[Stubby]의 후계자입니다. 스터비는 2015년에 gRPC라는 이름으로 오픈소스화되었으며, 2017년 클라우드 네이티브 컴퓨팅 재단에서 그 권한을 양도받았습니다.

강제력 없는 모범 사례였던 REST와 달리 gRPC는 SOAP나 Apache Thrift, Java RMI, CORBA와 같은 RPC 프레임워크처럼 완전한 기능을 갖춘 데이터 교환 프레임워크로, 클라이언트가 여러 다른 시스템에 구현된 특정 메서드를 마치 로컬에 구현된 함수처럼 실행할 수 있도록 합니다.

이러한 접근은 REST에 비해 여러 가지 장점을 갖고 있습니다.

- **간결함**

  gRPC의 메시지가 더 간결하며 네트워크 I/O를 적게 사용합니다.

- **속도**

  gRPC의 바이너리 교환 포맷은 빠르게 마셜링Marshal과 언마셜링Unmarshal할 수 있습니다.[11]

- **강력한 타입**

  gRPC는 기본적으로 강하게 타이핑되어 있어 많은 보일러플레이트Boilerplate가 필요하지 않으며 공통적인 에러를 원천적으로 제거합니다.

- **풍부한 기능**

  미리 제공되지 않으면 직접 구현해야 하는 인증, 암호화, 타임아웃, 압축 등의 많은 내장 기능을 갖고 있습니다.

gRPC가 언제나 최선의 선택이라는 말을 하려는 것은 아닙니다. REST와 비교했을때 다음과 같은 비교 열위를 갖고 있습니다.

- **계약기반**

  gRPC의 계약은 외부로 노출되는 서비스에 다소 적합하지 않습니다.

- **바이너리 포맷**

  gRPC 데이터는 사람이 읽기 어려워 문제가 생겼을 때 조사하거나 디버그를 어렵게 만듭니다.

---

11 옮긴이: 마셜링은 객체의 표현 방식을 저장하거나 다른 곳으로 전송하기 용이한 포맷으로 변환하는 과정을 말합니다.

NOTE gRPC는 매우 방대하고 다뤄야 하는 내용이 많은 주제이므로 이번 절에서 제대로 짚어보지 못했습니다. gRPC를 더 자세히 살펴보고 싶다면 공식 문서인 'gRPC로의 초대[12]'나 카순 인드라시리(Kasun Indrasiri)와 다네쉬 쿠루푸(Danesh Kuruppu)가 쓴 훌륭한 지침서인 『gRPC 시작에서 운영까지[13]』(에이콘출판사, 2020년)을 추천합니다.

프로토콜 버퍼를 이용한 인터페이스 정의

대부분의 RPC 프레임워크가 그러하듯 gRPC를 사용하려면 서비스 인터페이스^{Service Interface}를 정의해야 합니다. 기본적으로 gRPC는 프로토콜 버퍼^{Protocol Buffers}를 사용하지만 대안으로 인터페이스 정의 언어^{Interface Definition Language, IDL}를 사용할 수도 있습니다.

서비스 인터페이스를 정의하려면 프로토콜 버퍼 스키마를 사용해 클라이언트가 원격지에서 호출할 수 있는 서비스 메서드를 .proto 파일에 기술해야 합니다. 이것은 사용하는 언어에 맞춘 인터페이스로 컴파일됩니다(우리는 당연히 Go 코드입니다).

그림 8-2와 같이 클라이언트는 서버와 동일한 메서드를 제공하는 스텁^{Stub}을 갖게 되고 실제 클라이언트의 요청을 다루는 소스 코드는 gRPC 서버에 구현됩니다.

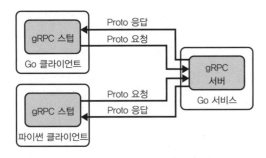

그림 8-2 gRPC는 인터페이스 정의 언어와 기저에 깔린 메시지 교환 형식으로 프로토콜 버퍼를 사용합니다. 서버와 클라이언트는 지원되는 언어들 중 어떤 언어로든 작성될 수 있습니다.[14]

당장은 굉장히 쉽고 추상적인 것처럼 보입니다. 이어지는 내용을 읽으면서 더 자세히 살펴보겠습니다.

---

12 https://oreil.ly/10q7G

13 http://acornpub.co.kr/book/grpc

14 https://oreil.ly/N0uWc

프로토콜 컴파일러 설치

더 진도를 나가기 전에 프로토콜 버퍼 컴파일러인 protoc와 Go용 프로토콜 버퍼 플러그인을 설치합시다. 이를 통해 .proto 파일을 Go의 서비스 인터페이스 코드로 컴파일할 것입니다.

1. 리눅스나 macOS를 사용할 경우 protoc를 설치하는 가장 간단하고 쉬운 방법은 패키지 매니저를 사용하는 것입니다. 가령 데비안 운영체제를 사용하는 리눅스 장비에 프로토콜 버퍼 컴파일러를 설치하기 위해서는 apt와 apt-get을 사용할 수 있습니다.

```
$ apt install -y protobuf-compiler
$ protoc --version
```

macOS에서는 Homebrew를 이용하여 protoc를 쉽게 설치할 수 있습니다.

```
$ brew install protobuf
$ protoc --version
```

2. 다음 명령을 사용하여 Go용 프로토콜 버퍼 플러그인(컴파일러 플러그인)을 설치합니다.

```
$ go install google.golang.org/protobuf/cmd/protoc-gen-go
```

protoc-gen-go는 $GOBIN 경로에 설치되고 이 경로의 기본값은 $GOPATH/bin입니다. protoc가 플러그인을 찾으려면 $GOBIN의 경로가 $PATH에 포함되어 있어야 합니다.

> **NOTE** 이 책에서는 프로토콜 버퍼 3 버전을 사용합니다. 설치된 protoc가 책에서 사용한 것처럼 3 버전인지 확인합시다.

리눅스, macOS 이외의 운영체제를 사용하거나 패키지 매니저의 버전이 너무 오래되었을 때 혹은 가장 최신 버전을 갖고 있는지 확인하고 싶을 때는 프로토콜 버퍼 컴파일러 설치 페이지에서 미리 컴파일된 gRPC 바이너리를 설치하는 방법을 찾을 수 있습니다.[15]

메시지 정의 구조체

프로토콜 버퍼는 구조화된 데이터를 직렬화하기 위한 언어 중립적인 메커니즘입니다. 이것을 XML의 바이너리 버전이라고 생각해도 무방합니다.[16] 프로토콜 버퍼 데이터는 메시지로 구조

---

15 https://oreil.ly/b6RAD
16 혹시 관심이 있다면 말이죠.

화되어 있으며 각 메시지는 필드^{Fields}라 불리는 일련의 키-값 쌍을 가진 작은 정보의 레코드입니다.

프로토콜 버퍼를 사용하는 첫 번째 단계는 메시지 구조체를 .proto 파일에 정의하는 것입니다. 다음은 간단한 예제입니다.

```
syntax = "proto3";

option go_package = "github.com/cloud-native-go/ch08/point";

// Point 객체는 2차원 공간상의 라벨링된 위치를 나타냅니다.
message Point {
    int32 x = 1;
    int32 y = 2;
    string label = 3;
}

// Line 객체는 시작 Point와 끝 Point를 멤버로 갖고 있습니다.
message Line {
    Point start = 1;
    Point end = 2;
    string label = 3;
}

// Polyline 객체는 0개 혹은 그 이상의 Points를 갖고 있습니다.
message Polyline {
    repeated Point point = 1;
    string label = 2;
}
```

프로토콜 버퍼의 문법이 세미콜론과 주석문으로 완성된 C/C++을 연상하게 한다는 것을 알아차렸을 것입니다.

첫 번째 줄은 proto3 문법을 사용한다는 것을 알려줍니다. 이 코드를 사용하지 않으면 프로토콜 버퍼 컴파일러는 proto2를 사용하고 있다고 가정할 것입니다. 따라서 주석문과 빈 줄을 제외하면 이 코드가 항상 프로토콜 버퍼 정의 파일의 가장 처음에 위치해야 합니다.

두 번째 줄은 option 키워드를 사용하여 생성된 코드를 가진 Go 패키지의 완전한 임포트 경로를 지정합니다. 마지막으로 세 개의 message 정의를 통해 페이로드^{Payload} 메시지의 구조체를 나타냅니다. 예제에서는 점점 복잡해지는 세 개의 메시지가 구현되어 있습니다.

- Point는 x와 y 정수값과 label을 갖습니다.

- Line은 정확히 두 개의 Point 값을 갖습니다.

- Polyline은 repeated 키워드를 사용해 여러 개의 Point 값을 가질 수 있다는 것을 나타냅니다.

각 message는 0개 이상의 필드를 갖고 있으며 각각 이름과 타입이 있습니다. 메시지 정의의 각 필드는 메시지 타입에 따라 고유한 값인 필드 순서^{Field Number}를 갖고 있다는 데 주목합시다. 이 순서 값은 메시지 바이너리 포맷에서 필드를 식별하기 위해 사용되며 메시지 타입이 사용되기 시작하면 바꾸지 말아야 합니다.

만약 이것이 여러분 마음속에서 '강한 결합^{Tight Coupling}'이라는 빨간 깃발을 들어올렸다면 여러분은 금메달을 받을 자격이 있습니다. 이러한 이유 때문에 프로토콜 버퍼는 명시적으로 메시지 타입 업데이트를 지원[17]하며 이는 실수로 필드가 재사용되지 않도록 reserved[18]로 표시하는 것도 포함합니다.

이 예제가 단순하다고 해서 긴장의 끈을 놓으면 안 됩니다. 프로토콜 버퍼는 일부 아주 복잡한 인코딩까지 처리할 수 있으니까요. 더 자세한 내용은 프로토콜 버퍼 언어에 대한 가이드를 참고하기 바랍니다.[19]

키-값 메시지 구조체

5장에서부터 만들어온 키-값 저장소 예제를 프로토콜 버퍼와 gRPC를 이용해 확장하려면 어떻게 해야 할까요?

이미 RESTful 메서드로 노출하고 있는 Get, Put, Delete 함수에 해당하는 gRPC를 구현한다고 가정해봅시다. 이에 대한 메시지 형식은 아마도 다음과 같은 .proto 파일이 될 것입니다.

---

17 https://oreil.ly/IeyL2
18 https://oreil.ly/I1Jiu
19 https://oreil.ly/UDl65

```
syntax = "proto3";

option go_package = "github.com/cloud-native-go/ch08/keyvalue";

// GetRequest는 키-값 저장소에 저장된 특정 키에 대한 값 요청 메시지입니다.
message GetRequest {
    string key = 1;
}

// GetResponse는 키-값 저장소에 저장된 특정 값에 대한 응답 메시지입니다.
message GetResponse {
    string value = 1;
}

// PutRequest는 키-값 저장소의 특정 키에 지정된 값을 저장 요청하는 메시지입니다.
message PutRequest {
    string key = 1;
    string value = 2;
}

// PutResponse는 키-값 저장소에 대한 Put 동작의 응답 메시지입니다.
message PutResponse {}

// DeleteRequest는 키-값 저장소의 특정 키와 관련된 레코드 삭제 요청 메시지입니다.
message DeleteRequest {
    string key = 1;
}

// DeleteResponse는 키-값 저장소에 대한 Delete 동작의 응답 메시지입니다.
Message DeleteResponse {}
```

> **NOTE** 정의된 메시지 이름 때문에 헷갈리면 안 됩니다. 이들은 다음 절에서 정의할 함수(동사)에서 전달되는 메시지(명사)입니다.

이제부터 keyvalue.proto라고 부를 .proto 파일에는 클라이언트에서 서버로 전송될 메시지를 설명하는 세 가지 Request 메시지 정의와 서버의 응답 메시지를 설명하는 세 가지 Response 메시지 정의가 포함되어 있습니다.

응답 메시지 정의에 error나 status 값이 포함되지 않았다는 것을 인지했을 것입니다. 곧 보게 될 'gRPC 클라이언트 구현'에서 살펴보겠지만 이러한 값들은 gRPC 클라이언트 함수의 응답 값에 포함되어 있어 메시지에 정의될 필요가 없습니다.

서비스 메서드의 정의

이제 사용할 메시지 정의가 끝났습니다. 다음으로 이 메시지들을 실제로 사용할 메서드를 정의할 차례입니다. 이 작업을 위해 keyvalue.proto 파일을 확장하고 rpc 키워드를 이용해 서비스 인터페이스를 정의하겠습니다. 수정된 .proto 파일을 컴파일하면 서비스 인터페이스 코드와 클라이언트 스텁을 포함한 Go 코드가 생성됩니다.

```
service KeyValue {
    rpc Get(GetRequest) returns (GetResponse);

    rpc Put(PutRequest) returns (PutResponse);

    rpc Delete(DeleteRequest) returns (DeleteResponse);
}
```

> **NOTE** 이전 예제에서의 메시지 정의와 반대로 rpc 정의는 메시지(명사)를 송신, 수신하는 함수(동사)를 나타냅니다.

이 예제에서는 세 개의 메서드를 서비스에 추가했습니다.

- Get은 GetRequest를 매개 변수로 수신하고 GetResponse를 반환합니다.
- Put은 PutRequest를 매개 변수로 수신하고 PutResponse를 반환합니다.
- Delete는 DeleteRequest를 매개 변수로 수신하고 DeleteResponse를 반환합니다.

주목해야 할 점은 아직 실제 함수를 구현하지 않았다는 것입니다. 실제 함수 구현은 나중에 진행합니다.

이 예제 메서드들은 모두 단일 RPC 정의의 예로, 클라이언트는 서버로 단일 요청을 보내고 단일 응답을 돌려받습니다. 이것은 네 가지 서비스 타입의 가장 단순한 예입니다.

다양한 스트리밍 모드도 지원되지만 여기서 다루는 단순하고 간단한 입문용 예제의 범위를 넘어섭니다. gRPC 공식 문서에서 더 자세한 내용을 다루므로 참고하기 바랍니다.[20]

프로토콜 버퍼 컴파일

메시지와 서비스 정의를 담고 있는 .proto 파일을 만들었으니 다음에는 메시지를 읽고 쓸 때 사용할 클래스를 생성해야 합니다. 클래스를 생성하기 위해 프로토콜 버퍼 컴파일러인 protoc를 keylvalue.proto 파일에 대해 실행할 필요가 있습니다.

아직까지 protoc 컴파일러와 Go 프로토콜 버퍼 플러그인을 설치하지 않았다면 앞 부분에 나온 '프로토콜 컴파일러 설치'의 지시를 따르기 바랍니다.

이제 컴파일러를 실행할 수 있게 되었으므로 애플리케이션의 소스 코드가 위치한 소스 디렉터리($SOURCE_DIR), 컴파일 결과물이 생성될 목적지 디렉터리($DEST_DIR이며 보통은 $SOURCE_DIR과 동일합니다), keystore.proto 파일이 위치한 경로를 지정합니다. Go에서 사용할 코드가 필요하므로 --go_out 옵션을 사용합니다. protoc는 다른 언어 지원을 위한 코드 생성 시에도 동등한 옵션을 제공합니다.

여기서는 다음과 같이 요청할 수 있습니다.

```
$ protoc --proto_path=$SOURCE_DIR \
    --go_out=$DEST_DIR --go_opt=paths=source_relative \
    --go-grpc_out=$DEST_DIR --go-grpc_opt=paths=source_relative \
    $SOURCE_DIR/keyvalue.proto
```

go_opt와 go-grpc_out 플래그는 protoc가 입력 파일과 동일한 경로에 출력 파일을 위치시키도록 합니다. keyvalue.proto 파일은 두 개의 파일 keyvalue.pb.go와 keyvalue_grpc.pb.go를 생성합니다.

이런 플래그가 없으면 출력 파일은 Go 패키지의 임포트 경로 하위에 디렉터리를 생성한 후 저장됩니다. 예를 들어 keyvalue.proto 파일은 github.com/cloud-native-go/ch08/keyvalue/keyvalue.pb.go 파일을 생성할 것입니다.

---

20 https://oreil.ly/rs3dN

gRPC 서비스 구현

gRPC 서버를 구현하기 위해 키-값 저장소에 대한 서버 측 API를 정의하는 서버 인터페이스를 구현할 필요가 있습니다. 이 인터페이스는 keyvalue_grpc.pb.go 파일에 KeyValueServer 타입으로 생성되어 있습니다.

```
type KeyValueServer interface {
    Get(context.Context, *GetRequest) (*GetResponse, error)
    Put(context.Context, *PutRequest) (*PutResponse, error)
    Delete(context.Context, *DeleteRequest) (*PutResponse, error)
}
```

코드에서 볼 수 있는 것처럼 KeyValueServer 인터페이스는 Get, Put, Delete 메서드를 정의하며 각각 context.Context와 요청에 대한 포인터를 매개변수로 받고 응답 포인터와 error를 반환합니다.

> **NOTE** 단순함의 부작용으로 gRPC 서버 구현체에 대해 가상 요청을 보내고 가상 응답을 받는 것이 정말 쉽습니다.

서버를 구현하기 위해 KeyValueServer 인터페이스에 기본 구현을 제공하는 생성된 구조체를 사용합니다. 이 구조체는 UnimplementedKeyValueServer라는 이름을 갖게 될 것입니다. 이름에서 유추할 수 있듯이 기본적으로 모든 클라이언트 메서드의 '구현되지 않은Unimplemented' 버전이 사용될 것이고 실제 코드는 다음과 같을 것입니다.

```
type UnimplementedKeyValueServer struct {}

func (*UnimplementedKeyValueServer) Get(context.Context, *GetRequest)
        (*GetResponse, error) {
    return nil, status.Errorf(codes.Unimplemented, "method not implemented")
}
```

UnimplementedKeyValueServer 구조체를 사용해 키-값 gRPC 서버를 구현할 수 있습니다. 이 구현체는 다음 코드와 같으며 Get 메서드만 구현되어 있습니다. 간략하게 설명하기 위해 Put 과 Delete 메서드는 생략했습니다.

```
package main

import (
    "context"
    "log"
    "net"

    pb "github.com/cloud-native-go/ch08/keyvalue"
    "google.golang.org/grpc"
)

// 서버는 KeyValueServer를 구현하는 데 사용됩니다.
// 생성된 구현체인 pb.UnimplementedKeyValueServer를 반드시 포함해야 합니다.
type server struct {
    pb.UnimplementedKeyValueServer
}

func (s *server) Get(ctx context.Context, r *pb.GetRequest) (*pb.GetResponse, error)
{
    log.Printf("Received GET key=%v", r.Key)

    // 로컬 Get 함수는 5장에서 구현했습니다.
    value, err := Get(r.Key)

    // GetResponse 포인터와 err을 반환합니다.
    return &pb.GetResponse{Value: value}, err
}

func main() {
    // gRPC 서버를 생성하고 KeyValueServer를 등록합니다.
    s := grpc.NewServer()
    pb.RegisterKeyValueServer(s, &server{})

    // 요청을 수신하기 위해 50051 포트를 엽니다.
    lis, err := net.Listen("tcp", ":50051")
    if err != nil {
        log.Fatalf("failed to listen: %v", err)
    }

    // 수신 포트로부터 연결을 받습니다.
```

```
    if err := s.Serve(lis); err != nil {
        log.Fatalf("failed to serve: %v", err)
    }
}
```

이 예제는 서비스를 네 단계로 나누어 구현했습니다.

1. 서버 구조체를 만듭니다. server 구조체는 pb.UnimplementedKeyValueServer를 포함합니다. 이것은 선택 사항이 아니며 gRPC는 생성된 UnimplementedXXXServer를 포함하는 것과 마찬가지로 서버 구조체를 요구합니다.

2. 서비스 메서드를 구현합니다. 생성된 pb.KeyValueServer 인터페이스에서 정의한 서비스 메서드를 구현합니다. 재미있는 것은 pb.UnimplementedKeyValueServer가 모든 서비스 메서드에 대한 스텁을 포함하기 때문에 모든 것을 바로 구현할 필요가 없다는 점입니다.

3. gRPC 서버를 등록합니다. main 함수에서 새로운 server 구조체 인스턴스를 만들고 gRPC 프레임워크를 이용해 등록합니다. 이것은 개별 함수 대신 모든 인스턴스를 등록한다는 것만 제외하면 5.4 'net/http 패키지를 이용한 HTTP 서버 구성'에서 핸들러 함수를 등록한 것과 비슷합니다.

4. 연결을 수신합니다. 마지막으로 수신을 시작하기 위해 gRPC 프레임워크를 전달한 net.Listen을 이용하여 수신 포트[21]를 엽니다.

gRPC는 RESTful 서비스 관련해서 만들어야 했던 많은 테스트와 점검 부담 없이 클라이언트와 서비스 양측에 모두 높은 자유도를 제공하므로 최선의 선택이라고 볼 수 있습니다.

gRPC 클라이언트 구현

모든 클라이언트의 코드가 만들어졌기 때문에 이제 gRPC 클라이언트를 매우 쉽게 사용할 수 있습니다.

생성된 클라이언트 인터페이스는 XXXClient 형식의 이름을 갖고 있으며 책의 예제에서는 다음처럼 KeyValueClient가 됩니다.

---

21 새로운 시도를 해보고 싶다면 FileListener나 stdio 스트림을 이용할 수도 있습니다.

```
type KeyValueClient interface {
    Get(ctx context.Context, in *GetRequest, opts ...grpc.CallOption)
        (*GetResponse, error)
    Put(ctx context.Context, in *PutRequest, opts ...grpc.CallOption)
        (*PutResponse, error)
    Delete(ctx context.Context, in *DeleteRequest, opts ...grpc.CallOption)
        (*PutResponse, error)
}
```

.proto 파일에서 기술했던 모든 메서드가 코드에 나와 있으며 각각은 요청 타입의 포인터를 매개변수로 받고 응답 타입의 포인터와 error를 반환합니다.

추가로 각 메서드는 context.Context와(혹시 이것이 무엇이었는지, 어떻게 사용하는 것인지 잘 기억나지 않는다면 4장의 'Context 패키지'를 참고하기 바랍니다) 0개 이상의 grpc.CallOption도 매개변수로 받습니다. CallOption은 호출을 처리할 때 클라이언트의 동작을 수정하기 위해 사용됩니다. 더 자세한 내용은 gRPC API 문서를 참고하기 바랍니다.[22]

다음 코드는 gRPC 클라이언트를 어떻게 생성하고 사용하는지 보여줍니다.

```
package main

import (
    "context"
    "log"
    "os"
    "strings"
    "time"

    pb "github.com/cloud-native-go/ch08/keyvalue"
    "google.golang.org/grpc"
)

func main() {
    // gRPC 서버로 연결을 맺습니다.
    conn, err := grpc.Dial("localhost:50051", grpc.WithInsecure(),
        grpc.WithBlock(), grpc.WithTimeout(time.Second))
```

---

22 https://oreil.ly/t8fEz

```go
    if err != nil {
        log.Fatalf("did not connect: %v", err)
    }
    defer conn.Close()

    // 새로운 클라이언트 인스턴스를 만듭니다.
    client := pb.NewKeyValueClient(conn)

    var action, key, value string

    // "set foo bar" 형태의 인자를 받는다고 가정하고 있습니다.
    if len(os.Args) > 2 {
        action, key = os.Args[1], os.Args[2]
        value = strings.Join(os.Args[3:], " ")
    }

    // 1초 타임아웃을 갖는 context를 생성합니다.
    ctx, cancel := context.WithTimeout(context.Background(), time.Second)
    defer cancel()

    // 각각 client.Get()과 client.Put()을 요청합니다.
    switch action {
    case "get":
        r, err := client.Get(ctx, &pb.GetRequest{Key: key})
        if err != nil {
            log.Fatalf("could not get value for key %s: %v\n", key, err)
        }
        log.Printf("Get %s returns: %s", key, r.Value)

    case "put":
        _, err := client.Put(ctx, &pb.PutRequest{Key: key, Value: value})
        if err != nil {
            log.Fatalf("could not put key %s: %v\n", key, err)
        }
        log.Printf("Put %s", key)

    default:
        log.Fatalf("Syntax: go run [get|put] KEY VALUE...")
    }
}
```

이 예제는 커맨드라인을 통해 전달받는 값을 파싱하여 Get과 Put 중 어느 작업을 수행해야 하는지 결정합니다.

우선 grpc.Dial 함수를 이용해 gRPC 서버와 연결을 맺습니다. grpc.Dial 함수는 목적지 주소와 하나 이상의 grpcDialOption 인자를 받아 어떻게 연결을 맺을지 설정합니다. 예제에서는 세 가지 옵션을 사용했습니다.

- WithInsecure

    ClientConn에 대한 전송 계층 보안 기능을 비활성화합니다. 운영 환경에서는 전송 계층의 보안 기능을 비활성화하면 안 됩니다.

- WithBlock

    연결될 때까지 Dial 함수를 블록시킵니다. 옵션을 사용하지 않으면 백그라운드에서 연결을 맺게 됩니다.

- WithTimeout

    연결을 맺는 데 지정된 타임아웃 시간 이상이 소요되면 Dial을 블록시키고 에러를 발생시킵니다.

다음으로 NewKeyValueClient를 사용하여 새로운 KeyValueClient를 만들고 커맨드라인으로부터 인자를 받습니다.

마지막으로 인자에서 식별한 action 값에 따라 client.Get이나 client.Put을 호출하며 각 메서드는 적절한 반환 타입과 error를 반환합니다.

한 번 더 말하지만 이 함수들은 마치 로컬에서 구현된 함수를 호출하는 것과 똑같습니다. 상태 코드를 확인하지 않고 클라이언트를 직접 만들지 않으며 우스꽝스러운 비즈니스 로직도 들어가 있지 않습니다.

8.4 플러그인을 이용한 로컬 리소스의 느슨한 결합

원격 혹은 분산 리소스가 아닌 로컬 리소스에 대한 느슨한 결합이라는 주제는 '클라우드 네이티브' 기술을 논의하는 데 적절하지 않아 보일 수 있습니다. 그러나 이런 패턴이 얼마나 자주 유용하게 사용되는지 알고 나면 정말 놀랄 것입니다.

예를 들어 서로 다른 종류의 입력 소스(REST 인터페이스, gRPC 인터페이스, chatbot 인터페이스 등)에서 데이터를 수신하거나 다른 종류의 출력(다른 종류의 로깅이나 지표 형식 등)을 생성하는 서비스 및 도구를 만드는 것은 무척 유용할 수 있습니다. 보너스로 이러한 모듈성을 지원하는 설계는 테스트를 위한 모의 리소스를 정말 쉽게 만들도록 해줍니다.

'육각형 아키텍처Hexagonal Architecture'에서 살펴보겠지만 전체 소프트웨어 아키텍처조차도 이런 컨셉으로 만들어졌습니다. 플러그인 기술에 대한 고찰 없이는 느슨한 결합에 대한 논의가 불가능합니다.

8.4.1 플러그인 패키지를 통한 프로세스 내부 플러그인

Go는 표준 플러그인 패키지 형태[23]로 네이티브 플러그인 시스템을 제공합니다. 이 패키지는 Go 플러그인을 열고 접근하는 데 사용되며 플러그인을 실제 만들 때 필요한 것은 아닙니다.

이어서 설명하겠지만 Go 플러그인을 만들고 사용하기 위해 필요한 것은 많지 않습니다. 플러그인이나 plugin 패키지를 임포트할 필요조차 없습니다. Go 플러그인을 만들 때 확인해야 할 세 가지 요구사항이 있는데, 우선 플러그인 코드는 main 패키지 내에 존재해야 하며 하나 혹은 그 이상의 함수나 변수를 갖고 있어야 한다는 것입니다. 또한 -buildmode=plugin 빌드 플래그를 사용하여 컴파일되어야 합니다. 이것이 전부입니다.

[**Column**] **Go 플러그인 주의 사항**

Go 플러그인의 주제로 깊이 들어가기 전에 앞으로 마주치게 될 몇 가지 주의 사항에 대해 이야기하겠습니다.

1. Go 버전 1.17.5 기준으로 Go 플러그인은 리눅스, FreeBSD, macOS 환경만 지원합니다.[24]
2. 플러그인을 만들 때 사용한 Go 버전은 이를 사용하는 Go의 버전과 똑같아야 합니다. 다시 말해 Go 1.17.4에서 만든 플러그인은 Go 1.17.5에서 사용할 수 없습니다.
3. 마찬가지로 프로그램과 플러그인에서 사용한 모든 패키지의 버전도 같아야 합니다.
4. CGO_ENABLED를 사용하여 만들어진 플러그인은 크로스 컴파일을 더 복잡하게 만들 수 있습니다.

이러한 조건 때문에 Go 플러그인은 같은 코드 기반 내에서 사용하는 것이 가장 적절하며, 배포 가능한 플러그인을 만들 때 고려해야 할 숙제가 됩니다.

---

23 https://oreil.ly/zxt9W
24 옮긴이: https://pkg.go.dev/plugin

플러그인 용어

플러그인에 대해 더 알아보기 전에 플러그인과 관련해 사용되는 용어들을 정의할 필요가 있습니다. 다음 용어들은 플러그인의 콘셉트에 대한 설명이고 각각은 plugin 패키지의 상응하는 타입이나 함수를 갖고 있습니다. 이들에 대한 자세한 내용은 예제를 통해 살펴보겠습니다.

- **플러그인**

  플러그인은 -buildmode=plugin 빌드 플래그와 함께 빌드된 하나 혹은 그 이상의 함수와 변수를 갖는 Go의 main 패키지입니다. plugin 패키지에 Plugin 타입으로 기술되어 있습니다.

- **열기**

  플러그인을 연다는 것은 플러그인을 메모리에 로딩하고 유효성을 확인한 뒤 노출된 심벌 Symbol을 찾는 프로세스입니다.

  파일 시스템 내의 알려진 위치에 있는 플러그인은 Open 함수를 이용해 열 수 있으며 *Plugin 값을 반환합니다.

  ```
  func Open(path string) (*Plugin, error)
  ```

- **심벌**

  플러그인 심벌은 플러그인의 패키지에서 내보낸 변수 또는 함수입니다. 심벌은 '찾아보기'를 이용해 추출할 수 있으며 플러그인 패키지에 Symbol 타입으로 표시됩니다.

  ```
  type Symbol interface{}
  ```

- **탐색**

  탐색한다는 것은 무언가를 찾고 플러그인이 내보낸 심벌을 추출하는 것을 말합니다. plugin 패키지의 Lookup 메서드가 이 기능을 제공하며 Symbol 값을 반환합니다.

  ```
  func (p *Plugin) Lookup(symName string) (Symbol, error)
  ```

다음 절에서는 토이 프로젝트를 통해 이런 리소스들이 어떻게 사용되는지 살펴보고 프로세스에 대해 보다 자세히 알아보겠습니다.

토이 플러그인 예제

플러그인 패키지가 제공하는 API 하나를 검토하는 것만으로도 많은 것을 배울 수 있습니다. 따라서 다양한 동물을 이야기하는 토이 프로젝트를 플러그인으로 직접 구현해보겠습니다.[25]

이 예에서는 다음과 같은 구조로 세 개의 독립적인 패키지를 만들어볼 것입니다.

```
~/cloud-native-go/ch08/go-plugin
├──── duck
│     └──── duck.go
├──── frog
│     └──── frog.go
└──── main
      └──── main.go
```

duck/duck.go와 frog/frog.go 파일은 각각 하나의 플러그인을 만드는 데 필요한 소스 코드입니다. main/main.go 파일에는 main 함수가 있으며 frog.go와 duck.go를 빌드하여 생성할 플러그인을 불러오고 사용할 것입니다. 이 예의 완전한 소스 코드는 깃허브 저장소에서 다운로드할 수 있습니다.[26]

Sayer 인터페이스

플러그인을 유용하게 사용하기 위해 플러그인에 접근하는 함수는 어떤 심벌을 찾고 있으며, 해당 심벌이 어떤 계약에 부합해야 하는지 알 수 있어야 합니다. 이를 위한 방법 중 하나가 심벌이 만족할 것으로 예상되는 인터페이스를 사용하는 것입니다. 우리가 만든 구현에서 플러그인은 하나의 심벌 Animal만 노출할 것이고 이는 다음의 Sayer 인터페이스를 만족할 것입니다.

```go
type Sayer interface {
    Says() string
}
```

이 인터페이스는 단 하나의 메서드 Says만 구현되어 있으며 이 메서드는 동물의 종류를 알려주는 역할을 합니다.

---

25 네, 동물에 대한 작업은 이전에도 해봤던 것으로 기억하고 있습니다. 설마 고소하려는 것은 아니겠지요?

26 https://oreil.ly/9jRyU

Go 플러그인 코드

코드는 두 개의 개별 플러그인 duck/duck.go와 frog/frog.go를 갖고 있습니다.

다음 코드는 첫 번째 코드 duck/duck.go의 전부이며, 플러그인 구현에 필요한 모든 요구사항을 보여줍니다.

```go
package main

type duck struct{}

func (d duck) Says() string {
    return "quack!"
}

// Animal은 심벌로 내보내집니다.
var Animal duck
```

이번 절의 도입부에서 설명한 것처럼 Go 플러그인을 만들기 위해 필요한 것은 몇 가지 되지 않습니다. 먼저 살펴본 것처럼 하나 이상의 변수나 함수를 노출하는 main 패키지를 만드는 것만으로도 충분합니다.

앞의 플러그인 코드는 Sayer 인터페이스를 만족시키는 Animal 기능 단 하나만 구현해 내보냅니다. 내보낸 패키지 변수와 심벌은 공유 라이브러리 심벌로 플러그인에 노출되어 나중에 찾아볼 수 있어야 합니다. 우리 코드는 특히 내보낸 Animal 심벌을 찾아봐야 합니다.

예제는 하나의 심벌만 구현하고 있지만 심벌의 개수 자체에는 제한이 없습니다. 필요하다면 더 많은 심벌을 내보낼 수 있습니다.

기본적으로 frog/frog.go 파일도 동일하기 때문에 따로 코드를 공유하지는 않겠습니다. 다만 플러그인이 사용자가 기대하는 규격을 만족하기만 하면, 플러그인 내부의 코드가 어떻게 되어 있는지는 중요하지 않다는 것을 기억해둘 필요가 있습니다. 사용자가 기대하는 규격은 다음과 같습니다.

- 플러그인은 Animal이라는 이름의 심벌을 노출합니다.
- Animal 심벌은 Sayer 인터페이스가 정의하는 계약을 준수합니다.

플러그인 빌드하기

Go 플러그인을 빌드하는 것은 반드시 빌드 매개변수로 -buildmode=plugin을 사용해야 한다는 점을 제외하면 일반적인 main 패키지의 빌드와 매우 유사합니다.

duck/duck.go 플러그인 코드를 빌드하기 위해 다음 명령을 입력합니다.

```
$ go build -buildmode=plugin -o duck/duck.so duck/duck.go
```

빌드 결과물은 ELF Executable Linkable Format 형식을 갖는 공유 오브젝트 파일(.so)입니다.

```
$ file duck/duck.so
duck/duck.so: Mach-O 64-bit dynamically linked shared library x86_64
```

ELF 파일은 커널에 의해 메모리에 적재되면 쉽게 탐색하고 접근할 수 있도록 심벌이 노출되기 때문에 플러그인을 위해 널리 사용되는 파일 형식입니다.

Go 플러그인 사용하기

이제 .so 확장자를 가진 플러그인 빌드가 끝났으므로 이 플러그인을 불러와 사용하는 코드를 작성해야 합니다.

지금까지 플러그인을 빌드하고 사용 준비를 하는 동안 plugin 패키지를 사용할 필요가 없었다는 사실에 주목하기 바랍니다. 이제 플러그인을 사용해야 하는 시점이 되었으므로 plugin 패키지를 사용해보겠습니다.

플러그인을 찾아서 열고 사용하기 위해 지금부터 설명할 몇 가지 단계를 따라야 합니다.

플러그인 패키지 불러오기

중요한 일부터 해봅시다. 플러그인을 열고 접근하는 데 필요한 도구를 제공하는 plugin 패키지를 불러옵니다.

다음 예제는 구현할 코드에서 필요한 fmt, log, os 패키지와 함께 플러그인 사용 시 가장 중요한 plugin 패키지를 불러옵니다.

```
import (
    "fmt"
```

```
    "log"
    "os"
    "plugin"
)
```

플러그인 찾기

플러그인을 적재하기 위해 플러그인 파일의 상대 경로나 절대 경로를 알아야 합니다. 이를 위해 플러그인 바이너리는 몇 가지 패턴에 따라 명명될 필요가 있으며 쉽게 찾을 수 있도록 사용자의 명령이 수행되는 경로나 지정된 곳에 위치해야 합니다.

예제에서는 쉽게 설명하기 위해 플러그인이 사용자가 선택한 동물과 같은 이름을 사용하고 예제 실행 위치로부터 상대적인 경로에 존재한다고 가정하겠습니다.

```
if len(os.Args) != 2 {
    log.Fatal("usage: run main/main.go animal")
}

// 동물의 이름과 필요한 공유 오브젝트(.so) 파일을 찾을 수 있는 경로를 획득합니다.
name := os.Args[1]
module := fmt.Sprintf("./%s/%s.so", name, name)
```

이러한 접근 전략은 컴파일 시 만든 플러그인이 존재할 필요가 없고 알 필요도 없다는 것을 의미합니다. 이 방법을 통해 우리는 필요한 패키지가 무엇이든 구현 후 필요에 따라 동적으로 적재하고 접근하여 사용할 수 있게 됩니다.

플러그인 열기

플러그인의 경로가 확보되었으므로 Open 함수를 이용해 플러그인을 열 수 있습니다. 플러그인을 열어 메모리에 적재하면 가용한 심벌을 탐색할 수 있습니다. Open 함수는 *Plugin 값을 반환하며 이는 나중에 플러그인이 노출하고 있는 심벌을 찾을 때 사용할 수 있습니다.

```
// 플러그인을 열고 *plugin.Plugin을 얻습니다.
p, err := plugin.Open(module)
if err != nil {
    log.Fatal(err)
}
```

Open 함수를 이용해 플러그인을 처음 열면 초기화를 위해 패키지의 init 함수가 호출됩니다 (코드에는 아직 구현되지 않은 부분입니다). 또한 패키지의 main 함수는 실행되지 않습니다.

플러그인이 열리면 단일 표준 *Plugin 값이 메모리에 적재됩니다. 특정 경로에 대해 Open 함수가 이미 실행된 경우 동일 경로에 대해 Open 함수가 다시 호출되더라도 동일한 *Plugin 값을 반환합니다. 플러그인은 한 번 이상 적재될 수 없고 열린 플러그인을 닫을 수도 없습니다.

심벌 찾기

패키지가 내보낸(따라서 플러그인이 심벌로 노출하고 있는) 변수 혹은 함수를 추출하려면 Lookup 메서드를 사용해야 합니다. 안타깝게도 plugin 패키지는 플러그인이 노출하는 모든 리스트를 볼 수 있는 방법을 제공하지 않습니다. 따라서 심벌 이름을 미리 알고 있어야 합니다.

```
// Lookup은 플러그인 p에서 "Animal"이라는 이름의 심벌을 검색합니다.
symbol, err := p.Lookup("Animal")
if err != nil {
    log.Fatal(err)
}
```

심벌이 플러그인 p 안에 존재하는 경우 Lookup은 Symbol 값을 반환합니다. 만약 심벌이 없다면 nil 대신 error를 반환합니다.

심벌을 표명하고 사용하기

이제 심벌을 확보했으니 우리가 원하는 형태로 바꿔 사용할 수 있습니다. 이 작업을 쉽고 간편하게 할 수 있도록 Symbol 타입은 interface{} 값으로 리브랜딩되어 있습니다.

plugin 소스 코드를 살펴보면 'Type Symbol interface{}'라는 코드가 있습니다. 이는 심벌 타입을 알고 있는 경우 타입 표명Assertion을 이용해 심벌을 강력한 타입 값으로 지정할 수 있고 필요에 맞게 사용할 수 있다는 것을 의미합니다.

```
// 심벌 인터페이스가 Sayer 인터페이스를 갖도록 표명합니다.
animal, ok := symbol.(Sayer)
if !ok {
    log.Fatal("that's not a Sayer")
}
```

```
// 이제 불러온 플러그인을 사용할 수 있습니다.
fmt.Printf("A %s says: %q\n", name, animal.Says())
```

이 예제에서는 symbol 값이 Sayer 인터페이스를 만족한다고 표명하고 있습니다. 표명한 내용에 문제가 없으면 동물이 말하는 것을 출력할 수 있고, 만약 그렇지 않다면 자연스럽게 프로그램을 종료할 수 있습니다.

예제 실행하기

이제 플러그인을 열고 접근하는 메인 코드가 작성되었습니다. Go로 작성한 다른 main 패키지처럼 실행하고 인자로 동물의 이름을 전달해보겠습니다.

```
$ go run main/main.go duck
A duck says: "quack!"

$ go run main/main.go frog
A frog says: "ribbit!"
```

메인 소스 코드를 변경하지 않고 임의의 플러그인을 나중에 구현할 수도 있게 되었습니다.

```
$ go run main/main.go fox
A fox says: "ring-ding-ding-ding-dingeringeding!"
```

8.4.2 RPC를 이용한 해시코프의 Go 플러그인 시스템

Go의 표준 plugin 패키지가 발표되기 약 1년 전인 2016년 이래 해시코프의 Go 플러그인 시스템은 해시코프 내부뿐 아니라 외부의 기업에서도 널리 사용되고 있습니다.

공유 라이브러리를 사용하는 Go 플러그인과 달리 해시코프의 플러그인은 exec.Command를 사용하여 실행되는 단독 프로세스이기 때문에 공유 라이브러리에 비해 다음과 같은 확실한 이점이 있습니다.

- **호스트 프로세스를 망가뜨리지 않습니다**

  별도의 프로세스로 동작하기 때문에 플러그인 내에서 발생한 panic이 플러그인 사용자를 자동으로 망가뜨리는 일이 없습니다.

- **Go 버전에 대해 자유로운 편입니다**

  Go의 플러그인은 버전의 영향을 많이 받는 것으로 유명합니다. 해시코프 플러그인은 버전의 영향을 훨씬 덜 받으며, 단지 플러그인만 계약을 준수하는지 봅니다. 물론 명시적으로 프로토콜 버전을 표기할 수도 있습니다.

- **상대적으로 안전합니다**

  해시코프 플러그인은 플러그인을 사용하는 프로세스의 전체 메모리 공간에 접근하지 않고 정의된 인터페이스와 전달된 매개변수에만 접근합니다.

물론 몇 가지 단점도 존재합니다.

- **더 장황합니다**

  해시코프 플러그인은 Go 플러그인에 비해 더 많은 보일러플레이트^{Boilerplate} 코드가 필요합니다.

- **성능이 낮습니다**

  해시코프 플러그인 내에서의 모든 데이터 교환은 RPC를 통하기 때문에 일반적으로 Go 플러그인의 성능이 더 뛰어납니다.

그럼 해시코프 플러그인을 이용해 간단한 플러그인을 만들 때 필요한 사항을 살펴보겠습니다.

또 다른 토이 플러그인 예제

사과는 사과와 비교할 수 있습니다. 따라서 앞에 나온 '토이 플러그인 예제'에서 표준 plugin 패키지를 만들었던, 어떤 동물이 말을 하는지 알려주는 프로그램과 기능적으로 동일한 프로그램을 만들어 볼 것입니다.

앞 예제와 마찬가지로 다음과 같은 구조를 갖는 여러 독립 패키지를 생성하겠습니다.

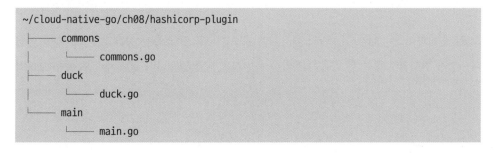

```
~/cloud-native-go/ch08/hashicorp-plugin
├── commons
│       └── commons.go
├── duck
│       └── duck.go
└── main
        └── main.go
```

앞의 예제와 마찬가지로 duck/duck.go 파일은 플러그인에 대한 소스 코드이고 main/main.go 는 플러그인을 적재하고 사용하는 main 함수를 가진 코드입니다. 이 두 가지 파일은 모두 독립 적으로 컴파일되어 별도의 실행 바이너리를 만들기 때문에 두 파일 모두 main 패키지를 갖고 있습니다.

commons 패키지는 이번 예제에서 새롭게 등장한 파일입니다. 이 파일은 플러그인과 사용자에 게 공유되는 몇 가지 리소스를 갖고 있으며 서비스 인터페이스와 몇 가지 RPC 보일러플레이 트를 포함합니다.

이전 예제처럼 완전한 소스 코드는 이 책의 깃허브 저장소에서 찾아볼 수 있습니다.[27]

공통코드

commons 패키지는 플러그인과 사용자 모두 공유하는 몇 가지 리소스를 갖고 있기 때문에 우리 예제에서도 플러그인과 클라이언트 코드 양쪽에서 모두 commons 패키지를 임포트했습니다.

패키지는 RPC 스텁을 포함하고 있으며 이는 net/rpc 패키지가 호스트에 대한 서비스 추상화 를 정의하고 플러그인이 서비스에 대한 구현할 수 있도록 하는 데 사용됩니다.

Sayer 인터페이스

commons 패키지가 가진 첫 번째 리소스는 Sayer 인터페이스입니다. 이는 서비스 인터페이스이 며 플러그인 서비스 구현이 따라야 하고, 호스트가 기대하는 서비스 계약을 제공합니다.

또한 이것은 앞 부분의 'Sayer 인터페이스'에서 사용했던 것과 동일한 인터페이스입니다.

```go
type Sayer interface {
    Says() string
}
```

Sayer 인터페이스는 Says라는 단일 메서드만 제공합니다. 앞 코드는 공유되는 코드지만 인터 페이스가 변경되지 않는 한 공유된 계약은 특별히 문제가 없습니다 결합 정도도 낮은 수준입 니다.

---

27 https://github.com/dybooksIT/cloud-native-go

SayerPlugin 구조체

조금 더 복잡한 공통 리소스는 SayerPlugin으로 다음 코드와 같습니다.

```
type SayerPlugin struct {
    Impl Sayer
}

func (SayerPlugin) Client(b *plugin.MuxBroker, c *rpc.Client) (interface{}, error) {
    return &SayerRPC{client: c}, nil
}

func (p *SayerPlugin) Server(*plugin.MuxBroker) (interface{}, error) {
    return &SayerRPCServer{Impl: p.Impl}, nil
}
```

Client와 Server 메서드는 Go의 표준 net/rpc 패키지가 기대하는 것처럼 우리 서비스를 설명하는 데 사용됩니다. 책에서는 이 패키지들을 다루지 않지만 혹시 관심이 있다면 Go 공식 문서[28]에서 많은 정보를 찾아보기 바랍니다.

두 메서드 모두 멀티플렉싱된 스트림을 만들 때 사용하는 plugin.MuxBroker를 매개변수로 받습니다. 이는 매우 유용한 구현이기는 하지만 이 책에서 다루지 않는 심화된 사용 사례입니다.

참고로 앞 코드는 plugin.Plugin의 구현체이며 github.com/hashicorp/go-plugin 패키지에서 가지고 온 프라이머리 플러그인 인터페이스입니다.

> **NOTE** github.com/hashicorp/go-plugin 저장소의 패키지 선언은 경로명에서 알 수 있는 것처럼 go-plugin이 아닌 plugin입니다. 필요하면 임포트 구문을 조정하기 바랍니다.

SayerRPC 클라이언트 구현

SayerPlugin의 Client 메서드는 다음 코드와 같이 SayerRPC 구조체로 적절히 이름 지어진 RPC 클라이언트를 통해 통신하는 Sayer 인터페이스 구현을 제공합니다.

---

28 https://oreil.ly/uoe8k

```go
type SayerRPC struct{ client *rpc.Client }

func (g *SayerRPC) Says() string {
    var resp string

    err := g.client.Call("Plugin.Says", new(interface{}), &resp)
    if err != nil {
        panic(err)
    }

    return resp
}
```

SayerRPC는 Go의 RPC 프레임워크를 이용해 플러그인에 구현된 Says 메서드를 원격으로 호출합니다. *rpc.Client가 제공하는 Call 메서드를 매개변수 없이 호출하고(Says 메서드는 매개변수를 사용하지 않기 때문에 빈 interface{}를 전달합니다) 응답을 추출하여 resp 문자열에 넣습니다.

핸드셰이크 설정

HandshakeConfig는 호스트와 플러그인이 기본적인 핸드셰이크를 수행하기 위해 필요한 정보이며 호스트와 플러그인 양쪽에서 사용됩니다. 가령 플러그인이 다른 프로토콜 버전으로 컴파일되어 핸드셰이크가 실패하면 사용자 친화적인 에러가 출력됩니다. 이를 통해 사용자가 잘못된 플러그인을 실행하거나 플러그인을 직접 실행하는 것을 방지할 수 있습니다. 이것은 보안을 위한 기능이 아니라 UX를 위해 제공되는 기능이라는 것을 기억하기 바랍니다.

```go
var HandshakeConfig = plugin.HandshakeConfig{
    ProtocolVersion: 1,
    MagicCookieKey: "BASIC_PLUGIN",
    MagicCookieValue: "hello",
}
```

SayerRPCServer 서버 구현

SayerPlugin의 Server 메서드는 SayerRPCServer 구조체 기반의 RPC 서버 정의를 통해 net/rpc 패키지와 동일한 방식으로 실제 메서드를 서비스합니다.

```
type SayerRPCServer struct {
    Impl Sayer              // Impl은 실제 구현을 포함하고 있습니다.
}

func (s *SayerRPCServer) Says(args interface{}, resp *string) error {
    *resp = s.Impl.Says()
    return nil
}
```

SayerRPCServer는 Sayer 서비스를 직접 구현하지 않습니다. 그 대신 Says 메서드를 이용해 Sayer가 구현되어 있는 Impl을 호출하고 이것을 플러그인 빌드 시 제공합니다.

플러그인 구현

지금까지 플러그인 코드를 만들 수 있도록 호스트와 플러그인이 공통으로 사용하는 Sayer 인터페이스와 RPC 스텁을 만들었습니다.

이번 절의 코드는 main/main.go 파일의 전체 코드입니다. 표준 Go 플러그인과 마찬가지로 해시코프 플러그인도 단독 실행 가능한 바이너리로 컴파일되기 때문에 main 패키지를 사용합니다. 사실 모든 해시코프 플러그인은 소형의 자체 RPC 서버라고 봐도 무방합니다.

```
package main
```

다음에는 plugin으로 참조할 commons 패키지와 hashicorp/go-plugin 패키지를 임포트해야 합니다.

```
import (
    "github.com/cloud-native-go/ch08/hashicorp-plugin/commons"
    "github.com/hashicorp/go-plugin"
)
```

플러그인 안에 우리가 필요한 기능을 실제로 구현하겠습니다. commons 패키지에 정의한 Sayer 인터페이스를 준수하는 한 우리가 원하는 대로[29] 코드를 구현할 수 있습니다.

---

29 분명한 것은 우리가 오리를 만들고 있다는 사실입니다.

```go
type Duck struct{}

func (g *Duck) Says() string {
    return "Quack!"
}
```

마침내 main 함수입니다. '보일러플레이트-Y' 같은 느낌이지만 이 역시 필요한 과정입니다.

```go
func main() {
    // service 구현을 만들고 초기화합니다.
    sayer := &Duck{}

    // pluginMap은 사용할 수 있는 플러그인의 맵입니다.
    var pluginMap = map[string]plugin.Plugin{
        "sayer": &commons.SayerPlugin{Impl: sayer},
    }

    plugin.Serve(&plugin.ServeConfig{
        HandshakeConfig: handshakeConfig,
        Plugins: pluginMap,
    })
}
```

main 함수는 세 가지 역할을 합니다. 첫째, 서비스 구현체를 생성하고 초기화합니다. 앞의 예제에서는 *Duck 값입니다. 다음으로 main 함수는 서비스 구현체를 pluginMap에 'sayer'라는 이름으로 매핑합니다. 원한다면 더 많은 플러그인을 구현하고 pluginMap에 서로 다른 이름으로 나열할 수 있습니다.

마지막으로 plugin.Serve를 호출하여 호스트 프로세스에서 들어오는 연결을 다루는 RPC 서버를 시작합니다. RPC 서버는 호스트와 핸드셰이크를 진행하고 서비스의 메서드가 호스트의 필요에 따라 실행되도록 합니다.

호스트 프로세스

플러그인 프로세스를 찾아 적재하고 실행하는 클라이언트인 메인 커맨드, 즉 호스트 프로세스를 구현합시다.

곧 살펴보겠지만 해시코프 플러그인을 사용하는 것은 앞 부분에 나온 'Go 플러그인 사용하기'에서 살펴봤던 Go 플러그인의 사용법과 크게 다르지 않습니다.

hashicorp/go-plugin과 commons 패키지 임포트

여느 때와 마찬가지로 패키지를 선언하고 임포트하는 것으로 시작하겠습니다. 임포트는 대부분 흥미로운 작업이 아니며 코드를 살펴봤을 때 그 필요성이 명확해야 합니다.

놀랍지는 않지만 흥미로워 보이는 임포트 두 가지는 `plugin`으로 참조할 `github.com/hashicorp/go-plugin`과 인터페이스, 핸드셰이크 설정을 갖고 있는 `commons` 패키지입니다. 두 가지 모두 호스트와 플러그인 양쪽에서 합의된 것이어야 합니다.

```
package main

import (
    "fmt"
    "log"
    "os"
    "os/exec"

    "github.com/cloud-native-go/ch08/hashicorp-plugin/commons"
    "github.com/hashicorp/go-plugin"
)
```

플러그인 찾기

플러그인은 외부 파일이므로 먼저 파일을 찾아야 합니다. 다시 한번 말하지만 코드의 단순함을 위해 플러그인의 이름은 사용자가 선택한 동물의 이름과 동일하며 코드 실행 위치로부터 상대적인 경로에 위치해 있다고 가정하겠습니다.

```
func main() {
    if len(os.Args) != 2 {
        log.Fatal("usage: run main/main.go animal")
    }

    // 동물 이름과 해당 동물에 대한 플러그인 실행 파일을 찾을 수 있는 경로를 인자로 받습니다.
    name := os.Args[1]
    module := fmt.Sprintf("./%s/%s", name, name)
```

```
    // 파일이 존재하는지 확인합니다.
    _, err := os.Stat(module)
    if os.IsNotExist(err) {
        log.Fatal("can't find an animal named", name)
    }
}
```

이러한 접근 방식의 경우 플러그인과 그 구현체는 그것을 사용하는 코드가 컴파일될 때 알 필요가 없으며 존재하지 않아도 된다는 것을 다시 한번 보여줍니다. 우리는 어떤 플러그인이든 원하는 시점에 구현할 수 있고 필요할 때 동적으로 사용할 수 있습니다.

플러그인 클라이언트 생성

해시코프 RPC 플러그인이 Go 플러그인과 차별화되는 첫 번째 지점은 플러그인 구현체를 추출하는 방법입니다. Go 플러그인은 플러그인을 '열고^{Opened}' 갖고 있는 심벌을 '찾아야^{Looked up}' 하는 반면, 해시코프 플러그인은 RPC로 만들어지고 RPC 클라이언트를 필요로 합니다.

이렇게 하기 위해서는 두 단계의 절차와 두 개의 클라이언트가 필요합니다. *plugin.Client는 플러그인 서브프로세스의 생애주기를 관리하고, plugin.ClientProtocol 구현체인 protocol 클라이언트는 플러그인 서브프로세스와 통신할 수 있습니다.

이 어설픈 API는 대부분 유래가 깊습니다만 보통 서브프로세스 관리를 담당하는 클라이언트와 RPC를 관리하는 클라이언트를 나눌 때 사용하곤 합니다.

```
// pluginMap은 사용할 수 있는 플러그인의 맵입니다.
var pluginMap = map[string]plugin.Plugin{
    "sayer": &commons.SayerPlugin{},
}

// 플러그인 프로세스를 시작합니다.
client := plugin.NewClient(&plugin.ClientConfig{
    HandshakeConfig: commons.HandshakeConfig,
    Plugins: pluginMap,
    Cmd: exec.Command(module),
})
defer client.Kill()

// RPC를 통해 플러그인과 연결합니다.
```

```
rpcClient, err := client.Client()
if err != nil {
    log.Fatal(err)
}
```

코드의 대부분은 필요한 플러그인의 매개변수를 plugin.ClientConfig 양식으로 정의하는 내용들로 구성되어 있습니다. 사용할 수 있는 전체 클라이언트 설정의 리스트는 무척 깁니다.[30] 이 예제에서는 그중 세 가지만 사용했습니다.

- **HandshakeConfig**

  핸드셰이크 설정입니다. 이 설정은 플러그인이 가진 핸드셰이크 설정과 맞아야 하며, 그렇지 않은 경우 다음 단계에서 에러가 발생합니다.

- **Plugins**

  사용하려는 플러그인의 이름과 타입이 기술된 맵[Map]입니다.

- **Cmd**

  *exec.Cmd 값으로 플러그인 서브프로세스를 시작하기 위한 명령을 나타냅니다.

모든 설정 관련 사항은 차치하고 우선 plugin.NewClient를 사용해 client라 부르는 *plugin.Client 값을 추출합시다.

값이 추출되면 프로토콜 클라이언트를 요청하기 위해 client.Client를 사용할 수 있습니다. 이것은 RPC를 사용해 플러그인 서브프로세스와 통신하는 방법을 알고 있기 때문에 rpcClient라고 부르겠습니다.

플러그인에 연결하고 Sayer 사용하기

프로토콜 클라이언트를 이용해 Sayer 구현체를 가져와서 사용할 수 있습니다.

```
// 클라이언트를 이용해 플러그인을 요청합니다.
raw, err := rpcClient.Dispense("sayer")
if err != nil {
    log.Fatal(err)
}
```

---

[30] https://oreil.ly/z29Ys

```
// 다음과 같이 Sayer를 사용할 수 있어야 합니다.
// 보통의 인터페이스 구현처럼 보이지만, 실제로는 RPC 연결을 이용하고 있습니다.
sayer := raw.(commons.Sayer)

// 이제 적재된 플러그인을 사용할 수 있습니다!
fmt.Printf("A %s says: %q\n", name, sayer.Says())
```

프로토콜 클라이언트에 있는 Dispense 함수를 사용하여 마침내 우리가 만든 Sayer 구현을
interface{}로 추출할 수 있을 것입니다. 이는 commons.Sayer 값이라 할 수 있으며 로컬 값과
같은 방식으로 바로 쓸 수 있습니다. 이면을 들여다보면 사실 우리의 sayer는 SayerRPC 값이고
이 함수에 대한 호출은 플러그인의 주소 공간에서 실행되는 RPC 호출을 트리거합니다.

다음 절에서는 완전히 느슨한 결합을 기반으로 하는 아키텍처 패턴인 육각형 아키텍처^{Hexagonal}
^{Architecture}를 소개하겠습니다. 여기서 느슨한 결합은 쉽게 교환할 수 있는 '포트와 어댑터^{Ports and}
^{Adapters}'를 그 환경에 연결함으로써 만들어집니다.

8.5 육각형 아키텍처

'포트와 어댑터' 패턴으로도 알려진 육각형 아키텍처는 느슨한 결합과 제어 역전을 중심 설계
철학으로 사용하는 아키텍처 패턴으로 비즈니스와 주변의 논리 사이에 명확한 경계를 수립합
니다.

> **NOTE** 부끄럽게도 '육각형 아키텍처'라는 이름이 특별히 무언가를 의미하지 않는다는 것을 알아차
> 리는 데 꽤 오랜 시간이 걸렸습니다. 처음 용어를 만들고 육각형 아키텍처에 대해 책[31]을 쓴
> 알리스테어 콕번(Alistair Cockburn)이 설계 내용을 설명하는 데 충분한 공간을 제공했
> 기 때문에 육각형을 선택했습니다.

육각형 애플리케이션에서 코어 애플리케이션은 외부 세계에 대해 자세한 내용을 알지 못하며
온전히 느슨하게 결합된 포트와 기술 관점의 어댑터를 통해서만 운영됩니다.

---

31 https://oreil.ly/sx5io

이와 같은 접근 방식은 애플리케이션에 코어 로직이나 큰 코드 변경이 없어도 다른 여러 가지 API(REST, gRPC, 시험용 하네스 등)를 노출하거나 서로 다른 데이터 소스(데이터베이스, 메시지 큐, 로컬 파일 등)를 사용할 수 있게 해줍니다.

8.5.1 아키텍처

그림 8-3과 같이 육각형 아키텍처는 중앙의 육각형 주변에 개념적으로 배치된 세 개의 컴포넌트로 구성됩니다.

- **코어 애플리케이션**

  육각형으로 표현된 애플리케이션입니다. 이것은 모든 비즈니스 로직을 갖고 있지만 다른 기술이나 프레임워크 혹은 실제 애플리케이션이 사용되는 디바이스를 직접 참조하지 않습니다.

  비즈니스 로직은 애플리케이션이 REST나 gRPC API를 노출하고 있는지 혹은 데이터를 데이터베이스나 csv 파일로부터 가져오는지에 상관없이 동작해야 합니다. 애플리케이션은 포트를 통해서만 세상을 바라봅니다.

- **포트와 어댑터**

  포트와 어댑터는 육각형의 경계에 표현되어 있습니다. 포트는 다른 종류의 행위자가 '플러그인'할 수 있도록 해주고 코어 서비스와 상호 작용합니다. 어댑터는 포트로 '플러그인' 되고 코어 애플리케이션과 행위자 사이에 신호를 변환합니다.

  예를 들어 여러분의 애플리케이션은 '데이터 어댑터'를 꽂을 수 있는 '데이터 포트'를 갖고 있을 것입니다. 하나의 데이터 어댑터는 다른 어댑터가 메모리 내의 데이터스토어나 자동화된 하네스에 쓰기 작업을 하는 동안 데이터베이스로 쓰기 작업을 할 것입니다.

- **행위자**

  행위자는 사용자, 업스트림 서비스 등과 같이 코어 애플리케이션과 상호 작용하거나 스토리지 장치, 다운스트림 서비스 등과 같이 코어 애플리케이션이 상호 작용하는 환경의 무엇이든 될 수 있습니다. 행위자는 육각형의 바깥쪽에 존재합니다.

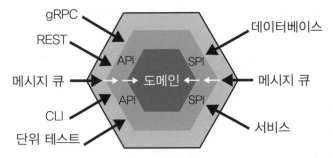

그림 8-3 육각형 서비스의 모든 의존성은 안쪽을 향합니다. 육각형은 코어 애플리케이션의 도메인과 API 레이어를 나타내고 포트와 어댑터는 육각형의 경계상에 화살표로 표시되며 각각은 특정한 행위자와 인터페이스합니다.

전통적인 계층 아키텍처에서는 모든 의존성이 같은 방향을 가리키며 각 레이어는 바로 아래의 계층에 의존합니다. 반면에 육각형 아키텍처에서는 모든 의존성이 내부를 향합니다. 코어 비즈니스 로직은 바깥 세상에 대해 자세히 알지 못하고, 어댑터는 정보를 코어 애플리케이션으로부터 어떻게 가져오거나 보내는지 알고 있습니다. 바깥 세상의 어댑터는 행위자와 어떻게 상호 작용해야 하는지 알고 있습니다.

8.5.2 육각형 서비스 구현

구현을 위해 우리의 오랜 친구인 키-값 저장소를 리팩터링하겠습니다.

5장의 내용을 복기해보면 키-값 저장소의 코어 애플리케이션은 RESTful이나 gRPC를 통해 접근 가능한 인메모리 맵으로부터 값을 읽고 씁니다. 5장 후반부에서는 모든 트랜잭션을 어느 저장소로든 쓰고 시스템이 재시작되었을 때 다시 불러오는 트랜잭션 로거를 구현했습니다.

여기서는 구현했던 서비스의 중요한 코드 조각들을 다시 만들어볼 것입니다만 어떤 코드를 만들었는지 복기해보고 싶다면 5장으로 잠시 갔다 와도 좋습니다.

지금까지 이 책에서는 서비스의 몇 가지 컴포넌트에 대해 서로 다른 구현을 해왔습니다. 이 구현들은 포트와 어댑터 패턴을 위한 좋은 후보들입니다.

- **프론트엔드**

  5장 '제너레이션1: 모놀리스' 부분에서는 REST 방식의 프론트엔드를 구현했고 이 장 앞쪽의 'gRPC를 이용한 원격 프로시저 호출'에서는 gRPC로 만든 프론트엔드를 구현했습니다. 우리는 하나의 '드라이버' 포트로 각각의 방식을 지원하는 두 개의 어댑터를 연결해 이들을 사용하도록 할 수 있습니다.

- **트랜잭션 로거**

    5장의 '트랜잭션 로그란 무엇일까' 부분에서 두 가지 트랜잭션 로그를 만들었습니다. 이
    들도 '드라이버' 포트와 어댑터를 사용하기 좋아 보입니다.

비즈니스 로직에 대한 구현은 이미 되어 있으므로 우리가 해야 할 일은 '육각형' 아키텍처에 맞
도록 코드를 리팩터링하는 것입니다.

1. 5장 '제너레이션 0: 핵심 기능'에서 구현했던 원래의 코어 애플리케이션은 공개 함수를
   전용으로 사용했습니다. 여기서는 이것을 '포트와 어댑터' 형식으로 쉽게 사용할 수 있도
   록 구조체 메서드로 리팩터링할 것입니다.

2. RESTful과 gRPC로 만들어진 프론트엔드는 코어 애플리케이션이 이들에 대해 알지 못
   한다는 점에서 이미 육각형 아키텍처에 잘 맞춰져 있지만 main 함수 내에 만들어져 있어
   수정이 필요합니다. 여기서는 이들을 FrontEnd 어댑터로 바꿔 코어 애플리케이션을 전달
   할 수 있도록 할 것입니다. 이 패턴은 전형적인 '드라이버^{Driver}' 포트 패턴입니다.

3. 트랜잭션 로거 자체는 리팩터링이 많이 필요하지 않습니다. 다만 현재 프론드엔드 로직
   에 포함되어 있다는 문제가 있습니다. 코어 애플리케이션을 리팩터링할 때 트랜잭션 로
   거 포트를 추가하여 어댑터가 코어 로직에 전달될 수 있도록 할 것입니다. 이 패턴도 전
   형적인 '드라이버' 포트 패턴입니다.

다음 절에서는 만들어진 컴포넌트들을 육각형 원칙에 맞춰 리팩터링해보겠습니다.

리팩터링된 컴포넌트

이번 예제를 위해 github.com/cloud-native-go/examples/ch08/hexarch 패키지에 포함된 모든
컴포넌트를 살펴봅시다.

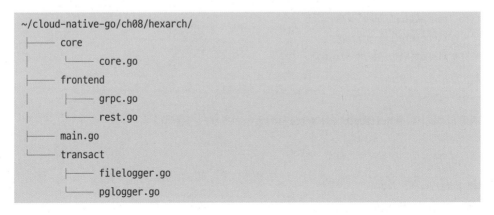

```
~/cloud-native-go/ch08/hexarch/
├── core
│   └── core.go
├── frontend
│   ├── grpc.go
│   └── rest.go
├── main.go
└── transact
    ├── filelogger.go
    └── pglogger.go
```

- **core**

  코어 키-값 애플리케이션 로직입니다. 여기서 중요한 점은 Go 표준 라이브러리 외에 외부 의존성이 없다는 것입니다.

- **frontend**

  REST와 gRPC 프론트엔드 드라이버 어댑터를 포함합니다. 이들은 core에 대한 의존성을 갖고 있습니다.

- **transact**

  파일과 PostgreSQL 트랜잭션 로거 드리븐 어댑터를 포함합니다. 이들도 core에 대한 의존성을 갖고 있습니다.

- **main.go**

  코어 애플리케이션 인스턴스를 만들어 드리븐 컴포넌트를 전달하고 드라이버 어댑터로 전달합니다.

전체 소스 코드는 깃허브 저장소에서 확인할 수 있습니다.[32] 높은 수준의 구조를 확인했으니 계속 진행하여 첫 번째 플러그를 구현합시다.

첫 번째 플러그

아마도 여러분은 리소스가 변경될 때마다 그 내용을 기록하기 위해 트랜잭션 로그를 구현했던 것을 기억할 것입니다. 이를 이용하면 서비스에 문제가 생겼거나 재시작됐을 때 혹은 뭔가 완전하지 못한 상태가 되었을 때 트랜잭션을 재현해서 다시 완전한 상태를 만들 수 있습니다.

우리는 5장의 '트랜잭션 로거 인터페이스'에서 TransactionLogger 인터페이스를 통해 범용 트랜잭션 로거를 만들기도 했습니다.

```
type TransactionLogger interface {
    WriteDelete(key string)
    WritePut(key, value string)
}
```

간략히 하기 위해 WriteDelete와 WritePut 메서드만 정의했습니다.

---

32 https://oreil.ly/SsujV

일반적인 '드리븐Driven' 어댑터의 관점에서는 코어 로직이 드리븐 어댑터에 대해 동작해야 하므로 코어 애플리케이션은 포트를 알아야 합니다. 즉, 이 코드는 core 패키지에 있어야 합니다.

코어 애플리케이션

5.3.1 '아주 간단한 API'의 원래 구현에서 트랜잭션 로거로 프로트엔드가 사용했습니다. 육각형 아키텍처에서는 TransactionLogger 인터페이스 형식의 포트를 코어 애플리케이션으로 옮깁니다.

```go
package core

import (
    "errors"
    "log"
    "sync"
)

type KeyValueStore struct {
    m        map[string]string
    transact TransactionLogger
}
func NewKeyValueStore(tl TransactionLogger) *KeyValueStore {
    return &KeyValueStore{
        m:        make(map[string]string),
        transact: tl,
    }
}

func (store *KeyValueStore) Delete(key string) error {
    delete(store.m, key)
    store.transact.WriteDelete(key)
    return nil
}

func (store *KeyValueStore) Put(key string, value string) error {
    store.m[key] = value
    store.transact.WritePut(key, value)
    return nil
}
```

5장의 '제너레이션 0: 핵심 기능'에서 만들었던 원래의 코드와 비교해보면 몇 가지 눈에 띄는 차이를 발견할 수 있습니다.

먼저 Put과 Delete는 더 이상 순수한 함수가 아닙니다. 이 함수들은 맵 데이터 구조체를 가진 새로운 KeyValueStore 구조체의 메서드입니다. 우리는 NewKeyValueStore 함수도 추가했으며 이 함수는 새로운 KeyValueStore 포인터 값을 초기화하여 반환합니다.

마지막으로 KeyValueStore 구조체는 TransactionLogger를 갖고 있으며 이는 Put과 Delete에 대해 각각 동작합니다. 이것이 우리의 포트입니다.

TransactionLogger 어댑터

5장에서는 두 개의 TransactionLogger를 구현했습니다.

- 'FileTransactionLogger 구현'에서는 파일 기반의 구현을 만들었습니다.
- 'PostgresTransactionLogger 구현'에서는 PostgreSQL 데이터베이스를 사용하는 구현을 만들었습니다.

이 두 가지는 transact 패키지로 옮겨졌습니다. 만들었던 코드는 TransactionLogger 인터페이스와 Event 구조체가 core 패키지에 있다는 사실만 제외하면 바뀐 것이 거의 없습니다.

하지만 둘 중 어떤 구현을 적재해야 하는지 어떻게 결정할 수 있을까요? Go는 애너테이션 Annotation이나 보기 좋은 의존성 주입 기능이 없지만[33] 비슷한 동작을 구현할 수 있는 몇 가지 방법이 있습니다.

첫 번째 방법은 특정한 종류의 플러그인을 사용하는 것으로 Go 플러그인에서 주로 사용되는 방법입니다. 이는 코드를 전혀 변경하지 않은 채 어댑터를 바꾸고 싶을 때 쓸모가 있습니다.

더 일반적인 방법으로 초기화 함수에 의해 사용되는 일종의 '팩토리Factory' 함수[34]를 생각할 수 있습니다. 어댑터를 추가하려면 코드를 변경해야 하긴 합니다만 쉽게 변경 가능한 단일 위치에 격리되어 있습니다. 더 복잡한 접근 방법으로는 매개변수나 설정값을 받아 어떤 어댑터를 사용할 것인지 고르는 방법이 있습니다.

---

33 속이 다 시원합니다.

34 죄송합니다.

TransactionLogger 팩토리 함수의 예제는 다음과 같습니다.

```go
func NewTransactionLogger(logger string) (core.TransactionLogger, error) {
    switch logger {
    case "file":
        return NewFileTransactionLogger(os.Getenv("TLOG_FILENAME"))

    case "postgres":
        return NewPostgresTransactionLogger(
            PostgresDbParams{
                dbName:   os.Getenv("TLOG_DB_HOST"),
                host:     os.Getenv("TLOG_DB_DATABASE"),
                user:     os.Getenv("TLOG_DB_USERNAME"),
                password: os.Getenv("TLOG_DB_PASSWORD"),
            }
        )

    case "":
        return nil, fmt.Errorf("transaction logger type not defined")

    default:
        return nil, fmt.Errorf("no such transaction logger %s", s)
    }
}
```

앞 예제의 NewTransactionLogger 함수는 문자열로 필요한 구현을 받고 구현체 중 하나나 에러를 반환합니다. 환경 변수에서 적당한 매개변수를 추출할 때는 os.Getenv 함수를 사용합니다.

FrontEnd 포트

그렇다면 프론트엔드는 어떻게 해야 할까요? 기억을 더듬어보면 프론트엔드에 대한 구현도 두 가지를 만들었습니다.

- 5장의 '제너레이션 1: 모놀리스'에서 net/http와 gorilla/mux 패키지를 이용해 RESTful 인터페이스를 만들었습니다.

- 이 장 앞부분 'gRPC를 이용한 원격 프로시저 호출'에서는 gRPC를 이용해 RPC 인터페이스를 만들었습니다.

두 가지 구현 모두 서비스가 연결을 기다리도록 설정하고 시작하는 main 함수가 있습니다.

이들은 '드라이버' 포트이므로 코어 애플리케이션을 그들에게 전달해야 합니다. 두 가지 프론트엔드를 다음과 같은 인터페이스를 따르도록 리팩터링합시다.

```
package frontend

type FrontEnd interface {
    Start(kv *core.KeyValueStore) error
}
```

FrontEnd 인터페이스는 모든 프론트엔드 구현이 만족할 것으로 기대되는 우리의 '프론트엔드 포트'로 동작합니다. Start 메서드는 코어 애플리케이션 API를 *core.KeyValueStore 형태로 받고 이전에 main 함수에 존재했던 셋업 로직 또한 포함할 것입니다.

인터페이스가 준비되었으므로 이전에 구현한 두 가지 프론트엔드를 리팩터링하여 FrontEnd 인터페이스를 준수하도록 할 수 있으며 RESTful 프론트엔드에서부터 시작하겠습니다.

늘 그랬던 것처럼 전체 소스 코드와 gRPC 서비스의 리팩터링된 버전은 깃허브 저장소에서 확인할 수 있습니다.[35]

```
package frontend

import (
    "net/http"
    "github.com/cloud-native-go/examples/ch08/hexarch/core"
    "github.com/gorilla/mux"
)

// restFrontEnd는 코어 애플리케이션 로직에 대한 참조 정보를 갖고 있으며
// FrontEnd 인터페이스가 정의한 계약을 준수합니다.
type restFrontEnd struct {
    store *core.KeyValueStore
}

// keyValueDeleteHandler는 DELETE HTTP 메서드에 대한 로직을 다룹니다.
```

---

35 https://oreil.ly/9jRyU

```go
func (f *restFrontEnd) keyValueDeleteHandler(w http.ResponseWriter, r *http.Request)
{
    vars := mux.Vars(r)
    key := vars["key"]

    err := f.store.Delete(key)
    if err != nil {
        http.Error(w, err.Error(), http.StatusInternalServerError)
        return
    }
}

// ...다른 핸들러 함수는 생략했습니다.

// Start는 이전에 main 함수에 구현되어 있던 셋업과 시작 로직을 갖고 있습니다.
func (f *restFrontEnd) Start(store *core.KeyValueStore) error {
    // 코어 애플리케이션 참조를 기억하세요.
    f.store = store

    r := mux.NewRouter()

    r.HandleFunc("/v1/{key}", f.keyValueGetHandler).Methods("GET")
    r.HandleFunc("/v1/{key}", f.keyValuePutHandler).Methods("PUT")
    r.HandleFunc("/v1/{key}", f.keyValueDeleteHandler).Methods("DELETE")

    return http.ListenAndServe(":8080", r)
}
```

5장 '제너레이션 1: 모놀리스'에서 만들었던 코드와 비교하면 몇 가지 눈에 띄는 차이점이 보입니다.

- 모든 함수는 restFrontEnd 구조체에 메서드로 정의되어 있습니다.

- 코어 애플리케이션에 대한 모든 호출은 restFrontEnd 구조체에 있는 store 값을 통해 이루어집니다.

- 라우터 생성, 핸들러 정의, 서버 시작 기능은 Start 메서드에 구현되어 있습니다.

코드가 FrontEnd 포트와 일치하도록 하기 위해 비슷한 변경 사항들이 gRPC 프론트엔드 구현에도 적용될 것입니다.

이러한 일련의 변화들은 다음 예제처럼 사용자가 '프론트엔드 어댑터'를 쉽게 선택하고 사용할 수 있도록 해줍니다.

통합하기

다음은 새로 만들어진 main 함수입니다. 애플리케이션에서 필요한 모든 컴포넌트들을 main 함수에 연결해두었습니다.

```go
package main

import (
    "log"

    "github.com/cloud-native-go/examples/ch08/hexarch/core"
    "github.com/cloud-native-go/examples/ch08/hexarch/frontend"
    "github.com/cloud-native-go/examples/ch08/hexarch/transact"
)

func main() {
    // TransactionLogger를 만듭니다.
    // 이것은 어댑터로서 코어 애플리케이션의 TransactionLogger 포트에 연결됩니다.
    tl, err := transact.NewTransactionLogger(os.Getenv("TLOG_TYPE"))
    if err != nil {
        log.Fatal(err)
    }

    // Core를 생성하고 어떤 TransactionLogger를 사용할 것인지 알려줍니다.
    // 아래는 "드리븐 에이전트"의 예시입니다.
    store := core.NewKeyValueStore(tl)
    store.Restore()

    // 프론트엔드를 생성합니다.
    // 아래는 "드라이빙 에이전트"의 예시입니다.
    fe, err := frontend.NewFrontEnd(os.Getenv("FRONTEND_TYPE"))
    if err != nil {
        log.Fatal(err)
```

```
    }

    log.Fatal(fe.Start(store))
}
```

우선 환경 변수의 `TLOG_TYPE` 값에 따라 트랜잭션 로거를 생성했습니다. 이것을 가장 먼저 한 이유는 '트랜잭션 로거 포트'가 '드리븐'이기 때문입니다. 따라서 이것을 애플리케이션에 제공하여 연결할 수 있도록 할 필요가 있습니다.

그리고 코어 애플리케이션의 함수를 나타냄과 동시에 포트와 상호 작용할 API를 제공하는 `KeyValueStore` 값을 생성하고 이것을 드리븐 어댑터로 제공합니다.

이어서 '드라이버' 어댑터를 생성합니다. 이 기능은 핵심 애플리케이션 API에서 작동하므로 '드리븐' 어댑터와 달리 어댑터에 API를 제공합니다. 이것은 필요하다면 새로운 어댑터를 만들고 그것을 코어 애플리케이션 API를 노출하는 `KeyValueStore`로 전달함으로써 여러 개의 프론트엔드를 만들 수 있다는 것을 의미합니다.

마지막으로 프론트엔드에서 `Start`를 호출합니다. 이것은 프론트엔드가 새로운 연결을 맺을 수 있게 수신을 시작하도록 명령합니다. 드디어 육각형 서비스를 끝냈습니다!

요약

이번 장에서는 많은 것을 다루었습니다. 하지만 컴포넌트들이 자신이 강하게 결합되어 있다는 것을 찾을 수 있는 모든 방법과 강하게 결합된 컴포넌트들을 관리하는 여러 방법의 극히 일부를 살펴보았을 뿐입니다.

이번 장 전반부에서는 어떻게 서비스가 통신하는가에 따라 발생할 수 있는 결합에 초점을 맞췄습니다. 또한 깨지기 쉬운 교환 프로토콜인 SOAP와 같은 것이 일으킬 수 있는 문제에 대해 이야기했으며, 클라이언트에 대한 강제적인 업그레이드 없이 어느 정도 변경이 가능하여 문제가 적게 발생하는 REST와 gRPC의 예시를 살펴보았습니다.

또한 상대방으로부터 적시에 응답을 받을 수 있기를 기대하는 '시간 관점'에서의 결합을 다루었고, 어떻게 발행-구독 메시징이 이런 결합을 완화할 수 있는지도 살펴보았습니다.

후반부에서는 시스템이 로컬 리소스에 대해 결합을 최소화할 수 있는 방법에 대해 알아보았습니다. 결과적으로 분산 서비스들조차 단지 프로그램일 뿐이며 다른 프로그램과 비슷한 아키텍처와 구현상의 제약을 가질 수 있다는 것을 알았습니다. 플러그인 구현과 육각형 아키텍처는 우려사항을 분리하고 제어의 역전을 강제함으로써 커플링을 감소시키는 방법입니다.

안타깝게도 여기서는 서비스 디스커버리와 같은 매력적인 주제에 대해 깊이 다루지 못했습니다. 슬프지만 서비스 통신에 필요한 컴포넌트들의 결합이 더 중요한 주제이므로 이를 더 우선해야 했습니다.

Chapter
9

탄력성

분산 시스템은 여러분이 알지도 못하는 컴퓨터의 실패로 인해 여러분의 컴퓨터를 사용할 수 없게 만드는 시스템입니다.[1]

– 레슬리 램포트(Leslie Lamport), DEC SRC Bulletin Board (1987년 5월)

9월의 어느 늦은 밤, 새벽 두 시 정도 되었을 때 아마존의 내부 네트워크 일부가 조용히 멈췄습니다.[2] 이 이벤트는 단순한 장애였고 DynamoDB 서비스를 제공하는 꽤 많은 숫자의 서버가 영향을 받았다는 것을 제외하면 흥미로운 일도 아니었습니다.

평소 같으면 이것은 그리 큰 문제가 아니었을 것입니다. 영향을 받은 서버는 전용 메타데이터 서비스를 통해 멤버십 데이터를 추출하고 클러스터에 다시 연결했을 것이기 때문입니다. 이 작업이 실패하면 임시로 자신을 오프라인 상태로 돌려두고 다시 시도하기만 하면 되는 상황이었습니다.

하지만 이번에는 조금 달랐습니다. 네트워크가 복구되었을 때 일부 스토리지 서버가 동시에 멤버십 데이터를 메타데이터 서비스로 요청하기 시작했고, 이는 메타데이터 서비스에 과부하를 일으켜 영향을 받지 않았던 서버의 요청까지 타임아웃이 발생하기 시작했습니다. 스토리지 서버는 책임감 있게도 타임아웃에 대응해 자기 자신을 오프라인으로 만들고 재시도하기 시작했고 더 많은 부하가 메타데이터 서버로 몰리면서 더 많은 서버들이 오프라인으로 바뀌었습니다. 몇 분 만에 장애는 전체 클러스터로 확산되었습니다. 서비스가 다운되었고 서비스에 의존적인 다른 여러 서비스들이 다운되었습니다.

상황을 더 안 좋게 만든 것은 '재시도 폭풍Retry Storm'이라 불리는 엄청난 양의 재시도 요청이 메타데이터 서비스에 부담을 주었고, 클러스터에 용량을 추가하기 위한 요청에 대해서도 완전히 응답하지 못하는 상태가 된 것이었습니다. 온콜On-call 엔지니어들은 메타데이터 서비스에 대한 요청을 강제로 명시적 차단함으로써 수작업으로 스케일 업Scale-up할 수 있을 정도까지 부하를 줄였습니다.

사고를 유발한 네트워크 문제가 시작되고 5시간이 지난 후 마침내 모든 관계자들이 긴 밤의 종지부를 찍으면서 정상적인 운영을 재개할 수 있었습니다.

---

1 레슬리 램포트(Lamport, Leslie). DEC SRC Bulletin Board, 28 May 1987. https://oreil.ly/nD85V

2 아마존 DynamoDB 서비스의 장애와 US-East 리전의 영향에 대한 요약. Amazon AWS, September 2015. https://oreil.ly/Y1P5S

9.1 왜 탄력성이 문제인가

아마존 장애의 근본 원인은 무엇이었나요? 네트워크 단절이 문제였나요? 스토리지 서버의 지속적인 재시도 동작이 문제였나요? 아니면 메타데이터 서비스의 응답시간이나 용량의 한계 때문이었나요?

확실한 것은 아침 일찍 발생한 이 문제가 단일 근본 원인으로 발생한 것은 아니라는 점입니다. 복잡한 시스템에서의 에러는 절대 그렇게 발생하지 않습니다.[3] 그 대신 복잡한 시스템에서의 시스템 오류는 보통 다음과 같이 발생합니다. 한 서브시스템Subsystem의 실패는 다른 서브시스템이 실패하도록 만들어 잠재적인 오류를 일으킵니다. 이것이 다른 서브시스템에서도 연쇄적으로 발생하게 되고 점차 전체 시스템 다운으로 이어집니다. 흥미로운 것은 앞서 이야기했던 아마존 장애에서 네트워크나 스토리지 서버, 메타데이터 서비스 중 어느 하나라도 격리가 가능했고 이를 통해 복구되었다면 전반적인 시스템은 인간의 간섭 없이도 복구될 수 있었을 것이라는 점입니다.

불행히도 이것은 장애에서 발견되는 공통 패턴의 일례일 뿐입니다. 복잡하고 예상치 못한 방식으로 복잡한 시스템이 실패할 때 모든 구성요소들이 한꺼번에 실패하지는 않습니다. 한 번에 하나의 서브시스템만 실패합니다. 따라서 복잡한 시스템에서의 탄력성 패턴은 방파재나 안전 밸브의 형태를 띄고 구성요소 경계에서 실패를 격리합니다. 종종 격리된 실패는 회피된 실패입니다.

이처럼 시스템이 에러와 실패를 견뎌 내고 회복하는 능력 정도를 시스템의 탄력성Resilience이라고 합니다. 서브시스템 중 하나가 실패했을 때 완전히 중지되지 않고 약간 낮아진 수준에서라도 계속 올바르게 동작할 수 있다면 그 시스템은 탄력적이라고 간주됩니다.

[Column] 탄력성은 신뢰성이 아닙니다

탄력성(Resilience)과 신뢰성(Reliability)이라는 용어는 비슷한 개념을 나타내며 종종 혼동되기도 합니다. 하지만 이 두 가지는 같지 않습니다.[4]

---

3   리처드 쿡(Cook, Richard I). 「How complex systems fail」 1998, https://oreil.ly/WyJ4Q
4   온전히 학술적인 관점에 흥미가 있다면 키셔 S. 트리베디(Kishor S.Trivedi)와 안드레아 보비오(Andrea Bobbio)가 쓴 『Reliability and Availability Engineering』(Cambridge University Press, 2017년)을 강력히 추천합니다.

- 시스템의 탄력성은 에러나 실패가 발생했을 때 정확한 동작을 이어나가는 정도입니다. 탄력성은 다른 네 가지 클라우드 네이티브 속성과 함께 신뢰성에 기여하는 요인 중 하나일 뿐입니다.
- 시스템의 신뢰성은 주어진 시간 내에 예상된 동작을 하는 능력입니다. 신뢰성은 가용성, 관리 용이성 등의 속성과 함께 시스템의 전반적인 신인성(Dependability)에 기여합니다.

9.2 시스템이 실패한다는 의미는 무엇인가?

못 한 개가 모자라 말굽 편자를 잃고

그 편자 한 개가 모자라 말을 잃고

말 한 필을 잃자 마부를 잃게 된다.

모든 부주의 때문에 말과 편자와 못을 모두 잃는다.

– 벤자민 프랭클린(Benjamin Franklin), 『부자가 되는 길』(1758년)

시스템이 실패하는 것이 어떤 의미인지 알고 싶다면 먼저 '시스템'이 무엇인지부터 생각해봐야 합니다. 이것은 매우 중요합니다. 인내심을 갖고 책을 읽어주기 바랍니다.

시스템의 사전적 의미는 목표를 달성하기 위해 함께 일하는 컴포넌트의 집합입니다. 그럭저럭 괜찮은 정의입니다. 하지만 더 중요한 것은 서브시스템이라 불리는 시스템의 각 컴포넌트는 그 자신으로서 또 하나의 완전한 시스템이고, 이 또한 더 작은 서브시스템으로 구성되어 있으며 계속 반복된다는 것입니다.

예를 들어 자동차를 생각해봅시다. 엔진은 수많은 서브시스템 중 하나지만 다른 모든 것들과 마찬가지로 그 자신도 냉각 시스템과 같은 여러 서브시스템으로 구성된 복잡한 시스템이고, 냉각 시스템도 온도 조절기를 서브시스템으로 가지며 온도조절기 역시 온도 스위치를 갖습니다. 이것은 단지 수천 개의 컴포넌트와 서브컴포넌트 및 서브컴포넌트의 일부일 뿐입니다.

골치가 아프지만 이 때문에 많은 것들이 실패할 수 있습니다. 그런데 실패가 일어나면 어떤 일이 발생할까요? 앞서 이야기했고 6장에서 조금 더 깊게 논의했던 것처럼 복잡한 시스템의 실패는 한 번에 일어나지 않습니다. 이는 예상 가능한 몇 가지 단계로 나눠 설명할 수 있습니다.

1. 모든 시스템은 결함을 갖고 있으며 소프트웨어 세계에서는 종종 '버그'라고 불립니다. 자동차 엔진에서는 온도 스위치가 고착되는 경향이 결함입니다. DynamoDB 케이스 학습

에서 보았던 메타데이터 서비스의 제한된 용량과 스토리지 서버의 재시도 동작도 마찬가지입니다. 정상적인 조건에서 결함은 에러를 만들기 위해 사용될 수 있습니다.

2. 에러는 시스템의 의도된 동작과 실제 동작의 불일치입니다. 많은 에러들이 감지되고 적절히 처리되지만 그렇지 못한 경우 단일이든 중복이든 에러는 실패를 일으킬 수 있습니다. 자동차 엔진의 온도 조절기에서 고착된 온도 스위치는 에러입니다.

3. 마지막으로 시스템이 정확한 서비스를 더 이상 제공하지 못하게 되었을 때 실패가 발생합니다.[5] 즉, 높은 온도에 대해 더 이상 응답하지 않는 온도 스위치는 실패했다고 말할 수 있습니다. 서브시스템 수준에서의 실패는 시스템 수준에서의 결함이 됩니다.

마지막 문장을 다시 한번 반복해봅시다. 서브시스템 수준에서의 실패는 시스템 수준에서의 결함이 됩니다. 고착된 온도 스위치는 온도조절기의 실패를 일으키고 냉각수가 라디에이터를 통과하지 못하도록 방해하며 엔진 온도를 상승시켜 시동이 꺼지고 자동차를 멈추게 합니다.[6]

시스템은 이렇게 실패합니다. 하나의 컴포넌트 혹은 하나의 서브시스템에서 시작된 실패는 컴포넌트와 상호 작용하는 하나 이상의 다른 컴포넌트에 에러를 일으키고, 에러가 발생한 컴포넌트는 또 그 자신과 상호 작용하는 다른 컴포넌트에 에러를 일으킵니다. 이렇게 연쇄적으로 발생하는 에러는 전체 시스템이 실패할 때까지 상위 컴포넌트로 전파됩니다.

이것은 학술적인 내용이 아닙니다. 한 번에 하나의 컴포넌트씩 복잡한 시스템이 어떻게 실패하는지 아는 것은 장애 방지의 의미를 명확하게 합니다. 만약 결함이 시스템 수준으로 전파되기 전에 가둬 놓을 수 있다면 시스템은 복구될 수 있을 것이고 적어도 자기 자신에게서만 실패가 발생할 것입니다.

9.2.1 탄력성을 높이는 여러 가지 방법

완벽한 세상에서라면 발생 가능한 모든 결함을 제거할 수 있을 것입니다. 하지만 이것은 비현실적이고 시도하기에는 리소스 낭비가 심하며 생산적이지도 않습니다. 그 대신 모든 컴포넌트는 점진적으로 실패할 수 있다는 가정하에서 발생한 에러를 우아하게 대응할 수 있도록 설계해 일부 컴포넌트의 상태가 좋지 않아도 시스템이 동작할 수 있도록 할 수 있습니다.

---

5 보셨죠? 차근차근 목적지에 도착했습니다.

6 계속해서 제가 이것을 어떻게 알았는지 물어보세요.

시스템의 탄력성을 높이는 방법은 많습니다. 같은 타입의 컴포넌트를 다수 배포하는 것과 같은 중복성Redundancy 제공은 아마도 가장 널리 활용되는 접근 방법일 것입니다. 서킷 브레이커Circuit Breaker나 요청 스로틀Request Throttle 같은 특별한 로직은 특정한 종류의 에러를 격리해 에러가 다른 곳으로 확산되는 것을 막습니다. 결함이 있는 컴포넌트들은 더 큰 시스템의 안정성에 도움이 되도록 회수되거나 의도적으로 실패를 허용하도록 할 수도 있습니다.

탄력성은 할 이야기가 꽤 많은 주제입니다. 이번 장의 나머지 부분에서는 탄력성에 대해 더 많은 접근 방법을 살펴보겠습니다.

9.3 연쇄적인 실패

DynamoDB 사례 연구가 탄력성에 대해 살펴보는 데 적당한 이유는 큰 규모의 시스템이 잘못될 수 있는 매우 다양한 방법을 보여주기 때문입니다.

예를 들어 스토리지 서버 그룹의 실패가 메타데이터 서비스의 타임아웃을 유발했고 그 영향으로 더 많은 스토리지 서버가 실패했으며 또 다시 메타데이터 서비스가 높은 부하를 받았던 상황을 예로 들 수 있습니다. 이것은 연쇄적인 실패Cascading Failure로 알려진 일반적인 실패 상황을 보여주는 훌륭한 예입니다. 연쇄적인 실패가 시작되면 보통 몇 분 이내에 매우 빠르게 확산되는 경향이 있습니다.

연쇄적인 실패의 매커니즘은 상황에 따라 여러 가지로 나타나지만 한 가지 공통점은 일종의 긍정적인 피드백Feedback 매커니즘이라는 것입니다. 시스템의 한 부분이 가용량 감소나 지연 증가와 같은 지역적인 실패를 경험하면 다른 컴포넌트들이 문제를 악화시킬 수 있는 방식으로 실패한 컴포넌트로 인한 보상을 받으려고 하며 점차 전체 시스템의 실패로 이어집니다.

전통적으로 연쇄적인 실패의 원인은 과부하인데 그림 9-1에 잘 나타나 있습니다. 이것은 하나 혹은 그 이상의 노드가 실패 상태로 바뀌면 부하가 생존한 노드 쪽으로 과도하게 재분배될 때 발생합니다. 부하의 증가는 남아 있는 노드에 과부하를 일으키고 리소스 소진을 야기해 전체 시스템을 다운시킵니다.

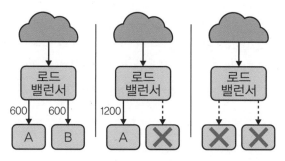

그림 9-1 서버 과부하는 연쇄적인 실패를 일으키는 일반적인 원인입니다. 각 서버가 초당 600개의 요청을 처리할 수 있다고 할 때, 서버 B가 실패하면 서버 A에 과부하가 걸려 마찬가지로 실패하게 됩니다.

종종 긍정적인 피드백의 특성으로 인해 연쇄적인 실패를 벗어나기 위한 용량 증설이 어려울 수 있습니다. 새로운 노드는 서비스에 투입되자마자 과부하에 빠질 수 있으며 처음부터 시스템을 중단시키는 피드백에 기여합니다.

간혹 문제가 되는 트래픽을 명시적으로 차단하기 위해 전체 시스템을 중단시키는 것이 시스템을 복구하기 위한 유일한 방법일 수 있으며, 시스템 중단 후 천천히 부하를 가하면서 시스템을 복구해야 합니다.

그런데 처음부터 연쇄적인 실패를 막을 수 있는 방법은 없을까요? 이는 다음 절의 주제이며 어쩌면 이번 장에서 대부분의 내용을 차지할 것 같습니다.

9.3.1 과부하 방지

얼마나 잘 설계되고 구현되는가에 상관없이 모든 서비스는 기능적인 한계가 있습니다. 이것은 특히 사용자 요청을 다루고 응답하도록 만들어진 서비스에서 분명히 나타납니다.[7]

그러한 서비스는 요청 빈도Request Frequency가 존재하며 기준치를 초과했을 때 안 좋은 일이 발생하기 시작합니다. 그렇다면 서비스가 사고 혹은 의도적으로 중지되는 것으로부터 사용자의 요청을 보호하려면 어떻게 해야 할까요?

궁극적으로 그런 상황에 봉착한 서비스는 일정 수준의 요청 일부든 전체든 거절하는 것 외에는 방법이 없습니다. 요청을 거절하는 방법은 크게 두 가지가 있습니다.

---

7 특히 공공 인터넷과 같이 개방되어 있고 혼잡과 품질을 예측하기 어려운 환경에서도 서비스를 제공해야 한다면 더욱 그렇습니다.

- **스로틀링**

  스로틀링은 비교적 직관적인 전략이며 사전에 정의된 빈도보다 빠른 요청이 들어오기 시작하면 해당 요청을 처리하지 않고 거부하는 전략입니다. 이는 어떤 사용자도 합리적으로 필요한 수준 이상의 리소스를 사용하지 못하도록 하는 방어적 방법으로 사용됩니다.

- **부하 발산**

  부하 발산Load shedding은 조금 더 적응적Adaptive입니다. 이 전략을 사용하는 서비스는 과부하 상태에 가까워졌을 때 의도적으로 일부 요청을 거부하거나 성능 저하 모드로 전환함으로써 부하의 비율을 떨어뜨립니다.

이러한 전략들은 서로 배타적이지 않습니다. 서비스는 필요에 따라 이들 전략 중 하나 혹은 둘 모두를 선택할 수 있습니다.

스로틀링

4장에서 논의한 것처럼 스로틀 패턴Throttle Pattern은 자동차에서의 스로틀과 상당히 비슷합니다. 단지 자동차에서는 엔진으로 유입되는 연료의 양을 제한하지만, 서비스에서는 사람 혹은 컴퓨터가 보낼 수 있는 요청의 수를 일정 시간 동안 제한한다는 차이만 있습니다.

4장의 '스로틀'에서 살펴본 범용 스로틀 예제는 적어도 작성 시점 기준에서 봤을 때 상대적으로 단순하며 전역적으로 사용할 수 있습니다. 하지만 스로틀은 사용자 기반으로 사용량 쿼터Usage Quota 같은 것을 제공하는 데에도 활용되기 때문에 어떤 호출자도 지나치게 많은 서비스 리소스를 소비할 수 없게 됩니다.

다음 예제는 여전히 토큰 버킷Token Bucket[8]을 사용하고 있지만 여러 가지 면에서 상당히 다른 스로틀 구현을 보여줍니다.

```go
// Effector는 스로틀링하고자 하는 대상 함수입니다.
type Effector func(context.Context) (string, error)

// Throttled는 Effector를 감싸기 위해 사용됩니다.
// 동일한 매개변수를 받고 추가로 호출자를 식별할 수 있는 "UID" 문자열도 수신합니다.
// 동일한 값을 반환하면서 추가로 스로틀이 되었는지 알려주는 불린 값도 반환합니다.
```

---

[8] https://oreil.ly/vkOov

```go
type Throttled func(context.Context, string) (bool, string, error)

// bucket은 UID에 대한 요청을 추적합니다.
type bucket struct {
    tokens uint
    time time.Time
}

// Throttle은 Effector 함수를 매개변수로 받고 Throttled 함수를
// UID별로 만들어진 토큰 버킷의 최대 용량과 함께 반환하며
// 최대 용량은 매 d마다 리필 토큰 비율에 따라 다시 채워집니다.
func Throttle(e Effector, max uint, refill uint, d time.Duration) Throttled {
    // 버킷은 UID와 특정한 버킷을 매핑합니다.
    buckets := map[string]*bucket{}
    return func(ctx context.Context, uid string) (bool, string, error) {
        b := buckets[uid]

        // 이것은 새로운 엔트리입니다! 용량은 1 이상이라고 가정합시다.
        if b == nil {
            buckets[uid] = &bucket{tokens: max - 1, time: time.Now()}

            str, err := e(ctx)
            return true, str, err
        }

        // 이전 요청이 발생한 후 흐른 시간을 기준으로
        // 얼마나 많은 토큰이 남아 있는지 계산합니다.
        refillInterval := uint(time.Since(b.time) / d)
        tokensAdded := refill * refillInterval
        currentTokens := b.tokens + tokensAdded

        // 충분한 토큰이 남아 있지 않다면 false를 반환합니다.
        if currentTokens < 1 {
            return false, "", nil
        }

        // 버킷이 리필되었다면 시계를 다시 시작합니다.
        // 그렇지 않다면 가장 최근에 토큰이 추가된 시점을 확인합니다.
        if currentTokens > max {
            b.time = time.Now()
```

```
            b.tokens = max - 1
        } else {
            deltaTokens := currentTokens - b.tokens
            deltaRefills := deltaTokens / refill
            deltaTime := time.Duration(deltaRefills) * d

            b.time = b.time.Add(deltaTime)
            b.tokens = currentTokens - 1
        }

        str, err := e(ctx)

        return true, str, err
    }
}
```

앞 구현은 우선 수신되는 모든 요청이 사용할 단일 버킷을 갖는 대신, 사용자 단위로 스로틀을 적용하고 사용자 이름이나 다른 고유의 식별자를 의미하는 '키Key' 매개변수를 받는 함수를 반환합니다.

다음으로 스로틀 제한을 적용할 때 캐시된 값을 '재현Replay' 시도하는 대신 스로틀이 적용되었는지 나타내는 불린Boolean 값을 돌려주는 함수를 반환합니다. 스로틀이 활성화되었을 때 error를 반환하지 않는다는 데 주목합시다. 스로틀링은 에러 조건이 아니며 우리도 그것을 에러로 취급하지 않습니다.

마지막으로 가장 흥미로운 점은 일정한 주기마다 명시적으로 버킷에 토큰을 추가하기 위한 수단으로 타이머(time.Ticker)를 쓰고 있지 않다는 점입니다. 타이머를 사용하는 대신 요청 사이의 소요 시간을 기반으로 버킷을 다시 채우고 있습니다. 이 전략은 실제 버킷 사용 시점까지 버킷에 토큰을 채우는 데 전용 백그라운드 프로세스를 쓰지 않았다는 의미입니다. 백그라운드 프로세스를 사용할 필요가 없으므로 더 효율적으로 코드를 확장할 수 있게 해줍니다.

4장 '스로틀'의 예제와 마찬가지로 Throttle 함수는 Effector 계약을 준수하는 함수 리터럴과 함께 이면의 토큰 버킷에 대한 크기, 버킷이 차는 빈도Refill Rate를 수신합니다.

다만 또 다른 Effector를 반환하는 대신 Throttled 함수를 반환합니다. 이 함수는 고유의 식별자로서 '키Key' 입력 매개변수가 추가된 스로틀링 로직을 갖는 Effector를 감싸고 있습니다. 뿐만 아니라 함수가 스로틀링되어 실행되지 않았다는 것을 나타내는 불린Boolean 값을 반환하기도 합니다.

Throttle 코드에 얼마나 관심이 있는지는 모르겠습니다만, 아직 운영용으로 쓸만한 수준이 아니라는 것에 유의합시다. 우선 코드가 동시에 사용되는 상황에서 완전히 안전하지 않습니다. 운영 환경을 위한 구현은 record 값에 대한 락Lock이 필요할 수 있고 bucket 맵도 필요할 수 있습니다. 또한 오래된 레코드를 퍼지Purge할 방법이 없습니다. 운영 환경에서는 7장 'LRU 캐시를 이용한 효율적 캐싱'에서 살펴본 것처럼 LRU 캐시 같은 것이 필요할 수도 있습니다.

다음 코드는 RESTful 웹 서비스에서 어떻게 Throttle을 사용할 수 있는지 보여줍니다.

```go
var throttled = Throttle(getHostname, 1, 1, time.Second)

func getHostname(ctx context.Context) (string, error) {
    if ctx.Err() != nil {
        return "", ctx.Err()
    }

    return os.Hostname()
}

func throttledHandler(w http.ResponseWriter, r *http.Request) {
    ok, hostname, err := throttled(r.Context(), r.RemoteAddr)

    if err != nil {
        http.Error(w, err.Error(), http.StatusInternalServerError)
        return
    }

    if !ok {
        http.Error(w, "Too many requests", http.StatusTooManyRequests)
        return
    }

    w.WriteHeader(http.StatusOK)
    w.Write([]byte(hostname))
}

func main() {
```

```
    r := mux.NewRouter()
    r.HandleFunc("/hostname", throttledHandler)
    log.Fatal(http.ListenAndServe(":8080", r))
}
```

이 코드는 서비스의 호스트명을 반환하는 단일 엔드포인트 /hostname을 가진 작은 웹 서비스를 생성합니다. 프로그램이 실행되면 getHostname 함수를 래핑하여 앞서 정의한 Throttle로 전달함으로써 throttled 변수를 생성합니다.

라우터가 /hostname 엔드포인트에 대한 요청을 수신하면 요청은 throttled 호출 역할을 하는 throttledHandler 함수로 전달하고 스로틀링 상태를 나타내는 bool 값과 string 타입의 호스트명, error 값을 반환합니다. 에러가 발생하면 정의되어 있는 500 Internal Server Error를 반환하며 스로틀된 요청에 대해서는 429 Too Many Requests를 반환합니다. 당연하겠지만 아무 문제가 없다면 호스트명과 200 OK를 반환합니다.

버킷 값이 로컬에 저장되어 있으므로 이 구현이 운영용으로 준비되었다고 말하기는 어렵습니다. 만약 이 코드를 확장 가능하게 만들고 싶다면 레코드 값을 다수의 서비스 레플리카가 공유할 수 있는 외부 캐시에 저장해야 할 것입니다.

부하 차단

서버에 대한 부하가 감당할 수 없는 수준으로 증가하면 결국 어떤 조치든 취해야만 합니다.

부하 차단Load Shedding은 서버가 언제 자원 고갈 시점에 다다르며 일부 요청을 버림으로써 자원 고갈을 상쇄시킬 수 있는지 예측하기 위한 기술입니다. 이상적인 상황이라면 이를 통해 서버가 과부하 상태로 빠지거나 헬스 체크Health Check 실패, 높은 지연시간High Latency 혹은 자연스럽지 못한 방식으로의 붕괴, 제어할 수 없는 실패 등을 막을 수 있습니다.

할당량 기반 스로틀링과 달리 부하 차단은 사후 대응의 일환이며 보통은 CPU, 메모리, 요청 큐Queue 크기와 같은 리소스 고갈에 대응합니다.

가장 직관적인 형태의 부하 차단은 하나 이상의 리소스 사용량이 임계치를 넘었을 때 테스크 단위로 요청을 버리는 스로틀링일 것입니다. 예를 들어 서비스가 RESTful 엔드포인트를 제공하고 있다면 HTTP 상태 코드 503(Service Unavailable)을 반환하여 서비스가 가용하지 않다는 것을 알려줄 것입니다.

5장의 'gorilla/mux 패키지를 이용한 HTTP 서버 구성' 부분에서 매우 효율적이라는 것을 알수 있었던 gorilla/mux의 웹 툴킷은 매 요청마다 호출되는 '미들웨어' 핸들러 함수 지원을 통해 이런 상황을 상당히 직관적으로 만들어줍니다.

```
const MaxQueueDepth = 1000

// 미들웨어 함수는 매 요청마다 호출됩니다.
// 큐의 깊이를 넘어서는 요청이 들어오면 HTTP 상태 코드 503을 반환합니다(서비스 불가).
func loadSheddingMiddleware(next http.Handler) http.Handler {
    return http.HandlerFunc(func(w http.ResponseWriter, r *http.Request) {
        // CurrentQueueDepth는 허구의 변수이며 예제를 위해 사용했습니다.
        if CurrentQueueDepth() > MaxQueueDepth {
            log.Println("load shedding engaged")

            http.Error(w,
                err.Error(),
                http.StatusServiceUnavailable)
            return
        }

        next.ServeHTTP(w, r)
    })
}

func main() {
    r := mux.NewRouter()

    // 미들웨어를 등록합니다.
    r.Use(loadSheddingMiddleware)

    log.Fatal(http.ListenAndServe(":8080", r))
}
```

Gorilla Mux 미들웨어는 매 요청마다 호출되며 각 요청에 대해 무언가 작업을 수행하고 또다른 미들웨어로 보내거나 최종 핸들러의 역할을 수행합니다. 이것은 Gorilla Mux 미들웨어를 일반적인 요청 로깅, 헤더 조작, ResponseWriter 탈취[Hijacking], 리소스에 대한 사후 대응적인 부하 차단을 구현하는 완벽한 솔루션으로 활용하게 해줍니다.

우리 미들웨어는 가상의 `CurrentQueueDepth()`(실제 여러분의 코드는 다른 구현에 의존하게 될 것입니다)를 사용하여 현재 큐의 깊이를 확인하고, 그 값이 너무 큰 경우 요청을 HTTP 503(Service Unavailable) 응답 코드로 거절합니다. 더 복잡하게 구현된 미들웨어는 특별히 중요한 요청들에 대해 우선순위를 부여하고, 그 외 어떤 작업을 버릴지 결정할 수 있을 정도로 똑똑할 것입니다.

점진적으로 서비스 수준 낮추기

리소스에 기반한 부하 차단은 잘 동작하지만 일부 애플리케이션은 서비스가 과부하 상태에 가까워졌을 때 급격히 서비스의 품질을 낮춤으로써 조금 더 점진적으로 상황에 대응하기도 합니다. 이렇게 점진적으로 서비스 수준을 낮추는 것은 요청을 거절하는 대신 전략적으로 각 요청을 잘 처리할 만큼 작업의 총량을 감소시킴으로써 부하 차단의 개념을 한 단계 더 진보시켰습니다.

이것을 실행하는 방법은 존재하는 서비스의 수만큼 다양하며 모든 서비스가 합리적인 방식으로 서비스 수준을 낮출 수 있는 것은 아닙니다. 일반적인 접근 방식으로는 캐시된 데이터를 사용하거나 다소 부정확하더라도 비용이 덜 드는 알고리즘을 사용하는 방법 등이 있습니다.

9.4 다시 시도하기: 요청 재시도

요청이 에러 응답을 받거나 응답을 전혀 받지 못한 경우 재시도해야 합니다. 그렇죠? 네, 필요할지도 모릅니다. 재시도는 합리적이지만 단어의 기본 의미 이상으로 훨씬 더 미묘한 차이를 갖습니다. 필자가 운영 중인 시스템에서 발췌한 다음 코드를 살펴봅시다.

```go
res, err := SendRequest()
for err != nil {
    res, err = SendRequest()
}
```

코드는 아주 직관적입니다. 실패한 요청을 반복해서 보내는 동작을 수행할 것입니다. 이 로직이 수백 대의 서버에 배포되면 요청 대상이 되는 서비스는 다운될 것이고 이로 인해 전체 시스템도 곧 다운될 것입니다. 그림 9-2의 서비스 지표는 이를 잘 보여줍니다.

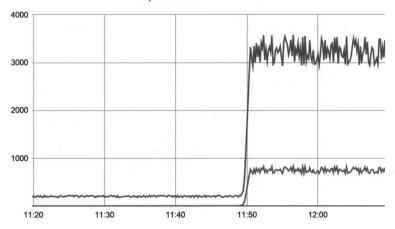

그림 9-2 '재시도 폭풍'의 구조(Request/second : 초당 요청 수, Error/second : 초당 에러 수)

다운스트림 서비스가 모든 인스턴스에서 실패하기 시작하면 인스턴스들은 재시도 반복에 돌입하여 초당 수천 개의 요청을 만들고, 네트워크를 심각하게 마비시켜 전체 시스템을 재시작할 수밖에 없도록 만듭니다.

이것은 재시도 폭풍Retry Storm이라고 알려진 연쇄적인 실패의 아주 일반적인 사례입니다. 재시도 폭풍이 시작되면 잘 준비된 로직은 컴포넌트에 탄력성을 주기 위해 상위 시스템에 대항하는 동작을 수행합니다. 다운스트림 서비스를 중지시킨 조건이 해소돼도 서비스는 정상 상태로 돌아오지 않는 경우가 많으며 이는 순간적으로 너무 높은 부하 상황에 놓이기 때문입니다.

부작용이 있기는 하지만 재시도는 분명 좋은 것입니다. 하지만 재시도 로직을 구현할 때는 언제나 다음 절에서 논의할 백오프 알고리즘Backoff Algorithm을 포함해야 합니다.

9.4.1 백오프 알고리즘

다운스트림 서비스에 대한 요청이 어떤 이유로든 실패하면 '모범' 사례는 재시도하는 것입니다. 하지만 얼마나 오랫동안 기다려야 할까요? 너무 오래 기다리면 중요한 작업이 지연될 수 있습니다. 반면에 너무 짧게 기다리면 상대 시스템이나 네트워크 혹은 둘 다를 과부하에 빠뜨릴 위험이 있습니다.

이런 상황에서 일반적으로 사용되는 해결책이 백오프 알고리즘이며 재시도 사이에 지연을 두어 안전하고 받아들일 수 있는 수준으로 시도 횟수를 낮춥니다.

굉장히 많은 종류의 백오프 알고리즘이 있으며 그중 가장 간단한 것은 재시도 사이에 짧고 고정된 대기 시간을 갖는 다음과 같은 형태의 구현입니다.

```
res, err := SendRequest()
for err != nil {
    time.Sleep(2 * time.Second)
    res, err = SendRequest()
}
```

이 코드에서 SendRequest는 요청을 보낼 때 사용되며 응답과 에러 값을 반환합니다. 하지만 만약 err이 nil이 아닌 경우 코드는 반복문에 돌입해 2초간 대기한 후 에러가 아닌 응답이 올 때까지 요청을 무한 반복합니다.

그림 9-3은 1,000대의 가상 인스턴스가 이 방법을 사용해 만든 요청 수를 보여줍니다.[9] 그림에 나타난 것처럼 고정된 지연을 사용하는 접근은 백오프를 전혀 사용하지 않은 방법의 요청 수와 비교했을 때 여전히 전반적인 요청 숫자가 지속해서 높은 상태를 유지하고 있습니다.

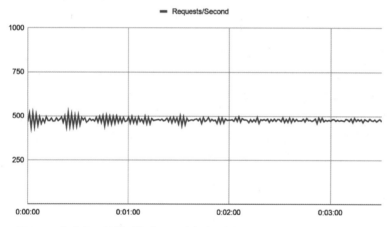

그림 9-3 2초 재시도 지연을 사용해 1,000대가 시뮬레이션된 인스턴스의 초당 요청 수(Requests/Second)

고정된 지연Fixed-Duration을 사용하는 백오프 알고리즘은 아주 적은 수의 인스턴스가 재시도하는 경우 잘 동작하지만, 요청자가 어느 정도 많아지면 네트워크에 과부하를 일으킬 수 있어 확장성이 떨어지는 편입니다.

---

9 이번 절에서 사용한 모든 데이터를 시뮬레이션하는 코드는 깃허브 저장소(https://github.com/dybooksIT/cloud-native-go/examples/tree/main/ch09/backoff-simulator)에서 찾아볼 수 있습니다.

주어진 서비스가 항상 반복적인 재시도로 인해 네트워크에 과부하를 일으키지 않을 정도로만 적은 수의 인스턴스를 가질 것이라고 가정하기는 어렵습니다. 이런 이유로 많은 백오프 알고리즘은 재시도 사이의 지연시간이 일정한 상한 값에 도달할 때까지 대략 두 배씩 늘어나는 지수적인 백오프Exponential Backoff를 구현합니다. 결점이 있기는 하지만 매우 일반적인 지수적 백오프 구현은 다음과 같습니다.

```
res, err := SendRequest()
base, cap := time.Second, time.Minute

for backoff := base; err != nil; backoff <<= 1 {
    if backoff > cap {
        backoff = cap
    }
    time.Sleep(backoff)
    res, err = SendRequest()
}
```

이 코드는 시작 지연 값을 나타내는 base를 선언했고 고정된 최대 지연 시간을 cap으로 정의했습니다. 반복문에서 backoff의 값은 base에서 시작하고 cap에 지정된 최댓값이 될 때까지 두 배씩 증가합니다.

여러분은 이 로직이 네트워크 부하와 재시도 요청으로 인한 다운스트림 서비스의 부담을 줄여줄 것이라고 생각할 수 있습니다. 하지만 1,000대의 노드에 대해 이 구현을 시뮬레이션해보면 그림 9-4와 같이 전혀 다른 이야기가 됩니다.

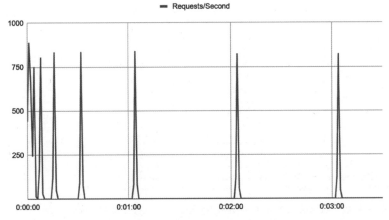

그림 9-4 1,000대의 인스턴스 상황을 시뮬레이션했을 때 지수적인 백오프에 의한 초당 요청 수(Requests/second)

재시도가 군집을 이루고 있고 문제를 일으킬 만큼 충분한 부하를 만들 가능성이 있기 때문에 정확히 똑같은 재시도 스케줄을 가진 1,000대의 노드를 사용하는 것은 여전히 최적화되지 않은 것처럼 보입니다. 사실 순수한 지수적인 백오프는 우리가 원하는 만큼 도움이 되지는 않습니다.

따라서 요청 스파이크를 분산시켜 재시도가 거의 일정한 비율로 일어나도록 하는 방법이 필요해 보입니다. 해결책은 지터Jitter라 불리는 임의성을 추가하는 것입니다. 이전의 백오프 함수에 지터를 추가하면 다음과 같은 코드가 됩니다.

```
res, err := SendRequest()
base, cap := time.Second, time.Minute

for backoff := base; err != nil; backoff <<= 1 {
    if backoff > cap {
        backoff = cap
    }

    jitter := rand.Int63n(int64(backoff * 3))
    sleep := base + time.Duration(jitter)
    time.Sleep(sleep)
    res, err = SendRequest()
}
```

이 코드를 1,000대의 노드에서 실행해 시뮬레이팅한 요청 패턴은 그림 9-5와 같습니다.

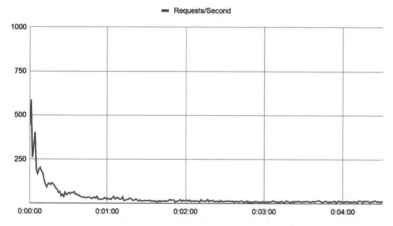

그림 9-5 지터가 추가된 지수적인 백오프로 1,000대가 시뮬레이션된 인스턴스의 초당 요청 수(Requests/Second)

NOTE rand 패키지의 최상위 레벨 함수는 프로그램이 실행될 때마다 정해져 있는 것처럼 보이는 일련의 값을 만들어 냅니다. 만약 새로운 시드(Seed) 값을 제공하기 위해 rand.Seed 함수를 사용하지 않으면 rand.Seed(1)을 사용한 것과 똑같이 동작하며 언제나 일련의 같은 '임의의' 숫자를 만들어 낼 것입니다.

지터가 추가된 지수적인 백오프를 사용하면 재시도 횟수가 짧은 시간 동안 감소하여 복구를 시도하는 서비스가 과도하게 부하를 받지 않고, 시간이 흐르면서 재시도 요청이 분산되므로 전체적으로 봤을 때는 거의 일정한 비율로 부하가 발생하게 됩니다.

재시도 요청보다 더 많은 재시도 요청이 있을 것이라고 누가 상상이나 했겠습니까?

9.4.2 서킷 브레이킹

4장에서는 서킷 브레이커 패턴Circuit Breaker Pattern을 처음 소개하면서 잠재적으로 실패할 수 있는 메서드 호출의 성능을 떨어뜨려 연쇄적으로 발생할 수 있는 더 큰 실패를 방지하는 기능이라고 이야기했습니다. 이 정의는 여전히 유효하며 의미를 확대하거나 크게 바꾸지는 않을 것이므로 깊게 이야기하지 않겠습니다.

복기해보면 서킷 브레이커 패턴은 다운스트림 컴포넌트에 발생하는 연속적인 실패 요청 수를 추적합니다. 만약 실패 횟수가 일정한 임계치를 넘으면 서킷은 '열린Opened' 상태가 되고 추가적인 요청 시도는 즉시 실패하거나 정의된 대체 결과Fallback를 반환하게 됩니다.

대기 기간이 지난 후 서킷은 자동으로 '닫히고' 원래 상태를 유지하며 요청을 평상시처럼 처리합니다.

NOTE 모든 탄력성 패턴이 방어적인 것은 아닙니다. 가끔은 좋은 이웃이 되고자 노력합니다.

제대로 적용된 서킷 브레이커 패턴은 시스템 복구와 연쇄적인 실패 사이에 차이를 만들어 낼 수 있습니다.

리소스를 낭비하지 않고 어둠의 요청으로부터 네트워크를 막히게 하지 않는 것과 같은 명백한 장점에 더해, 서킷 브레이커는(특히 백오프 함수와 함께) 오동작하는 서비스에 복구할 수 있는 충분한 여유를 주고 정상 상태로 회복하여 제대로 서비스할 수 있도록 합니다.

[**Column**] **서킷 브레이커와 스로틀의 차이는?**

언뜻 보면 서킷 브레이커 패턴과 스로틀은 둘 다 요청 비율을 조절하는 탄력성(Resilience) 패턴이라는 점에서 비슷해 보입니다. 하지만 두 가지 큰 차이점이 있습니다.

- 서킷 브레이커는 보통 외부로 전송되는 요청에만 적용됩니다. 일반적으로는 요청 비율을 전혀 신경 쓰지 않습니다. 단지 실패한 요청 수에만 관심이 있고 연속적으로 발생하는지 살펴볼 뿐입니다.
- 스로틀은 자동차의 스로틀이 요청 수를 특정한 상한값으로 제한하는 것처럼 동작합니다. 일반적으로 들어오는 트래픽에 적용됩니다만 꼭 그런 것은 아닙니다.

서킷 브레이커 패턴의 특징은 4장에서 이미 다뤘기 때문에 이번 절에서는 여기까지만 이야기하겠습니다. 더 많은 배경과 관련 예제는 4장의 '서킷 브레이커' 부분을 참고하기 바랍니다. 예제의 백오프 함수에 지터를 추가하는 것은 독자 여러분의 숙제로 남겨두겠습니다.[10]

9.4.3 타임아웃

타임아웃Timeout의 중요성이 항상 제대로 평가되는 것은 아닙니다. 하지만 요청이 만족되지 않을 수도 있는 시점을 클라이언트가 인지하는 기능을 통해 클라이언트가 리소스 및 리소스를 대신하도록 구성된 모든 업스트림 대상과의 연결을 해제하도록 할 수 있습니다. 이는 클라이언트가 응답 받는 것을 포기한 후 오랫동안 요청을 갖고 있는 서비스에도 해당됩니다.

예를 들어 데이터베이스 쿼리를 수행하는 기본적인 서비스를 상상해봅시다. 갑자기 데이터베이스 응답 속도가 느려져 쿼리문 수행을 완료하는 데 몇 초가 걸린다면 데이터베이스와 연결을 맺고 있는 서비스에 대한 요청은 계속 누적되고 결국 커넥션 풀을 소진시킬 것입니다. 데이터베이스가 공유되어 있다면 다른 서비스도 실패할 수 있고 결과적으로 연쇄적인 실패를 일으킬 수 있습니다.

만약 서비스가 데이터베이스 연결을 유지하지 않고 타임아웃 처리를 할 수 있었다면, 다소 저하된 서비스라고 해도 서비스가 완전히 실패하지 않고 제공될 수 있었을 것입니다.

다시 말하자면 실패할 것 같은 상황이라면 빠르게 실패해야 한다는 이야기입니다.

---

10 여기서 이것을 다루는 것은 다소 반복되는 감이 없지 않습니다만 제가 좀 게을러서일 수도 있다고 인정하겠습니다.

서비스 측의 타임아웃을 위한 콘텍스트 사용

4장에서는 Go가 프로세스 간에 마감 시간이나 취소 신호를 전달하는 이상적인 수단으로 context.Context를 처음 소개했습니다.[11] 내용을 다시 한번 복기하거나 계속 진행하기 전에 마음의 준비를 하고 싶다면 4장 'Context 패키지'를 살펴보고 오기 바랍니다.

또 4장 후반부의 '타임아웃'에서 타임아웃 패턴을 다루면서 Context를 활용해 응답이 제때 오지 않을 것이 명확해지면 프로세스가 응답을 기다리는 것을 멈출 뿐 아니라, 파생된 Contexts를 사용하는 함수들도 동작을 멈추고 사용 중인 리소스를 해제하도록 했던 것이 기억날 것입니다.

로컬 함수뿐 아니라 하위 함수에 대해서도 리소스를 취소할 수 있게 하는 기능은 매우 강력하여 일반적으로 호출자가 기다릴 수 있는 시간보다 긴 수행시간을 함수가 잠재적으로 갖고 있을 때(호출이 네트워크를 경유하는 경우 거의 매번 그렇습니다) Context 값을 매개변수로 받도록 하는 것은 좋은 형태로 간주됩니다.

이러한 이유로 Go의 표준 라이브러리에는 Context를 매개변수로 받는 함수의 훌륭한 샘플들이 아주 많습니다. 이들 중 상당수는 sql 패키지에 포함되었으며 sql 패키지 안 많은 함수가 Context를 받는 버전의 함수가 있습니다. 예를 들어 DB 구조체의 QueryRow 메서드는 동일한 역할을 수행하면서 Context를 매개변수로 받는 QueryRowContext 메서드도 갖고 있습니다.

이 기술을 활용해 사용자의 이름을 ID 값 기반으로 제공하는 함수를 작성하면 아마도 다음 코드와 같을 것입니다.

```
func UserName(ctx context.Context, id int) (string, error) {
    const query = "SELECT username FROM users WHERE id=?"

    dctx, cancel := context.WithTimeout(ctx, 15*time.Second)
    defer cancel()

    var username string
    err := db.QueryRowContext(dctx, query, id).Scan(&username)

    return username, err
}
```

---

11 기술적으로 요청 범위의 값이기는 하지만 기능의 정확성에 논란의 여지가 있습니다.

UserName 함수는 context.Context와 id 정수를 매개변수로 받지만 동시에 비교적 긴 타임아웃을 가진 파생 Context도 만듭니다. 이 접근 방법은 많은 클라이언트가 기꺼이 기다릴 수 있는 시간보다 더 긴 15초 후에 열려 있는 모든 연결을 자동으로 해제하는 기본 타임아웃을 제공하는 동시에 요청자로부터의 취소 신호 수신 및 처리를 책임집니다.

외부에서 오고 있는 취소 신호를 책임지는 것은 꽤 유용합니다. http 프레임워크는 다음 UserGetHandler HTTP 핸들러 함수에 설명된 것처럼 또 다른 훌륭한 예를 제공합니다.

```go
func UserGetHandler(w http.ResponseWriter, r *http.Request) {
    vars := mux.Vars(r)
    id := vars["id"]

    // 요청 콘텍스트를 획득합니다. 이 콘텍스트는 클라이언트 연결이 닫히거나
    // 요청이 취소되거나(HTTP/2에서) ServeHTTP 메서드가 반환하면 취소됩니다.
    rctx := r.Context()

    ctx, cancel := context.WithTimeout(rctx, 10*time.Second)
    defer cancel()

    username, err := UserName(ctx, id)

    switch {
    case errors.Is(err, sql.ErrNoRows):
        http.Error(w, "no such user", http.StatusNotFound)
    case errors.Is(err, context.DeadlineExceeded):
        http.Error(w, "database timeout", http.StatusGatewayTimeout)
    case err != nil:
        http.Error(w, err.Error(), http.StatusInternalServerError)
    default:
        w.Write([]byte(username))
    }
}
```

UserGetHandler 함수에서 가장 먼저 수행한 것은 요청의 Context 메서드로부터 Context를 추출한 것입니다. 편리하게도 이 Context는 클라이언트 연결이 닫히거나 HTTP/2 스펙상에서 요청이 취소되었을 때 혹은 ServeHTTP 메서드가 값을 반환했을 때 취소됩니다.

이 Context를 이용해 파생된 콘텍스트를 생성하고 10초 후 Context를 취소하는 별도의 타임 아웃을 적용합니다.

파생된 콘텍스트는 UserName 함수로 전달되기 때문에 HTTP 요청과 데이터베이스 연결 사이에 직접적인 인과 관계를 만들 수 있습니다. 만약 요청의 Context가 닫히면 파생된 Context도 닫히고 궁극적으로 열려 있는 모든 리소스 또한 느슨한 결합 방식으로 해제됩니다.

HTTP/REST 클라이언트 호출의 타임아웃

8장 '편의 함수의 잠재적인 함정'에서 http.Get과 http.Post 같은 http '편의 함수Convenience Functions'의 함정으로 기본 타임아웃을 사용한다고 했습니다. 불행히도 기본 타임아웃의 값은 0이고 Go는 이것을 '타임아웃을 사용하지 않는다'라고 해석합니다.

클라이언트 메서드에 대해 타임아웃을 설정할 때 우리가 사용하는 매커니즘은 커스텀 Client 값이 0이 아닌 Timeout 값을 갖도록 하는 것입니다.

```
var client = &http.Client{
    Timeout: time.Second * 10,
}

response, err := client.Get(url)
```

이 방법은 완벽하게 동작하며 Context가 취소되었을 때도 정확히 동일한 방식으로 요청을 취소할 것입니다. 그런데 이미 존재하거나 파생된 Context 값을 사용하고 싶으면 어떻게 해야 할까요?

이를 위해서는 이면에 있는 Context에 접근해야 하며 http.NewRequestWithContext를 사용할 수 있습니다. 이 메서드는 Context를 매개변수로 받는 http.NewRequest와 동일한 메서드이며 프로그래머는 이를 통해 요청과 그 응답의 전체 생애주기를 제어하기 위한 Context를 지정할 수 있게 됩니다.

이것은 보이는 것만큼 큰 차이는 아닙니다. 사실 http.Client의 Get 메서드 소스 코드도 단순히 NewRequest를 사용하고 있을 뿐입니다.

```
func (c *Client) Get(url string) (resp *Response, err error) {
    req, err := NewRequest("GET", url, nil)
```

```
    if err != nil {
        return nil, err
    }

    return c.Do(req)
}
```

코드에서 볼 수 있는 것처럼 표준 Get 메서드는 NewRequest를 호출하여 *Request 값을 만들기 위해 메서드 이름과 URL을 전달합니다. 마지막 매개변수는 io.Reader 타입의 선택 값으로 요청 보디를 보낼 때 사용하지만 Get 메서드의 경우 필요가 없어 nil을 사용했습니다. 그리고 Do 함수의 호출을 통해 요청을 적절하게 실행합니다.

에러를 확인하는 코드와 반환 코드를 제외하면 전체 메서드는 단 하나의 호출로 구성되어 있습니다. Context 값도 매개변수로 받을 수 있도록 유사한 함수를 구현해야 하더라도 별 문제 없을 것으로 보입니다. 이러한 구현 방법 중 하나는 Context 값을 받는 GetContext 함수를 구현하는 것입니다.

```
type ClientContext struct {
    http.Client
}

func (c *ClientContext) GetContext(ctx context.Context, url string)
    (resp *http.Response, err error) {
    req, err := http.NewRequestWithContext(ctx, "GET", url, nil)
    if err != nil {
        return nil, err
    }

    return c.Do(req)
}
```

새로 작성한 GetContext 함수는 Context 값을 매개변수로 받고 http.NewRequest 대신 http.NewRequestWithContext를 사용한다는 점을 제외하면 앞서 만들었던 Get 함수와 기능적으로 동일합니다.

새로운 ClientContext를 사용하는 것도 client.Get 대신 client.GetContext를 호출해 Context 값을 전달한다는 점을 제외하면 표준 http.Client 값을 사용하는 것과 매우 유사합니다.

```
func main() {
    client := &ClientContext{}
    ctx, cancel := context.WithTimeout(context.Background(), 5*time.Second)
    defer cancel()

    response, err := client.GetContext(ctx, "http://www.example.com")
    if err != nil {
        log.Fatal(err)
    }
    bytes, _ := ioutil.ReadAll(response.Body)
    fmt.Println(string(bytes))
}
```

그런데 잘 동작할까요? 테스팅용 라이브러리를 사용하여 제대로 구현한 테스트는 아닙니다만, 수작업으로 데드라인을 0으로 설정하고 실행하여 시험해볼 수 있습니다.

```
$ go run .
2020/08/25 14:03:16 Get "http://www.example.com": context deadline exceeded
exit status 1
```

잘 동작한다는 것을 확인할 수 있습니다. 훌륭합니다.

gRPC 클라이언트 호출의 타임아웃

http.Client와 마찬가지로 gRPC 클라이언트도 기본 타임아웃이 없지만 명시적으로 타임아웃을 설정할 수 있습니다. 8장의 'gRPC 클라이언트 구현'에서 살펴본 것처럼 gRPC 클라이언트는 보통 grpc.Dial 함수를 사용해 클라이언트와 연결을 맺고, 어떻게 연결을 맺어야 하는지 설정하기 위해 grpc.WithInsecure와 grpc.WithBlock 같은 함수를 통해 생성한 grpc.DialOption 값을 전달합니다. 옵션 중 grpc.WithTimeout은 클라이언트 연결에 대한 타임아웃 설정에 사용할 수 있습니다.

```
opts := []grpc.DialOption{
    grpc.WithInsecure(),
    grpc.WithBlock(),
    grpc.WithTimeout(5 * time.Second),
}
conn, err := grpc.Dial(serverAddr, opts...)
```

grpc.WithTimeout은 이름으로만 보면 무척 편리해 보이지만 매커니즘이 널리 쓰이는 Context 타임아웃 메서드와 잘 맞지 않아 오래 전 퇴출되었습니다. 여기서는 코드의 완성을 위해 보여 드렸을 뿐입니다.

> **NOTE** grpc.WithTimeout 옵션은 더 이상 사용되지 않으며 점차 사라질 것입니다. 따라서 grpc. DialContext와 context.WithTimeout을 사용하기 바랍니다.

그 대신 gRPC 다이얼링 타임아웃을 설정하는 메서드로 선호되는 것이 grpc.DialContext 함수로 context.Context 값을 재사용할 수 있게 해주기 때문에 무척 편리합니다. gRPC 서비스 메서드는 어쨌든 매개변수로 Context 값을 받기 때문에 추가로 해야 할 작업이 없어 실제로는 두 배 이상 유용합니다.

```go
func TimeoutKeyValueGet() *pb.Response {
    // context를 사용해 5초 타임아웃을 설정합니다.
    ctx, cancel := context.WithTimeout(context.Background(), 5 * time.Second)
    defer cancel()

    // 다른 옵션도 필요에 따라 사용할 수 있습니다.
    opts := []grpc.DialOption{grpc.WithInsecure(), grpc.WithBlock()}

    conn, err := grpc.DialContext(ctx, serverAddr, opts...)
    if err != nil {
        grpclog.Fatalf(err)
    }
    defer conn.Close()

    client := pb.NewKeyValueClient(conn)

    // 클라이언트 호출 시 동일한 Context를 재사용할 수 있습니다.
    response, err := client.Get(ctx, &pb.GetRequest{Key: key})
    if err != nil {
        grpclog.Fatalf(err)
    }

    return response
}
```

널리 알려진 것처럼 TimeoutKeyValueGet은 grpc.Dial 대신 context.Context 값을 5초 타임아웃으로 전달하는 grpc.DialContext를 사용합니다. opts 목록에는 더 이상 grpc.WithTimeout이 포함되어 있지 않다는 점을 빼면 이전과 달라진 것이 없습니다.

client.Get 메서드 호출에 주목합시다. 앞서 언급했던 것처럼 gRPC 서비스 메서드는 Context 매개변수를 받기 때문에 이미 존재하는 Context를 간단히 재활용할 수 있습니다. 여기서 중요한 점은 동일한 Context 값을 재활용하는 경우 동시에 두 개의 타임아웃을 계산하지 못하도록 제한되기 때문에(사용 방법과 관계없이 Context에서 타임아웃 발생) 타임아웃 값을 설정할 때 고려해야 한다는 것입니다.

9.4.4 멱등법칙

4장 서두에서 논의했던 것처럼 클라우드 네이티브 애플리케이션은 그 정의상 네트워크 환경의 모든 특성에 종속될 수밖에 없습니다. 모든 네트워크는 신뢰할 수 없으며 이러한 네트워크를 통해 전송된 메시지가 항상 제시간에 목적지에 도착할 수 없고 언제든 유실될 수 있다는 것은 명백한 사실입니다.

게다가 메시지를 보냈는데 응답을 받지 못했어도 무슨 일이 일어났는지 알 수 있는 방법이 없습니다. 메시지가 수신자에게 가는 도중에 길을 잃은 것일까요? 아니면 수신자가 메시지는 잘 받았지만 회신으로 보낸 메시지가 없어진 것일까요? 어쩌면 모든 것은 잘 동작하고 있었는데 메시지가 왕복하는 시간이 평소보다 오래 걸린 것이 아닐까요?

이런 상황에서 우리가 할 수 있는 일은 메시지를 다시 보내는 것밖에 없습니다. 이때 메시지를 다시 보내면서 행운을 빌고 메시지가 잘 도착하기를 희망하는 것만으로는 충분하지 않습니다. 메시지를 보내는 함수를 멱등성이 보장되는 방식으로 설계하여 메시지 재전송을 안전하게 만들고 불가피한 상황에 대비해 계획을 세우는 것이 중요합니다.

5장의 '멱등성이란 무엇이고 왜 중요할까?'에서 멱등성의 개념에 대해 소개했던 것이 기억나나요? 우리는 여러 애플리케이션이 동작한 효과가 하나의 애플리케이션이 동작한 것과 동일한 효과를 갖는 것으로 멱등성 연산을 정의했습니다. HTTP 설계자들이 이해했던 것처럼 이것은 모든 통신이 안전하게 반복될 수 있도록 보장하는 모든 클라우드 네이티브 API의 중요한 속성이 되어 왔습니다(역사적 배경에 대해서는 바로 다음에 나오는 '웹 환경에 대한 멱등성의 유래' 부분을 참고하기 바랍니다).

멱등성을 얻는다는 것의 진정한 의미는 서비스마다 다를 수 있지만 변하지 않는 패턴이 존재한다는 것이며 이에 대해서는 이번 절의 나머지 부분에서 살펴보겠습니다.

[**Column**] **웹 환경에 대한 멱등성의 유래**

적어도 네트워크를 사용하는 서비스의 콘텍스트에서 멱등성과 안전성의 개념은 1997년 HTTP/1.1 표준[12]에서 제정되었습니다. 흥미로운 것은 근간을 흔드는 제안서와 그 전년도에 있었던 '정보성 초안[13]'이 두 명의 위대한 인물에 의해 작성되었다는 점입니다.

최초 HTTP/1.0 드래프트(그리고 마지막으로 제안된 HTTP/1.1 표준의 마지막 저자)의 주요 저자는 월드 와이드 웹과 최초의 웹 브라우저, 그리고 웹이 확장될 수 있도록 해준 기초 프로토콜과 알고리즘을 만든 팀 버너스리 경(Sir Timothy John Berners-Lee)이었고 ACM 튜링 어워드와 작위 그리고 여러 가지 영광스러운 상을 받기도 했습니다.

제안된 HTTP/1.1 표준의 주요 저자이자 HTTP/1.0 드래프트 버전의 제2저자는 로이 필딩(Roy Fielding)이었고 나중에 캘리포니아 얼바인 대학의 대학원생이 되었습니다. 월드 와이드 웹의 주요 저자 중 한 명이었음에도 불구하고 로이 필딩은 그가 고안한 REST가 소개된 박사 논문으로 더 널리 알려졌습니다.[14]

멱등성이 보장되는 서비스 만들기

멱등성은 특정한 프레임워크의 로직으로 만들어진 것이 아닙니다. HTTP와 HTTP가 확장된 REST에서조차 멱등성은 관습 혹은 협의의 문제이지 명시적으로 강제되는 것은 아닙니다. 여러분이 원해서 멱등성이 보장되지 않는 GET 메서드를 구현한다면 실수든 의도적이든 말리는 사람은 없을 것입니다.

간혹 멱등성이 까다로운 이유 중 하나는 멱등성이 REST나 gRPC API 계층이 아니라 코어 애플리케이션 안에 구현된 로직에 의존적이기 때문입니다.

---

12 Fielding, R., et al. 「Hypertext Transfer Protocol — HTTP/1.1」 Proposed Standard, RFC 2068, June 1997, https://oreil.ly/28rcs

13 Berners-Lee, T., et al. 「Hypertext Transfer Protocol — HTTP/1.0」 Informational, RFC 1945, May 1996, https://oreil.ly/zN7uo

14 Fielding, Roy Thomas. 「Architectural Styles and the Design of Network-Based Software Architectures」 UC Irvine, 2000, pp. 76 – 106, https://oreil.ly/swjbd

예를 들어 5장에서는 키-값 저장소의 일관성을 전통적인 CRUD(create, read, update, delete) 연산으로 다음과 같이 구현했고 이는 멱등성이 보장되지 않습니다.

```go
var store = make(map[string]string)

func Create(key, value string) error {
    if _, ok := store[key]; ok {
        return errors.New("duplicate key")
    }

    store[key] = value
    return nil
}

func Update(key, value string) error {
    if _, ok := store[key]; !ok {
        return errors.New("no such key")
    }

    store[key] = value
    return nil
}

func Delete(key string) error {
    if _, ok := store[key]; ok {
        return errors.New("no such key")
    }

    delete(store, key)
    return nil
}
```

CRUD 형태의 서비스 구현은 의미 전달이 잘 되기는 하지만 이들 메서드 중 어느 하나라도 반복해서 호출되면 결과는 에러가 되어 버립니다. 그뿐 아니라 다음과 같은 멱등성 구현에는 현재 스테이트를 확인하기 위해 불필요한 코드가 많이 들어가 있습니다.

```go
var store = make(map[string]string)

func Set(key, value string) {
```

```
        store[key] = value
}

func Delete(key string) {
    delete(store, key)
}
```

이 코드는 하나 이상의 관점에서 무척 단순합니다. 우선 더 이상 별도의 '생성^{Create}'과 '변경^{Update}' 연산을 할 필요가 없기 때문에 하나의 Set 함수로 코드를 합칠 수 있습니다. 또한 각 연산에서 현재 스테이트를 확인할 필요가 없기 때문에 각 메서드에서 스테이트와 관련된 로직이 줄어 서비스가 복잡해지더라도 혜택을 받습니다.

마지막으로 연산이 반복돼도 큰 문제가 없습니다. Set과 Delete 함수 모두 여러 번 호출되더라도 동일한 결과를 갖습니다. 즉, 이 함수들은 멱등성을 보장합니다.

스칼라 연산은 어떻게 해야 할까?

어쩌면 여러분은 "좋아 보이네요! 완료된 것이든 완료되지 않은 것이든 연산에 효과적인 것 같고요. 그런데 더 복잡한 연산인 경우에도 문제가 없을까요? 가령 스칼라 값에 대한 연산은요?"라고 이야기할 것입니다.

좋은 질문입니다. 결국 무언가를 어떤 곳에 가져다 둔다는 것은 가져다 두었거나 가져다 두지 않았거나 둘 중 하나입니다. 여러분이 해야 하는 것은 다시 가져다 두는 행위에 대해 에러를 반환하지 않는 것입니다. 그런데 '계좌번호 12345인 계좌에 50만원을 송금해주세요'와 같은 동작은 어떨까요? 이 요청은 아마도 다음과 같은 형태의 JSON 페이로드를 보낼 것입니다.

```
{
    "credit":{
        "accountID": 12345,
        "amount": 500000
    }
}
```

애플리케이션이 이 연산을 반복 수행하면 계좌번호 12345에 추가로 50만원이 송금될 것이고, 예금주는 더 들어온 돈에 대해 개의치 않겠지만 은행은 그러지 못할 겁니다.

이 JSON 페이로드에 transactionID 값을 추가하면 무슨 일이 일어날지 생각해봅시다.

```
{
    "credit":{
        "accountID": 12345,
        "amount": 500,
        "transactionID": 789
    }
}
```

이 방식은 약간의 추가적인 타이핑을 요구하기는 하지만 우리가 빠진 딜레마에 대해 실행 가능한 해결책을 제공해줍니다. transactionID 값을 추적함으로써 수신자는 안전하게 트랜잭션을 식별하고 거절할 수 있게 됩니다. 즉, 멱등성이 확보된 것입니다!

9.5 서비스 중복성

시스템의 신뢰성을 높이기 위해 의도적으로 시스템의 중요한 컴포넌트나 함수의 복제본을 만드는 중복성Redundancy 제공은 장애 상황에서 탄력성을 높이는 1차 방어선이 되곤 합니다.

우리는 이미 중복성의 대표적인 예이고 '재시도Retries'로 알려진 메시지 복제본에 대해 이 장 앞쪽의 '다시 시도하기: 요청 재시도'에서 살펴봤습니다.

하지만 이번 절에서는 중요한 시스템 컴포넌트 중 하나에 문제가 생겼을 때 하나 이상의 다른 컴포넌트가 문제된 부분을 채워주는 것처럼 복제본을 사용하는 것의 가치에 대해 생각해보겠습니다.

퍼블릭 클라우드 관점에서의 중복성은 컴포넌트를 여러 서버 인스턴스에서 운영하는 것부터, 이상적으로는 다수의 가용성 영역Availability Zone이나 복수 리전Regions으로 배포하여 운영하는 것까지를 의미합니다.

쿠버네티스와 같은 컨테이너 오케스트레이션 플랫폼에서는 아마도 레플리카Replica를 하나 이상으로 설정하는 일이 될 것입니다.

무척 흥미로운 주제이기는 하지만 이 책에서는 이것을 설명하는 데 많은 지면을 할애하지 않겠습니다. 서비스 중복성은 다른 책이나 글을 통해 다뤄지고 있는 아키텍처에 대한 주제이기 때문입니다.[15] 결국 이 책은 Go에 대한 책입니다. 그럼에도 불구하고 아직까지 우리는 이번 장에서 탄력성에 대해 별로 다루지 않고 있으며 언급조차 하지 않고 있습니다.

[**Column**] **주의해야 할 단어: 결함 마스킹**

결함 마스킹(Fault masking)은 시스템 결함이 명시적으로 감지되지 않은 채 눈에 보이지 않게 보정될 때 발생합니다. 예를 들어 작업을 나눠서 수행 중인 세 개의 서비스 노드를 가진 시스템을 상상해봅시다. 하나의 노드 상태가 안 좋아지면 다른 노드들이 작업을 이어갑니다. 따라서 무엇이 잘못되었는지 인식하지 못합니다. 결함이 마스킹 처리된 것입니다.

결함 마스킹은 조금씩 진행되는 결함을 숨길 수 있어 쥐도 새도 모르게 방어적 중복성을 잃어버리게 되므로 갑작스럽고 파괴적인 결과를 초래하곤 합니다. 이 장 뒤쪽의 '건강한 헬스 체크'에서 살펴보겠지만, 결함 마스킹을 방지하기 위해서는 서비스 인스턴스의 상태를 정확히 알 수 있도록 서비스 헬스 체크(Health Check)를 하는 것이 중요합니다.

9.5.1 중복성을 위한 설계

시스템의 기능이 여러 인스턴스로 복제될 수 있도록 시스템을 설계한 노력은 확실한 보상을 받을 것입니다. 얼마나 많이 받게 될까요? 글쎄요, 많이 받기는 할 것입니다. 수학을 좋아하면 다음 내용을 살펴봐도 좋습니다. 수학을 싫어더라도 이번 한번만 저를 믿어보기 바랍니다.

[**Column**] **숫자에 의한 신뢰성**

'투나인(Two-Nines)' 혹은 가용성 99%의 서비스를 상상해봅시다. 이 시스템은 요청에 대해 이론적으로 0.99의 성공 확률을 가지며 이를 A_s라고 하겠습니다. 이 수치는 아주 좋은 것은 아닙니다만 그것이 포인트입니다.

병렬로 배치된 두 개의 동일한 인스턴스가 동시에 다운되어 서비스에 문제가 생기는 경우, 어떤 종류의 가용성을 갖게 될까요?[16] 서비스 배치는 다음 그림과 같습니다.

---

15 헤더 애드킨스(Heather Adkins)가 쓴 『SRE를 위한 시스템 설계와 구축: 구글이 공개하는 SRE 모범 사례와 설계, 구현, 운영 노하우』(한빛미디어, 2022년)는 훌륭한 예입니다.

16 마음의 준비를 하세요. 들어갑니다!

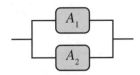

결과적으로 시스템 가용성은 어떻게 되나요? 우리가 알고 싶은 것은 두 개의 인스턴스가 모두 사용 불가능해지는 때입니다. 이 질문에 답하기 위해 각 컴포넌트의 실패 확률을 곱해봅시다.

$$U_s = (1 - A_1) \times (1 - A_2)$$

이 방법은 병렬로 배치된 컴포넌트의 수에 따라 일반화되어, N개 컴포넌트의 가용성은 1에서 사용 불가능성의 곱을 뺀 값이 됩니다.

$$A_s = 1 - \prod_1^N (1 - A_i)$$

모든 A_i 값이 같다고 가정하면 다음과 같이 간단히 정리할 수 있습니다.

$$A_s = 1 - (1 - A_i)^N$$

우리 예제에 식을 적용해보면 어떨까요? 두 개의 컴포넌트가 각각 99%의 가용성을 갖고 있으므로 다음과 같이 계산됩니다.[17]

$$A_s = 1 - (1 - 0.99)^2 = 0.9999$$

99.99% 혹은 포나인(Four Nines)이라 불리는 결과가 나왔습니다. 두 자릿수가 개선된 것이며 나쁘지 않은 수치입니다. 그렇다면 세 번째 복제본을 추가하면 어떻게 될까요? 조금 더 나아가면 재미있는 결과를 얻을 수 있는데 다음 표에 정리해보았습니다.

컴포넌트	가용성	다운타임(연간)	다운타임(월간)
단일 컴포넌트	99%(투나인)	3.65일	7.31시간
두 개의 병렬 컴포넌트	99.99%(포나인)	52.60분	4.38분
세 개의 병렬 컴포넌트	99.9999%(식스나인)	31.56초	2.63초

놀랍게도 개별 인스턴스로는 특별한 것이 없지만 병렬로 배치된 세 개의 인스턴스는 아주 인상적인 식스나인(Six-Nine)의 가용성을 제공해줍니다. 이것이 바로 클라우드 사업자가 고객에게 애플리케이션 배포 시 세 개의 복제본을 사용하라고 하는 이유이기도 합니다.

---

17 이는 각 컴포넌트의 실패율이 완전히 독립적이라고 가정한 것인데, 현실에서 좀처럼 일어나지 않습니다. 여러분이 진공 상태 속을 떠다니는 스페리컬 카우(복잡한 과학 현상을 간단한 모델로 단순화하는 것을 희화화한 것)라고 생각합시다.

하지만 인스턴스가 컴포넌트들 앞에 위치하는 로드밸런서처럼 직렬로 배치되면 무슨 일이 일어날까요? 이런 배치는 다음 그림과 같을 것입니다.

이런 종류의 배치에서는 둘 중 하나의 컴포넌트라도 사용 불가능한 상태가 되면 전체 시스템이 사용 불가능해집니다. 가용성은 각 컴포넌트의 가용성의 곱입니다.

$$A_s = \prod_1^N A_i$$

모든 A_i가 같다고 가정하면 다음과 같이 더 단순화할 수 있습니다.

$$A_s = A^N$$

그렇다면 99.9999%의 가용성을 자랑하는 고급스러운 서비스 복제본 세트 앞에 미덥지 못한 로드밸런서를 배치할 경우 어떤 일이 일어날까요? 다음 계산 결과처럼 그리 좋지는 못합니다.

$$0.99 \times 0.999999 = 0.98999901$$

로드밸런서 자신의 가용성보다 낮은 숫자입니다. 이것은 다음과 같은 사실이 밝혀졌기 때문에 중요합니다.

주의 직렬로 연결된 시스템의 총 신뢰성은 연결된 그 어느 서브시스템의 신뢰성보다 클 수 없습니다.

9.5.2 오토스케일링

서비스에 걸리는 부하의 양은 시간에 따라 달라집니다. 교과서적인 예시로 많은 사용자가 방문하는 웹 서비스에 걸리는 부하는 낮 시간 동안 증가했다가 밤에 감소합니다. 만약 이러한 서비스가 피크 시간의 부하를 기준으로 만들어졌다면 야간에는 시간과 돈을 낭비하게 됩니다. 하지만 밤 시간의 부하를 기준으로 만들어진 경우 낮 시간 동안 부하를 감당하기 어려울 것입니다.

오토스케일링Auto-Scaling은 현재 요청에 맞도록 가용량을 조절하기 위해 자동으로 클라우드 서버 인스턴스 혹은 쿠버네티스 파드와 같은 리소스를 추가하거나 삭제해 로드밸런싱하는 아이디어를 바탕으로 만들어진 기술입니다. 이는 서비스가 예측되었든 아니든 트래픽 패턴의 다양성을 수용할 수 있게 합니다. 추가 보너스로 오토스케일링을 클러스터에 적용하는 것은 서비스 요구사항에 맞춰 적절한 크기의 리소스를 사용하게 해줌으로써 비용을 절감시킵니다.

주요 클라우드 사업자들은 서버 인스턴스를 확장할 수 있는 매커니즘을 제공하며, 대부분의 관리형 서비스에서 암묵적 혹은 명시적으로 오토스케일링을 지원합니다. 쿠버네티스와 같은 컨테이너 오케스트레이션 플랫폼 또한 파드의 개수(수평적인 오토스케일링Horizontal Autoscaling)나 CPU, 메모리 리밋(수직적인 오토스케일링Vertical Autoscaling)에 대한 오토스케일링을 지원합니다.

오토스케일링 매커니즘은 클라우드 사업자와 오케스트레이션 플랫폼에 따라 다양하므로 어떻게 지표를 수집하여 예측 기반의 오토스케일링을 설정할 것인지에 대해서는 이 책에서 다루지 않습니다. 그러나 몇 가지 기억해두어야 할 중요 사항은 다음과 같습니다.

- 합리적인 최댓값을 지정하여 예상치 못한 큰 요청 스파이크가 예산을 완전히 다 소진하지 못하도록 해야 합니다. 이 장 앞쪽에 나온 '과부하 방지'에서 살펴본 스로틀링과 부하 발산 기술을 사용하면 좋습니다.

- 기동 시간을 최소화합니다. 서버 인스턴스를 사용하고 있다면 서버 이미지를 미리 만들어 새로운 인스턴스 시작 시 설정 시간을 최소화합니다. 이것은 쿠버네티스 환경에서 큰 이슈가 아니지만 컨테이너 이미지의 크기와 시작 시간을 합리적으로 짧게 유지합니다.

- 시작 시간이 아무리 짧아도 스케일링에는 시간이 소요될 수밖에 없습니다. 여러분의 서비스는 확장 없이도 사용할 수 있는 약간의 여유 공간이 있어야 합니다.

- 7장의 '지연된 확장: 효율성' 부분에서 논의한 것처럼 최고의 확장성은 변화하는 요청을 효율적으로 처리할 수 있도록 만드는 것입니다.

9.6 건강한 헬스 체크

앞쪽에 나온 '서비스 중복성'에서 전반적인 시스템 신뢰성을 높이기 위한 목적으로 중요한 컴포넌트나 함수를 복제하는 중복성의 가치와 시스템의 탄력성을 개선하는 가치에 대해 대략적으로 살펴봤습니다.

다수의 서비스 인스턴스가 의미하는 것은 서비스가 서비스 메시나 전용 로드 밸런서처럼 로드 밸런싱 매커니즘을 갖고 있다는 것입니다. 그런데 서비스 인스턴스의 상태가 안 좋아지면 무슨 일이 일어날까요? 아마 로드밸런서가 트래픽을 문제 상황 이전처럼 보내는 것을 원치 않을 것입니다.

그렇다면 무슨 일을 해야 할까요? 헬스 체크[Health Check]를 사용해봅시다. 가장 단순하면서도 일반적으로 사용되는 헬스 체크 형태는 클라이언트가 서비스 인스턴스의 생사와 상태를 물어보기 위해 사용할 수 있는 API 엔드포인트 구현입니다.

예를 들어 서비스는 /health나 /healthz와 같은 일반적인 경로를 통해 상태가 양호할 경우 200 OK를, 그렇지 않을 경우 503 Service Unavailable을 반환하는 경로를 HTTP 엔드포인트로 제공할 수 있습니다. 더 복잡하게 구현하여 각각 다른 인스턴스 상태에 대해 서로 다른 상태 코드를 반환할 수도 있습니다. 해시코프의 Consul 서비스 레지스트리는 2XX 상태를 성공으로 해석하고 429 Too Many Requests를 경고, 그 외의 상태 코드를 실패로 규정합니다.

클라이언트로 서비스 인스턴스 상태를 알려주는 엔드포인트를 제공하는 것은 좋은 일입니다. 그런데 정확히 어떤 경우에 인스턴스가 '건강하다'고 알려줄 수 있는지 궁금할 것입니다.

> **NOTE** 헬스 체크는 블룸 필터[18]와 같습니다. 헬스 체크에 실패하는 것은 서비스가 동작하지 않는 것을 의미하지만 헬스 체크에 성공하는 것은 서비스가 아마도 '건강'할 것이라는 의미입니다(신디 스리다란(Cindy Sridharan) 트위터 글[19] 참고).

9.6.1 인스턴스가 '건강하다'는 것은 어떤 의미일까?

'건강하다[Healthy]'라는 단어가 서비스와 서비스 인스턴스의 콘텍스트에서 사용되는데 이 단어의 정확한 의미는 무엇일까요? 대부분의 경우처럼 간단한 답변과 복잡한 답변이 있습니다. 물론 둘 사이에는 더 많은 답이 있습니다.

먼저 간단한 답변부터 살펴보겠습니다. 이미 통용되는 정의를 재사용하자면 인스턴스는 '사용 가능[Available]'할 때 '건강하다'고 여겨집니다. 다시 말해 서비스는 정확한 서비스를 제공할 수 있을 때 '건강'합니다. 그러나 늘 이처럼 단순하게 정리되지만은 않습니다. 만약 인스턴스는 의도한 대로 동작하지만 다운스트림 의존성이 오동작하는 경우는 어떨까요? 헬스 체크가 이런 차이를 식별할 수 있을까요? 만약 그렇다면 로드밸런서는 두 가지 경우에 대해 다르게 동작해

---

18 https://ko.wikipedia.org/wiki/블룸_필터

19 신디 스리다란(Sridharan Cindy, @copyconstruct). "Health checks are like bloom filters…" 2018년 8월 5일 새벽 3시 21분에 올린 트위터 글(https://oreil.ly/Qpw3d)

야 할까요? 단일 인스턴스의 결함이 아니라 모든 서비스 복제본이 영향을 받는다면 인스턴스를 회수하고 교체해야 할까요?

불행히도 이 질문들에 대한 쉬운 답은 없으며 질문에 답변하는 대신 차선책으로 헬스 체크를 하는 세 가지 일반적인 접근 방법에 대해 논의하고 각각의 장점과 단점을 살펴볼까 합니다. 여러분이 구현하는 것은 서비스의 요구사항과 로드밸런싱 동작에 따라 달라질 수 있습니다.

9.6.2 헬스 체크의 세 가지 타입

서비스 인스턴스가 실패하는 것은 보통 다음 두 가지 이유 중 하나 때문입니다

- 애플리케이션 에러 혹은 CPU, 메모리, 데이터베이스 연결 등의 리소스 고갈 같은 로컬 실패
- 데이터베이스나 다른 다운스트림 서비스와 같이 서비스 기능에 영향을 주는 원격 의존성 실패

두 가지 큰 실패의 카테고리는 세 가지 헬스 체크 전략을 제공하며 각각 장점과 단점을 갖고 있습니다. 라이브니스 체크Liveness Checks는 '성공' 신호를 주는 것 이상의 동작을 합니다. 서비스 상태를 결정하기 위해 추가적인 시도를 하지 않으며 서비스가 요청을 수신하고 있는지, 접근 가능한지 확인하는 것 외에는 서비스에 대해 아무런 이야기를 하지 않습니다. 가끔은 이것만으로도 충분할 수 있습니다. 라이브니스 체크에 대해서는 바로 이어지는 '라이브니스 체크'에서 자세히 설명하겠습니다.

얕은 헬스 체크Shallow Health Checks는 서비스 인스턴스 기능이 동작할 것인지를 검증함으로써 라이브니스 체크보다 조금 더 진보한 방식입니다. 이 헬스 체크는 로컬 리소스만 체크하므로 많은 인스턴스에 대해 시험이 동시에 실패할 가능성이 낮지만 서비스 인스턴스에 대한 특정 요청이 성공적으로 처리될 것이라고 확신할 수는 없습니다. 바로 뒤에 나오는 '얕은 헬스 체크'에서 상세한 내용을 알아봅시다.

심층 헬스 체크Deep Health Checks는 데이터베이스와 같은 다운스트림 리소스까지 확인함으로써 서비스 인스턴스가 제 기능을 하는지 실제로 조사하기 때문에 인스턴스 상태에 대한 이해도가 훨씬 높습니다. 다만 시험하는 데 소요되는 비용이 비싸고 거짓 양성False Positive이 발생할 수 있습니다. 뒤에 나오는 '심층 헬스 체크'에서 보다 자세히 살펴보겠습니다.

라이브니스 체크

라이브니스 엔드포인트는 무슨 일이 있든지 '성공'을 반환합니다. 헬스 체크의 값이 무엇이든 인스턴스의 상태에 대해 아무 이야기도 하지 않기 때문에 쓸모 없고 사소해보일 수 있지만, 라이브니스 탐침Liveness Probe[20]은 다음과 같은 내용 확인을 통해 유용한 정보를 제공합니다.

- 서비스 인스턴스가 예상했던 포트를 통해 수신하며 새로운 연결을 맺습니다.

- 네트워크를 통해 인스턴스에 접근할 수 있습니다.

- 방화벽, 보안 그룹, 또는 다른 설정이 잘 정의되어 있습니다.

물론 단순하므로 비용을 예측하는 것도 쉽습니다. 활발한 헬스 체크 로직이 없기 때문에 라이브니스 체크는 서비스 인스턴스가 실제로 기능을 수행할 수 있는지 없는지를 평가해야 하는 상황에서 제한적일 수밖에 없습니다.

라이브니스 탐침의 구현은 정말 쉽습니다. net/http 패키지를 사용해 다음과 같이 구현할 수 있습니다.

```go
func healthLivenessHandler(w http.ResponseWriter, r *http.Request) {
    w.WriteHeader(http.StatusOK)
    w.Write([]byte("OK"))
})

func main() {
    r := mux.NewRouter()
    http.HandleFunc("/healthz", healthLivenessHandler)
    log.Fatal(http.ListenAndServe(":8080", r))
}
```

앞 예제는 얼마나 쉽게 라이브니스 체크를 구현할 수 있는지 보여주려고 200 OK 응답만 반환하는 /healthz 엔드포인트를 만들어 등록했습니다. 확실히 하려고 텍스트로 OK도 내려줍니다.

> **NOTE** gorilla/mux 패키지를 사용하는 경우 이 장 앞쪽에 나온 '부하 발산'의 함수처럼 등록된 미들웨어가 헬스 체크에 영향을 줄 수 있습니다.

---

20 옮긴이: 헬스 체크 에이전트라고 부르기도 합니다.

얕은 헬스 체크

얕은 헬스 체크Shallow Health Checks는 서비스 인스턴스의 기능이 동작할 것인지를 검증함으로써 라이브니스 체크보다 조금 더 나아가기는 했지만 데이터베이스나 다른 다운스트림 의존성에 대한 조사는 진행하지 않습니다.

얕은 헬스 체크는 서비스에 좋지 않은 영향을 줄 수 있는 여러 조건에 대해 평가할 수 있고 다음과 같은 내용들을 포함합니다(물론 이 내용으로 한정되는 것은 아닙니다).

- 메모리, CPU, 데이터베이스 연결과 같은 핵심 로컬 리소스의 가용성
- 디스크 공간이나 권한, 디스크 오류와 같은 하드웨어 오동작 체크에 대한 로컬 데이터의 읽기, 쓰기 능력
- 모니터링, 업데이터 프로세스와 같은 지원 프로세스의 존재

얕은 헬스 체크는 라이브니스 체크에 비해 더 확실하며 그 특징은 전체 서버군이 한번에 영향을 받아 실패할 가능성이 낮아진다는 것을 의미합니다.[21] 하지만 얕은 헬스 체크는 거짓 양성False Positive이 발생하기 쉽습니다. 가령 외부의 리소스 때문에 발생한 이슈로 서비스가 다운된 경우 얕은 헬스 체크는 이를 감지하지 못할 수 있습니다. 시험의 특징을 통해 얻는 것이 있는 만큼 예민함을 잃기도 합니다.

다음 예는 얕은 헬스 체크 예시로 서비스가 로컬 디스크에 대해 읽고 쓰는 능력을 시험합니다.

```go
func healthShallowHandler(w http.ResponseWriter, r *http.Request) {
    // 시험에 사용할 파일을 생성합니다.
    // 이 코드는 /tmp/shallow-123456과 같은 형태의 이름을 가진 파일을 생성합니다.
    tmpFile, err := ioutil.TempFile(os.TempDir(), "shallow-")
    if err != nil {
        http.Error(w, err.Error(), http.StatusServiceUnavailable)
        return
    }
    defer os.Remove(tmpFile.Name())

    // 파일의 쓰기에 문제가 없는지 확인합니다.
    text := []byte("Check.")
    if _, err = tmpFile.Write(text); err != nil {
```

---

21 물론 그런 일이 일어나는 것을 본 적도 있습니다.

```
        http.Error(w, err.Error(), http.StatusServiceUnavailable)
        return
    }

    // 파일을 닫는 데 문제가 없는지 확인합니다.
    if err := tmpFile.Close(); err != nil {
        http.Error(w, err.Error(), http.StatusServiceUnavailable)
        return
    }

    w.WriteHeader(http.StatusOK)
}

func main() {
    r := mux.NewRouter()
    http.HandleFunc("/healthz", healthShallowHandler)
    log.Fatal(http.ListenAndServe(":8080", r))
}
```

이 코드는 가용한 디스크 공간, 쓰기 권한, 하드웨어의 오동작을 동시에 체크하며 서비스가 디스크 캐시를 사용하거나 다른 임시 파일을 사용하는 경우 특히 유용할 수 있습니다.

코드를 유심히 살펴봤다면 임시 파일을 기본 디렉터리에 생성한다는 것을 알아챘을 것입니다. 리눅스에서 이것은 /tmp 경로이며 실제로는 램 드라이브^{RAM Drive}입니다. 이것 또한 시험으로 유용하기는 하지만 리눅스에서 실제로 디스크에 쓰기 작업을 하는 데 문제가 없는지 시험하려면 특정 디렉터리를 지정할 필요가 있으며 완전히 다른 테스트가 될 수 있습니다.

심층 헬스 체크

심층 헬스 체크는 서비스가 인접 시스템과 상호 작용하는 능력을 직접 조사합니다. 이것은 의존성이 가져올 수 있는 잘못된 자격 증명, 데이터 스토어로의 단절, 예상치 못한 네트워크 이슈와 같은 잠재적인 이슈를 식별함으로써 인스턴스 상태에 대해 더 많은 이해를 제공합니다.

하지만 심층 헬스 체크를 수행하는 것은 꽤 비용이 많이 드는 일일 수 있습니다. 시간이 많이 걸릴 수 있고 지나치게 자주 수행할 경우 의존성을 가진 컴포넌트가 부담을 느낄 수 있습니다.

NOTE 모든 의존성에 대해 헬스 체크를 수행하지 마십시오. 서비스가 동작하는 데 꼭 필요한 의존성으로 시험 대상을 한정할 필요가 있습니다. 다수의 다운스트림에 대해 시험할 때는 가능한 한 동시에 평가하는 것이 좋습니다.

그뿐 아니라 의존성에 대한 헬스 체크 실패가 인스턴스의 실패로 보고될 수 있기 때문에 심층 헬스 체크는 특히 거짓 양성 발생에 대해 유의해야 합니다. 얕은 헬스 체크에 비해 상대적으로 낮은 특수성과 결합하면 연쇄적인 실패Cascading Failure가 발생할 수도 있습니다.

심층 헬스 체크를 사용해야만 하는 경우 이 장 초반부의 '서킷 브레이킹'에서 다룬 서킷 브레이킹 같은 전략의 이점을 취합니다. 그리고 로드밸런서는 이어서 살펴볼 '페일 오픈'의 내용처럼 '페일 오픈Failing Open'하는 것이 좋습니다.

다음 예제는 가상의 서비스가 가진 GetUser 함수를 호출해 데이터베이스를 평가하는 심층 헬스 체크의 예입니다.

```go
func healthDeepHandler(w http.ResponseWriter, r *http.Request) {
    // 요청으로부터 5초의 타임아웃 시간 내에 콘텍스트를 추출합니다.
    ctx, cancel := context.WithTimeout(r.Context(), 5*time.Second)
    defer cancel()

    // service.GetUser는 데이터베이스 쿼리를 수행하는 서비스 인터페이스의 가상 메서드입니다.
    if err := service.GetUser(ctx, 0); err != nil {
        http.Error(w, err.Error(), http.StatusServiceUnavailable)
        return
    }

    w.WriteHeader(http.StatusOK)
}

func main() {
    r := mux.NewRouter()
    http.HandleFunc("/healthz", healthDeepHandler)
    log.Fatal(http.ListenAndServe(":8080", r))
}
```

이상적으로는 의존성 테스트가 실제 시스템 함수를 실행해야 하지만 이것은 수용할 수 있을 정도로 가벼운 동작이어야 합니다. 예제에서는 GetUser 함수가 두 가지 조건을 만족하는 데이터베이스 쿼리를 호출합니다.[22]

보통은 두 가지 정도의 이유로 데이터베이스를 ping하는 것보다 '실제' 쿼리를 더 선호합니다. 우선 실제 쿼리는 서비스가 어떤 일을 하는지 더 잘 나타냅니다. 또한 쿼리는 종단간 쿼리 시간을 데이터베이스의 건강 척도로 사용할 수 있습니다. 앞의 예제는 이를 보여주는 좋은 예로 Context를 사용해 고정된 타임아웃 값을 설정하고 있으며, 필요한 경우 더 복잡한 로직을 포함할 수도 있습니다.

9.6.3 페일 오픈

만약 여러분의 모든 인스턴스가 동시에 문제 있다고 판단될 경우 무슨 일이 일어날까요? 여러분이 심층 헬스 체크를 사용하고 있다면 꽤 쉽게 발생할 수 있는 상황이고 주기적으로 발생할 수도 있습니다. 로드밸런서가 어떻게 설정되었는지에 따라 어떤 인스턴스도 트래픽을 서빙하지 않을 가능성이 있으며 시스템 전반에 걸쳐 실패가 반복될 수도 있습니다.

다행히 일부 로드밸런서들은 이것을 '페일 오픈Failing Open'으로 처리합니다. 페일 오픈을 지원하는 로드밸런서가 양호한 상태의 목적지 서버를 하나도 갖지 못한 경우(즉, 모든 타깃에 대한 헬스 체크가 실패한 경우) 로드밸런서는 트래픽을 모든 목적지 서버로 보냅니다.

다소 직관적이지 않게 보일 수 있는 동작이지만 심층 헬스 체크를 통해 다운스트림에 다소 문제가 있더라도 트래픽이 지속적으로 흐를 수 있게 해주어 서비스를 안전하게 만듭니다.

요약

이번 장은 쓰면서도 무척 흥미로웠습니다. 탄력성과 운영 배경에 대한 주요 지원에 대해서는 해야 할 이야기가 참 많습니다. 어떤 것이 성공할 것이고 무엇이 실패할 것인지에 대해 판단하는 것과 같은 어려운 이야기를 해야만 했습니다. 이번 장은 생각했던 것보다 다소 길어졌지만

---

22 상상해서 만든 함수이기 때문에 그렇다고 해둡시다!

결과적으로 만족스러운 장이 되었다고 생각합니다. 너무 적은 정보와 너무 많은 정보 사이의 합리적인 절충안이었으며 운영에 관련된 환경과 실제 Go 구현체 사이의 절충안이기도 했습니다.

이 장에서는 시스템이 실패한다는 것이 무엇인지 알아보았고 복잡한 시스템이 어떻게 실패하는지도 살펴보았습니다. 이것은 흔하지만 다소 흉악하게 보일 수 있는 연쇄적인 실패에 대한 논의로 이어졌습니다. 연쇄적인 실패 상황에서 시스템 스스로의 복구 시도는 시스템 붕괴를 재촉합니다. 여기서는 서버 측의 연쇄적인 실패를 스로틀링과 부하 차단을 이용해 어떻게 방지할 수 있는지 살펴보았습니다.

에러가 발생했을 때 재시도하는 것은 서비스의 탄력성에 큰 영향을 미치지만 DynamoDB 사례에서 살펴본 것처럼 나태하게 적용되었을 때는 연쇄적인 실패로 이어질 수도 있습니다. 여기서는 서킷 브레이커와 타임아웃, 특히 지수적인 백오프 알고리즘을 포함해 클라이언트 측에서 수행될 수 있는 측정에 대해서도 깊게 살펴보았고 여러 그래프도 볼 수 있었습니다. 이런 그래프를 만드는 데 꽤 많은 시간을 사용했습니다.

이 모든 것은 서비스의 중복성과 그것이 어떻게 신뢰성에 영향을 미치는지 그리고 오토스케일링을 어떻게 잘 활용할 수 있는지에 대한 이야기로 이어졌습니다.

당연한 말이지만 리소스의 '건강'에 대해 이야기하지 않고 오토스케일링에 대해 이야기할 수는 없습니다. 우리는 인스턴스가 '건강하다'는 것이 무엇을 의미하는지에 대해 질문을 던졌고 그것이 어떻게 헬스 체크에 사용될 수 있는지 이야기했습니다. 또한 세 종류의 헬스 체크를 다뤘고 특히 민감도와 특수성의 절충점에 유의하면서 각각의 장점과 단점을 살펴보았습니다.

10장에서는 운영적인 주제에서 잠시 벗어나 달리는 자동차의 타이어를 교체하는 예술과 과학을 주제로 관리 용이성^{Manageability}에 대해 살펴보겠습니다.

Chapter
10

관리
용이성

디버깅하는 것이 처음부터 프로그램을 작성하는 것보다 두 배 어렵다는 것은 누구나 알고 있습니다. 코드를 작성할 때 여러분이 가장 현명한 상태라면 코드를 어떻게 디버그할까요?[1]

– 브라이언 커니핸(Brian Kernighan), The 『Elements of Programming Style』(1978년)

완벽한 세상이라면 새로운 요구 사항을 만족시키기 위해 서비스의 새로운 버전을 배포하거나 전체 시스템을 수정할 필요가 없을 것입니다.

한 번 더 이야기하지만 완벽한 세상에서는 유니콘이 실존하고 치과 의사 다섯 명 중 한 명은 아침 식사로 파이를 먹으라고 권장할 것입니다.[2]

그러나 아쉽게도 우리는 완벽한 세상에 살고 있지 않습니다. 유니콘이 절대 존재하지 않는다[3]고 해도, 시스템 동작 변경이 필요할 때마다 코드를 업데이트해야만 하는 세상으로 여러분을 내던질 필요는 없습니다.

보통 코어 로직을 업데이트하려면 코드 변경이 필요하지만 여러분은(혹은 누군가는) 코드를 재작성하거나 재배포하지 않고도 아주 많은 동작을 변경할 수 있도록 시스템을 만들 수 있을 것입니다.

여러분은 1장의 '관리 용이성Manageability'에 나왔던 클라우드 네이티브 시스템의 중요한 속성을 기억할 것입니다. 우리는 '관리 용이성'을 시스템 동작을 안전하고 원활하게 실행하면서도 변화하는 요구 사항을 준수할 수 있게 해주는 것으로 정의했습니다.

당연한 말처럼 들릴 수 있지만 실제로 이것은 여러분이 생각하는 것 이상으로 관리에 대한 용이성을 제공하며 관리 용이성의 일부분이기도 한 설정 파일을 사용하는 것을 한참 넘어섭니다. 이번 장에서는 관리가 용이한 시스템을 갖는다는 것의 의미에 대해 살펴보고 변경 요구 사항에 대해 가능한 한 빠르게 변경할 수 있는 시스템을 만드는 몇 가지 기술과 구현에 대해 알아보겠습니다.

---

1 브라이언 W. 커니핸(Kernighan, Brian W.), P. J. 플라우거(P. J. Plauger). 『The Elements of Programming Style』. 맥그로힐, 1978년

2 Staff, America's Test Kitchen. 『Perfect Pie: Your Ultimate Guide to Classic and Modern Pies, Tarts, Galettes, and More. America's Test Kitchen』, 2019. https://oreil.ly/rl5TP

3 학자들이 유전 공학으로 꽤 놀라운 일들을 하고 있는 중입니다. 절대 믿음을 버리지 마세요!

[**Column**] **관리 용이성은 유지보수성이 아니다**

관리 용이성과 유지보수성은 시스템 수정 용이성과 관련이 있다는 점에서 일부 '중첩된 임무(Mission Overlap)'를 갖고 있습니다. 하지만 정확히 어떻게 시스템이 수정되는가의 관점에는 차이가 있습니다.

- 관리 용이성(Manageability)은 시스템의 동작을 쉽게 변경할 수 있는 방법을 설명하며 통상 코드 변경이 없는 방법을 이야기합니다. 다른 말로 하면 외부로부터 시스템을 변경하는 것이 얼마나 쉬운지를 살펴봅니다.
- 유지보수성(Maintainability)은 소프트웨어 시스템 또는 컴포넌트가 코드 변경을 수반하는 기능 변경이나 추가, 결함, 결함 수정, 그리고 성능을 개선[4]하는 것이 얼마나 용이한지 나타냅니다. 다른 말로 하면 내부로부터 시스템을 바꾸는 것이 얼마나 쉬운지를 살펴봅니다.

10.1 관리 용이성은 무엇이고 왜 신경 써야 할까요?

관리 용이성에 대해 고려할 때 보통은 단일 서비스의 관점에서 생각합니다. 내 서비스가 쉽게 설정될 수 있을까? 운영하면서 필요한 모든 조절 장치들이 있을까? 하는 의문을 갖게 됩니다.

하지만 이것은 시스템의 지출 관점에서 컴포넌트를 바라본 것이어서 중요한 점을 놓치고 있습니다. 관리 용이성은 서비스 내부로 한정되지 않습니다. 시스템 관리가 용이하려면 전체 시스템을 고려해야 합니다.

잠시 복잡한 시스템을 대상으로 하는 관리 용이성에 대해 다시 생각해 봅시다. 시스템의 동작을 쉽게 수정할 수 있을까요? 시스템의 컴포넌트들은 상호 독립적으로 수정될 수 있을까요? 필요하다면 쉽게 교체할 수도 있을까요? 언제 수정해야 하는지 어떻게 알 수 있을까요?

관리 용이성은 시스템의 동작에 대해 가능한 한 모든 것을 망라해야 합니다. 관리 용이성은 기능적으로 봤을 때 크게 네 가지 카테고리로 나뉩니다.[5]

---

4 「Systems and Software Engineering: Vocabulary」, ISO/IEC/IEEE 24765:2010(E), 15 Dec. 2010. https://oreil.ly/NInvC

5 Radle, Byron, et al. 「What Is Manageability?」 NI, National Instruments, 5 Mar. 2019. https://oreil.ly/U3d7Q

- **설정과 제어**

  시스템과 그것을 구성하는 컴포넌트가 최적의 가용성과 성능을 낼 수 있도록 준비하고 설정하는 과정이 쉬워야 합니다. 어떤 시스템은 정기적이거나 실시간 제어를 필요로 하기 때문에 적절한 '제어장치^{Knobs and Levers}'가 반드시 제공되어야 합니다. 이번 장에서는 주로 이에 대해 이야기할 것입니다.

- **모니터링, 로깅, 경보**

  이 기능들은 시스템이 자신의 일을 잘 하고 있는지 추적함으로써 효율적인 시스템 관리에 중요한 역할을 담당합니다. 만약 이러한 기능이 제공되지 않는다면 시스템이 언제 관리를 필요로 하는지 알 수 없을 것입니다. 이 기능들은 관리 용이성에 있어서 매우 중요한 요소들이므로 이번 장에서 논의하지 않고 11장 '관찰 가능성' 전체를 할애해 살펴보겠습니다.

- **배포와 업데이트**

  코드 변경이 없는 경우에도 쉽게 배포, 업데이트, 롤백하고 시스템 컴포넌트를 확장하는 능력은 특히 관리해야 할 시스템이 많을 때 그 가치가 높아집니다. 당연한 말이지만 이것은 최초 배포 시 유용한 것은 물론, 시스템 생애주기 동안 업데이트할 일이 생길 때마다 그 효과를 발휘합니다. 외부 런타임을 사용하지 않고 실행 가능한 단일 산출물 형태를 갖는 Go는 이 분야에서 독보적입니다.

- **서비스 디스커버리와 인벤토리**

  클라우드 네이티브 시스템의 주요 특징 중 하나는 태생적으로 분산되어 있다는 점입니다. 분산 환경에서는 구성 요소들이 서로를 빠르고 정확하게 감지할 수 있어야 하며 이것을 서비스 디스커버리라고 부릅니다. 서비스 디스커버리는 프로그래밍적이라기보다 아키텍처 관점에서의 기능이므로 이 책에서는 깊게 다루지 않겠습니다.

이 책은 아키텍처에 대한 책이 아니라 Go에 대한 책이므로 서비스 구현에 대해 더 집중하려고 합니다. 그래서(더 중요해서가 아닙니다!) 이번 장도 대부분 서비스 수준의 설정에 집중할 것입니다. 불행히도 이 주제에 대한 깊이 있는 논의는 이 책의 범위를 벗어납니다.[6]

복잡한 컴퓨터 시스템을 관리하는 것은 일반적으로 어려운 일이고 시간이 많이 듭니다. 또한 시스템을 구성하는 하드웨어나 소프트웨어에 들어가는 비용보다 훨씬 더 많은 관리 비용이 발

---

6 책에서 다루지 못해 무척 아쉽습니다. 이것도 중요한 주제이기는 하지만 우리는 선택과 집중을 할 필요가 있습니다.

생합니다. 이론적으로 관리 가능하게 설계된 시스템은 더 효율적으로 관리될 수 있으며 관리 비용도 저렴해집니다.

관리 비용을 고려하지 않더라도 복잡도 감소는 사람이 실수할 가능성에 큰 영향을 미치며, 필연적으로 문제가 발생했을 때 더 쉽고 빠르게 해결할 수 있도록 해줍니다. 관리 용이성은 이러한 방식으로 신뢰성^{Reliability}, 가용성^{Availability}, 보안성^{Security}에 직접 영향을 미치며 시스템 신뢰성^{Dependability}의 핵심 요소가 됩니다.

10.2 애플리케이션 설정하기

관리 용이성의 가장 기본적인 기능은 애플리케이션을 설정하는 능력입니다. 이상적으로 설정 가능한 애플리케이션에서는 개발, 스테이징, 운영 환경 등 환경마다 다른 값을 가질 수 있는 모든 것들이 코드로부터 깔끔하게 분리되어 어떤 식으로든 외부에서 정의될 수 있습니다.

6장에서 소개했던 웹 애플리케이션을 만드는 12가지 규칙이자 가이드라인인 The Twelve-Factor App이 이 주제에 대해 많은 이야기를 했습니다. 사실 12가지 규칙 중 세 번째였던 '설정'은 애플리케이션 설정에 관한 것이었고 다음과 같은 내용이었습니다.

- **설정은 환경 내에 저장합니다**

  글자 그대로 The Twelve-Factor App은 모든 설정이 환경 변수에 저장되어야 한다고 이야기합니다. 이에 대해서는 많은 의견들이 있지만 규칙이 발표된 이래 업계에서는 무엇이 중요한지에 대해서 만큼은 일반적인 합의에 이른 것처럼 보입니다.

- **설정은 코드로부터 엄격히 분리되어야 합니다**

  환경에 따라 달라질 수 있는 모든 값을 포함하는 개념으로서의 설정은 언제나 코드로부터 깔끔하게 분리되어야 합니다. 설정은 보통 배포 환경에 따라 달라지지만 코드는 그렇지 않습니다. 따라서 설정이 코드 내에 포함되면 안 됩니다. 절대로 안 됩니다.

- **설정은 버전 관리 시스템 내에 저장되어야 합니다**

  코드로부터 분리한 설정을 버전 관리 시스템 내에 저장하는 것은 필요한 경우 빠르게 설정을 롤백할 수 있게 해주고 시스템 재생성과 복구를 도와줍니다. 쿠버네티스와 같은 배포 프레임워크는 `ConfigMap`과 같은 설정 기본 요소를 제공해 자연스러우면서 비교적 매끄러운 방법으로 설정의 분리 작업을 도와줍니다.

오늘날 환경 변수를 이용하여 설정하는 애플리케이션이 여전히 일반적이기는 하지만 커맨드 라인 플래그나 다양한 형식의 설정을 이용하는 경우도 많습니다. 간혹 어떤 애플리케이션은 이런 옵션들을 여러 가지 제공하기도 합니다. 이어지는 절에서는 이러한 방법 중 몇 가지를 살펴보고 각각의 장점과 단점, 그리고 Go에서는 어떻게 구현할 수 있는지 알아보겠습니다.

10.2.1 설정 모범 사례

애플리케이션 개발 시 애플리케이션 설정을 어떻게 정의하고 구현하여 배포할 것인지에 대해서는 많은 옵션이 존재합니다. 하지만 필자는 경험을 바탕으로 장단기적으로 더 나은 결과물을 만드는 모범 사례를 찾았습니다.

- **설정에 대해 버전 컨트롤을 적용합니다**

  네, 했던 이야기를 또 하고 있습니다. 설정 파일들은 시스템으로 배포되기 전에 버전 컨트롤 시스템에 저장돼야 합니다. 그래야 시스템에 배포되기 전에 검토할 수 있으며 추후 내용을 참고하거나 필요한 경우 빠르게 롤백할 수 있습니다. 그뿐 아니라 시스템을 다시 만들거나 복구해야 할 때 도움이 됩니다.

- **여러분만의 포맷을 사용하지 마세요**

  JSON, YAML, TOML 등의 표준 포맷을 사용해 설정 파일을 만듭니다. 이 포맷들에 대해서는 이번 장 후반부에서 살펴보겠습니다. 만약 여러분이 직접 만든 포맷을 꼭 사용해야 한다면 그 포맷을 여러분과 또 다른 누군가가 영원토록 관리한다는 관점에서 정말 편안한 방법인지 확실히 해야 합니다.

- **제로값을 잘 활용하십시오**

  불필요하게 제로가 아닌 기본값을 사용하지 마십시오. 이것은 일반적으로 통용되는 훌륭한 규칙이며 심지어 이에 대한 'Go 격언'도 존재합니다.[7] 가능하다면 정의되지 않은 설정 결과로 만들어진 동작은 수용 가능하고 합리적이어야 하며 놀랍지 않은 것이어야 합니다. 바꿔 말하면 최소한의 설정이 에러를 적게 만듭니다.

---

[7] 롭 파이크(Pike, Rob). 「Go Proverbs 2015」 Gopherfest, 18 Nov. 2015, YouTube. https://oreil.ly/5bOxW

10.2.2 환경 변수를 이용한 설정

6장에서 논의했고 앞서 검토한 것처럼 환경 변수를 사용해 설정 값을 정의하는 것은 The Twelve-Factor App에서 권장하는 방법입니다. 이러한 방식은 몇 가지 장점을 갖고 있습니다. 환경 변수는 일반적으로 지원되는 방식이고 설정이 실수로 코드에 포함되는 것을 막아주며 설정 파일을 사용하는 것보다 만들어야 하는 코드의 양이 적습니다. 그뿐 아니라 소규모 애플리케이션에 아주 적합합니다.

반면에 환경 변수 값을 설정하고 전달하는 절차는 다소 세련되지 못하며 지루하고 장황할 수 있습니다. 일부 애플리케이션이 환경 변수를 파일에 저장하는 방법을 지원하기는 하지만, 이는 원래 환경 변수를 사용하는 이유와 목적을 크게 훼손하는 방법입니다.

환경 변수의 암묵적인 성질은 약간의 도전 과제가 되기도 합니다. 설정 파일이 존재하는지 확인하거나 도움말의 출력 값을 확인하는 것으로는 환경 변수의 존재나 동작을 쉽게 알기 어려우므로 환경 변수에 의존하는 애플리케이션은 사용하기 어렵거나 에러 발생 시 디버깅이 어려울 수 있습니다.

다른 높은 수준^{High-Level}의 프로그래밍 언어와 마찬가지로 Go는 환경 변수를 쉽게 접근할 수 있게 해줍니다. 표준 os 패키지를 통해 환경 변수에 접근할 수 있으며 os.Getenv 함수를 사용할 수 있습니다.

```
name := os.Getenv("NAME")
place := os.Getenv("CITY")

fmt.Printf("%s lives in %s.\\n", name, place)
```

os.Getenv 함수는 키 값으로 전달된 이름을 갖는 환경 변수값을 추출하지만 환경 변수가 존재하지 않는 경우 빈 문자열을 반환합니다. Go는 빈 값과 설정되지 않은 값을 구분하기 위해 환경 변수의 값과 환경 변수 설정 여부를 알려주는 bool 값을 반환하는 os.LookEnv 함수를 제공합니다.

```
if val, ok := os.LookupEnv(key); ok {
    fmt.Printf("%s=%s\\n", key, val)
} else {
    fmt.Printf("%s not set\\n", key)
}
```

이 함수는 매우 간단하지만 여러 가지 목적으로 사용하기에 부족함이 없습니다. 기본값 혹은 타입이 지정된 변수와 같이 복잡한 요구 사항을 처리해야 하는 경우 쓸 만한 기능을 제공하는 서드파티 패키지들이 많이 있습니다. 이 장 뒤쪽에 나오는 'Viper: 설정 패키지를 위한 스위스 아미 나이프' 부분에서 이야기하겠지만 특히 Viper(spf13/viper)는 이런 요구 사항을 처리할 수 있는 인기 있는 패키지입니다.

10.2.3 커맨드라인 인자를 이용한 설정

Go의 커맨드라인 인자를 활용한 설정 방법은 소규모의 복잡하지 않은 애플리케이션이라면 고려해볼 만합니다. 이는 명시적인 방법이며 지원 여부나 사용법은 보통 --help 옵션을 이용해 제공됩니다.

표준 flag 패키지

Go는 기본 커맨드라인 파싱 패키지인 flag 패키지를 표준 라이브러리에 포함하고 있습니다. flag 패키지는 특별히 많은 기능을 갖고 있지는 않지만 상당히 직관적이고 os.Getenv와 달리 즉시 설정 값을 입력할 수 있습니다.

예를 들어 flag를 이용해 커맨드라인 플래그의 값을 읽고 쓰는 다음 코드를 살펴봅시다.

```go
package main

import (
    "flag"
    "fmt"
)

func main() {
    // 기본값으로 "foo"를 가지며 짧은 설명을 갖는 문자열 형식의 플래그를 선언합니다.
    // 이 플래그는 문자열 포인터를 반환합니다.
    strp := flag.String("string", "foo", "a string")

    // 숫자와 Boolean 플래그를 선언하며 문자열 플래그와 비슷합니다.
    intp := flag.Int("number", 42, "an integer")
    boolp := flag.Bool("boolean", false, "a boolean")
```

```
    // flag.Parse()를 호출하여 커맨드라인 입력 값을 파싱합니다.
    flag.Parse()

    // 파싱한 옵션과 인자 값을 출력합니다.
    fmt.Println("string:", *strp)
    fmt.Println("integer:", *intp)
    fmt.Println("boolean:", *boolp)
    fmt.Println("args:", flag.Args())
}
```

이 코드에서 볼 수 있는 것처럼 flag 패키지는 커맨드라인 플래그를 타입, 기본값, 짧은 설명과 함께 등록하도록 해주고 이 플래그들을 변수에 매핑합니다. 플래그에 대한 요약 내용은 프로그램을 실행하면서 --help 플래그를 지정하여 확인할 수 있습니다.

```
$ go run . -help
Usage of /var/folders/go-build618108403/exe/main:
    -boolean
        a boolean
    -number int
        an integer (default 42)
    -string string
        a string (default "foo")
```

도움말은 사용 가능한 모든 플래그의 리스트를 보여줍니다. 모든 플래그를 사용하면 다음과 같은 형태가 됩니다.

```
$ go run . -boolean -number 27 -string "A string." Other things.
string: A string.
integer: 27
boolean: true
args: [Other things.]
```

잘 동작합니다! 하지만 flag 패키지는 유용함을 제한할 수 있는 몇 가지 이슈가 있는 것처럼 보입니다.

먼저 플래그 구문에 대한 출력 결과가 표준과 다소 거리가 있어 보입니다. 대부분의 독자 여러분은 긴 이름의 옵션은 두 개의 대시를 옵션 앞에 붙이고(--version) 짧은 옵션에 대해서는 동일한 기능의 단일 문자를(-v) 쓰는 GNU 인자 사용 표준[8]을 따르는 커맨드라인 인터페이스를 기대했을 것입니다.

둘째로 틀린 동작은 아니지만 모든 flag가 하는 일이 지정된 플래그를 파싱하는 수준에 머물러 있으며 그 이상의 일을 하고 있지 않습니다. 나쁘다는 것은 아닙니다만 기능이 강력해 보이지는 않습니다. 커맨드를 함수와 매핑할 수 있다면 정말 좋을 것 같지 않나요?

Cobra 커맨드라인 파서 패키지

flags 패키지도 단순히 플래그만 파싱해야 하는 경우에는 아무 문제가 없지만 시장에 제품을 내놓는 경우라면 조금 더 강력한 커맨드라인 인터페이스를 만들어야 하므로 Cobra 패키지[9]를 사용하는 것이 좋습니다. Cobra는 다양한 기능을 갖고 있기 때문에 많은 기능을 제공하는 커맨드라인 인터페이스를 만드는 데 있어서 훌륭한 선택입니다. 쿠버네티스, CockroachDB, 도커, Istio, Helm과 같은 유명한 프로젝트에서도 Cobra 패키지를 사용하고 있습니다.

Cobra는 POSIX와 완전히 호환되는 짧은 버전의 플래그와 긴 버전의 플래그를 제공할 뿐 아니라 중첩된 서브커맨드Subcommand를 지원하고 자동으로 --help 플래그로 확인할 수 있는 도움말 페이지를 생성해주며 다양한 셸 환경에서 자동 완성을 지원합니다. 그뿐 아니라 이 장 후반부에 나오는 'Viper: 설정 패키지를 위한 스위스 아미 나이프'에서 살펴볼 Viper와 통합 가능합니다.

예상했겠지만 Cobra의 가장 큰 단점은 flags 패키지와 비교했을 때 무척 복잡하다는 것입니다. 바로 앞에 나온 '표준 flag 패키지'에서 만든 프로그램을 Cobra로 다시 구현하면 다음과 같습니다.

```
package main

import (
    "fmt"
    "os"
    "github.com/spf13/cobra"
)
```

---

8 The GNU argument standard, https://oreil.ly/evqk4

9 https://oreil.ly/4oCyH

```go
var strp string
var intp int
var boolp bool

var rootCmd = &cobra.Command{
    Use: "flags",
    Long: "A simple flags experimentation command, built with Cobra.",
    Run: flagsFunc,
}

func init() {
    rootCmd.Flags().StringVarP(&strp, "string", "s", "foo", "a string")
    rootCmd.Flags().IntVarP(&intp, "number", "n", 42, "an integer")
    rootCmd.Flags().BoolVarP(&boolp, "boolean", "b", false, "a boolean")
}

func flagsFunc(cmd *cobra.Command, args []string) {
    fmt.Println("string:", strp)
    fmt.Println("integer:", intp)
    fmt.Println("boolean:", boolp)
    fmt.Println("args:", args)
}

func main() {
    if err := rootCmd.Execute(); err != nil {
        fmt.Println(err)
        os.Exit(1)
    }
}
```

기본적으로 플래그를 읽어 결과를 출력하기만 했던 flags 패키지 버전과 달리 Cobra 프로그램은 코드가 여러 부분으로 구성되어 조금 더 복잡합니다.

우선 몇 가지 목표 변수를 함수 내의 로컬 변수가 아닌 패키지 스코프를 가진 변수로 선언했습니다. 이렇게 선언한 이유는 이 변수들이 init 함수뿐 아니라 커맨드 로직을 구현한 함수에서도 접근 가능해야 하기 때문입니다.

다음으로 cobra.Command 구조체를 이용해 최상위 커맨드를 나타내는 rootCmd를 생성합니다. 각각의 cobra.Command 인스턴스는 CLI에서 사용 가능한 커맨드와 서브커맨드를 나타냅니다.

Use 필드는 한 줄로 된 커맨드에 대한 사용 안내 메시지를 보여주고 Long 필드는 도움말에 표시되는 긴 안내 메시지를 출력합니다. Run은 func(cmd *Command, args []string) 타입의 함수로 커맨드가 실행되었을 때 실제 수행해야 하는 작업입니다.

보통 커맨드는 init 함수 내에서 만들어집니다. 앞 예제에서는 string, number, boolean의 세 가지 플래그에 대해 짧은 플래그와 기본값, 그리고 설명과 함께 루트커맨드로 추가했습니다.

모든 명령은 자동으로 생성된 도움말을 가지며 --help 플래그를 통해 확인할 수 있습니다.

```
$ go run . --help
A simple flags experimentation command, built with Cobra.

Usage:
    flags [flags]

Flags:
    -b, --boolean a boolean
    -h, --help help for flags
    -n, --number int an integer (default 42)
    -s, --string string a string (default "foo")
```

코드는 잘 동작하며 미려하기까지 합니다. 그런데 우리가 기대하는 대로 동작할까요? 표준 플래그 스타일을 사용하여 커맨드를 실행하면 다음과 같은 결과를 얻게 됩니다.

```
$ go run . --boolean --number 27 --string "A string." Other things.
string: A string.
integer: 27
boolean: true
args: [Other things.]
```

출력 결과는 이전 예제와 동일하며 완전히 일치합니다. 하지만 이것은 단일 커맨드에 불과합니다. Cobra가 주는 장점 중 하나는 서브커맨드를 허용한다는 것입니다.

이것이 의미하는 것은 무엇일까요? 예를 들어 git 명령을 생각해봅시다. 예제와 비교해보면 git은 최상위 커맨드입니다. 그 자체로는 많은 기능을 수행하지 않지만 git clone, git init, git blame과 같이 관련된 여러 서브커맨드를 갖고 있으며 각 서브커맨드는 자신만의 연산을 갖고 있습니다.

Cobra는 커맨드를 트리 구조로 만들어 이 기능을 제공합니다. 최상위 커맨드를 포함해 각 커맨드와 서브커맨드는 고유한 cobra.Command 값으로 표시됩니다. 개별 커맨드들은 (c *Command) Add Command(cmds ...*Command) 함수를 사용해 서로 연결됩니다. 다음 예제는 flags 커맨드를 cng(클라우드 네이티브 고를 의미함)라는 새로운 루트 커맨드의 서브커맨드로 바꾸는 것을 보여줍니다.

이렇게 하기 위해 원래의 rootCmd를 flagsCmd로 이름을 바꾸었습니다. 도움말에서 보여줄 짧은 설명을 정의하기 위해 Short 속성을 추가하기는 했지만 그 외에는 모두 동일합니다. 새로운 루트 커맨드가 필요하므로 코드를 마저 작성합니다.

```
var flagsCmd = &cobra.Command{
    Use: "flags",
    Short: "Experiment with flags",
    Long: "A simple flags experimentation command, built with Cobra.",
    Run: flagsFunc,
}

var rootCmd = &cobra.Command{
    Use: "cng",
    Long: "A super simple command.",
}
```

이제 최상위 커맨드 cng와 단일 서브커맨드 flags가 만들어졌습니다. 다음 단계에서는 flags 서브커맨드를 최상위 커맨드에 추가하여 커맨드 트리상에서 최상위 바로 아래에 위치하도록 합니다. 이 작업은 다음 코드와 같이 보통 init 함수에서 처리합니다.

```
func init() {
    flagsCmd.Flags().StringVarP(&strp, "string", "s", "foo", "a string")
    flagsCmd.Flags().IntVarP(&intp, "number", "n", 42, "an integer")
    flagsCmd.Flags().BoolVarP(&boolp, "boolean", "b", false, "a boolean")

    rootCmd.AddCommand(flagsCmd)
}
```

이 예제에서는 이전과 마찬가지로 세 개의 Flags 메서드를 사용했지만 지금은 이들을 flagsCmd를 통해 호출하고 있습니다.

하지만 무엇보다도 이 코드에서 새로운 것은 AddCommand 메서드를 이용해 flagsCmd를 rootCmd
의 서브커맨드로 추가한다는 것입니다. 우리는 필요한 Command 수만큼 AddCommand 메서드를
반복 호출할 수 있고 필요한 만큼 많은 서브커맨드와 서브-서브커맨드, 서브-서브-서브커
맨드를 추가할 수 있습니다. 이제 Cobra 패키지에 새로운 flags 서브커맨드를 알려주었고 이
정보는 생성된 도움말 출력에 반영됩니다.

```
$ go run . --help
A super simple command.

Usage:
    cng [command]

Available Commands:
    Flags     Experiment with flags
    Help      Help about any command

Flags:
    -h, --help help for cng

Use "cng [command] --help" for more information about a command.
```

출력된 도움말에 따르면 두 개의 서브커맨드를 가진 cng라는 최상위 커맨드를 갖게 되었습니
다. flags 커맨드와 자동으로 생성된 help 서브커맨드는 사용자가 모든 서브커맨드의 도움말
을 볼 수 있게 합니다. 예를 들어 help flags는 flags 서브커맨드에 대한 사용법과 정보를 제
공합니다.

```
$ go run . help flags
A simple flags experimentation command, built with Cobra.

Usage:
    cng flags [flags]

Flags:
    -b, --boolean a boolean
    -h, --help help for flags
    -n, --number int an integer (default 42)
    -s, --string string a string (default "foo")
```

정말 간단하지 않나요? 이것은 Cobra 라이브러리가 할 수 있는 것들 중 매우 작은 샘플에 불과하지만, 아주 많은 설정 옵션을 만들어 내는 데 부족함이 없습니다. Cobra에 대해 더 자세히 공부하고 싶은 마음이 생겼고 어떻게 이것을 이용해 강력한 커맨드라인 인터페이스를 만들 수 있는지 궁금해졌다면 Cobra의 깃허브 저장소[10]와 제공되는 메서드 목록을 Go 공식 문서[11]에서 살펴보기 바랍니다.

10.2.4 파일을 이용한 설정

마지막으로 가장 일반적으로 사용되는 설정 옵션인 설정 파일에 대해 알아보겠습니다.

설정 파일은 환경 변수에 비해 아주 많은 장점을 갖고 있고 특히 복잡한 애플리케이션에서는 더욱 그렇습니다. 설정 파일은 행동을 논리적으로 그룹화하며 주석을 달 수 있게 해주므로 의미가 명확하고 이해하기 쉽습니다. 설정 파일을 어떻게 사용해야 하는지 이해하는 것은 설정 파일의 구조를 살펴보거나 사용 예를 찾아보는 정도로도 충분합니다.

설정 파일은 많은 수의 옵션을 관리해야 할 때 특히 유용하며 이것은 환경 변수나 커맨드라인 플래그와 비교했을 때 확실한 장점입니다. 특히 커맨드라인 플래그에서는 많은 옵션을 사용하여 구문을 만드는 것이 어렵고 실수하기도 쉽습니다.

그럼에도 불구하고 파일은 완벽한 솔루션이 아닙니다. 환경에 따라 파일을 대규모 클러스터로 배포하는 것이 굉장히 어려울 수 있습니다. 이러한 상황은 분산 키-값 저장소인 etcd나 해시코프 Consul 또는 배포 시 자동으로 설정을 가져오는 저장소로 중앙의 소스코드 저장소와 같은 단일 '자료의 원천Source of Truth'을 사용함으로써 개선될 수 있습니다. 다만 이것은 복잡도와 다른 리소스에 대한 의존도를 높입니다.

다행히 대부분의 오케스트레이션 플랫폼은 쿠버네티스의 ConfirMap과 같은 특별한 설정 리소스를 제공하며 주로 분배에 대한 문제를 크게 줄여줍니다.

수십 년 동안 사용되어온 수많은 설정 포맷들이 있지만 최근에는 JSON과 YAML 두 가지 포맷이 두각을 나타내고 있습니다. 이어지는 절에서는 이들 포맷에 대해 자세히 살펴보고 Go에서 어떻게 사용할 수 있는지 알아보겠습니다.

---

10 https://oreil.ly/oy7EN
11 https://oreil.ly/JOeoJ

설정 데이터 구조

파일 포맷과 디코드 방법에 대해 논의하기 전에 설정을 언마셜^{Unmarshalled}할 수 있는 두 가지 일반적인 방법에 대해 살펴보겠습니다.

설정 키와 값은 특정 구조체 타입에 대해 상응하는 필드로 매핑될 수 있습니다. 예를 들어 `host: localhost` 라는 속성을 갖고 있는 설정은 `Host string` 필드를 가진 구조체 타입으로 언마셜될 수 있습니다.

설정 데이터는 하나 이상의 중첩된 `map[string]interface{}` 타입의 맵으로 디코드되고 언마셜될 수 있습니다. 이것은 임의의 설정들로 작업할 경우 편리한 방식이 될 수 있지만 실제로 다루는 것은 불편할 수 있습니다.

만약 여러분의 설정이 늘 해오던 것처럼 어떤 형태인지 미리 알 수 있다면 설정을 디코딩하고 준비된 데이터 구조체에 매핑하는 것이 가장 쉬운 방법입니다. 임의의 스키마를 갖는 설정을 디코딩하고 필요한 작업을 하는 것도 물론 가능하지만, 이것은 매우 지루한 작업이 될 수 있고 대부분의 설정 목적을 고려했을 때 권장할 만한 작업은 아닙니다. 따라서 이번 절의 나머지 부분에서 사용할 예제 설정은 다음과 같이 정의된 `Config` 구조체를 사용하겠습니다.

```
type Config struct {
    Host string
    Port uint16
    Tags map[string]string
}
```

> **NOTE** 어떤 인코딩 패키지로든 구조체의 필드를 마셜링하거나 언마셜링(Unmarshalling)하려면 패키지로 외부에 내보낼 수 있도록 필드 이름의 첫 글자가 대문자로 지정돼야 합니다.

각 예제는 `Config` 구조체를 정의하는 것에서부터 시작되며 간혹 포맷에 특화된 태그나 다른 데코레이션을 이용하여 확장될 수 있습니다.

JSON으로 작업하기

JSON^{JavaScript Object Notation}은 2000년대 초반에 탄생한 이래 현대적인 데이터 교환 포맷에 대한 요구에 따라 당시 널리 쓰이던 XML 등의 포맷을 대체하며 성장했습니다. 자바스크립트 언어의 일부로 시작된 JSON은 다른 포맷에 비해 상대적으로 사람이 읽기 쉬우면서도 컴퓨터가 효율적으로 생성하고 파싱할 수 있었으며 XML이 제공하지 못했던 목록과 매핑에 대한 의미도 제공해주었습니다.

JSON은 많은 곳에서 사용되는 성공적인 포맷이 되었지만 YAML과 비교했을 때 다소 사용자 친화적이지 못한 요소들이 있다는 단점도 갖고 있습니다. 잘못 사용되거나 실수로 빼먹은 콤마로 인해 포맷이 쉽게 깨질 수 있고 주석문을 지원하지 않습니다.

하지만 JSON은 이번 장에서 언급한 여러 가지 포맷 중 유일하게 Go 표준 라이브러리가 지원하는 포맷입니다.

이어서 JSON 포맷으로 데이터를 읽고 쓰는 데 필요한 인코딩과 디코딩에 대해 간략히 살펴보겠습니다. Go의 JSON 지원에 대해 더 자세히 살펴보고 싶다면 앤드류 제랑Andrew Gerrand이 Go 공식 블로그에 기고한 'JSON and Go'를 읽어보기 바랍니다.[12]

인코딩 JSON

JSON을(다른 모든 설정 포맷도 마찬가지지만) 어떻게 디코딩하는지 이해하기 위해서는 어떻게 인코딩하는지 이해해야 합니다. 이것은 설정 파일을 읽는 것에 대해 설명하는 절에서 다루기에 다소 이상한 말처럼 들릴 수도 있습니다. 그러나 인코딩은 JSON 인코딩에 대한 일반적인 주제로서뿐 아니라 설정 파일을 생성, 시험, 디버깅할 수 있는 간단한 수단으로서도 중요합니다.[13]

JSON 인코딩과 디코딩은 Go 표준 패키지인 encoding/json을 통해 제공되며 인코딩, 디코딩, 포매팅, 검증뿐 아니라 JSON에 대한 작업에 유용한 여러 가지 헬퍼 함수를 제공합니다.

헬퍼 함수 중 하나인 json.Marshal 함수는 interface{} 타입의 값 v를 매개변수로 받고 JSON으로 인코딩된 v값을 담은 []byte 배열을 반환합니다.

```
func Marshal(v interface{}) ([]byte, error)
```

다시 말해 어떤 값을 넣으면 JSON이 나옵니다.

---

12 https://oreil.ly/6Uvl2
13 멋진 속임수죠?

이 함수는 매우 직관적입니다. 예를 들어 다음과 같은 Config 인스턴스가 있다면 이것을 json.
Marshal로 전달해 JSON 인코딩된 결과를 얻을 수 있습니다.

```
c := Config{
    Host: "localhost",
    Port: 1313,
    Tags: map[string]string{"env": "dev"},
}

bytes, err := json.Marshal(c)

fmt.Println(string(bytes))
```

모든 것이 예상대로 동작한다면 err은 nil 값을 갖게 되고 bytes는 JSON 결과를 담은 []byte
값이 될 것입니다. fmt.Println으로 출력한 결과는 다음과 같습니다.

```
{"Host":"localhost","Port":1313,"Tags":{"env":"dev"}}
```

> **NOTE** json.Marshal 함수는 v값을 재귀적으로 탐색하기 때문에 중첩된 JSON을 포함한 모든
> 내부 구조체를 인코딩할 수 있습니다.

이 정도만으로도 정말 쉽습니다만 설정 파일을 만드는 김에 사람이 읽기 쉽게 포매팅된다면
더할 나위 없을 것 같습니다. 다행히 encoding/json 패키지는 다음처럼 json.MarshalIndent
함수를 제공하므로 '보기 좋게 출력된pretty-printed' JSON도 쉽게 만들 수 있습니다.

```
func MarshalIndent(v interface{}, prefix, indent string) ([]byte, error)
```

코드에서와 같이 json.MarshalIndent는 prefix와 indent 문자열을 매개변수로 받는다는 것을
제외하면 json.Marshal과 동일합니다.

```
bytes, err := json.MarshalIndent(c, "", " ")
fmt.Println(string(bytes))
```

앞서 보았던 JSON 인코딩 결과물은 이 코드를 통해 다음과 같이 우리가 원하는 모습으로 바
꾸어 출력됩니다.

```
{
    "Host": "localhost",
    "Port": 1313,
    "Tags": {
        "env": "dev"
    }
}
```

출력 결과는 잘 정돈된 JSON이고 여러분과 저 같은 사람들이 쉽게 읽을 수 있게 포매팅되었습니다. 이것은 구성 파일을 부트스트래핑할 때 매우 유용합니다.

디코딩 JSON

이제 데이터 구조체를 JSON으로 인코딩하는 방법을 알았으니 어떻게 JSON을 디코딩하여 데이터 구조체로 바꿀 수 있는지 살펴보겠습니다.

이 작업을 하기 위해 편리한 이름을 가진 json.Unmarshal 함수를 이용합니다.

```
func Unmarshal(data []byte, v interface{}) error
```

---

json.Unmarshal 함수는 data 배열에 담긴 JSON 포맷으로 인코딩된 텍스트를 파싱하여 v가 가리키는 값에 결과를 저장합니다. 중요한 점은 v가 nil이나 포인터가 아닌 경우 json.Unmarshal은 에러를 반환하게 된다는 것입니다.

그렇다면 v는 정확히 어떤 타입이 되어야 할까요? 이상적으로는 읽어 들이려는 JSON 구조체에 상응하는 필드를 가진 데이터 구조체에 대한 포인터여야 합니다.

하지만 바로 이어지는 '임의의 JSON 디코딩' 내용처럼 임의의 값을 갖는 JSON을 구조화되지 않은 맵으로 언마셜할 수도 있기 때문에 특정 구조체에 대한 포인터는 다른 선택지가 없는 경우에만 사용해야 합니다.

곧 살펴보겠지만 만약 다루고 있는 JSON의 구조를 반영한 데이터 타입이 있다면 json.Unmarshal은 해당 객체에 값을 직접 업데이트할 수 있습니다. 그렇게 하려면 먼저 디코딩된 데이터가 저장될 인스턴스를 생성해야 합니다.

```
c := Config{}
```

스토리지 값을 확보했으므로 json.Unmarshal을 호출하면서 JSON 데이터를 가진 []byte 배열과 c에 대한 포인터를 매개변수로 전달합니다.

```
bytes := []byte(`{"Host":"127.0.0.1","Port":1234,"Tags":{"foo":"bar"}}`)
err := json.Unmarshal(bytes, &c)
```

bytes 변수가 유효한 JSON 값을 갖고 있는 경우 err은 nil이 되고 bytes로부터 추출한 데이터는 구조체 c에 저장됩니다. c에 저장된 값을 출력하면 다음과 같은 결과가 됩니다.

```
{127.0.0.1 1234 map[foo:bar]}
```

깔끔합니다! 그런데 JSON의 구조체가 Go의 타입과 정확히 일치하지 않을 경우 어떤 일이 일어날까요? 함께 확인해봅시다.

```
c := Config{}
bytes := []byte(`{"Host":"127.0.0.1", "Food":"Pizza"}`)
err := json.Unmarshal(bytes, &c)
```

재미있게도 이 코드는 여러분이 기대한 에러를 일으키지 않습니다. 그 대신 c는 다음과 같은 값을 갖게 됩니다.

```
{127.0.0.1 0 map[]}
```

Host의 값은 결과에 설정된 것으로 보이지만 Config 구조체에 대응되는 값이 정의되지 않은 Food 값은 무시됐습니다. 결과에서 확인할 수 있는 것처럼 json.Unmarshal은 디코딩 결과를 저장할 변수 타입에 정의된 필드에 대해서만 디코딩 작업을 수행합니다. 이러한 동작은 복잡하고 거대한 JSON 결과물로부터 특정 필드의 값을 체리피킹Cherry Picking 해야 할 필요가 있을때 무척 유용합니다.

[Column] 임의의 JSON 디코딩

앞에 나온 '설정 데이터 구조'에서 간단히 언급했던 것처럼 임의의 JSON 값을 디코딩하고 필요한 작업을 수행할 수는 있지만 매우 지루한 작업이 될 수 있으므로 JSON 데이터의 구조를 미리 알기 어려울 때만 사용하는 것이 좋습니다.

예를 들어 다음과 같이 완전히 임의의 형태를 가진 JSON 데이터를 살펴봅시다.

```
bytes := []byte(`{"Foo":"Bar", "Number":1313, "Tags":{"A":"B"}}`)
```

이러한 데이터 구조를 미리 알지 못해도 json.Unmarshal을 이용해 데이터를 interface{} 값으로 전달
하여 디코딩할 수 있습니다.

```
var f interface{}
err := json.Unmarshal(bytes, &f)
```

fmt.Println을 이용하여 새로운 값 f를 출력하면 흥미로운 결과가 나옵니다.

```
map[Number:1313 Foo:Bar Tags:map[A:B]]
```

f가 가진 결과값은 키가 문자열이고 빈 인터페이스 값을 가진 맵처럼 보입니다. 기능적으로 동일한 값을 다음
과 같이 정의할 수 있습니다.

```
f := map[string]interface{}{
    "Foo": "Bar",
    "Number": 1313,
    "Tags": map[string]interface{}{"A": "B"},
}
```

갖고 있는 값이 map[string]interface{}라고 해도 f는 여전히 interface{}의 타입을 갖고 있습니다.

```
m := f.(map[string]interface{})

fmt.Printf("<%T> %v\\n", m, m)
fmt.Printf("<%T> %v\\n", m["Foo"], m["Foo"])
fmt.Printf("<%T> %v\\n", m["Number"], m["Number"])
fmt.Printf("<%T> %v\\n", m["Tags"], m["Tags"])
```

이 코드를 실행하면 다음과 같은 결과가 나옵니다.

```
<map[string]interface {}> map[Number:1313 Foo:Bar Tags:map[A:B]]
<string> Bar
<float64> 1313
<map[string]interface {}> map[A:B]
```

구조체 필드 태그를 이용한 필드 포매팅

내부를 살펴보면 마셜링은 리플렉션^{Reflection}을 이용해 값을 분석하고 타입에 맞는 적절한 JSON을 생성합니다. 구조체의 경우 구조체 필드 이름이 기본 JSON 키 값으로 사용되고 구조체 필드 값은 JSON 값이 됩니다. 언마셜링도 거꾸로라는 점만 제외하면 기본적으로 동일한 방식으로 동작합니다.

제로값^{Zero Value}을 갖는 구조체를 마셜링하면 어떤 일이 일어날까요? 예를 들어 `Config{}` 값을 마셜링하면 다음과 같은 JSON을 결과로 얻게 됩니다.

```
{"Host":"","Port":0,"Tags":null}
```

보기 좋게 출력된 결과도 아니고 효율적이지도 않습니다. 결과에 빈 값까지 출력할 필요가 있을까요? 값을 읽거나 쓰기 위해서는 구조체 필드도 내보내져야 하므로 첫글자를 대문자로 표기했습니다. 이것은 과연 대문자를 사용하는 필드 이름만 갖고 있다는 뜻일까요? 운 좋게도 두 질문에 대한 대답은 모두 '아니오'입니다.

Go는 구조체 필드 태그^{Struct Field Tags}**14**를 지원하며 특정 구조체 필드에 메타데이터가 추가되도록 할 수 있습니다. 필드 태그는 보통 인코딩 패키지가 인코딩과 디코딩 동작을 필드 레벨에서 수정할 때 사용됩니다.

Go 구조체 필드 태그는 하나 이상의 키-값 쌍이 백틱으로 감싸인 형태의 특별한 문자열로 필드의 타입 선언 뒤에 나옵니다.

```
type User struct {
    Name string `example:"name"`
}
```

앞 구조체의 Name 필드는 example:"name"이라는 태그가 부착되었습니다. 이 태그는 reflect 패키지를 이용하여 실행 중에 접근 가능하지만, 필드 태그의 가장 일반적인 용례는 인코딩과 디코딩에 대한 지시자의 제공입니다.

encoding/json 패키지는 다양한 태그를 지원합니다. 보통은 json 키를 구조체 필드의 태그로 사용하고, 필드의 이름으로는 키에 대한 값을 사용하며 그 뒤에 콤마로 구분된 옵션들을 나열

---

14 구조체에서 필드에 대한 타입 선언 뒤에 나오는 짧은 문자열

하는 형식입니다. 기본 필드 이름을 덮어쓰지 않으면서 옵션을 지정하기 위해 이름을 빈 값으로 둘 수도 있습니다.

encoding/json 패키지가 제공하는 옵션들은 다음과 같습니다.

- **JSON 키 커스터마이징**

  기본적으로 구조체 필드는 정확히 동일한 이름을 가진 JSON 키로 대소문자를 구분하여 매핑됩니다. 태그는 이 기본 이름을 태그 옵션 리스트의 첫 번째 값으로 덮어씁니다.

  예시: CustomKey string `json:"custom_key"`

- **빈 값 생략하기**

  필드는 빈 값이라 하더라도 항상 JSON에 표시됩니다. omitempty 옵션은 필드가 제로값을 가진 경우 필드를 생략하고 넘어가도록 합니다. omitempty 옵션 앞에 콤마가 있다는 것에 주목합시다!

  예시: OmitEmpty string `json:",omitempty"`

- **필드 무시하기**

  '-(대시)' 옵션을 사용한 필드는 인코딩 또는 디코딩하는 동안 항상 무시됩니다.

  예시: IgnoreName string `json:"-"`

설명한 태그를 모두 사용해서 만든 구조체는 다음과 같습니다.

```go
type Tagged struct {
    // CustomKey는 JSON으로 인코딩되었을 때 custom_key라는 키가 됩니다.
    CustomKey string `json:"custom_key"`

    // OmitEmpty는 JSON으로 인코딩되었을 때 기본값인 OmitEmpty를 유지합니다.
    // 다만 제로값이 아닐 때만 JSON 인코딩 대상에 포함됩니다.
    OmitEmpty string `json:",omitempty"`

    // IgnoredName은 항상 JSON 인코딩 대상에 포함되지 않습니다.
    IgnoredName string `json:"-"`

    // TwoThings는 JSON으로 인코딩되었을 때 two_things라는 키가 되지만
    // 제로값이 아닐 때만 포함됩니다.
    TwoThings string `json:"two_things,omitempty"`
}
```

json.Marshal이 데이터를 인코딩하는 방법에 대해 더 자세히 알고 싶다면 공식 문서를 참고하기 바랍니다.[15]

YAML로 작업하기

YAML[YAML Ain't Markup Language][16]은 쿠버네티스처럼 복잡하면서 위계를 갖는 설정에 의존하며 인기 있는 프로젝트에서 널리 사용되는 확장 가능한 파일 포맷입니다. YAML 구문은 다소 불안정해보일 수 있고 내용이 많을수록 가독성은 떨어지지만 상당히 표현력이 뛰어난 포맷입니다.

데이터 교환을 목적으로 만들어진 포맷인 JSON과 달리 YAML은 애초부터 설정에 대한 언어로 만들어졌습니다. 하지만 재미있게도 YAML 1.2는 JSON에 대한 상위 집합이며 두 포맷은 서로 변환 가능합니다. YAML은 JSON과 비교했을 때 몇 가지 장점을 가집니다. 내부 참조가 가능하고 블록 리터럴을 허용하며 주석문과 복잡한 데이터 타입을 지원합니다.

JSON과 달리 YAML은 Go 코어 라이브러리에서 지원되지 않기 때문에 외부 패키지를 사용해야 하며, 시장에서 통용되는 YAML 패키지 중 널리 사용되는 것이 Go-YAML입니다.[17] Go-YAML의 첫 번째 버전은 2014년 캐노니컬[Canonical]사[18]에서 유명한 C라이브러리였던 libyaml을 Go로 포팅하는 내부 프로젝트로부터 시작되었습니다. 프로젝트 관점에서 Go-YAML은 매우 성숙한 프로젝트이며 잘 관리고 있습니다. 구문 역시 encoding/json 패키지와 매우 비슷해서 편리합니다.

인코딩 YAML

Go-YAML을 이용해 데이터를 인코딩하는 것은 JSON을 인코딩하는 것과 비슷합니다. 정말 닮았습니다. 사실 두 패키지가 사용하는 Marshal 함수의 시그니처는 똑같습니다. encoding/json 패키지의 함수와 마찬가지로 Go-YAML의 yaml.Marshal 함수 역시 interface{} 값을 매개변수로 받고 YAML로 인코딩된 결과물을 []byte 값으로 반환합니다.

```
func Marshal(v interface{}) ([]byte, error)
```

---

15 https://oreil.ly/5QeJ4
16 장난이 아니라 진짜로 용어가 재귀적입니다!
17 https://oreil.ly/yhERJ
18 https://canonical.com/

이 장 앞쪽의 '인코딩 JSON'에서 했던 것처럼 Config 인스턴스를 생성해 yaml.Marshal 함수에 전달하고 생성된 YAML 인코딩 결과물을 나타내겠습니다.

```
c := Config{
    Host: "localhost",
    Port: 1313,
    Tags: map[string]string{"env": "dev"},
}

bytes, err := yaml.Marshal(c)
```

예상대로 코드가 동작했다면 err은 nil이 되고 bytes는 인코딩된 YAML을 가진 []byte 값이 됩니다. bytes의 문자열 값을 출력하면 다음과 같은 결과가 나옵니다.

```
host: localhost
port: 1313
tags:
    env: dev
```

encoding/json 패키지 버전과 마찬가지로 Go-YAML의 Marshal 함수는 v값에 대해 재귀적인 탐색을 수행합니다. 배열Array, 슬라이스Slice, 맵Map, 구조체Struct와 같은 복합 타입Composite Type이 발견돼도 적절히 인코딩되어 중첩된 YAML 엘리먼트로 출력될 것입니다.

디코딩 YAML

Marshal 함수에 대한 encoding/json과 Go-YAML 패키지의 유사성을 바탕으로 설정한 테마에 따라 두 패키지의 Unmarshal 함수에서도 명확히 동일한 일관성이 보입니다.

```
func Unmarshal(data []byte, v interface{}) error
```

한 번 더 설명하자면 yaml.Unmarshal 함수는 data 배열로부터 YAML로 인코딩된 데이터를 파싱하고 그 결과값을 v가 가리키는 값에 저장합니다.

만약 v가 nil이거나 포인터가 아니면 yaml.Unmarshal은 에러를 반환합니다. 다음 예제에서 볼 수 있는 것처럼 JSON 인코딩과 굉장히 유사합니다.

```
// 주의 : 들여쓰기는 탭이 아니라 스페이스를 이용해야 합니다
bytes := []byte(`
host: 127.0.0.1
port: 1234
tags:
    foo: bar
`)

c := Config{}
err := yaml.Unmarshal(bytes, &c)
```

앞쪽에 나온 '디코딩 JSON'에서 했던 것과 같이 yaml.Unmarshal로 Config 인스턴스의 포인터를 전달합니다. 이 포인터는 YAML에 기술된 필드에 상응하는 필드를 갖고 있습니다.

결과적으로 c의 값을 출력하면 다음과 같은 결과를 확인할 수 있습니다.

```
{127.0.0.1 1234 map[foo:bar]}
```

이 외에도 encoding/json과 Go-YAML 패키지 사이에는 여러 가지 유사한 동작이 있습니다.

- 두 패키지 모두 원본 문서의 속성 중 Unmarshal 함수로 매핑될 수 없는 속성들을 무시합니다. 다시 한번 말하지만 이는 문서의 일부만 관심이 있는 경우 꽤 유용합니다. 다만 운에 기댈 수밖에 없는 것도 사실입니다. 여러분이 구조체 필드를 내보내는 것을 잊었다면 Unmarshal은 조용히 그런 필드들을 무시하게 되고 결국 해당 값을 얻지 못할 것입니다.

- 두 패키지 모두 interface{} 값을 이용해 Unmarshal로 전달된 임의의 데이터를 언마셜링할 수 있습니다. 그러나 json.Unmarshal은 map[string]interface{}를 제공하지만 yaml.Unmarshal은 map[interface{})interface{}를 반환한다는 데 유의해야 합니다. 사소한 차이지만 예상치 못한 결과를 만들어 낼 수 있습니다.

YAML을 위한 구조체 필드 태그

Go-YAML은 앞쪽에 나온 '구조체 필드 태그를 이용한 필드 포매팅' 부분에서 자세히 살펴본 커스텀 키^{Custom Key}, omitempty, '-(대시)'와 같은 '표준' 구조체 필드 태그 외에도 특별히 YAML 마셜 포매팅을 위해 준비된 두 가지 추가적인 태그를 지원합니다.

- **플로우 스타일**

  flow 옵션을 사용한 필드는 구조체^{Struct}, 시퀀스^{Sequence}, 맵^{Map}에 유용한 플로우 스타일[19]로 마셜링됩니다.

  예제: Flow map[string]string `yaml:"flow"`

- **구조체와 맵의 인라이닝**

  inline 옵션은 구조체 또는 맵의 모든 필드 또는 키가 외부 구조체의 일부인 것처럼 처리되도록 합니다. 맵의 경우 키가 다른 구조체 필드의 키와 중복되지 않아야 합니다.

  예제: Inline map[string]string `yaml:",inline"`

이 두 가지 옵션을 사용하는 구조체는 다음과 같습니다.

```
type TaggedMore struct {
    // Flow는 "flow" 스타일을 이용하여 마셜링되며
    // 구조체, 시퀀스, 맵에 유용합니다.
    Flow map[string]string `yaml:"flow"`

    // 구조체나 맵을 인라인으로 만들어 모든 필드나 키를 외부 구조체의
    // 일부인 것처럼 처리합니다. 맵의 경우 키가 다른 구조체의 YAML 키와
    // 충돌하지 않아야 합니다.
    Inline map[string]string `yaml:",inline"`
}
```

예제에서 볼 수 있는 것처럼 json 프리픽스 대신 yaml 프리픽스를 사용한다는 것을 제외하면 태깅 구문 역시 일관성을 유지하고 있습니다.

설정 파일의 변경 사항 감시

설정 파일을 이용해 작업하다 보면 필연적으로 동작하고 있는 프로그램의 설정을 변경해야 하는 상황을 만나게 됩니다. 만약 명시적으로 변경 내역을 감시하고 설정을 다시 불러오지 않으면 설정을 다시 읽기 위해 프로그램을 재시작해야 하고, 별 문제가 없더라도 불편한 일이며 문제가 발생하면 프로그램이 다운될 수도 있습니다.

---

19 https://oreil.ly/zyUpd

어느 시점이 되면 여러분은 프로그램이 그러한 변경에 어떻게 응답할지 결정해야 합니다.

첫 번째 옵션은(가장 덜 복잡한 방법이기도 합니다) 아무것도 하지 않고 설정이 변경되었을 때 프로그램이 재시작되기를 기다리는 것입니다. 이것은 실제로 이전 설정의 흔적을 남기지 않도록 하므로 꽤 일반적인 선택입니다. 그뿐 아니라 이것은 설정 파일에 에러가 발생했을 때 프로그램이 '빠른 실패Fail Fast'를 할 수 있게 해줍니다. 프로그램은 단지 분노 가득한 오류 메시지를 보여주고 시작을 거부하기만 하면 됩니다.

하지만 여러분은 설정 파일의 변경을 감지하고 적절히 다시 불러올 수 있는 로직을 프로그램에 넣고 싶을 것입니다.

설정을 다시 불러올 수 있게 만들기

기본 파일이 변경될 때마다 내부 설정을 다시 불러오고 싶다면 미리 계획을 세울 필요가 있습니다. 먼저 여러분은 설정 구조체의 유일한 글로벌 인스턴스를 갖고 싶을 것입니다. 일단은 앞쪽에 나온 '설정 데이터 구조' 부분에서 소개한 Config 인스턴스를 사용하겠습니다. 조금 큰 프로젝트라면 이것을 config 패키지에 넣고 싶을 수도 있습니다.

```
var config Config
```

모든 메서드와 함수에 대해 매우 자주, 명시적으로 config 매개변수를 전달하는 코드를 만나게 됩니다. 필자 역시 이런 코드를 많이 봤고 이와 같은 안티패턴Anti-Pattern이 우리의 삶을 더 어렵게 만든다는 것을 충분히 알고 있습니다. 그뿐 아니라 설정이 여러 곳에 존재하므로 설정을 다시 불러오는 작업이 더 어려워지는 경향이 있습니다.

config 값을 갖게 되면 설정 파일을 읽어 들여 구조체에 넣는 로직을 추가하고 싶을 것입니다. 다음 예의 loadConfiguration 함수와 같은 것들이 그런 역할을 수행합니다.

```
func loadConfiguration(filepath string) (Config, error) {
    dat, err := ioutil.ReadFile(filepath)     // 파일을 []byte 타입으로 읽어 들입니다.
    if err != nil {
        return Config{}, err
    }

    config := Config{}

    err = yaml.Unmarshal(dat, &config)     // 언마셜링을 수행합니다.
```

```
    if err != nil {
        return Config{}, err
    }

    return config, nil
}
```

loadConfiguration 함수는 io/ioutil 표준 라이브러리에서 ioutil.ReadFile을 사용해 바이트 값을 추출하고 yaml.Unmarshal 함수로 전달한다는 것만 제외하면 앞쪽에 나온 'YAML로 작업하기'에서 알아본 것과 거의 같은 방식으로 동작합니다. 여기서 YAML을 사용하기로 한 것에는 특별한 의미가 없습니다.[20] JSON 설정을 위한 구문을 사용해도 실제 큰 차이가 없습니다.

이제 설정 파일을 읽어 표준 구조에 담는 로직이 준비됐으니 파일이 변경됐다는 공지를 받을 때마다 호출할 무언가가 필요합니다. 이를 위해 updates 채널을 감시하는 startListening 함수를 만들어봅시다.

```
func startListening(updates <-chan string, errors <-chan error) {
    for {
        select {
        case filepath := <-updates:
            c, err := loadConfiguration(filepath)
            if err != nil {
                log.Println("error loading config:", err)
                continue
            }
            config = c

        case err := <-errors:
            log.Println("error watching config:", err)
        }
    }
}
```

코드에서 볼 수 있는 것처럼 startListening은 두 개의 채널을 매개변수로 받습니다. 파일이 변경됐을 때 해당 설정 파일의 이름을 알려주는 updates 채널과 errors 채널입니다.

---

20 필자는 JSON을 정말 사랑합니다.

함수는 설정 파일이 변경되었을 때 updates 채널을 이용해 변경된 파일 이름을 확보하고 loadConfiguration 함수로 전달하기 위해 무한루프 내의 select 문을 이용해 두 채널을 감시합니다. 만일 loadConfiguration 함수가 non-nil 에러를 반환하지 않으면 반환되는 Config 값은 현재의 값을 대치합니다.

좀 떨어져서 살펴보면 watchConfig 함수에서 채널을 추출한 후 고루틴을 통해 startListening으로 전달하는 init 함수가 정의되어 있습니다.

```go
func init() {
    updates, errors, err := watchConfig("config.yaml")
    if err != nil {
        panic(err)
    }

    go startListening(updates, errors)
}
```

그런데 이 watchConfig 함수는 무슨 용도로 사용될까요? 사실 자세한 내용은 아직 정해지지 않았으며 이어지는 절에서 그 내용을 구현하고 살펴볼 것입니다. 한 가지 확실한 점은, 이 함수는 설정을 감시하는 로직을 갖고 있기 때문에 함수 시그니처가 다음과 같다는 것입니다.

```go
func watchConfig(filepath string) (<-chan string, <-chan error, error)
```

watchConfig 함수는 어떻게 구현되었든 업데이트된 설정 파일의 경로를 보내주는 string 타입을 반환하는 채널, 잘못된 설정에 대한 안내 채널인 error의 두 채널과 함께 프로그램 시작 시 치명적인 문제가 발생했을 때 그 내용을 알려주는 error 값이 있습니다.

watchConfig는 몇 가지 서로 다른 방식으로 구현할 수 있으며 각각 장단점이 있습니다. 지금부터 가장 일반적으로 사용되는 구현 두 가지에 대해 살펴보겠습니다.

폴링으로 설정 변경 사항 가져오기

일정한 주기마다 설정 파일의 변경 사항을 체크하는 폴링^{Polling}은 설정 파일을 감시하는 일반적인 방법입니다. 보통 time.Ticker를 이용해 수초 단위로 설정 파일의 해시를 다시 계산하여 해시값이 변경되었을 때 설정을 다시 불러오도록 구현합니다.

Go는 crypto 패키지를 통해 일반적으로 쓰이는 여러 가지 해시 알고리즘을 지원하며, 각 알고리즘은 crypto 패키지의 서브 패키지로 제공되고 crypto.Hash와 io.Writer 인터페이스를 따릅니다.

예를 들어 Go의 SHA256 구현은 crypto/sha256 패키지에서 찾을 수 있습니다. 알고리즘을 사용하기 위해 sha256.New 함수를 활용해 새로운 sha256.Hash 값을 얻을 수 있습니다. 데이터에 대한 해시 계산을 위해 io.Writer 함수를 쓰는 것처럼, sha256.New를 사용하여 해시를 계산할 수 있습니다. 계산된 해시는 Sum 메서드를 이용해 결과 해시의 합을 추출할 수 있습니다.

```go
func calculateFileHash(filepath string) (string, error) {
    file, err := os.Open(filepath)          // 읽기용으로 파일 열기
    if err != nil {
        return "", err
    }
    defer file.Close()                       // 파일 닫기

    hash := sha256.New()                     // crypto/sha256 해시 사용

    if _, err := io.Copy(hash, file); err != nil {
        return "", err
    }

    sum := fmt.Sprintf("%x", hash.Sum(nil))  // 인코딩된 hash.Sum 가져오기

    return sum, nil
}
```

설정에 대한 해시 생성은 세 단계로 나뉩니다. 우선 io.Reader의 형태로 []byte 소스를 얻습니다. 이 예제에서는 io.File을 사용했습니다. 다음으로 얻은 바이트 값을 sha256.Hash 인스턴스로 보내기 위해 io.Copy를 사용했습니다. 마지막으로 Sum 함수를 호출하여 해시로부터 해시 합을 추출했습니다.

이제 calculateFileHash 함수를 만들었으니 time.Ticker를 사용해 일정한 주기로 설정을 체크하고 그 결괏값을 적당한 채널로 보내는 watchConfig를 구현할 수 있습니다.

```go
func watchConfig(filepath string) (<-chan string, <-chan error, error) {
    errs := make(chan error)
```

```go
    changes := make(chan string)
    hash := ""

    go func() {
        ticker := time.NewTicker(time.Second)

        for range ticker.C {
            newhash, err := calculateFileHash(filepath)
            if err != nil {
                errs <- err
                continue
            }

            if hash != newhash {
                hash = newhash
                changes <- filepath
            }
        }
    }()

    return changes, errs, nil
}
```

폴링을 이용한 접근 방법에는 몇 가지 장점이 있습니다. 복잡하지 않다는 것은 언제나 큰 강점이며 어떤 운영체제에서도 구현 가능합니다.

또한 가장 흥미로운 지점은 해싱이 설정의 콘텐츠만 사용하므로 기술적으로는 파일 형태가 아닌 원격지의 키-값 저장소 같은 것의 변경사항도 감지할 수 있도록 일반화할 수 있다는 점입니다.

폴링은 컴퓨팅 관점에서 아주 큰 파일이나 많은 파일을 다룰 때 다소 자원을 낭비하는 것처럼 느껴질 수도 있습니다. 태생적으로 파일 변경 시점과 변경 내용을 감지한 시점 사이에는 어느 정도 지연이 수반됩니다.

로컬 파일에 대해서만 변경을 감시하고 있다면 다음 절에서 살펴볼 OS 레벨 파일시스템 노티피케이션을 이용하는 것이 더 효율적일 수 있습니다.

OS 파일시스템 노티피케이션 감시하기

변경 사항에 대한 폴링은 충분히 잘 동작합니다. 다만 이 메서드에는 몇 가지 단점이 있습니다. 사용 방식에 따라 OS 레벨 파일시스템 노티피케이션을 모니터링하는 것이 더 효율적이라는 것을 깨달을 수도 있습니다.

하지만 각 운영체제가 서로 다른 노티피케이션 매커니즘을 갖고 있기 때문에 실제로 구현해 사용하는 것은 생각보다 복잡합니다. 그러나 fsnotify 패키지[21]는 대부분의 운영체제를 지원할 수 있도록 실행 가능한 추상화를 제공합니다.

이 패키지가 하나 이상의 파일을 감시하도록 하기 위해 fsnotify.NewWatcher 함수를 사용하여 새로운 fsnotify.Watcher 인스턴스를 만들고 Add 메서드를 이용해 감시할 파일을 등록합니다. Watcher는 Events와 Errors 채널을 제공해 각각 파일 이벤트에 대한 노티피케이션과 에러를 전달합니다.

예를 들어 설정 파일을 감시하고 싶다면 다음과 같이 코드를 작성할 수 있습니다.

```go
func watchConfigNotify(filepath string) (<-chan string, <-chan error, error) {
    changes := make(chan string)

    watcher, err := fsnotify.NewWatcher() // fsnotify.Watcher 인스턴스를 생성합니다.
    if err != nil {
        return nil, nil, err
    }

    err = watcher.Add(filepath)              // watcher가 설정 파일을 감시하도록 지시합니다.
    if err != nil {
        return nil, nil, err
    }

    go func() {
        changes <- filepath              // 감시 중인 filepath를 기록합니다.

        for event := range watcher.Events { // watcher.Events 범위로 for 문 실행
            if event.Op&fsnotify.Write == fsnotify.Write {
                changes <- event.Name
```

---

21 https://oreil.ly/ziw4J

```
            }
        }
    }()

    return changes, watcher.Errors, nil
}
```

event.Op & fsnotify.Write == fsnotify.Write 구문에서 AND(&) 비트연산자를 이용해
'write' 이벤트를 필터링하는 것에 주목합시다. 이것은 fsnotify.Event가 여러 개의 연산을 동
시에 가질 수 있기 때문이며 각 연산은 부호가 없는 정수 값의 개별 비트로 표시됩니다.

예를 들어 fsnotify.Write(2, 바이너리로는 0b00010)와 fsnotify.Chmod(16, 바이너리로는
0b10000) 이벤트가 동시에 발생하면 event.Op 값은 18(바이너리로 0b10010)이 됩니다. 0b10010
& 0b00010 = 0b00010이므로 비트연산자 AND를 이용해서 발생한 연산에 fsnotify.Write가
포함되어 있는지 확인할 수 있습니다.

10.2.5 Viper: 설정 패키지를 위한 스위스 군용 칼

Viper(spf13/viper 패키지)[22]는 스스로를 Go 애플리케이션을 위한 완전한 설정 솔루션이라고
말하며 실제로도 그렇습니다. 그중에서도 Viper는 다양한 매커니즘과 포맷을 통해 애플리케
이션 설정을 할 수 있도록 해주며 설정된 값은 다음과 같은 우선순위를 갖습니다.

- **명시적인 값 설정**

  이 방법은 가장 우선순위가 높으며 테스팅 시 유용합니다.

- **커맨드라인 플래그**

  Viper는 이 장 앞쪽의 'Cobra 커맨드라인 파서 패키지'에서 살펴보았던 Cobra 패키지와
  함께 사용하도록 설계되었습니다.

- **환경 변수**

  Viper는 환경 변수를 지원하며 환경 변수 접근 시 대소문자를 구분한다는 점에 유의하기
  바랍니다.

---

22 https://oreil.ly/pttZM

- **다양한 형식의 설정 파일**

  Viper는 이전에 소개했던 패키지를 통해 JSON과 YAML을 지원할 뿐만 아니라 TOML, HCL, INI, envfile, 자바 Properties 파일 등도 지원합니다. 또한 설정 파일을 처음부터 새로 만들 수 있도록 설정 쓰기 기능을 제공하고 실시간 감시와 설정 파일을 다시 읽는 기능도 제공합니다.

- **원격 키–값 저장소**

  Viper는 etcd나 Consul과 같은 키–값 저장소에 접근할 수 있고 이들 저장소의 값이 변경되는 것을 감시할 수 있습니다.

Viper는 이 외에도 보통 표준 패키지에서 제공하지 않는 기본값이나 형식이 정해진 변수 등을 지원합니다.

주의해야 할 것은 Viper가 많은 기능을 제공하고 있기 때문에 의존성 문제를 초래하는 커다란 원인이 될 수도 있다는 점입니다. 슬림하고 능률적인 애플리케이션을 구축하고자 한다면 Viper는 필요 이상으로 강력한 도구일 수 있습니다.

Viper에 명시적인 값 설정하기

Viper는 viper.Set 함수를 이용하여 명시적으로 값을 설정할 수 있도록 해주며 대표적으로 커맨드라인 플래그나 애플리케이션 로직을 통해 값을 설정할 수 있습니다. 이 기능은 시험을 진행하는 동안 무척 편리하게 활용할 수 있습니다.

```
viper.Set("Verbose", true)
viper.Set("LogFile", LogFile)
```

명시적으로 설정된 값은 가장 높은 우선순위를 갖기 때문에 다른 매커니즘을 통해 설정된 값을 덮어쓸 수 있습니다.

Viper에서 커맨드라인 플래그로 작업하기

Viper는 앞쪽에 나온 'Cobra 커맨드라인 파서 패키지'에서 커맨드라인 인터페이스를 만드는 것에 대해 이야기하면서 살펴본 Cobra 라이브러리와 함께 사용할 수 있도록 설계되었습니다. Viper와 Cobra를 함께 사용하면 커맨드라인 플래그를 설정 키에 쉽게 바인딩할 수 있습니다.

Viper는 커맨드라인 플래그의 개별 항목들이 특정 키로 바인딩되도록 해주는 `viper.BindPFlag` 함수를 제공하며 각 플래그의 이름 전체를 키로 사용하여 모든 플래그 세트를 바인딩합니다.

설정 값에 대해 실제 값을 설정하는 것은 호출된 때가 아니라 바인딩에 대한 접근이 발생하는 시점이므로 다음 코드처럼 init 함수에서 `viper.BindPFlag` 함수를 호출할 수 있습니다.

```go
var rootCmd = &cobra.Command{
    // 생략
}

func init() {
    rootCmd.Flags().IntP("number", "n", 42, "an integer")
    viper.BindPFlag("number", rootCmd.Flags().Lookup("number"))
}
```

이 예제에서는 `&cobra.Command`를 선언하고 `number`라는 정수 플래그를 정의하고 있습니다. Cobra 라이브러리를 이 방식으로 사용하면 플래그 값을 외부 값으로 저장할 필요가 없기 때문에 IntVarP 메서드 대신 IntP 메서드를 사용한 데 주목하기 바랍니다. 플래그를 설정한 뒤 `viper.BindPFlag` 함수를 사용해 "number" 플래그를 같은 이름의 설정 키에 바인드합니다.

값이 바인드되고 커맨드라인 플래그의 파싱이 끝나면 바인딩된 키는 Viper가 제공하는 `viper.GetInt` 함수를 이용해 추출할 수 있습니다.

```go
n := viper.GetInt("number")
```

Viper에서 환경 변수로 작업하기

Viper는 환경 변수를 설정 소스로 사용하도록 해주는 여러 함수를 제공합니다. 가장 먼저 살펴볼 함수는 `viper.BindEnv`로 설정 키를 환경 변수에 바인딩할 때 사용됩니다.

```go
viper.BindEnv("id")     // "id"를 환경변수 "ID"에 바인드합니다.

// "port"를 환경변수 "SERVICE_PORT"에 바인드합니다.
viper.BindEnv("port", "SERVICE_PORT")

id := viper.GetInt("id")
id := viper.GetInt("port")
```

viper.BindEnv 함수의 매개변수로 키만 전달하는 경우 BindEnv는 같은 이름을 가진 환경 변수를 바인드합니다. 하나 이상의 환경 변수를 바인드하기 위해 더 많은 매개변수를 사용할 수도 있습니다. Viper는 두 가지 경우 모두 환경 변수의 이름이 대문자를 사용한다고 가정합니다.

Viper는 이 외에도 환경 변수 사용에 도움을 줄 수 있는 많은 함수를 제공합니다. 보다 자세한 내용은 Viper 공식 문서를 살펴보기 바랍니다.[23]

Viper에서 설정 파일로 작업하기

Viper는 이전에 소개했던 패키지를 통해 JSON과 YAML을 지원하며 TOML, HCL, INI, envfile, 자바 Properties 파일도 지원합니다. 그뿐만 아니라 설정 파일을 처음부터 새로 만들 수 있도록 설정 쓰기 기능을 제공하고, 실시간 감시와 설정 파일을 다시 읽는 기능도 제공합니다.

로컬 설정 파일에 대한 논의는 클라우드 네이티브를 다루는 이 책의 주제로 적절하지 않을 수 있지만 파일이 여전히 많은 환경에서 일반적으로 사용되는 구조라는 것은 분명합니다. 결국 쿠버네티스의 ConfigMap이나 디스크로 마운트되는 NFS 같은 공유 파일 시스템은 일반적으로 상당히 널리 사용되는 구조입니다. 그리고 클라우드 네이티브 서비스 역시 모든 서비스 복제본을 읽기 위해 로컬 환경에 파일을 읽기 전용으로 복사해두는 설정 관리 시스템을 통해 배포하는 것을 염두에 두어야 합니다.

심지어 설정 파일은 다른 로컬 파일들과 마찬가지로 컨테이너 이미지(컨테이너화된 서비스를 생각 중이라면)에 마운트되거나 포함되기도 합니다.

설정 파일 읽기

Viper가 파일로부터 설정을 읽어 들이려면 파일의 이름이 무엇이고 어디서 찾을 수 있는지만 알면 됩니다. 만약 파일 확장자로부터 어떤 타입의 파일인지 추론할 수 없다면 파일 타입도 알아야 합니다.

viper.ReadInConfig 함수는 Viper가 설정 파일을 찾아 읽도록 해주며 뭔가 잘못되었을 때는 error를 반환합니다. 설명한 내용을 코드로 구현하면 다음과 같습니다.

---

23 https://oreil.ly/CGpPS

```
viper.SetConfigName("config")

// 설정 파일이 확장자를 가지고 있지 않은 경우 타입을 지정합니다.
viper.SetConfigType("yaml")

viper.AddConfigPath("/etc/service/")
viper.AddConfigPath("$HOME/.service")
viper.AddConfigPath(".")

if err := viper.ReadInConfig(); err != nil {
    panic(fmt.Errorf("fatal error reading config: %w", err))
}
```

코드에서 볼 수 있는 것처럼 Viper는 설정 파일을 찾기 위해 여러 경로를 탐색할 수 있습니다.
안타깝게도 집필 시점 기준 단일 Viper 인스턴스는 하나의 설정 파일만 읽을 수 있습니다.

Viper에서 설정 파일들을 감시하고 다시 읽어 들이기

Viper를 사용하면 애플리케이션에서 설정 파일 변경을 감시하고 변경 사항이 감지되었을 때
다시 읽어 들일 수 있습니다. 이것은 설정 변경 사항을 적용하기 위해 서버를 재기동할 필요가
없다는 것을 뜻합니다.

이 기능은 기본적으로 꺼져 있으며 viper.WatchConfig 함수를 이용해 켤 수 있습니다. 추가로
viper.OnConfigChange 함수를 이용하면 설정이 변경되었을 때 어떤 함수를 호출할지 지정할
수 있습니다.

```
viper.WatchConfig()
viper.OnConfigChange(func(e fsnotify.Event) {
    fmt.Println("Config file changed:", e.Name)
})
```

> **NOTE** viper.AddConfigPath 함수는 viper.WatchConfig 함수를 호출하기 전에 사용해야 합
> 니다.

Viper도 실제로는 앞쪽에 나온 '설정 파일의 변경 사항 감시'에서 살펴본 것과 동일한 매커니
즘인 fsnotify/fsnotify 패키지를 내부에서 사용하고 있습니다.

Viper에서 원격지의 키-값 저장소 사용하기

아마도 Viper의 가장 흥미로운 점은 지원하는 모든 포맷으로 작성된 설정 문자열을 etcd[24], 해시코프 Consul[25]과 같은 원격지의 키-값 저장소로부터 읽어 들이는 기능일 것입니다. 이렇게 읽어 들인 설정 값은 기본값보다 우선순위가 높지만 디스크나 커맨드라인 플래그, 환경 변수로부터 얻은 설정 값이 있는 경우 값이 덮어쓰기될 수 있습니다.

Viper가 원격지의 키-값 저장소를 사용하도록 하려면 블랭크Blank 지시자를 이용해 viper/remote 패키지를 임포트해야 합니다.

```
import _ "github.com/spf13/viper/remote"
```

이후 다음과 같은 시그니처를 가진 viper.AddRemoteProvider 메서드를 이용해 원격지의 키-값 저장소를 등록할 수 있습니다.

```
func AddRemoteProvider(provider, endpoint, path string) error
```

- provider 매개변수는 etcd, consul 또는 filestore 중 하나가 됩니다.

- endpoint는 원격 리소스의 URL입니다. Viper는 특이하게도 etcd 프로바이더에 대해서는 스킴Scheme과 함께 ip, port 정보를 URL에 입력해야 하지만(http://ip:port), Consul에 대해서는 스킴 없이 ip와 port를 받습니다(ip:port).

- path는 키-값 저장소에서 불러온 설정이 저장된 경로입니다.

예를 들어 JSON 포맷을 사용하는 설정 파일을 etcd 서비스로부터 읽어 들이는 코드는 다음과 같습니다.

```
viper.AddRemoteProvider("etcd", "http://127.0.0.1:4001","/config/service.json")
viper.SetConfigType("json")
err := viper.ReadRemoteConfig()
```

경로에 파일 확장자까지 지정되어 있기는 하지만 별도로 viper.SetConfigType을 이용해 명시적으로 설정 타입을 지정할 수 있는 데 주목하기 바랍니다. Viper 관점에서 리소스는 단지 일

---

24 https://etcd.io/
25 https://consul.io/

련의 바이트 스트림일 뿐이고 따라서 자동으로 포맷을 추론할 수 없기 때문입니다.[26] 이 책을 집필하는 시점에서 Viper가 지원하는 포맷은 json, toml, yaml, yml, properties, props, prop, env, dotenv입니다. 다수의 프로바이더를 추가해 사용할 수 있으며 Viper는 추가된 순서대로 설정을 탐색합니다.

지금까지 Viper가 원격지의 키-값 저장소에 대해 할 수 있는 기본적인 동작들을 설명했습니다. Viper를 이용해 Consul로부터 설정을 읽어 들이고 변경 사항을 감시거나 암호화된 설정을 읽는 방법에 대해서는 Viper의 README 문서를 확인하기 바랍니다.[27]

Viper에서 기본값 설정하기

이번 장에서 살펴본 다른 패키지들과 달리 Viper는 선택적으로 SetDefault 함수를 이용해 키에 대해 기본값을 정의할 수 있습니다.

가끔은 기본값이 유용할 수 있지만 기능을 사용할 때는 주의해야 합니다. 이 장 앞쪽에 나온 '설정 모범 사례'에서 이야기한 것처럼 암묵적인 기본값을 부주의하게 사용하면 예상치 못한 동작을 할 수 있어 보통은 제로값을 명시적인 기본값으로 사용하는 것이 좋습니다.

실제 Viper에서 기본값을 사용하는 예제는 다음과 같습니다.

```
viper.BindEnv("id")              // 자동으로 대문자로 인식합니다.
viper.SetDefault("id", "13")     // 기본값은 13입니다.

id1 := viper.GetInt("id")
fmt.Println(id1)                 // 13

os.Setenv("ID", "50")            // 명시적으로 envvar 값을 선언합니다.

id2 := viper.GetInt("id")
fmt.Println(id2)                 // 50
```

기본값은 가장 낮은 우선순위를 갖기 때문에 키의 값이 다른 매커니즘을 통해 명시적으로 선언되지 않았을 때만 유효합니다.

10.3 피처 플래그를 이용한 기능 관리

피처 플래그^{Feature Flagging} 혹은 피처 토글링^{Feature Toggling}28은 코드를 새로 배포할 필요 없이 특정 기능을 켜거나 끌 수 있도록 하며, 새로운 기능이 개발되거나 배포되었을 때 안정성과 속도를 높이도록 설계된 소프트웨어 개발 패턴입니다.

기본적으로 피처 플래그는 코드 내에서 조건부로 적용되며 항상 그런 것은 아니지만 설정 세팅과 같은 외부 기준을 바탕으로 어떤 기능을 켜거나 끌수도 있습니다. 예를 들어 개발자는 설정이 다른 값을 갖도록 하여 완성되지 않은 기능을 테스트할 수 있으며 일반 사용자에게는 이 기능을 비활성화할 수 있습니다.

완성되지 않은 기능과 함께 제품을 릴리즈하는 것에는 몇 가지 큰 장점이 있습니다.

우선 피처 플래그는 여러 기능 브랜치를 사용하여 브랜치를 만들고 머지하는 오버헤드 없이 작고 많은 변화들을 가진 소프트웨어를 배포하게 합니다. 다시 말해 피처 플래그는 기능 출시를 배포에서 분리하여 개별적으로 사용할 수 있게 해줍니다. 피처 플래그는 기본적으로 코드의 변경 사항을 가능한 한 빨리 통합하여 지속적인 배포와 지속적인 전달을 장려하고 촉진합니다. 그 결과 개발자는 코드에 대한 피드백을 빠르게 받을 수 있으며 작고 빠르면서도 안전하게 이터레이션할 수 있는 여건을 갖게 됩니다.

둘째, 피처 플래그는 기능이 릴리즈될 준비가 되기 전에 더 쉽게 시험할 수 있도로 할 뿐 아니라 동적으로 기능을 켜고 끌 수 있게 합니다. 예를 들어 로직은 서킷 브레이커와 같은 패턴과 함께 특정 조건에서 플래그를 활성화하거나 비활성화하기 위한 피드백 루프를 만드는 데 사용될 수 있습니다.

마지막으로, 논리적으로 실행되는 플래그는 특정 사용자 계층을 대상으로 기능 배포를 할 수 있게 합니다. 이 기술은 피처 게이팅^{Feature Gating}이라고 불리며 프록시 룰의 대안으로 활용되어 카나리 배포^{Canary Deployment}나 스테이지 환경 혹은 지역 기반으로 배포할 때 사용할 수 있습니다. 관찰 가능성^{Observability} 기술과 함께 사용할 경우, 피처 게이팅은 A/B 테스팅과 같은 시험을 쉽게 수행하도록 하거나 사용자 일부 또는 단일 고객에 대한 목표 추적을 수행하게 합니다.

---

28 '피처 스위치(feature switch)'나 '피처 플리퍼(feature flipper)', '조건부 피처(conditional feature)'와 같은 용어로도 통칭됩니다. IT 업계에서는 '플래그'와 '토글'로 의견이 모이고 있는데, 아마도 나머지 다른 이름들은 다소 바보처럼 보이기 때문이 아닐까 싶습니다.

10.3.1 기능 플래그의 진화

이번 절에서는 5장에서 만든 키-값 REST 서비스에서 가져온 함수를 이용해 피처 플래그를 반복적으로 구현해보겠습니다. 기본적인 함수에서 시작해 여러 번의 진화 단계를 거치면서 플래그가 없는 함수가 특정 사용자 그룹에 대해 동적으로 플래그를 켜고 끌 수 있도록 발전시킬 것입니다.

여기서는 키-값 저장소를 확장 가능하도록 만들 것이므로 로컬 맵 대신 고급 분산 데이터 구조가 뒷받침하도록 로직을 수정할 필요가 있습니다.

10.3.2 제너레이션 0: 초기 구현

첫 번째 이터레이션은 5장 '읽기 함수 구현' 부분에서 작성했던 keyValueGetHandler 함수를 이용하여 시작해보겠습니다. keyValueGetHandler 함수는 HTTP 핸들러 함수로 net/http 패키지가 정의하는 HandlerFunc 인터페이스를 만족하도록 구현했던 것을 기억할 것입니다. 이 내용이 잘 와닿지 않는다면 5.4 'net/http 패키지를 이용한 HTTP 서버 구성' 부분을 살펴보고 오기 바랍니다.

5장에서 작성했던 함수에서 에러 핸들링 로직 일부를 삭제하여 만든 초기 핸들러 함수는 다음과 같습니다.

```go
func keyValueGetHandler(w http.ResponseWriter, r *http.Request) {
    vars := mux.Vars(r)              // 요청으로부터 "key"를 추출합니다.
    key := vars["key"]

    value, err := Get(key)          // 키에 대한 값을 얻습니다.
    if err != nil {                 // 예상치 못한 에러에 대한 예외 처리 로직입니다.
        http.Error(w,
            err.Error(),
            http.StatusInternalServerError)
        return
    }

    w.Write([]byte(value))          // 획득한 값을 출력으로 내보냅니다.
}
```

예제의 함수는 그 어떤 피처에 대해서도 켜고 끄는 로직이 들어가 있지 않습니다. 코드가 하는 일은 요청 변수에서 키를 추출하고 Get 함수를 이용해 키에 대한 값을 얻은 다음 응답으로 그 값을 쓰는 것이 전부입니다.

다음 구현에서는 고급 분산 데이터 구조를 이용해 로컬 map[string]string을 대치하고 서비스가 단일 인스턴스 이상으로 확장 가능하도록 하는 새로운 피처 테스트를 시작하겠습니다.

10.3.3 제너레이션 1: 하드코딩된 피처 플래그

이번 구현에서는 새롭고 실험적인 분산 백엔드 시스템이 구축되었고 NewGet 함수를 이용해 접근 가능하다고 생각하겠습니다. 피처 플래그를 만드는 첫 번째 시도로 간단히 Boolean값, useNewStorage를 이용하여 두 가지 구현을 전환할 수 있는 조건을 도입해보겠습니다.

```
// 새로운 스토리지 백엔드 시스템을 사용하기 위해 다음 변수를 true로 설정합니다.
const useNewStorage bool = false;

func keyValueGetHandler(w http.ResponseWriter, r *http.Request) {
    vars := mux.Vars(r)
    key := vars["key"]

    var value string
    var err error

    if useNewStorage {
        value, err = NewGet(key)
    } else {
        value, err = Get(key)
    }

    if err != nil {
        http.Error(w,
            err.Error(),
            http.StatusInternalServerError)
        return
    }

    w.Write([]byte(value))
}
```

예제는 몇 가지 개선된 내용을 담고 있지만 여전히 우리가 원하는 목표까지는 갈 길이 멀어 보입니다. 하드코딩된 값을 이용해 고정된 플래그 조건을 정의하는 것은 로컬 테스팅 환경에서라면 두 가지 구현을 전환하면서 사용할 수 있도록 하는 데 충분합니다. 하지만 두 가지 구현을 자동화하여 지속적인 방법으로 함께 시험하기는 어렵습니다.

그뿐 아니라 배포된 인스턴스에서 사용 중인 알고리즘을 변경하고 싶을 때마다 코드를 다시 빌드하고 재배포해야 하므로 피처 플래그를 사용할 때의 장점이 크게 훼손됩니다.

> **NOTE** 피처 플래그는 깔끔하게 사용해야 합니다. 피처 플래그를 한동안 업데이트하지 않았다면 제거해도 괜찮을지 생각해 봐야 합니다.[29]

10.3.4 제너레이션 2: 설정할 수 있는 플래그

하드코딩된 피처 플래그의 단점은 명확해졌습니다. 따라서 외부 매커니즘을 이용해 플래그의 값을 변경하여 테스트에서 두 가지 알고리즘을 시험할 수 있다면 정말 좋을 것 같습니다.

다음 예제는 환경 변수를 읽기 위해 Viper를 사용하며 실행 시 피처를 켜고 끌 수 있습니다. 여기서 어떤 설정 매커니즘을 선택했는지는 중요하지 않습니다. 중요한 것은 코드를 다시 빌드하지 않고도 외부에서 플래그 값을 업데이트할 수 있게 되었다는 점입니다.

```go
func keyValueGetHandler(w http.ResponseWriter, r *http.Request) {
    vars := mux.Vars(r)
    key := vars["key"]

    var value string
    var err error

    if FeatureEnabled("use-new-storage", r) {
        value, err = NewGet(key)
    } else {
        value, err = Get(key)
    }
```

---

29 피처 플래그를 필요할 때만 사용하고 더 이상 필요하지 않은 경우 코드를 제거하는 것이 좋습니다.

```
    if err != nil {
        http.Error(w,
            err.Error(),
            http.StatusInternalServerError)
        return
    }

    w.Write([]byte(value))
}

func FeatureEnabled(flag string, r *http.Request) bool {
    return viper.GetBool(flag)
}
```

Viper를 이용해 use-new-storage 플래그를 설정하는 환경 변수를 읽는 로직과 함께 FeatureEnabled라는 새로운 함수가 추가되었습니다. 예제에서 이 함수가 하는 일은 viper.GetBool(flag) 코드를 실행하는 것이 전부지만 한곳에서 플래그 값을 읽는 데 집중하고 있다는 것이 중요한 포인트입니다. 이러한 형태의 구현이 주는 이점은 다음 이터레이션에서 살펴보겠습니다.

FeatureEnabled 함수가 *http.Request 매개변수를 받는 이유가 궁금할 수도 있습니다. 아직 이 값을 사용하지는 않지만 그 역시 다음 이터레이션을 읽어보면 그 이유를 알게 될 것입니다.

10.3.5 제너레이션 3: 동적인 피처 플래그

피처가 막 배포되었고 피처 플래그를 이용해 기능을 꺼두었습니다. 즉, 운영 환경에서 특정 사용자 그룹에 대해 테스트해볼 수 있게 되었습니다. 설정을 이용해서 이런 종류의 플래그를 구현하고 사용할 수 없다는 것은 명확합니다. 그 대신 스스로 플래그 값을 변경해야 할 시점을 알 수 있도록 동적인 플래그를 만들어보겠습니다. 이것은 플래그를 함수와 연결해야 한다는 것을 의미합니다.

함수로서의 동적인 플래그

동적인 플래그 함수를 만드는 첫 번째 단계로 함수의 시그니처를 결정하겠습니다. 꼭 필요한 절차는 아니지만 다음과 같이 함수의 시그니처를 명시적으로 정의하는 것이 도움됩니다.

```
type Enabled func(flag string, r *http.Request) (bool, error)
```

Enabled 함수 타입은 우리가 만들 모든 동적인 플래그 함수에 대한 프로토타입입니다. 이 타입은 string 타입의 플래그 이름과 *http.Request를 매개변수로 받고 플래그가 활성화되었을 때 bool 타입의 결과를 true로 반환합니다.

동적인 플래그 함수 구현

Enabled 타입이 제공한 계약을 통해 요청의 원격지 주소를 사설 네트워크 대역에 할당된 IP 대역과 비교하여 요청이 사설 네트워크에서 온 것인지 판단하는 함수를 구현하겠습니다.

```
// 내부 네트워크와 관계된 CIDR 대역을 저장하는 리스트를 선언합니다.
var privateCIDRs []*net.IPNet

// privateCIDRs 슬라이스를 불러오기 위해 init 함수를 사용합니다.
func init() {
    for _, cidr := range []string{
        "10.0.0.0/8",
        "172.16.0.0/12",
        "192.168.0.0/16",
    } {
        _, block, _ := net.ParseCIDR(cidr)
        privateCIDRs = append(privateCIDRs, block)
    }
}


// fromPrivateIP 함수는 플래그 이름과 요청을 매개변수로 받습니다.
// 요청의 원격지 IP가 RFC-1918에 정의된 사설 대역인 경우 true를 반환합니다.
func fromPrivateIP(flag string, r *http.Request) (bool, error) {
    // 요청에 대한 원격지 주소의 호스트 부분을 획득합니다.
    remoteIP, _, err := net.SplitHostPort(r.RemoteAddr)
    if err != nil {
        return false, err
    }

    // 원격지 주소 문자열을 *net.IPNet 타입으로 변환합니다.
    ip := net.ParseIP(remoteIP)
```

```
    if ip == nil {
        return false, errors.New("couldn't parse ip")
    }

    // 루프백 주소는 "사설" 대역으로 취급합니다.
    if ip.IsLoopback() {
        return true, nil
    }

    // IP 주소에 대한 CIDR 리스트를 검색하며 대역이 발견된 경우 true를 반환합니다.
    for _, block := range privateCIDRs {
        if block.Contains(ip) {
            return true, nil
        }
    }

    return false, nil
}
```

fromPrivateIP 함수는 앞 예제와 같이 string 값으로 플래그 이름을 받고, 특히 요청을 보낸 인스턴스와 관계된 *http.Request를 매개변수로 받아 Enabled의 규격을 따릅니다. 이 함수는 요청을 보낸 곳이 RFC-1918에서 정의하는 사설 IP 대역에 포함되어 있을 경우 true를 반환합니다.[30]

fromPrivateIP 함수는 이런 결정을 내리도록 *http.request 매개변수에서 요청을 보낸 네트워크 주소를 담은 원격지 주소를 추출합니다. net.SplitHostPort를 이용해 호스트 IP를 파싱한 후 net.ParseIP를 이용해 *net.IP 값의 형태로 파싱하고, 발신지 IP 대역을 privateCIDRs에 포함된 사설 CIDR 주소 대역과 비교해 일치하는 값이 발견되면 true를 반환합니다.

> **NOTE** 이 함수는 요청이 로드밸런서나 리버스 프록시를 경유해서 전달된 경우에도 true를 반환합니다. 운영 수준의 구현은 이 부분을 인식하고 있어야 하며 이상적으로 봤을 때는 프록시 프로토콜을 인식할 필요가 있습니다.[31]

---

30 https://oreil.ly/lZ5PQ
31 https://oreil.ly/S3btg

물론 이 함수는 예시일 뿐이며, 코드가 단순하기 때문에 여러분이 쉽게 동적인 플래그의 활용을 이해하는 데 도움이 될 것입니다. 비슷한 기술을 활용하여 지리적으로 구분되는 지역, 일정한 비율의 사용자 혹은 특정 고객에 대해 플래그를 활성화하거나 비활성화할 수 있습니다.

플래그 함수 찾기

fromPrivateIP 함수의 형태로 동적인 플래그 함수를 만들었으니 이제 이름을 이용해 플래그를 이 함수와 연결하는 매커니즘을 구현해야 합니다. 아마도 이것을 구현하는 가장 직관적인 방법은 플래그 이름 문자열의 맵을 Enabled 함수에 사용하는 것이라고 생각됩니다.

```
var enabledFunctions map[string]Enabled

func init() {
    enabledFunctions = map[string]Enabled{}
    enabledFunctions["use-new-storage"] = fromPrivateIP
}
```

이러한 방식으로 맵을 사용해 간접적으로 함수를 참조하는 것은 상당한 유연함을 갖게 해줍니다. 원한다면 다수의 플래그를 함수와 연결할 수도 있습니다. 이는 일련의 관계있는 피처들이 동일한 조건에서 언제나 활성화되도록 해야 할 때 유용합니다.

여러분은 아마도 init 함수를 사용해 enabledFunctions 맵을 채우고 있다는 것을 발견했을 것입니다. 그런데 우리는 이미 init 함수를 갖고 있지 않았던가요? 네, 맞습니다. 그리고 문제없습니다. init 함수는 특별합니다. 필요하다면 여러 개의 init 함수를 가질 수도 있습니다.

라우터 함수

마지막으로 모든 것들을 하나로 합쳐보겠습니다. 여기서는 FeatureEnabled 함수가 적절히 동적인 플래그 함수를 찾으며, 함수를 찾았을 때 해당 함수를 호출하고 결과를 반환하도록 리팩터링하여 하나의 함수로 코드를 합쳤습니다.

```
func FeatureEnabled(flag string, r *http.Request) bool {
    // 명시적인 플래그는 우선순위가 높습니다.
    if viper.IsSet(flag) {
        return viper.GetBool(flag)
    }
```

```
// 플래그에 대한 함수가 존재하면 함수를 추출하고, 그렇지 않으면 false를 반환합니다.
enabledFunc, exists := enabledFunctions[flag]
if !exists {
    return false
}

// 플래그 함수를 찾았으면 함수를 호출하고 결과를 반환합니다.
result, err := enabledFunc(flag, r)
if err != nil {
    log.Println(err)
    return false
}

return result
}
```

이제 FeatureEnabled 함수는 명시적으로 설정된 피처 플래그 설정 값에 따라 어떤 코드 패스가 실행되어야 하는지 동적으로 제어할 수 있는 제대로 된 라우터 함수가 되었습니다. 이 구현에서는 명시적으로 설정된 플래그가 그 어떤 값보다 높은 우선순위를 갖습니다. 이는 플래그가 설정되거나 설정되지 않은 두 가지 상황 모두에 대해 자동화된 테스트가 피처 동작을 시험할 수 있게 해줍니다.

우리가 만든 코드는 특정 플래그의 동작을 결정하기 위해 간단히 메모리상에서의 조회를 사용하지만, 데이터베이스나 다른 데이터 소스 혹은 LaunchDarkly 같은 복잡한 매니지드 서비스를 사용하도록 구현하는 것도 쉽습니다. 다만 여기서 주의해야 할 점은 이러한 방식이 또 다른 의존성을 가져올 수 있다는 것입니다.

[Column] 서비스로서의 기능 플래그

만약 여러분이 조금 더 복잡하고 동적인 기능 플래그를 구현하는 데 관심은 있지만 (현명하게도) 직접 만들어 쓰고 싶지는 않다면 LaunchDarkly[32]가 훌륭한 '서비스로서의 기능 플래그(Feature Flags as a Service)' 서비스를 제공해줄 것입니다.

---

32 https://oreil.ly/0xKeq

요약

관리 용이성^{Manageability}이 클라우드 네이티브 세계에서(혹은 모든 세계에서) 가장 매혹적인 주제는 아니지만, 필자는 이 장을 통해 다양한 예제를 함께 작성하고 독자 여러분이 관리 용이성을 체험할 수 있도록 상세히 설명하면서 즐거움과 보람을 느꼈습니다.

여기서는 환경 변수, 커맨드라인 플래그, 다양한 포맷을 가진 파일들을 포함해 다양한 설정 스타일의 기본에 대해 살펴보았습니다. 그뿐 아니라 설정의 변경 사항을 감지하고 다시 불러오기를 일으키는 몇 가지 전략에 대해서도 알아보았습니다. 이 모든 것을 다루도록 처리할 수 있는 Viper 패키지에 대해서는 더 설명할 필요조차 없을 것입니다.

이번 장에서 이야기한 내용 중 일부는 더 깊게 다룰 만한 것이었다고 생각되지만 시간 및 지면 제약으로 살펴보지 못했습니다. 예를 들어 피처 플래그와 피처 관리는 상당히 큰 주제이므로 조금 더 자세히 살펴봤다면 좋았을 것입니다. 또 배포와 서비스 디스커버리 같은 주제는 이번 장에서 전혀 다루지 못했습니다. 이 책의 다음 판에서는 다룰 기회가 있을 것이라고 기대해봅니다.

이번 장에서 즐거웠던 만큼 관찰 가능성^{Observability}에 대한 전반적인 내용과 특히 OpenTelemetry를 자세히 알아볼 11장에 대해 기대가 많이 됩니다.

마지막으로 여러분에게 몇 가지 조언을 하고자 합니다. 항상 여러분답기를 바라며 행운은 노력하는 자에게만 온다는 것을 기억하기 바랍니다.

Chapter

11

관찰 가능성

데이터는 정보가 아니고, 정보는 지식이 아니며, 지식은 이해가 아니고, 이해는 지혜가 아닙니다.[1]

－클리포드 스톨(Clifford Stoll)

『High-Tech Heretic: Reflections of a Computer Contrarian』

'클라우드 네이티브'는 여전히 새로운 개념이며 컴퓨팅에서도 마찬가지입니다. 필자가 확실히 말할 수 있는 것[2]은 '클라우드 네이티브'가 클라우드 네이티브 컴퓨팅 재단Cloud Native Computing Foundation이 설립된 2015년 중반 이후에야 우리의 사전에 등재된 새로운 단어라는 점입니다.[3]

업계에서는 여전히 '클라우드 네이티브'가 정확히 무엇인지 알아내기 위해 많은 노력을 하고 있고 주요 퍼블릭 클라우드 사업자는 그나마 클라우드 네이티브에 대해 합의된 것들조차 바뀌는 와중에도 새롭고 더 추상화된 서비스를 주기적으로 출시하고 있습니다.

그럼에도 불구하고 이것 한 가지만은 명확합니다. 네트워크, 하드웨어 계층의 기능과 실패는 점차 추상화되어 API 요청과 이벤트로 바뀌어가고 있습니다. 우리는 매일 조금씩 모든 것이 소프트웨어로 정의된 세계로 다가가고 있습니다. 우리가 겪는 모든 문제들이 소프트웨어의 문제로 되어가고 있는 것입니다.

소프트웨어가 동작하고 있는 플랫폼에 대한 정당한 제어 권한을 상당 부분 희생한 것은 분명하지만 관리 용이성Manageability과 신뢰성Reliability[4] 측면에서 한정된 시간을 온전히 소프트웨어에 집중할 수 있게 되어 큰 이득을 얻게 되었습니다. 하지만 이것은 우리가 겪고 있는 실패의 대부분이 우리 서비스 안에서 발생하거나 서비스 사이의 상호작용에 의해 발생한다는 것을 의미하기도 합니다. 나쁜 품질의 소프트웨어에서 발생하는 문제점은 그 어떤 훌륭한 프레임워크와 프로토콜이 있어도 해결할 수 없습니다. 1장에서 이야기했던 것처럼 쿠버네티스 환경에서 불편한 애플리케이션은 그 이전부터도 불편한 애플리케이션이었을 것입니다.

이처럼 새롭고 멋진 소프트웨어가 정의하는 고도로 분산된 세계의 상황은 복잡합니다. 소프트웨어는 복잡해지고 있고 플랫폼도 복잡해지고 있으며, 이 둘이 함께 있을 경우 정말로 복잡한

---

1 클리포드 스톨(Stoll, Clifford). 『High-Tech Heretic: Reflections of a Computer Contrarian』. Random House, September 2000.

2 https://oreil.ly/sPxg7

3 재미있는 것은 이 시점이 AWS가 함수로서의 서비스(FaaS, functions as a service) 상품으로 람다(Lambda)를 런칭한 직후라는 점입니다. 우연일까요? 아마 우연일 것입니다.

4 모든 네트워크와 플랫폼 설정이 올바르다고 가정했을 경우의 이야기입니다.

상황이 될 뿐 아니라 도대체 무슨 일이 일어나고 있는지 알기 힘든 때도 많습니다. 따라서 서비스에 대해 가시성Visibility을 갖는 것은 그 어느 때보다도 중요해지고 있으며, 확실히 알고 있는 것 한 가지는 현존하는 모니터링 도구와 기술들만으로는 상황을 도저히 감당하기 어렵다는 것입니다. 확실히 새로운 것이 필요해 보입니다. 단순히 새로운 기술이나 기교가 아니라 우리 시스템을 어떻게 이해할 것인지에 대해 완전히 새로운 생각이 필요한 것입니다.

11.1 관찰 가능성이란 무엇인가?

관찰 가능성은 최근 크게 화제가 되고 있는 주제이며 분명 중요한 것입니다. 그런데 정말로 관찰 가능성이 말하는 것은 무엇일까요? 로그와 지표, 트레이싱을 이용해 수행되던 전통적인 모니터링 및 알림과는 어떻게 다르고 또 얼마나 비슷한 것일까요? 궁극적으로 도대체 우리는 어떻게 '관찰 가능성을 수행'할 수 있는 것일까요?

관찰 가능성이 받는 모든 관심을 생각해봤을 때 과대 광고Marketing Hype라고 생각하기 쉽지만 단순히 그런 것은 아닙니다.

관찰 가능성은 정말 간단합니다. 관찰 가능성은 시스템 속성이며 외부로 출력되는 내용을 바탕으로 시스템의 내부 상태를 얼마나 잘 추론했는지를 반영한다는 관점에서 탄력성Resilience이나 관리 용이성Manageability과 크게 다르지 않습니다. 최소한의 사전 지식만으로 명령을 다시 내리거나 새로운 코드 빌드 없이 빠르고 지속적으로 시스템에 대해 새로운 질문을 할 수 있을 때 시스템은 관찰 가능하다고 간주됩니다. 즉, 관찰 가능한 시스템은 여러분이 아직 생각하지 못한 질문을 하게 만듭니다.

일부 벤더들이 관찰 가능성을 도구의 문제인 것처럼 이야기하면서 여러분에게 영업하고 있지만 관찰 가능성은 단순한 도구 이상의 것입니다. 여러분은 '관찰 가능성을 구매'할 수는 없지만 '신뢰성Reliability은 구매'할 수 있습니다. 어떤 도구도 단지 그 도구를 사용한다고 해서 여러분의 시스템을 관찰 가능한 것으로 만들어 주지는 않습니다. 망치만으로는 구조적으로 훌륭한 다리를 잘 만들 수 없는 것과 마찬가지입니다. 도구가 여러분을 필요한 곳으로 데려다 줄 수 있지만 이것을 제대로 사용하는 것은 여러분에게 달려 있습니다.

물론 이렇게 말로 이야기하는 것은 실제로 수행하는 것보다 훨씬 쉽습니다. 복잡한 시스템에 대해 관찰 가능성을 구축하려면 '알려진 미지의 정보Known Unknowns'를 찾는 과정을 거쳐야 하고,

종종 주어진 스냅숏에서 시스템의 상태를 완전히 이해하지 못할 수도 있다는 사실을 받아들여야 합니다. 복잡한 시스템에서 발생할 수 있는 모든 종류의 실패와 동작 상태를 이해하는 것은 거의 불가능합니다. 관찰 가능성을 얻는 첫 번째 단계는 예측 가능한 특정 실패 상황 같은 '알려진 미지의 정보' 탐색을 중지하는 것입니다.

11.1.1 관찰 가능성은 왜 필요한가?

관찰 가능성은 클라우드 네이티브 아키텍처의 등장으로 새롭게 나타난 도전에 의해 시작된 전통적인 모니터링의 자연스러운 진화입니다.

그 첫 번째는 간단히 말해 수많은 현대적인 클라우드 네이티브 시스템이 갖고 있는 규모 그 자체입니다. 이것은 인간이 제한된 두뇌의 능력을 이용해 주의를 기울이기에는 너무 큰 규모입니다. 동시에 운영되는 많은 수의 연결된 시스템에서 생성하는 모든 데이터는 우리가 놓치지 않고 관찰할 수 있는 것보다 많은 대상을 제공하고, 우리가 문제없이 처리할 수 있는 것보다 많은 데이터를 제공하며 우리가 잘 만들 수 있는 것보다 더 많은 관계를 제공합니다.

하지만 여기서 더 중요한 것은 클라우드 네이티브 시스템의 특성이 근본적으로 그리 오래되지 않은 전통적인 아키텍처와 다르다는 것입니다. 그 환경적, 기능적 요구사항이 다르고 동작하는 방식, 실패하는 방식이 다를 뿐 아니라 보장해야 하는 내용들도 다릅니다.

단기간 동안 존재하는 현대적인 애플리케이션과 이들이 상주하는 환경을 고려한 분산 시스템 모니터링은 어떻게 해야 할까요? 고도로 분산된 시스템의 복잡한 거미줄 안에 있는 단일 컴포넌트의 결함을 어떻게 집어낼 수 있을까요? 이것이 바로 '관찰 가능성'이 해결하고자 하는 문제입니다.

11.1.2 관찰 가능성은 '전통적인' 모니터링과 어떻게 다른가?

표면적으로 모니터링과 관찰 가능성의 경계는 다소 모호합니다. 결국 둘 다 시스템에 대해 질문하는 이야기이기는 하지만, 하고 있는 질문의 유형과 할 수 있는 질문의 유형에 차이가 있습니다.

전통적인 모니터링은 예상되는 동작이나 이전에 확인된 실패 사례를 식별 및 예측하기 위해 질문하는 데 집중합니다. 다시 말해 모니터링은 '알려진 미지의 정보'의 중심에 있습니다. 모니터링은 시스템이 특정한 예상 방식으로 동작할 것이고 그에 따라 실패할 것이라고 가정합니다. 어렵게 새로운 실패 사례가 발견되면 모니터링 체계에 증상이 추가되고 모니터링하기 위한 프로세스가 다시 시작됩니다.

이러한 접근 방식은 시스템이 단순할 때 꽤 잘 동작합니다. 하지만 몇 가지 문제점이 있습니다. 우선 시스템에 새로 질문하는 것은 새로운 코드 작성을 수반합니다. 이것은 유연하지 못한 방식이고 확장성이 없으며 무척 짜증스러운 일입니다.

다음으로 특정 수준의 복잡도를 넘어서면 '알 수 없는 미지의 정보$^{Unknown\ Unknowns}$'가 '알려진 미지의 정보$^{Known\ Unknowns}$' 수를 압도하기 시작합니다. 실패는 더 예측하기 어렵고 덜 예측 가능하며 거의 항상 많은 것들이 잘못되어 발생한 결과입니다. 즉, 발생할 수 있는 모든 실패에 대한 모니터링은 사실상 불가능합니다.

모니터링은 시스템이 작동하지 않는 경우를 찾아내기 위해 시스템에 수행하는 작업입니다. 반면에 관찰 가능성 기술은 이벤트와 동작을 연결지어 시스템을 이해할 수 있도록 하는 부분을 강조합니다. 관찰 가능성은 시스템이 가진 특징으로 왜 시스템이 동작하지 않는지 질문하도록 만듭니다.

11.2 관찰 가능성의 세 가지 기둥

관찰 가능성의 세 가지 기둥은 관찰 가능성 키트의 가장 일반적이고 기초적인 도구로서 로깅^{Logging}, 지표^{Metrics}, 트레이싱^{Tracing}을 말합니다. 이 세 가지는 다음 순서로 논의해보겠습니다.

- **트레이싱**

  트레이싱 혹은 분산 트레이싱은 시스템을 따라 전파되는 요청을 따라가면서 종단 간 요청의 흐름을 트레이스라고 불리는 DAG$^{Directed\ Acyclic\ Graph}$[5]로 재구성합니다. 트레이스의 분석은 어떻게 시스템의 컴포넌트가 상호작용하고 시스템의 실패와 성능 이슈를 찾아낼 수 있는지에 대한 통찰력을 제공합니다.

  트레이싱은 뒤쪽에 나오는 '트레이싱'에서 더 자세히 살펴보겠습니다.

---

5 https://oreil.ly/exjvV

- **지표**

  지표는 특정 시점에 대한 시스템의 다양한 관점 상태를 나타내는 데이터 포인트의 집합을 수반합니다. 다양한 시점에 대해 같은 목적의 관측치를 나타내는 데이터 포인트 집합은 특히 시각화와 수학적인 분석에 유용하며 트렌드를 강조하거나 특이점을 식별하고 미래의 동작을 예측하는 데 사용될 수 있습니다.

  지표에 대해서는 뒤쪽에 나오는 '지표' 부분에서 자세히 살펴보겠습니다.

- **로깅**

  로깅은 주목할 만한 이벤트의 레코드를 추후 리뷰하고 분석하기 위해 변경할 수 없는 로그 레코드로 추가하는 프로세스입니다. 로그는 파일에 지속적으로 레코드를 추가하는 것부터 Elasticsearch와 같은 풀 텍스트 검색 엔진까지 다양한 방식으로 수집될 수 있습니다. 로그는 프로세스가 만든 애플리케이션 이벤트에 대해 유익하면서도 상황을 잘 설명할 수 있는 통찰력을 제공합니다. 그렇지만 로그의 항목이 제대로 구성되지 않은 경우 사용성이 크게 제한될 수 있습니다.

  로깅에 대해서는 뒤쪽에 나오는 '로깅'에서 깊이 알아보겠습니다.

이 도구들은 개별적으로도 유용하지만, 제대로 만들어진 관찰 가능한 시스템은 이들을 서로 연결해 서로의 정보를 참조할 수 있도록 구성되어 있습니다. 예를 들어 지표는 제대로 동작하지 않은 트레이스의 하위 세트를 따라가는 데 활용될 수 있으며, 이 트레이스는 이면에 숨어 있는 동작의 원인을 찾아내는 데 도움을 주어 관련 로그를 도출하는 데 도움이 될 것입니다.

이번 장에서 무언가를 얻어가야 한다면, 탄력성이나 관리 용이성처럼 관찰 가능성은 단지 시스템 속성의 하나이므로 도구나 프레임워크 혹은 공급업체를 통해 관찰 가능성을 '제공'받을 수 없다는 것을 기억합시다. 소위 '세 가지 기둥^{Three Pillars}'은 단지 그 속성을 만들기 위해 사용되는 기술일 뿐입니다.

〔 Column 〕 (소위) 세 가지 기둥

'관찰 가능성의 세 가지 기둥'이라는 이름은 자주 그럴듯한 이유로(필자는 적당한 이유라고 생각합니다) 비판을 받는데, 자칫 이것이 '관찰 가능성'을 나타내는 것으로 해석되기 쉽기 때문입니다. 하지만 단지 로깅, 지표, 트레이싱을 갖는 것만으로는 시스템을 더 관찰 가능하게 만들지 못할 것입니다. 잘 이해하고 사용했을 때 아주 강력한 도구가 되는 '세 가지 기둥'의 개별 항목들은 시스템 내부 상태에 대해 깊은 통찰력을 제공합니다.

또 다른 비판으로는 세 가지 도구 각각이 동일한 대상에 대해 서로 다른 관점을 제공하고 궁극적으로 시스템 상태를 이해할 수 있는 능력을 강화해줌에도 불구하고 '세 가지 기둥'이라는 용어가 단순히 서로 다른 세 가지 도구의 조합이라는 의미를 내포한 것처럼 비춰진다는 지적도 있습니다. 세 가지 접근 방식이 통합되었을 때 비로소 관찰 가능성을 향한 첫 단계를 밟을 수 있습니다.

11.3 OpenTelemetry

이 책을 집필하는 시점 기준으로 OpenTelemetry(또는 업계에서 활발히 활동하는 사람들이 부르는 것처럼 줄여서 'Otel[6]')는 클라우드 네이티브 컴퓨팅 재단[CNCF]의 샌드박스 멤버 프로젝트 중 하나이며 CNCF의 가장 흥미로운 프로젝트 중 하나입니다.

대부분의 CNCF 프로젝트와 달리 OpenTelemetry는 서비스가 아니며 트레이스, 지표, 로그와 같이 원격으로 측정된 데이터들을 어떻게 표현하고 모아 전달할 것인가에 대한 표준화를 위한 노력입니다. OpenTelemetry의 여러 저장소[7]들은 API와 Go를 포함[8]해 다양한 언어로 구현된 레퍼런스 구현체들과 함께 구체적인 스펙을 제공하고 있습니다.

계측 부문은 가장 번잡한데, 아마도 지난 수년 동안 수없이 많은 벤더와 도구들이 각자의 독특한 구현체들을 들고 다녀갔을 것입니다. OpenTelemetry는 (벤더와 도구를 포함한) 계측 부문 전반에 걸쳐 원격으로 측정된 데이터들을 어떻게 수집해 백엔드 플랫폼으로 보낼 것인가에 대한 벤더 중립적인 단일 규격 만들기를 모색하고 있습니다. 물론 이전에도 이런 표준화에 대한 시도가 없지는 않았습니다. 사실 OpenTelemetry는 OpenTracing과 OpenCensus라는 두 개의 초기 프로젝트가 합쳐진 결과물입니다. 벤더 중립적으로 표준을 단일 규격화하여 통합하고 확장한 결과물이기도 합니다.

이번 장에서는 '세 가지 기둥' 하나 하나에 대한 핵심 개념과 OpenTelemetry를 사용해 여러분의 코드가 측정된 결과를 여러분이 선택한 백엔드로 전달하는 방법에 대해 살펴보겠습니다. 다만 OpenTelemetry는 책 한 권을 모두 할애해도 부족할 만큼 큰 주제라는 데 주목해야 합

---

6 필자는 OpenTelementry를 위해 그렇게 활발히 활동하고 있지는 않습니다.

7 https://oreil.ly/GpGD5

8 https://oreil.ly/vSO7k

니다. 그러나 필자는 충분히 지면을 할애하여 OpenTelemetry를 제대로 소개할 예정입니다. 이 책을 집필하는 시점 기준으로 OpenTelemetry에 대해 학습할 수 있는 종합적인 참고 자료는 없었지만 다양한 예제와 쓸 만한 글들을 모았고 소스 코드에 대해 충분히 연구된 자료들을 바탕으로 책을 집필했습니다.

> **NOTE** 이 장을 집필할 때 차리티 메이저스(Charity Majors)[9]와 리즈 퐁 존스(Liz Fong-Jones)가 관찰 가능성 엔지니어링에 대한 책을 열심히 집필하고 있다는 이야기를 들었습니다. 이 책은 2022년 5월에 출간되었습니다.[10]

11.3.1 OpenTelemetry 컴포넌트

OpenTelemetry는 추상화와 코드 구현체를 삽입할 수 있는 확장점을 SDK에 포함해 원격 측정 표준을 만들려는 이전 시도들을 확장 및 통합하고 있습니다. 예를 들면 이를 통해 여러분이 선택한 벤더와 인터페이스할 수 있는 커스텀 익스포터를 구현할 수 있습니다. 이런 수준의 모듈화를 제공하기 위해 OpenTelemetry는 다음과 같은 코어 컴포넌트를 이용하여 설계되었습니다.

- **규격**

  OpenTelemetry 규격은 OpenTelemetry API, SDK, 데이터 프로토콜을 위한 요구 사항과 기대 결과를 기술하고 있습니다.

- **API**

  애플리케이션에 OpenTelemetry를 추가할 때 사용할 수 있도록 규격에 기반을 둔 언어 특화 인터페이스와 구현입니다.

- **SDK**

  API와 익스포터^{Exporter} 사이에 위치한 세부적인 OpenTelemetry 구현은 스테이트 추적과 전송할 데이터에 대한 배치 작업 같은 기능을 제공합니다. 또 SDK는 요청 필터링과 트랜잭션 샘플링 같은 동작에 대해 몇 가지 설정 옵션을 제공합니다.

---

9 차리티 메이저스(Charity Majors)의 블로그(https://charity.wtf)를 방문해보지 않았다면 바로 방문해 볼 것을 권장합니다. 그의 천재성과 경험이 아름답게 어우러져 있으며, 어려운 개념을 쉽게 풀어놓은 글을 읽어볼 수 있습니다.

10 https://oreil.ly/FZw86

- **익스포터**

  데이터를 특정 목적지로 보낼 수 있는 프로세스 내 SDK 플러그인입니다. 목적지는 stdout과 같은 로컬 환경이 될 수도 있고 Jaeger[11], Honeycomb[12], Lightstep[13] 같은 원격 환경의 상용 솔루션과 같이 특정 목적지가 될 수도 있습니다. 익스포터는 백엔드로부터 명령을 분리해 코드에 대한 재명령 없이 목적지를 변경할 수 있게 합니다.

- **콜렉터**

  옵션 항목으로 상당히 유용하며 벤더에 구애받지 않고 원격 측정 데이터를 수신, 처리하여 하나 이상의 목적지로 전달합니다. 여러분의 애플리케이션과 함께 사이드카^{Sidecar} 프로세스로 실행되거나 독립적인 프록시로 동작하면서 애플리케이션의 측정 값들을 유연하게 제공할 수 있습니다. 이것은 대기업과 같이 엄격하게 제어되는 서비스 환경에서 무척 유용합니다.

지금까지 이야기한 내용에 OpenTelemetry 백엔드에 대한 이야기가 없었다는 것을 눈치 챘을 수도 있습니다. 네, 맞습니다. OpenTelemetry는 원격 측정값의 수집, 처리, 전송에 대해서만 신경 쓰며 정보를 수신하고 저장할 백엔드가 제공되면 전적으로 그 백엔드 시스템에 의존할 것입니다. 물론 이 외에 다른 컴포넌트들도 필요하지만 지금까지 설명한 것이 OpenTelemetry에 대한 핵심 컴포넌트라고 생각해도 됩니다. 이 컴포넌트들의 관계는 그림 11-1과 같습니다.

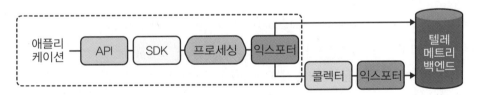

그림 11-1 OpenTelemetry의 핵심 컴포넌트인 데이터 매개체(API), 처리(SDK), 추출(익스포터와 콜렉터)에 대한 고수준의 흐름도입니다. 백엔드는 여러분이 준비해야 합니다.

마지막으로 광범위한 언어의 지원은 프로젝트의 핵심 목표이기도 합니다. OpenTelemetry는 이 책을 집필하는 시점 기준으로 Go, 파이썬, 자바, 루비, 얼랭^{Erlang}, PHP, 자바스크립트, .NET, 러스트^{Rust}, C++, 스위프트^{Swift} 등에 대한 API와 SDK를 제공하고 있습니다.

---

11 https://oreil.ly/uMAfg

12 https://oreil.ly/cBlnX

13 https://oreil.ly/KScdI

11.4 트레이싱

이 책 전반에 걸쳐 마이크로서비스 아키텍처와 분산 시스템의 장점에 대해 많은 분량을 할애하여 이야기했습니다. 하지만 안타까운 현실은 이러한 아키텍처들 역시 새롭고 '흥미로운' 문제를 많이 일으킨다는 것입니다.

분산 시스템에서 발생한 문제를 고치는 것은 미스터리 살인사건을 해결하는 것과 비슷하며, 이것은 시스템 어디선가 잘 동작하지 않는 무엇이 있다는 것을 조금 더 있어 보이게 말한 것입니다. 이런 문제점을 찾아 수정하기 전에 문제가 발생한 지점을 찾는 작업 자체를 어디서부터 시작해야 하는지 알아내는 것부터 이슈일 때도 많습니다.

바로 이런 종류의 문제를 해결하기 위해 트레이싱Tracing이 만들어졌습니다. 트레이싱은 시스템의 프로세스, 네트워크, 보안시스템 등을 통해 처리되는 요청을 추적함으로써 컴포넌트 실패, 성능 병목 지점 식별, 서비스 의존성 확인 등을 할 수 있도록 도와줍니다.

> **NOTE** 트레이싱은 주로 분산 시스템 환경에서 논의되지만 네트워크, 디스크, 뮤텍스와 같은 리소스를 다루는 복잡한 모놀리식 시스템도 트레이싱의 도움을 받을 수 있습니다.

이번 절에서는 트레이싱의 핵심 개념과 OpenTelemetry를 사용해 코드를 계측하고 측정된 결과를 백엔드 시스템으로 전달하는 방법에 대해 더 깊이 살펴볼 것입니다.

안타깝게도 시간과 공간의 제약 때문에 이야기한 주제 정도만 살펴볼 수 있을 것 같습니다. 트레이싱에 대해 더 알고 싶다면 오스틴 파커Austin Parker, 다니엘 스푼하워Daniel Spoonhower, 조나단 메이스Jonathan Mace, 벤 시겔만Ben Sigelman, 레베카 아이작스Rebecca Isaacs가 쓴 『실전 분산 추적[14]』(에이콘출판사, 2022년)을 읽어보기 바랍니다.

11.4.1 트레이싱의 개념

트레이싱에 대해 논의하기 전에 스팬Spans과 트레이스Traces라는 두 가지 기본 개념을 먼저 이해해야 합니다.

---

14 http://acornpub.co.kr/book/distributed-tracing

- **스팬**

  스팬은 요청에 의해 처리되는 작업 단위로 요청이 시스템을 통해 전파될 때 네트워크를 가로지르는 실행 흐름의 분기나 홉[Hop]을 이야기합니다. 각 스팬은 관련된 이름, 시작 시간, 지속 시간 정보를 갖습니다. 스팬은 보통 관계를 모델링하기 위해 중첩해서 사용할 수 있으며 정렬될 수 있습니다.

- **트레이스**

  트레이스는 개별적으로 스팬으로 표현되는 모든 이벤트를 나타내며 이벤트는 시스템을 통해 흐르는 요청을 만듭니다. 트레이스는 스팬을 DAG[Directed Acyclic Graph]로 나타내거나, 보다 구체적으로는 하나의 컴포넌트에 의해 수행된 작업을 나타내는 '스택 트레이스[Stack Trace]'라고 생각할 수 있습니다.

요청 트레이스와 스팬의 관계는 그림 11-2와 같은데, 동일한 요청이 다섯 개의 서로 다른 서비스를 거치면서 다섯 개의 스팬으로 만들어지는 과정을 두 가지 방식으로 표현했습니다.

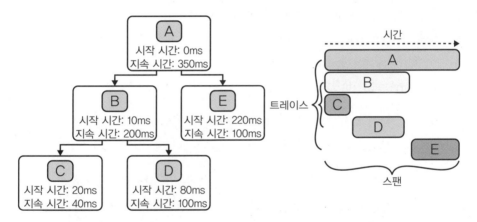

그림 11-2 요청이 다섯 개의 서비스를 통해 다섯 개의 스팬으로 만들어지는 과정을 두 가지 형태로 나타냈습니다. 전체 트레이스는 왼쪽의 DAG로 시각화되었고 오른쪽의 막대 그림은 시간 축을 활용해 시작 시간과 지속 시간을 표현했습니다.

첫 번째(엣지) 서비스에서 요청이 시작되면 루트 스팬[Root Span]으로 불리는 첫 번째 스팬을 생성하며 스팬 트리상에 첫 번째 노드를 만듭니다. 루트 스팬에는 전역적으로 유일한 트레이스 ID[Trace ID]가 자동으로 부여되며 요청 생애주기 동안 이어지는 홉으로 전달됩니다. 다음 계측 지점은 제공받은 트레이스 ID를 이용해 새로운 스팬을 만들고, 다음 요청과 함께 트레이스 ID를 전달하기 전에 요청과 관련된 메타데이터에 정보를 추가하거나 풍부하게 만듭니다.

실행 흐름에 따라 각 홉은 하나의 스팬으로 표현됩니다. 실행 흐름이 서비스에 대한 하나의 계측 지점에 도달하면 메타데이터에 기록이 추가됩니다. 이 기록들은 보통 콜렉터로 전송되기 전에 비동기적으로 디스크에 저장되며, 시스템의 다른 기능에 의해 기록된 레코드에 기반하여 추후 실행 흐름을 재구성할 때 사용될 수 있습니다.

그림 11-2는 생성된 순서에 따라 A부터 E까지 표기된 다섯 개의 스팬을 가진 트레이스를 나타내는 가장 일반적인 방법입니다. 왼쪽 그림은 트레이스를 DAG 형식으로 보여주며 루트 스팬 A는 0 시점에서 시작되어 마지막 서비스인 E로부터 응답을 받을 때까지 총 350ms 동안 실행됩니다.

오른쪽 그림은 동일한 데이터를 시간축을 가진 막대 그림으로 보여주며 막대의 위치와 길이는 각각 시작 시간과 지속시간을 나타냅니다.

11.4.2 OpenTelemetry를 이용한 트레이싱

OpenTelemetry를 이용해 코드를 계측하는 작업은 설정과 계측 두 단계로 구성됩니다. 이 것은 트레이싱을 위한 계측인지 지표를 위한 계측(혹은 두 가지 모두를 위해)인지에 관계없이 약간의 차이가 있기는 하지만 사실상 동일합니다.

트레이싱과 지표 계측을 하기 위해 프로그램은 설정 단계를 정확히 한 번 수행해야 하며 보통은 main 함수에서 다음과 같은 절차에 따라 수행됩니다.

1. 우선 사용할 백엔드 시스템에 적합한 익스포터를 추출하고 설정합니다. 트레이싱 익스포터는 SpanExporter 인터페이스를 구현합니다. 이 인터페이스는 OpenTelemetry v0.17.0 기준으로 go.opentelemetry.io/otel/sdk/export/trace 패키지에 위치해 있으며 보통 export라는 별칭^Alias을 만들어 사용합니다. 바로 이어서 나오는 '트레이싱 익스포터 생성하기'에서 논의하겠지만 OpenTelemetry에는 기본적으로 여러 가지 익스포터가 포함되어 있습니다. 하지만 계측 백엔드 시스템은 각자의 익스포터 구현체를 갖고 있는 경우도 많습니다.

2. 트레이싱에 대한 계측을 시작하기 전에 익스포터와 필요한 설정 옵션들을 SDK로 전달해 '트레이서 프로바이더'를 생성해야 합니다. 뒤쪽에 나오는 '트레이서 프로바이더 생성하기'에서 자세히 살펴보겠지만 트레이서 프로바이더는 여러분의 프로그램 생애주기 동안 OpenTelemetry 트레이싱 API의 주 진입점으로 사용됩니다.

3. 트레이서 프로바이더를 생성했다면 이것을 '글로벌' 트레이서 프로바이더로 설정하는 것이 좋습니다. 뒤쪽의 '글로벌 트레이서 프로바이더 설정하기'에서 이야기하겠지만 설정된 글로벌 트레이서 프로바이더는 `otel.GetTracerProvider` 함수를 통해 찾을 수 있으며 OpenTelemetry API를 사용하는 라이브러리나 다른 의존성들이 더 쉽게 SDK를 찾고 계측된 데이터를 보낼 수 있게 합니다.

설정이 완료되었다면 코드 계측을 위해 몇 가지 간단한 절차를 더 수행합시다.

1. 연산을 측정하기 전에 트레이스와 스팬 정보를 지속적으로 추적할 때 중심 역할을 수행하는 `Tracer`를 글로벌 트레이서 프로바이더로부터 획득해야 합니다. 더 자세한 내용은 뒤에 나오는 '트레이서 획득하기'에서 살펴보겠습니다.

2. `Tracer`에 대한 핸들을 확보하면 이 핸들을 통해 코드 계측 시 사용할 실제 값인 `Span` 값을 생성하고 시작할 수 있습니다. 이 내용은 뒤에 나오는 '스팬의 시작과 끝'에서 알아보겠습니다.

3. 마지막으로 스팬에 사람이 읽을 수 있는 값이나 이벤트라 불리는 시간 정보를 가진 메시지, 그리고 속성[Attributes]이라고 불리는 키–값 쌍 형태의 메타데이터를 추가할 수 있습니다. 스팬 메타데이터에 대해서는 뒤에 나오는 '스팬 메타데이터 설정하기'에서 살펴보겠습니다.

[Column] OpenTelemetry 트레이싱 임포트

OpenTelemetry 프레임워크는 아주 많은 패키지를 갖고 있지만 이번 절의 목적에 한정한다면 다행히 이들 패키지 중 일부만 사용해도 충분합니다.

이번 절의 예제들은 OpenTelemetry v0.17.0을 이용해서 만들어졌으며 집필하는 현 시점 기준으로 최신 버전[15]입니다. 이번 절에서 소개하는 코드를 따라 하려면 다음 패키지를 사용해야 합니다.

```
import (
    "go.opentelemetry.io/contrib/instrumentation/net/http/otelhttp"
    "go.opentelemetry.io/otel"
    "go.opentelemetry.io/otel/exporters/stdout"
    "go.opentelemetry.io/otel/exporters/trace/jaeger"
```

---

15 출간 시점에 최신 버전이 나왔더라도 호환성을 위해 v0.17.0 사용을 추천합니다.

```
    "go.opentelemetry.io/otel/label"
    export "go.opentelemetry.io/otel/sdk/export/trace"
    sdktrace "go.opentelemetry.io/otel/sdk/trace"
    "go.opentelemetry.io/otel/trace"
)
```

이전과 마찬가지로 완전한 예제 코드는 이 책에 대한 깃허브 저장소에서 확인할 수 있습니다.[16]

트레이싱 익스포터 생성하기

OpenTelemetry를 사용할 때 가장 먼저 해야 하는 것은 익스포터를 생성 및 설정하는 것입니다. 트레이싱 익스포터는 OpenTelemetry v0.17.0 기준으로 go.opentelemetry.io/otel/sdk/export/trace 패키지에 정의된 SpanExporter 인터페이스를 구현해야 하며, 이 패키지는 이름 충돌을 막기 위해 보통 export라는 별칭으로 사용됩니다.

이 장 앞 부분에 나온 'OpenTelemetry 컴포넌트'에서 살펴본 OpenTelemetry 익스포터는 프로세스 내 플러그인으로 지표나 트레이스 데이터를 어떻게 변환하는지 알고 있으며 변환된 데이터를 특정 목적지로 전송합니다. 목적지는 stdout이나 로그 파일과 같은 로컬 환경일 수도 있고 Jaeger 혹은 Honeycomb, Lightstep 같은 상용 솔루션 기반의 원격지 환경일 수도 있습니다.

만약 여러분이 수집한 계측 데이터로 가치 있는 일을 하고 싶다고 가정하면, 최소한 하나 이상의 익스포터가 필요합니다. 보통은 하나로도 충분하지만 필요한 만큼 익스포터를 정의할 수도 있습니다.

익스포터는 최초 프로그램이 실행되어 OpenTelemetry SDK로 전달하기 전에 초기화되고 설정됩니다. 더 자세한 내용은 뒤에 나오는 '트레이서 프로바이더 생성하기'에서 살펴보겠습니다.

OpenTelemetry는 트레이싱과 지표에 모두 사용할 수 있는 몇 가지 익스포터를 제공합니다. 다음 예제에서는 이 중 두 가지를 볼 수 있습니다.

---

16 https://oreil.ly/SznMj

Console Exporter

OpenTelemetry의 Console Exporter는 JSON 형식을 사용하여 계측 데이터를 표준 출력으로 내보내도록 해줍니다. 이것은 디버깅이나 로그 파일을 남길 때 매우 편리합니다. 뒤에 나오는 '지표'에서 살펴보겠지만 Console Exporter는 지표 계측 정보를 내보내는 데도 사용할 수 있습니다.

Console Exporter의 인스턴스를 생성하는 것은 stdout.NewExporter를 호출하는 것만으로 충분하며 이는 OpenTelemetry v0.17.0의 go.opentelemetry.io/otel/exporters/stdout 패키지에 포함되어 있습니다.

다른 많은 익스포터 생성 함수들과 마찬가지로 stdout.NewExporter 역시 0개 이상의 설정 옵션을 매개변수로 받을 수 있는 가변 함수^{Variadic Function}입니다. JSON 출력에 대해 'pretty-print' 옵션을 지정한 예제는 다음과 같습니다.

```
stdExporter, err := stdout.NewExporter(
    stdout.WithPrettyPrint(),
)
```

이 코드는 stdout.NewExporter 함수를 사용해 익스포터 인스턴스와 error 값을 반환합니다. 출력 형태에 대해서는 뒤쪽에 나오는 '모두 하나로 합치기: 트레이싱'의 예제를 실행할 때 살펴보겠습니다.

> **NOTE** Console Exporter에 대한 보다 자세한 내용은 OpenTelemetry의 관련 문서를 참고하기 바랍니다.[17]

Jaeger Exporter

Console Exporter는 로깅과 디버깅에 유용하지만 OpenTelemetry는 이 외에도 Jaeger Exporter처럼 특정 백엔드로 데이터를 전달할 수 있도록 설계된 여러 가지 익스포터를 포함하고 있습니다.

---

17 https://oreil.ly/PEfAI

Jaeger Exporter는 이름에서 유추할 수 있는 것처럼 계측 데이터를 Jaeger 분산 트레이싱 시스템[18]으로 전송하기 위해 어떻게 인코딩해야 하는지 알고 있습니다. 익스포터 값은 `jaeger.NewRawExporter` 함수를 이용해 추출할 수 있습니다.

```
jaegerEndpoint := "http://localhost:14268/api/traces"
serviceName := "fibonacci"

jaegerExporter, err := jaeger.NewRawExporter(
    jaeger.WithCollectorEndpoint(jaegerEndpoint),
    jaeger.WithProcess(jaeger.Process{
        ServiceName: serviceName,
    }),
)
```

OpenTelemetry v0.17.0에서 Jaeger Exporter는 `go.opentelemetry.io/otel/exporter/trace/jaeger` 패키지에서 찾을 수 있습니다.

아마도 여러분은 `jaeger.NewRawExporter`가 0개 이상의 매개변수를 통해 설정 옵션을 받고 `export.SpanExporter`와 `error` 값을 반환하는 가변 함수를 사용한다는 것에서 `stdout.NewExporter`와 비슷하게 동작한다는 점을 눈치챘을 것입니다.

`jaeger.Exporter`로 전달할 수 있는 옵션은 다음과 같습니다.

- `jaeger.WithCollectorEndpoint`
  Jaeger 프로세스의 HTTP 콜렉터 엔드포인트를 나타내는 URL 정의에 사용합니다.

- `jaeger.WithProcess`
  익스포터 프로세스에 대한 정보를 설정하도록 하며 앞의 예제에서는 서비스 이름을 지정했습니다.

옵션으로 사용할 수 있는 설정 값은 정말 많지만 예제를 단순하게 만들기 위해 두 가지만 사용했습니다. 더 많은 옵션 정보에 대해 알고 싶다면 OpenTelemetry의 관련 문서를 참고하기 바랍니다.[19]

---

[18] https://oreil.ly/uMAfg
[19] https://oreil.ly/dOpd5

[Column] **Jaeger란 무엇일까?**

Jaeger[20]는 오픈소스 분산 트레이싱 시스템으로 2010년 구글이 발표한 Dapper 분산 시스템 트레이싱 인프라에 대해 기술한 논문[21]에 기반하고 있으며 이전에는 OpenZipkin 프로젝트라고 알려져 있었습니다.[22]

원래 우버 테크놀로지스(Uber Technologies)의 내부 과제로 Go를 이용해 개발되었고 2016년 11월 아파치 라이선스 기반의 오픈소스로 발표되었습니다. 이 프로젝트는 2017년 9월, 클라우드 네이티브 컴퓨팅 재단이 주관하는 12번째 프로젝트로 선정되었고 2019년 10월 성공적으로 졸업했습니다.

주요 기능으로는 테스트 목적의 인메모리 스토리지를 포함한 다중 스토리지 백엔드 지원과 현대적인 웹 UI 제공 등이 있습니다.

트레이서 프로바이더 생성하기

트레이스를 생성하려면 먼저 OpenTelemetry에서 제공하는 TracerProvider 타입을 이용해 트레이서 프로바이더Tracer Provider를 생성 및 초기화해야 합니다. 이것은 OpenTelemetry v0.17.0의 go.opentelemetry.io/otel/sdk/trace 패키지에 정의되어 있으며 패키지 이름 충돌을 피하기 위해 종종 sdktrace라는 별칭을 사용합니다.

TracerProvider는 OpenTelemetry 트레이싱 API의 주 진입점으로 동작하는 스테이트풀Stateful 값입니다. 다음 절 새 Span 값의 프로바이더로 동작하는 Tracer의 접근을 제공합니다.

트레이서 프로바이더를 생성하기 위해 sdktrace.NewTracerProvider 함수를 사용합니다.

```
tp := sdktrace.NewTracerProvider(
    sdktrace.WithSyncer(stdExporter),
    sdktrace.WithSyncer(jaegerExporter))
```

이 예제에서는 앞 부분에서 다룬 '트레이싱 익스포터 생성하기'에서 만든 두 개의 익스포터인 stdExporter와 jaegerExporter를 sdktrace.NewTracerProvider의 매개변수로 제공하며 SDK가 계측 데이터를 내보낼 때 전달한 익스포터를 사용하도록 합니다.

---

20 https://oreil.ly/uMAfg

21 벤자민 시겔만(Sigelman, Benjamin H.), et al. 「Dapper, a Large-Scale Distributed Systems Tracing Infrastructure」 Google Technical Report, Apr. 2010. https://oreil.ly/Vh7Ig

22 https://zipkin.io/

이 외에도 sdktrace.NewTracerProvider를 사용할 때 전달할 수 있는 더 많은 옵션들이 있는데 Batcher나 SpanProcessor가 대표적입니다. 이들 옵션을 다루는 것은 이 책의 범주를 넘어서므로 더 자세한 정보가 필요하다면 OpenTelemetry SDK 규격을 살펴보기 바랍니다.[23]

글로벌 트레이서 프로바이더 설정하기

트레이서 프로바이더 생성 후 보통은 SetTracerProvider 함수를 이용해 생성한 프로바이더를 글로벌 트레이서 프로바이더로 설정하는 것이 좋습니다.

이 옵션을 포함한 OpenTelemetry의 모든 글로벌 옵션은 OpenTelemetry v0.17.0 기준 go.opentelemetry.io/otel 패키지에 포함되어 있습니다. 이전 절 예제에서 생성했던 트레이서 프로바이더 값인 tp를 글로벌 트레이서 프로바이더로 설정하는 코드는 다음과 같습니다.

```
otel.SetTracerProvider(tp)
```

글로벌 트레이서 프로바이더로 설정된 프로바이더는 otel.GetTracerProvider 함수를 통해 찾을 수 있습니다. 이것은 OpenTelemetry API를 사용하는 라이브러리와 다른 의존성들이 쉽게 SDK를 찾아 계측 데이터를 전송할 수 있게 합니다.

```
gtp := otel.GetTracerProvider(tp)
```

> **NOTE** 명시적으로 글로벌 트레이서 프로바이더를 설정하지 않았다면 otel.GetTracerProvide 는 no-op Span 값을 가진 no-op Tracer를 반환하도록 구성된 TracerProvider 구현을 반환합니다.

트레이서 획득하기

OpenTelemetry의 Tracer는 현재 활성화된 스팬span을 포함해 트레이스와 스팬 정보를 지속적으로 추적하는 특별한 타입입니다. 연산에 대한 계측을 수행하기 전에 (보통은 세계적인) 트레이서 프로바이더의 Tracer 메서드를 사용해 trace.Tracer 값을 획득해야 합니다.

---

23 https://oreil.ly/BaL9M

```
tr := otel.GetTracerProvider().Tracer("fibonacci")
```

트레이서 프로바이더의 Tracer 메서드는 문자열로 된 매개변수를 받아 자신의 이름으로 지정합니다. 일반적으로 트레이서는 계측하고자 하는 컴포넌트인 라이브러리나 패키지의 이름을 따릅니다.

이제 트레이서를 만들었으니 다음 단계로 Span 인스턴스를 만들고 시작해보겠습니다.

스팬의 시작과 끝

Tracer에 대한 핸들을 확보했다면 핸들을 이용해 워크플로우 내에서 이름과 시간이 지정된 작업을 나타내는 새 Span 값을 만들고 시작할 수 있습니다. 다시 말해 Span 값은 스택 트레이스에서의 한 단계와 동등하다는 의미입니다.

Span과 Tracer 인터페이스는 모두 OpenTelemetry v0.17.0 기준 go.opentelemetry.io/otel/trace 패키지에 정의되어 있습니다. 이 둘의 관계는 Tracer를 정의한 코드의 리뷰를 통해 추론해볼 수 있습니다.

```
type Tracer interface {
    Start(ctx context.Context, spanName string, opts ...trace.SpanOption)
        (context.Context, trace.Span)
}
```

네, 이것이 전부입니다. Tracer가 갖고 있는 메서드는 세 개의 매개변수를 받는 Start 하나뿐입니다.

세 가지 매개변수는 Tracer가 스팬을 추적할 때 사용하는 매커니즘인 context.Context 값, 계측하고자 하는 함수나 컴포넌트의 이름을 사용하는 것이 일반적인 새로운 스팬의 이름, 그리고 0개 이상의 설정 옵션을 갖는 스팬 설정입니다.

> **NOTE** 안타깝게도 사용 가능한 스팬 설정에 대한 논의는 이 책의 범위를 벗어납니다. 하지만 더 자세히 살펴보고 싶다면 관련된 Go 공식 문서를 확인하기 바랍니다.[24]

---

24 https://oreil.ly/ksmfV

중요한 것은 Start 메서드가 새로운 Span 인스턴스만 반환하는 것이 아니라 context.Context도 반환한다는 점입니다. 새로운 Context는 메서드 호출 시 전달된 Context로부터 파생된 것입니다. 곧 살펴보겠지만 이것은 자식 Span 값을 만들 필요가 있을 때 중요합니다.

이제 모든 것이 준비되었으니 코드에 대한 계측을 시작할 수 있습니다. 이를 위해 다음 코드와 같이 Tracer의 Start 메서드를 통해 Span 값을 요청합니다.

```go
const serviceName = "foo"

func main() {
    // 익스포터 설정은 생략했습니다.

    // otel TracerProvider로부터 Tracer를 추출합니다.
    tr := otel.GetTracerProvider().Tracer(serviceName)

    // 루트 스팬을 시작하고 Trace ID를 갖고 있는 차일드 Context와 trace.Span을 수신합니다.
    ctx, sp := tr.Start(context.Background(), "main")
    defer sp.End()        // End 메서드는 span을 종료시킵니다.

    SomeFunction(ctx)
}
```

이 예제는 새로운 Span을 생성 및 시작하기 위해 트레이서의 Start 메서드를 이용합니다. 이 메서드는 파생 콘텍스트와 생성된 Span 값을 반환합니다. SomeFunction이 루트 스팬에서 완전히 캡처되도록 하려면 defer를 통해 Span을 호출하여 종료해야 합니다.

우리는 SomeFunction에 대해서도 계측해야 합니다. 원래의 Start 메서드로부터 파생된 콘텍스트를 받았기 때문에 SomeFunction 자신을 위한 서브스팬^{Subspan}을 만들기 위해 Context를 사용할 수 있습니다.

```go
func SomeFunction(ctx context.Context) {
    tr := otel.GetTracerProvider().Tracer(serviceName)
    _, sp := tr.Start(ctx, "SomeFunction")
    defer sp.End()

    // SomeFunction이 수행하는 코드가 이곳에 위치합니다.
}
```

main과 SomeFunction 함수의 유일한 차이점은 스팬 이름과 Context의 값입니다. SomeFunction
이 사용하는 Context 값이 main 함수의 Start 메서드로부터 파생되었다는 것은 명확합니다.

스팬 메타데이터 설정하기

이제 Span을 만들었습니다. 이것을 가지고 뭘 해야 할까요? 아무것도 하지 않아도 특별한 문
제는 없습니다. Span에 대해 End 메서드를 호출하는 것을 잊지 않았다면(defer 구문 이용을 추
천합니다) 여러분의 함수에 대해 시작 시점, 수행 시간과 같은 최소한의 타임라인은 수집될
것입니다. 하지만 스팬의 값은 속성Attributes과 이벤트Events라는 두 가지 타입의 메타데이터를 추
가하여 확장할 수 있습니다.

속성

속성은 스팬과 관계된 키-값 쌍입니다. 속성은 추후 트레이스에 대한 합계 작업, 필터링, 그
루핑 등에 활용될 수 있습니다. 미리 알 수 있다면 span을 생성할 때 tr.Start 메서드의 옵션
매개변수로 WithAttributes 함수를 사용해 속성을 추가할 수 있습니다.

```
ctx, sp := tr.Start(ctx, "attributesAtCreation",
    trace.WithAttributes(
        label.String("hello", "world"), label.String("foo", "bar")))
defer sp.End()
```

이 코드에서는 새로운 스팬을 시작하기 위해 활성 context.Context 값과 이름을 매개변수로
전달하여 tr.Start를 호출합니다. Start 역시 가변 함수이므로 0개 이상의 옵션을 매개변수
로 받을 수 있으며 WithAttributes 함수를 사용해 두 개의 문자열 타입 속성 hello=world와
foo=bar를 전달하고 있습니다.

WithAttributes 함수는 OpenTelemetry의 go.opentelemetry.io/otel/label 패키지에 정
의된 label.KeyValue 타입을 매개변수로 받습니다. 이 타입의 값은 예제에서 사용한 것처럼
label.String과 같은 여러 가지 타입의 메서드를 이용해 생성됩니다. 모든 Go 타입에는 메서
드가 존재합니다. label 패키지에 대해 자세한 내용이 궁금하다면 공식 문서를 참고하기 바랍
니다.[25]

---

25 https://oreil.ly/AVkTG

속성이 스팬 생성 시에만 추가될 수 있는 것은 아닙니다. 스팬이 종료되지 않았다면 스팬 생애 주기 내에 언제든 추가할 수 있습니다.

```
answer := LifeTheUniverseAndEverything()
span.SetAttributes(label.Int("answer", answer))
```

이벤트

이벤트^{Event}는 스팬의 생애주기 동안 일어난 어떤 일을 나타내기 위해 사람이 읽을 수 있는 형태로 만들어진 시간 정보를 갖고 있는 메시지입니다.

예를 들어 뮤텍스^{Mutex}가 제어하는 리소스에 함수가 배타적으로 접근해야 할 경우, 락^{Lock}을 걸거나 해제할 때 이벤트를 추가함으로써 시점에 대한 기록을 남길 수 있습니다.

```
span.AddEvent("Acquiring mutex lock")
mutex.Lock()

// 뭔가 멋진 코드를 여기에 작성합니다.

span.AddEvent("Releasing mutex lock")
mutex.Unlock()
```

필요하다면 이벤트에 대한 속성도 추가할 수 있습니다.

```
span.AddEvent("Canceled by external signal",
    label.Int("pid", 1234),
    label.String("signal", "SIGHUP"))
```

자동 계측

자동 계측^{Auto-Instrumentation}은 대체로 여러분이 작성하지 않은 계측 코드를 말합니다. 이것은 불필요한 코드 작성을 상당히 줄여주는 유용한 기능입니다. OpenTelemetry는 이 책에서 다루는 net/http, gorilla/mux, grpc와 같이 유명한 프레임워크, 라이브러리 등의 다양한 래퍼와 헬퍼 함수를 통해 자동 계측을 지원합니다.

이러한 함수를 사용한다고 해서 OpenTelemetry를 처음 사용할 때 해야 하는 설정으로부터 완전히 자유로워지는 것은 아니지만, 트레이스를 관리하는 데 필요한 수고를 덜 수 있습니다.

net/http 패키지와 gorilla/mux 패키지 자동 계측

OpenTelemetry v0.17.0에서는 5장에서 RESTful 웹 서비스를 만들며 처음 살펴본 표준 net/http와 gorilla/mux 패키지를 통해 자동 계측을 지원하며 go.opentelemetry.io/contrib/ instrumentation/net/http/otelhttp 패키지에 정의되어 있습니다. 사용법은 간단합니다.

다음 예제는 net/http 패키지를 이용해 기본 먹스[Mux][26]를 위한 핸들러를 등록하고 HTTP 서버를 시작하는 표준 구문입니다.

```
func main() {
    http.HandleFunc("/", helloGoHandler)
    log.Fatal(http.ListenAndServe(":3000", nil))
}
```

OpenTelemetry에서는 핸들러 함수를 otelhttp.NewHandler 함수로 전달해 자동 계측되도록 할 수 있습니다. 이 함수의 시그니처는 다음과 같습니다.

```
func NewHandler(handler http.Handler, operation string, opts ...Option)
    http.Handler
```

otelhttp.NewHandler 함수는 핸들러 함수를 매개변수로 받고 반환 시에도 핸들러 함수를 반환합니다. 이 함수는 인수로 전달받은 핸들러 함수를 제공된 이름과 옵션을 이용해 스팬을 생성하는 두 번째 핸들러 함수로 감쌉니다. 따라서 원래의 핸들러가 반환된 스팬 핸들링 함수 내에서 미들웨어처럼 동작할 수 있습니다. otelhttp.NewHandler 함수를 사용하는 전형적인 애플리케이션 코드는 다음과 같습니다.

```
func main() {
    http.Handle("/", otelhttp.NewHandler(http.HandlerFunc(helloGoHandler), "root"))
    log.Fatal(http.ListenAndServe(":3000", nil))
}
```

핸들러 함수를 otelhttp.NewHandler로 전달하기 전에 http.HandlerFunc 타입으로 형변환해야한다는 데 주목하기 바랍니다. 이전에는 http.HandleFunc 함수가 http.Handle 함수를 호출하기 전에 자동으로 형변환했기 때문에 이 작업이 필요 없었습니다.

---

26 '먹스'가 'HTTP 요청 멀티플렉서'의 줄인 말이라는 것을 떠올려봅시다.

gorilla/mux 패키지를 사용해도 기본 먹스 대신 gorilla 패키지의 먹스를 사용해야 한다는 점을 제외하면 바뀌는 부분이 거의 없습니다.

```go
func main() {
    r := mux.NewRouter()
    r.Handle("/",
        otelhttp.NewHandler(http.HandlerFunc(helloGoHandler), "root"))
    log.Fatal(http.ListenAndServe(":3000", r))
}
```

계측하고자 하는 모든 핸들러 함수에 이 작업을 반복해야 하지만 전체 서비스에 적용하더라도 변경해야 하는 코드의 양은 극히 적습니다.

gRPC에 대한 자동 계측

8장에서 느슨하게 결합된 데이터 교환을 살펴보면서 소개했던 gRPC에 대한 자동 계측 지원은 OpenTelemetry v0.17.0 기준으로 go.opentelemetry.io/contrib/instrumentation/google.golang.org/grpc/otelgrpc 패키지를 통해 제공됩니다.[27]

net/http 패키지에 대한 자동 계측과 마찬가지로 gRPC에 대한 자동 계측도 gRPC의 인터셉터Interceptor 활용을 통해 변경을 최소화했습니다. 여기서는 gRPC 인터셉터에 대해 살펴본 적이 없으며 이에 대한 내용을 다루는 것은 이 책의 범위를 다소 벗어납니다. 다만 9장의 '부하 차단'에서 자동화된 부하 차단을 구현하기 위해 사용했던 gorilla/mux의 gRPC와 동등한 미들웨어 정도로 생각하면 됩니다.

이름에서 알 수 있듯이 gRPC 인터셉터는 gRPC 요청과 응답을 가로챌 수 있습니다. 가령 요청에 추가 정보를 주입하거나 클라이언트로 반환하기 전에 응답을 업데이트할 수 있으며 권한 부여Authorization, 로깅Logging, 캐싱Caching과 같은 별도의 기능을 구현할 수도 있습니다.

> **NOTE** gRPC 인터셉터를 더 알고 싶다면 gRPC 공식 블로그 'gRPC-Web의 인터셉터[28]'가 좋은 자료라고 생각합니다. 더 깊은 이해가 필요하면 카순 인드라시리와 다네쉬 쿠루푸가 쓴 『gRPC 시작에서 운영까지』(에이콘출판사, 2020년)을 읽어보기 바랍니다.

---

27 이 책을 기준으로 봤을때 긴 패키지 이름이 우선순위를 갖습니다.
28 https://oreil.ly/R0MGm

8장 'gRPC 서비스 구현'에서 만든 원래 서비스 코드의 일부를 살펴보면 다음과 같은 함수를 사용하고 있는 것을 확인할 수 있습니다.

```
s := grpc.NewServer()
pb.RegisterKeyValueServer(s, &server{})
```

이 코드는 gRPC 서버 생성 후 자동 생성된 코드 패키지와 함께 매개변수로 전달해 서버를 등록합니다. 인터셉터는 grpc.UnaryInterceptor와 grpc.StreamInterceptor를 사용해 gRPC 서버에 추가되며 grpc.UnaryInterceptor는 단항(표준 요청-응답) 서비스 메서드를 가로채기 위해 사용되고 grpc.StreamInterceptor는 스트리밍 메서드를 가로채는 데 사용됩니다.

gRPC 서버를 자동 계측하기 위해 다루고자 하는 요청 타입에 따라 이 함수들을 활용하여 OpenTelemetry가 제공하는 인터셉터를 추가합니다.

```
s := grpc.NewServer(
    grpc.UnaryInterceptor(otelgrpc.UnaryServerInterceptor()),
    grpc.StreamInterceptor(otelgrpc.StreamServerInterceptor()),
)

pb.RegisterKeyValueServer(s, &server{})
```

8장에서 만든 서비스는 단항 메서드만 사용했지만 이 예제에서는 데모를 위해 단항뿐 아니라 스트림 메서드에 대한 코드도 추가해두었습니다.

콘텍스트로부터 현재 스팬 얻기

자동 계측 기능을 사용하면 각 요청에 대한 트레이스가 자동으로 생성됩니다. 편리하기는 하지만 현재 스팬Span을 즉시 사용할 수 없기 때문에 애플리케이션에 대한 속성이나 이벤트 메타데이터를 활용하기 어렵습니다. 그렇지만 겁먹을 필요는 없습니다. 고맙게도 애플리케이션 프레임워크가 현재 콘텍스트 내에 스팬 데이터를 배치해두었기 때문에 데이터를 쉽게 추출할 수 있습니다.

```
func printSpanHandler(w http.ResponseWriter, req *http.Request) {
    ctx := req.Context()                      // 요청 콘텍스트를 얻습니다.
    span := trace.SpanFromContext(ctx)        // 현재 스팬을 얻습니다.
    fmt.Printf("current span: %v\n", span)    // 스팬도 출력해볼 수 있습니다.
}
```

[Column] **클라이언트 계측은 어떻게 해야 할까요?**

완전히 분산된 트레이싱 경험을 위해서는 트레이싱 메타데이터가 서비스의 경계를 넘어설 수 있어야 합니다. 이것은 클라이언트에 대해서도 계측해야 한다는 것을 의미합니다. 좋은 소식은 OpenTelemetry가 http와 gRPC 클라이언트에 대한 자동 계측을 지원한다는 것입니다.

안타깝게도 이번 장에서는 자동 계측에 대해 더 자세히 다루지 못할 것 같습니다. 그 대신 http와 gRPC 클라이언트에 대한 자동 계측 예제를 깃허브 저장소에 올려두었습니다.[29]

11.4.3 모두 하나로 합치기: 트레이싱

이번 절에서 논의한 모든 것들을 활용하여 작은 웹 서비스를 만들어봅시다. 트레이싱을 이용해 서비스를 계측할 것이므로 이상적인 서비스는 굉장히 많은 함수 호출을 수행하겠지만 여전히 매우 작은 서비스입니다.

여기서는 피보나치^{Fibonacci} 서비스를 만들 것이며 요구사항은 많지 않습니다. HTTP GET 요청을 통해 n번째 피보나치 수를 요청할 수 있도록 매개변수 n을 GET 메서드의 쿼리 문자열로 허용할 것입니다. 가령 여섯 번째 피보나치 수를 요청하기 위해 curl 명령으로 `http://localhost:3000?n=6`과 같은 주소를 요청할 수 있어야 합니다.

이를 위해 세 가지 함수를 사용할 것입니다. 안쪽 함수부터 내용을 살펴보면 다음과 같습니다.

- **서비스 API**

  이 함수는 서비스 핸들러의 요청에 대해 개별적인 스팬을 생성하는 재귀 호출을 통해 피보나치 수열 계산을 적절히 수행할 것입니다.

- **서비스 핸들러**

  net/http 패키지를 이용하는 HTTP 핸들러 함수입니다. 5.4 'net/http 패키지를 이용한 HTTP 서버 구성'에서 만든 것처럼 클라이언트의 요청을 수신하고 서비스 API를 호출하며 결과를 응답으로 내보냅니다.

---

[29] https://oreil.ly/SznMj

- **main 함수**

  main 함수에서는 OpenTelemetry 익스포터가 생성되고 등록되며 서비스 핸들러 함수가 HTTP 프레임워크로 제공되고 HTTP 서버가 시작됩니다.

피보나치 서비스 API

서비스의 가장 중심에 위치한 서비스 API는 실제 피보나치 수의 계산이 이루어지는 곳입니다. 다음 예제는 n번째 피보나치 수를 계산하기 위해 구현된 피보나치 메서드로 동시에 다수의 계산을 수행할 수 있도록 구현되어 있습니다.

다른 좋은 서비스의 API와 마찬가지로 이 함수도 어떻게 사용되는지 모릅니다. 다시 말해 이 함수에는 HTTP 요청이나 응답에 대한 코드가 전혀 들어 있지 않습니다.

```
func Fibonacci(ctx context.Context, n int) chan int {
    ch := make(chan int)

    go func() {
        tr := otel.GetTracerProvider().Tracer(serviceName)

        cctx, sp := tr.Start(ctx, fmt.Sprintf("Fibonacci(%d)", n),
            trace.WithAttributes(label.Int("n", n)))

        defer sp.End()

        result := 1
        if n > 1 {
            a := Fibonacci(cctx, n-1)
            b := Fibonacci(cctx, n-2)
            result = <-a + <-b
        }

        sp.SetAttributes(label.Int("result", result))

        ch <- result
    }()

    return ch
}
```

이 예제에서 Fibonacci 함수는 자신이 어떻게 사용될지 모르지만 OpenTelemetry 패키지가 어떻게 사용될지는 잘 압니다. 자동 계측은 감싸고 있는 함수에 대해서만 추적 가능합니다. 따라서 API 내의 모든 항목들은 스스로 계측해야 합니다.

함수를 호출하는 코드에서 글로벌 TracerProvider를 설정했다는 가정하에 함수 내에 선언된 otel.GetTracerProvider를 사용하여 글로벌 TracerProvider를 확보할 수 있습니다. 만약 글로벌 트레이서 프로바이더가 설정되어 있지 않았다면 이 코드는 아무 동작도 하지 않습니다.

> **NOTE** 여력이 된다면 잠시 짬을 내 Fibonacci 함수에 Context 취소 기능을 추가해봅시다.

피보나치 서비스 핸들러

피보나치 서비스 핸들러는 net/http 패키지를 이용해 정의한 HTTP 핸들러 함수입니다.

이 핸들러 함수는 5.4 'net/http 패키지를 이용한 HTTP 서버 구성'에서 클라이언트의 요청을 수신하고 서비스 API를 호출해 결과를 응답으로 내보냈던 것과 같은 방식으로 서비스에서 사용될 것입니다.

```go
func fibHandler(w http.ResponseWriter, req *http.Request) {
    var err error
    var n int

    if len(req.URL.Query()["n"]) != 1 {
        err = fmt.Errorf("wrong number of arguments")
    } else {
        n, err = strconv.Atoi(req.URL.Query()["n"][0])
    }

    if err != nil {
        http.Error(w, "couldn't parse index n", 400)
        return
    }

    // 수신된 요청으로부터 현재 콘텍스트를 추출합니다.
    ctx := req.Context()

    // 획득한 콘텍스트를 매개변수로 전달하여 Fibonacci 함수를 호출합니다.
```

```
    result := <-Fibonacci(ctx, n)

    // 현재 콘텍스트에 대한 Span을 획득하고 매개변수와 결과를 속성으로 설정합니다.
    if sp := trace.SpanFromContext(ctx); sp != nil {
        sp.SetAttributes(
            label.Int("parameter", n),
            label.Int("result", result))
    }

    // 마지막으로 결과를 응답으로 내보냅니다.
    fmt.Fprintln(w, result)
}
```

코드에서 Span에 대한 생성 및 종료를 하지 않는다는 데 주목합시다. 이것은 자동 계측이 담당할 것입니다.

그렇지만 핸들러 함수는 분명 현재 스팬에 대해 몇 가지 속성을 설정하고 있습니다. 속성 설정을 위해 trace.SpanFromContext를 이용하여 요청 콘텍스트로부터 현재 스팬을 추출합니다. 스팬이 추출되었다면 자유롭게 메타데이터를 추가할 수 있습니다.

> **NOTE** Context에 대한 Span을 찾지 못하면 trace.SpanFromContext 함수는 nil을 반환합니다.

서비스의 Main 함수

이제 어려운 작업은 모두 끝났습니다. 남은 일은 OpenTelemetry를 설정하고 핸들러 함수를 기본 HTTP 먹스^{Mux}로 등록해 서비스를 시작하는 것뿐입니다.

```
const (
    jaegerEndpoint = "http://localhost:14268/api/traces"
    serviceName = "fibonacci"
)

func main() {
    // 콘솔 익스포터를 생성하고 설정합니다.
    stdExporter, err := stdout.NewExporter(
        stdout.WithPrettyPrint(),
    )
```

```go
    if err != nil {
        log.Fatal(err)
    }

    // Jaeger 익스포터를 생성하고 설정합니다.
    jaegerExporter, err := jaeger.NewRawExporter(
        jaeger.WithCollectorEndpoint(jaegerEndpoint),
        jaeger.WithProcess(jaeger.Process{
            ServiceName: serviceName,
        }),
    )

    if err != nil {
        log.Fatal(err)
    }

    // 앞서 생성한 익스포터를 활용하여 TraceProvider를 생성하고 설정합니다.
    tp := sdktrace.NewTracerProvider(
        sdktrace.WithSyncer(stdExporter),
        sdktrace.WithSyncer(jaegerExporter))

    // tp를 otel 트레이스 프로바이더에 등록합니다.
    otel.SetTracerProvider(tp)

    // 자동 계측 서비스 핸들러를 등록합니다.
    http.Handle("/", otelhttp.NewHandler(http.HandlerFunc(fibHandler), "root"))

    // 3000번 포트로 요청을 수신하도록 서비스를 시작합니다.
    log.Fatal(http.ListenAndServe(":3000", nil))
}
```

main 메서드의 대부분은 앞 코드처럼 익스포터를 생성하고 앞에 나온 '트레이싱 익스포터 생성하기'에서 했던 것처럼 트레이스 프로바이더를 설정하는 데 할애합니다. jaegerEndpoint 값은 여러분이 로컬 환경에 Jaeger 서비스를 실행 중이라고 가정한다는 데 유의하기 바랍니다. 로컬 환경에서 Jaeger 서비스를 실행하는 것은 다음 단계에서 할 예정입니다.

코드의 마지막 두 줄은 앞에 나온 '자동 계측'에서 했던 것처럼 핸들러 함수를 등록 및 자동 계측하고 HTTP 서비스를 시작합니다.

서비스 시작하기

계속 진행하기 전에 Jaeger 서비스를 시작하여 코드에서 사용한 Jaeger 익스포터를 통해 원격 측정 데이터를 수신하도록 해야 합니다. Jaeger에 대한 배경 지식이 필요하다면 앞서 살펴본 'Jaeger란 무엇일까' 부분을 살펴보기 바랍니다.

로컬 환경에 Docker가 설치되어 있다면 다음 명령을 이용해 Jaeger 서비스를 시작할 수 있습니다.

```
$ docker run -d --name jaeger \
 -p 16686:16686 \
 -p 14268:14268 \
jaegertracing/all-in-one:1.21
```

서비스가 시작되면 브라우저로 `http://localhost:16686`에 접속해 Jaeger 웹 인터페이스를 사용할 수 있습니다. 당연한 말이지만 아직 아무 데이터도 없습니다.

지금부터 재미있는 부분입니다. `main` 함수를 실행해 여러분의 서비스를 시작합시다.

```
$ go run .
```

명령을 실행하면 마치 터미널이 멈춘 것처럼 보일 것입니다. 이미 알고 있겠지만 [Ctrl]+[C]를 눌러 실행 중인 서비스를 중지할 수 있습니다.

마지막으로 새로운 터미널을 열고 실행한 서비스로 요청을 보냅니다.

```
$ curl localhost:3000?n=6
13
```

명령 실행 후 잠시 기다리면 결과가 나옵니다. 이 명령의 경우 13이 결과로 반환됩니다.

n 값을 전달할 때는 주의해야 합니다. 만약 너무 큰 n 값이 전달되면 서비스가 응답하는 데 상당히 오랜 시간이 걸리거나 작동이 멈출 수도 있습니다.

Console 익스포터 출력

서비스로 요청을 보냈으니 서비스를 실행한 터미널로 이동해 어떤 변화가 있는지 살펴봅시다. 아마도 다음 내용과 비슷한 여러 개의 JSON 블록이 출력되어 있을 것입니다.

```
[
    {
        "SpanContext":{
            "TraceID":"4253c86eb68783546b8ae3b5e59b4a0c",
            "SpanID":"817822981fc2fb30",
            "TraceFlags":1
        },
        "ParentSpanID":"0000000000000000",
        "SpanKind":1,
        "Name":"main",
        "StartTime":"2020-11-27T13:50:29.739725-05:00",
        "EndTime":"2020-11-27T13:50:29.74044542-05:00",
        "Attributes":[
            {
                "Key":"n",
                "Value":{
                    "Type":"INT64",
                    "Value":6
                }
            },
            {
                "Key":"result",
                "Value":{
                    "Type":"INT64",
                    "Value":13
                }
            }
        ],
        "ChildSpanCount":1,
        "InstrumentationLibrary":{
            "Name":"fibonacci",
            "Version":""
        }
    }
]
```

기억하겠지만 이 JSON 객체는 pretty-print로 설정한 Console Exporter의 출력 값입니다. 스팬당 하나씩 있어야 하며 꽤 많을 수 있습니다.

조금 간결하게 정리된 이 예는 루트 스팬에 대한 출력 결과입니다. 스팬의 시작, 종료 시간이나 트레이스와 스팬 ID 같은 흥미로운 데이터들이 담겨 있습니다. 그뿐 아니라 명시적으로 설정했던 입력 값 n과 이에 대한 쿼리 결괏값도 JSON에 포함되어 있습니다.

Jaeger에서 결과 보기

이제 트레이스 정보를 만들고 Jaeger로 전송했으니 이 데이터를 시각화해볼 시간입니다. Jaeger는 정확히 이 목적을 위해 만들어진 꽤 괜찮은 웹 UI를 제공합니다.

UI를 확인해보기 위해 브라우저로 http://localhost:16686에 접속합시다. Service 드롭다운 리스트에서 Fibonacci를 선택하고 Find 버튼을 누르면 그림 11-3과 비슷한 화면이 출력될 것입니다.

시각화된 결과에서 각 막대는 단일 스팬을 나타냅니다. 특정 스팬의 데이터를 보기 위해 막대를 클릭할 수 있으며 표시되는 내용은 바로 앞에 나온 'Console 익스포터 출력'에서 살펴본 콘솔 출력 결과와 같습니다.

그림 11-3 Jaeger 웹 UI의 스크린 샷. Fibonacci 함수가 동시에 호출된 것을 알 수 있습니다.

11.5 지표

지표^{Metrics}는 일정 시간 동안의 컴포넌트, 프로세스, 액티비티에 대한 숫자 데이터 집합입니다. 지표가 될 수 있는 잠재적인 소스^{Source}는 무척 많으며 컴퓨팅 리소스(CPU, 메모리 사용량, 디스크와 네트워크 I/O), 인프라스트럭처(인스턴스 레플리카의 숫자, 오토스케일링 이벤트), 애플리케이션(요청 수, 에러 수), 비즈니스 지표(매출, 가입자 수, 이탈률, 구매 포기) 등이 있습니다. 물론 이들은 몇 가지 사소한 예에 불과합니다. 복잡한 시스템이라면 이런 소스의 카디널리티^{Cardinality}는 수천 개 혹은 수백만 개 이상 될 수도 있습니다.

측정 대상에 대한 특정 관점의 관측치를 나타내는 지표 데이터 포인트를 샘플이라고 합니다. 각 샘플은 이름과 값, 밀리세컨드 단위로 기록된 타임스탬프를 갖습니다. 프로메테우스와 같은 현대적인 시스템에서는 키-값 쌍을 라벨^{Labels}이라 부르기도 합니다.

> **[Column] 카디널리티**
>
> 카디널리티는 관찰 가능성의 중요한 개념 중 하나입니다. 이것은 집합 이론에서 그 유래를 찾을 수 있으며 집합에 속한 요소의 개수로 정의됩니다. 예를 들어 집합 $A = \{\ 1, 2, 3, 5, 8\ \}$은 다섯 개의 요소를 갖고 있기 때문에 집합 A는 5의 카디널리티를 갖습니다.
>
> 이 용어는 나중에 데이터베이스 설계자가 테이블 칼럼에서 고유한 값의 수를 나타내는 개념으로 채택했습니다.[30] 예를 들면 '눈 색깔'은 낮은 카디널리티를 갖지만 '사용자 이름'은 높은 카디널리티를 갖습니다.
>
> 하지만 최근에는 '카디널리티'라는 용어가 모니터링에서도 채택되어 지표 이름과 차원 수 조합의 개수를 나타내는 데 사용되고 있으며 특히 특정 지표와 관련된 고유 라벨의 수를 나타내는 경우도 많습니다. 높은 수치의 카디널리티 정보는 데이터를 쿼리할 수 있는 너무 많은 방법을 갖고 있어 관찰 가능성 관점에서는 치명적일 수 있으며 전혀 예상하지 못한 질의를 받을 가능성이 높아집니다.

단일 샘플 자체만으로는 사용처가 제한되지만 같은 이름과 라벨을 갖는 소위 타임시리즈^{Time Series}로서 일련의 성공적인 샘플은 꽤 유용할 수 있습니다. 그림 11-4와 같이 샘플을 타임시리즈로 모으는 것은 데이터 포인트를 그래프에 쉽게 표시할 수 있게 하여 트랜드를 살펴보거나 비정상적인 데이터를 쉽게 찾아낼 수 있게 합니다.

---

30 그뿐 아니라 두 데이터베이스 테이블 사이의 관계를 일대일, 일대다 혹은 다대다와 같이 숫자로 표현하는 데 사용될 수도 있습니다. 다만 그 정의는 여기서 이야기하는 것과 관련성이 떨어집니다.

aws.ec2.network_in

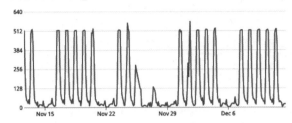

그림 11-4 샘플을 타임시리즈로 배치하여 지표를 시각화할 수 있습니다

그림 11-4는 단일 AWS EC2 인스턴스 `aws.ec2.network_in` 지표의 타임시리즈를 보여줍니다. y축은 인스턴스가 해당 시점에 네트워크 데이터를 수신한 양의 순간적인 비율입니다. 타임시리즈를 이러한 방식으로 시각화하면 주중에는 인스턴스의 트래픽이 매일 스파이크를 기록하고 있다는 것을 확실히 알 수 있습니다. 흥미롭게도 미국의 추수감사절 전후인 11월 25일부터 27일까지 예외적이기는 합니다.

하지만 지표의 진정한 힘은 사람의 눈에 시각적으로 보이는 것이 아닙니다. 다만 지표의 수치적인 특성이 그것을 특히 수학적인 모델링에 적합하게 만든다는 것입니다. 예를 들어 여러분은 트랜드 분석을 사용해 이상을 탐지하거나 미래의 상태를 예측하여 결정을 알리거나 경고를 발생시킬 수 있습니다.

11.5.1 푸시, 풀 방식의 지표 수집 비교

지표의 세계에는 크게 두 가지 방식의 아키텍처가 존재합니다. 그것은 푸시Push 기반과 풀Pull 기반의 지표 수집 방식이며 이렇게 부르는 이유는 모니터링 대상이 되는 컴포넌트와 데이터를 수집하는 백엔드의 관계 때문입니다.

푸시 기반의 지표 수집에서는 모니터링 대상 컴포넌트가 측정된 지표를 중앙의 수집 백엔드 시스템으로 '푸시'합니다. 풀 기반의 지표 수집에서는 반대로 수집기가 능동적으로 모니터링 대상 컴포넌트가 노출하는 HTTP 엔드포인트를 '풀링'하여 지표를 추출합니다. 뒤에 나오는 '프로메테우스 익스포터'에서 살펴보겠지만 간혹 지표 노출을 위해 사이드카Sidecar 서비스를 배포하여 다른 의미의 '익스포터'를 사용하는 경우도 있습니다.

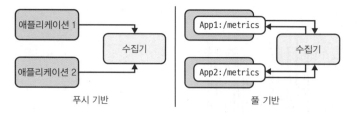

그림 11-5 왼쪽: 푸시 기반의 지표 수집은 계측된 지표를 바로 중앙의 수집 백엔드로 전송합니다.
오른쪽: 반면 풀 기반의 지표 수집은 수집기가 노출된 엔드포인트로부터 능동적으로 지표를 수집해갑니다.

다음에는 각 접근 방법에 대한 간략한 설명과 함께 접근 방법이 가진 장단점에 대해 살펴보겠습니다. 관대한 주장들과 함께 미묘한 의견들도 많지만 모두 자세히 살펴보는 것은 무리가 있습니다. 따라서 일반적으로 살펴볼 만한 일부에 대해 이야기하는 것으로 만족해야 할 수도 있습니다.

푸시 기반의 지표 수집

푸시 기반의 지표 수집은 애플리케이션이 직접 수행하든 실행 중인 에이전트 프로세스를 통해 수집하든 주기적으로 수집된 데이터를 중앙 수집기 백엔드로 보냅니다. Ganglia, Graphite, StatsD와 같은 푸시 기반 구현들이 일반적으로 사용되는 경향이 있으며, 이것은 푸시 모델이 다른 방식에 비해 훨씬 더 사용하기 쉽기 때문입니다.

일반적으로 메시지를 푸시하는 것은 단방향으로 이루어지며 모니터링 대상 컴포넌트의 데이터는 모니터링 에이전트를 통해 전송되고 중앙의 수집기로 보내집니다. 이 방식은 네트워크 입장에서 봤을 때 양방향으로 전송이 발생하는 풀 방식에 비해 부담이 적고 지표에 대한 엔드포인트에 수집기가 접근할 필요가 없어 네트워크 보안 모델 측면에서도 복잡도가 감소합니다. 그뿐 아니라 컨테이너나 서버리스 함수처럼 잠시 동안 존재하는 컴포넌트들이 많이 사용되는 환경에서는 푸시 모델이 더 사용하기 쉽습니다.

하지만 푸시 모델에는 단점도 존재합니다. 먼저 요청을 어디로 보내야 하는지 알아야 합니다. 목적지를 확인하기 위한 방법은 여러 가지가 있습니다만 저마다 단점이 있습니다. 하드코딩된 주소를 사용할 경우 변경이 어렵다는 문제가 있고, DNS를 참조하거나 서비스 디스커버리를 쓸 경우 수용하기 힘든 지연 문제가 발생할 가능성이 있습니다. 많은 수의 컴포넌트가 존재하는 경우 지표 전송이 수집기 백엔드에 대한 DDoS 공격이 될 수 있어 확장성 역시 문제될 수 있습니다.

풀 기반의 지표 수집

풀 기반 수집 모델에서는 수집기 백엔드가 주기적으로 지정된 간격을 기반으로, 컴포넌트나 지표 제공을 위해 구성된 프록시가 노출하는 지표 엔드포인트로부터 데이터를 수집합니다. 가장 널리 알려진 풀 기반 시스템은 프로메테우스[Prometheus][31]입니다.

풀 방식에는 확실한 장점이 몇 가지 있습니다. 지표 엔드포인트를 노출하는 것은 관측 대상인 컴포넌트를 수집기로부터 분리시켜 느슨한 결합의 장점을 누릴 수 있게 해줍니다. 예를 들면 개발 단계에서 서비스 모니터링이 쉬워지며 심지어 브라우저로 컴포넌트의 상태를 수작업으로 분석할 수도 있습니다. 모니터링 대상이 다운되었는지 판단하는 것도 훨씬 쉽습니다.

하지만 풀 방식은 수집기가 모니터링해야 하는 서비스가 어디에 위치하는지 어떻게든 알아내야 하는 디스커버리[Discovery]의 이슈가 있습니다. 시스템이 동적인 서비스 디스커버리를 사용하고 있지 않다면 다소 어려운 작업이 될 수 있습니다. 로드 밸런서는 약간의 도움이 되기는 하지만 수집 요청을 임의의 인스턴스로 전달하는 특성이 있기 때문에 각 인스턴스가 1/N만큼의 수집 요청만 받게 되어 효과적인 지표 수집에 지장이 생기며, 모든 인스턴스가 하나의 측정 대상으로 보일 수 있어 수집된 데이터가 엉망이 되기도 합니다. 마지막으로 풀 기반의 수집은 서버리스 함수처럼 아주 짧은 기간 동안만 존재하는 자원의 모니터링이 어려워 푸시 게이트웨이[Push Gateway] 같은 솔루션이 필요합니다.

[**Column**] 프로메테우스란 무엇일까?

프로메테우스는 오픈 소스 모니터링, 경고(Alerting) 도구입니다. 프로메테우스는 HTTP를 통해 지표를 수집하고 이를 시계열 데이터베이스에 높은 차원(High-Dimensionality)의 값으로 저장합니다.

프로메테우스는 지표 데이터의 획득과 저장을 담당하는 코어 서버(Core Server)와 단기간 사용되는 작업으로부터 지표 데이터 수신을 지원하는 푸시 게이트웨이(Push Gateway), 경고 상황을 다루는 경고 관리자(Alertmanager)와 같이 다양한 추가 컴포넌트로 구성됩니다. 프로메테우스는 대시보드를 만들어주는 솔루션은 아니지만 기본적인 웹 UI와 쿼리 언어인 PromQL을 제공하여 데이터에 쉽게 접근할 수 있게 합니다.

2015년 1월, 사운드클라우드(SoundCloud)는 프로메테우스를 아파치 라이선스 기반의 오픈 소스로 공개했고 2016년 5월 쿠버네티스에 이어 클라우드 네이티브 컴퓨팅 재단의 두 번째 호스티드 프로젝트로 선정되었습니다. 프로젝트는 2018년에 졸업 단계로 진행되었습니다.

---

[31] https://prometheus.io

어떤 방식이 더 나은 선택일까?

푸시 방식과 풀 방식은 말 그대로 서로 극과 극이기 때문에 사람들은 어떤 것이 더 좋은지 궁금해하곤 합니다.[32] 이것은 어려운 질문인데, 답변을 하자면 다른 기술적 방법론과 비교할 때 종종 그러하듯이 '상황에 따라 다르다'라고 할 수 있습니다.

충분히 동기가 부여된 프로그래머가 이런저런 주장을 하는 것을 막을 수는 없겠지만 결국 '더 나은' 방법은 시스템 요구사항을 만족시키는 것입니다. 물론 아주 만족스럽지 않더라도 두 가지 모두 최선의 방법이 될 수도 있습니다. 우리처럼 기술적인 유형의 사람들은 모호한 것을 싫어하고 어쨌든 방법이 있을 것이라는 고집이 있기 때문입니다.

마지막으로 프로메테우스의 핵심 개발자 중 한 명인 브라이언 브라질[Brian Brazil]의 말로 이번 절을 마무리하고자 합니다.

> "사실 엔지니어링의 관점에서 푸시 방식이나 풀 방식은 아무 상관이 없습니다. 어떤 경우라도 장점과 단점이 있지만 엔지니어링적인 노력으로 회피할 수 있는 방법을 찾을 수 있습니다.[33]"

11.5.2 OpenTelemetry의 지표

이 책을 집필하는 시점에 OpenTelemetry 지표 API는 여전히 알파 버전이기 때문에 보완되어야 하는 모호한 부분들이 많고 트레이싱 API가 가진 약간의 데이터 불일치도 해소되어야 합니다.

그렇지만 OpenTelemetry의 빠른 개발 속도와 상당한 양의 커뮤니티 지원은 충분히 책으로 다룰 만한 주제입니다. 뿐만 아니라 적어도 다음 몇 년 동안 지표의 원격 계측에 대한 황금 표준이 될 가능성이 가장 높은 후보 중 하나가 바로 OpenTelemetry이기도 합니다.

OpenTelemetry 지표는 상당 부분 트레이스와 비슷하게 동작하지만 약간 혼동을 일으킬 정도로는 다릅니다. 트레이싱과 지표 계측 모두 프로그램에서 정확히 한 번의 설정 단계를 가지며 보통은 main 함수에서 다음과 같은 단계를 통해 진행됩니다.

---

32 '더' 좋다는 것이 어떤 의미이든 말이지요.

33 올리버 키란(Kiran, Oliver). 「Exploring Prometheus Use Cases with Brian Brazil」 The New Stack Makers. 30 Oct. 2016. https://oreil.ly/YDIek

1. 첫 번째 단계는 대상 백엔드 시스템에 대해 적절한 익스포터를 생성 및 설정하는 것입니다. 지표 익스포터는 OpenTelemetry v0.17.0의 `go.opentelemetry.io/otel/sdk/export/metric` 패키지가 정의하는 `metric.Exporter` 인터페이스를 구현합니다.

   뒤쪽에 나오는 '지표 익스포터 만들기' 부분에서 살펴보겠지만 OpenTelemetry에는 다양한 익스포터가 포함되어 있습니다. 다만 트레이스 익스포터와 달리 현재는 한 번에 하나의 지표 익스포터만 사용할 수 있습니다.

2. 코드가 지표를 측정하기 전에 익스포터는 프로그램 생애주기 동안 OpenTelemetry 지표 API의 진입점으로 사용할 글로벌 '계량 프로바이더[Meter Provider]'를 정의합니다.

   뒤쪽에 나오는 '글로벌 계량 프로바이더 설정'에서 논의하겠지만 OpenTelemetry API를 사용하는 라이브러리와 다른 의존성들이 쉽게 SDK에 접근하고 원격 계측 데이터를 전송할 수 있도록 `otel.GetMeterProvider` 함수를 통해 계량 익스포터를 탐색할 수 있게 합니다.

3. 만약 지표 백엔드 시스템이 프로메테우스처럼 풀 기반 설계를 사용한다면 시스템이 지표 데이터를 가져갈 수 있도록 지표 엔드포인트를 노출해야 합니다.

   뒤쪽에 나오는 '지표 엔드포인트 노출'에서는 프로메테우스 익스포터가 어떻게 Go의 표준 `http` 패키지를 활용하는지 살펴보겠습니다.

설정이 완료되었다면 추가적으로 다음과 같이 간단한 절차를 수행한 후 코드 계측을 시작할 수 있습니다.

1. 연산을 계측하기 전에 계측 프로바이더로부터 모든 지표 콜렉션이 설정 및 보고되는 `Meter` 구조체를 획득해야 합니다. 더 자세한 내용은 뒤쪽에 나오는 'Meter 획득하기'에서 살펴보겠습니다.

2. 마지막으로 `Meter` 구조체를 확보했다면 이를 이용해 코드를 측정할 수 있습니다. 측정 방법은 두 가지입니다.

   하나는 측정값을 명시적으로 기록하는 것이고 다른 하나는 자율적이면서 비동기적으로 데이터를 수집할 수 있는 관찰자[Observers]를 만드는 것입니다. 두 가지 방법 모두 뒤쪽에 나오는 '지표 계측기'에서 살펴보겠습니다.

[Column] OpenTelemetry 지표 불러오기

OpenTelemetry 프레임워크에는 정말 많은 패키지들이 있습니다. 이번 절의 목적만 생각한다면 다행히 일부 패키지에 대해 집중하는 것만으로도 충분합니다. 이번 절의 예제들은 집필 시점 기준으로 가장 최신 버전인 OpenTelemetry v0.17.0을 사용해 만들었습니다. 예제를 따라 하기 위해 배포판에서 다음 패키지를 임포트합시다.

```
import (
    "go.opentelemetry.io/otel"
    "go.opentelemetry.io/otel/exporters/metric/prometheus"
    "go.opentelemetry.io/otel/label"
    "go.opentelemetry.io/otel/metric"
)
```

완전한 예제 코드는 이 책의 깃허브 저장소에서 확인할 수 있습니다.[34]

지표 익스포터 만들기

트레이싱과 마찬가지로 지표 수집을 위해 OpenTelemetry를 사용할 때 가장 먼저 해야 할 것은 익스포터를 만들고 설정하는 것입니다. 지표 익스포터는 OpenTelemetry v0.17.0의 `go.opentelemetry.ioi/otel/sdk/export/metric` 패키지에 정의된 `metric.Exporter` 인터페이스를 구현하고 있습니다.

적어도 OpenTelemetry 패키지에서 지표 익스포터는 `NewExportPipeline` 빌더 함수를 이용하여 만드는 것이 일반적입니다. 예를 들면 프로메테우스 익스포터의 인스턴스를 얻기 위해 `go.opentelemetry.io/otel/exporters/metric/prometheus` 패키지의 `NewExportPipeline`을 사용합니다.

```
prometheusExporter, err := prometheus.NewExportPipeline(prometheus.Config{})
```

이 예제는 익스포터를 생성하고 전달된 `prometheus.Config` 값의 지시에 따라 익스포터를 설정합니다. `Config`를 통해 재정의되지 않은 동작들은 권장 옵션을 사용합니다.

---

34 https://oreil.ly/SznMj

또한 prometheus.Config 매개변수를 사용해 다양한 사용자 정의 동작을 지정할 수 있습니다. 안타깝게도 익스포터를 설정하는 상세한 방법은 이 책의 범위 밖입니다. 관심이 있다면 익스포터의 Config 코드[35]와 프로메테우스 Go 클라이언트 코드[36]를 살펴보기 바랍니다.

글로벌 계량 프로바이더 설정

OpenTelemetry 트레이싱이 Tracer 값을 제공하는 '트레이서 프로바이더Tracer Provider'를 가진 경우 OpenTelemetry 지표는 모든 지표 콜렉션이 구성되고 보고되는 Meter 값을 제공하는 계량 프로바이더Meter Provider를 갖습니다.

여러분은 트레이싱 익스포터를 이용할 때 두 단계를 거쳐 글로벌 트레이서 프로바이더를 정의했던 것을 기억할 것입니다. 우리는 트레이서 프로바이더 인스턴스를 생성하고 설정한 후 이 인스턴스를 글로벌 트레이서 프로바이더로 설정했습니다.

계량 프로바이더는 약간 다르게 동작합니다. TracerProvider의 경우처럼 하나 이상의 익스포터를 만들고 프로바이더를 정의하는 대신 계량 프로바이더는 보통 지표 익스포터로부터 추출된 뒤 바로 otel.SetMeterProvider 함수로 전달됩니다.

```
// 익스포터로부터 계측 프로바이더를 얻습니다.
mp := prometheusExporter.MeterProvider()

// 획득한 계측 프로바이더를 글로벌 계측 프로바이더로 설정합니다.
otel.SetMeterProvider(mp)
```

안타깝게도 이 설계 방식은 계측 프로바이더가 다른 방식이 아닌 익스포터에 의해 제공되기 때문에 한 번에 하나의 지표 익스포터만 사용하도록 제한됩니다. 분명한 것은 이것이 트레이싱 API 작동 방식과 상당한 차이가 있다는 점입니다. 아마도 OpenTracing 지표 API가 베타 단계로 넘어가면 변경될 것이라고 예상됩니다.

> **NOTE** 명시적으로 prometheus.NewExporPipeline과 otel.SetMeterProvider 함수를 호출하는 대신 prometheus.InstallNewPipeline 편의 함수를 사용할 수 있습니다.

---

35 https://oreil.ly/fKIzt
36 https://oreil.ly/biCJn

지표 엔드포인트 노출

프로메테우스는 풀^{Pull} 기반이므로 우리가 송신하려는 모든 원격 계측 데이터는 콜렉터가 수집할 수 있도록 HTTP 엔드포인트를 통해 노출되어야 합니다. 이렇게 하려면 이 책에서 여러 번 살펴본 것처럼 최소한의 설정만으로 쉽게 사용할 수 있는 Go 표준 http 패키지를 이용합니다.

5.4 'net/http 패키지를 이용한 HTTP 서버 구성'에서 소개했던 내용을 복기해보면 Go를 이용해 경량 HTTP 서버를 시작하기 위해서는 두 가지 함수를 호출해야 합니다.

- http.Handle을 이용해 http.Handler 인터페이스를 구현한 핸들러 함수를 등록합니다.

- http.ListenAndServer를 통해 서버 수신을 시작합니다.

그런데 OpenTelemetry 프로메테우스 익스포터는 꽤 괜찮은 꼼수를 제공합니다. 이 익스포터는 http.Handler 인터페이스를 구현하므로 http.Handle 함수로 바로 전달하여 지표 엔드포인트에 대한 핸들러 함수로 동작하게 할 수 있습니다.

```
// 익스포터가 "/metrics" 패턴의 요청에 대해 핸들러로 동작하도록 등록합니다.
http.Handle("/metrics", prometheusExporter)

// 3000번 포트로 요청을 수신하는 HTTP 서버를 시작합니다.
log.Fatal(http.ListenAndServe(":3000", nil))
```

이 예제에서는 프로메테우스 익스포터를 "/metrics" URI 패턴에 대한 핸들러로 등록하기 위해 http.Handler 함수에 직접 전달하고 있습니다. 이보다 더 편하기도 힘들 것 같습니다.

> **NOTE** 당연한 말이지만 지표 엔드포인트에 대한 작명은 여러분 마음대로 할 수 있습니다. 하지만 metrics가 가장 일반적으로 사용되는 이름입니다. 프로메테우스는 이 패턴을 지표 엔드포인트에 대한 기본 값으로 사용합니다.

[Column] 프로메테우스 익스포터

여러분의 애플리케이션이 Go로 작성된 표준 웹 서비스라면 지표 엔드포인트를 노출하는 것은 어렵지 않습니다. 그런데 JVM 기반의 애플리케이션에 JMX 데이터를 수집하거나 PostgreSQL에서 쿼리 지표를 수집하고 배포된 리눅스, 윈도우 인스턴스에서 시스템 지표를 수집하려면 어떻게 해야 할까요? 안타깝게도 데이터를 수집하려는 모든 대상을 제어할 수는 없으며 극히 일부만 자체적으로 갖는 지표 엔드포인트를 노출합니다.

이러한 시나리오에서 사용할 수 있는 전형적인 패턴은 프로메테우스 익스포터를 배포하는 것입니다. 프로메테우스 익스포터는(OpenTelemetry 익스포터와 헷갈리면 안 됩니다) 서비스로 동작하면서 필요한 지표 데이터를 수집하고 지표 엔드포인트로 노출해주는 특별한 어댑터입니다.

이 책을 집필하는 시점 기준으로 프로메테우스 공식 문서에는 200가지 이상의 프로메테우스 익스포터가 소개[37]되었으며, 여러 커뮤니티를 통해 개별적으로 만들어진 익스포터는 심지어 리스트에 포함되어 있지도 않습니다. 최신 익스포터 목록은 문서를 통해 확인할 수 있는데 여기서 유명한 몇 가지를 소개하겠습니다.

- **Node 익스포터**
  *NIX 커널이 제공하는 하드웨어와 OS 지표를 노출합니다. https://oreil.ly/lq2Rv를 참고하세요.

- **Windows 익스포터**
  Windows가 제공하는 하드웨어와 OS 지표를 노출합니다. https://oreil.ly/2LlFK를 참고하세요.

- **JMX 익스포터**
  JMX[38] 대상의 MBeans를 수집 및 노출합니다. https://oreil.ly/rY0jg를 참고하세요.

- **PostgreSQL 익스포터**
  PostgreSQL 서버의 지표를 추출하고 노출합니다. https://oreil.ly/yhZrn을 참고하세요.

- **Redis 익스포터**
  레디스(Redis) 서버의 지표를 추출하고 노출합니다. https://oreil.ly/XRkfl을 참고하세요.

- **Blackbox 익스포터**
  HTTP, HTTPS, DNS, TCP, ICMP 엔드포인트에 대한 블랙박스 조사를 수행합니다. https://oreil.ly/VuM0U를 참고하세요.

- **푸시 게이트웨이(Push Gateway)**
  배치 작업이나 임시 작업이 자신의 지표를 임시로 푸시할 수 있도록 하는 지표 캐시입니다. 기술적으로 개별 익스포터라기보다는 프로메테우스의 핵심 컴포넌트라고 할 수 있습니다. https://oreil.ly/JxO3w를 참고하세요.

Meter 획득하기

연산에 대한 측정을 수행하기 전에 우선 `MeterProvider`로부터 Meter 값을 획득해야 합니다.

바로 이어서 나오는 '지표 계측기'에서 살펴보겠지만 go.opentelemetry.io/otel/metric 패키지에 포함된 `metric.Meter` 타입은 동기적으로 측정된 배치 결과나 비동기적인 관측치와 같은 모든 지표 콜렉션이 설정되고 보고될 때 사용되는 수단입니다.

---

37 https://oreil.ly/ZppOm
38 https://oreil.ly/11HLz

Meter 값은 다음과 같이 추출할 수 있습니다.

```
meter := otel.GetMeterProvider().Meter("fibonacci")
```

여러분은 이 코드가 앞에 나온 '트레이서 획득하기'에서 Tracer를 얻기 위해 사용한 표현과 거의 똑같다는 것을 알아차렸을 것입니다. 사실 otel.GetMeterProvider는 정확히 otel.GetTracerProvider와 동일하며 거의 같은 방식으로 동작합니다.

otel.GetMeterProvider 함수는 등록된 글로벌 계측 프로바이더를 반환합니다. 만약 등록된 프로바이더가 없다면 Meter 인터페이스를 첫 번째로 등록된 Meter 값으로 전달하는 기본 계측 프로바이더가 반환됩니다.

프로바이더의 Meter 메서드는 metric.Meter 타입의 인스턴스를 반환합니다. 이 메서드는 측정하려는 라이브러리나 패키지 이름에 따라 만들어진 측정치 이름을 나타내는 문자열 매개변수를 받습니다.

지표 계측기

Meter를 확보했다면 코드를 계측하고 측정하는 데 사용할 수 있는 계측기를 만들 수 있습니다. 하지만 여러 가지 다른 타입의 지표가 있는 것처럼 계측기도 다양한 타입이 존재합니다. 여러분이 사용할 계측기의 타입은 계측하고자 하는 타입에 따라 달라집니다.

총 12가지 종류의 계측기를 사용할 수 있으며 각 계측기는 동시성^{Synchronicity}, 누적 동작$^{Accumulation\ Behavior}$, 데이터 타입$^{Data\ Type}$의 서로 다른 조합으로 구성되어 있습니다.

먼저 이 속성들 중 계측기가 어떻게 지표를 수집하고 데이터를 전송하는지 결정하는 동시성에 대해 살펴보겠습니다.

- **동기 계측기**

  사용자가 지표를 기록하기 위해 명시적으로 호출됩니다. 뒤에 나오는 '동기 계측기'에서 살펴보겠습니다.

- **비동기 계측기**

  옵저버^{Observers}라고도 불리며 특정 속성을 모니터링할 수 있고 수집하는 동안 SDK를 통해 호출됩니다. 뒤에 나오는 '비동기 계측기'에서 데모를 살펴보겠습니다.

두 번째로 각 계측기는 새롭게 획득한 데이터를 어떻게 추적할지 설명하는 누적 동작 속성을 갖고 있습니다.

- **누적 계측기**

  게이지^{Gauge}처럼 임의로 오르거나 내릴 수 있는 합을 추적할 때 사용합니다. 보통은 기온이나 현재 메모리 사용량과 같은 값을 측정할 때 사용되지만 동시 요청 수와 같이 올라가거나 내려갈 수 있는 것을 '셀 때'도 사용할 수 있습니다.

- **단조 누적 계측기**

  카운터처럼 증가만 하거나 재시작되었을 때 제로값으로 초기화되는 단조 증가^{Monotonically Increasing}[39] 값을 추적합니다. 단조 증가 값은 처리한 요청의 양이나 완료된 작업 수, 에러 숫자 같은 지표를 위해 사용됩니다.

- **그룹화 계측기**

  히스토그램 같은 분포를 포착하기 위해 사용됩니다. 그룹화 계측기는 요청 지속 시간이나 응답 크기와 같은 관측치를 샘플링하고 카운트하여 설정 가능한 버킷에 기록합니다. 또 관측된 모든 값의 합도 제공합니다.

마지막으로 앞의 두 가지 속성 조합으로 만들어지는 여섯 가지 계측기는 `float64` 혹은 `int64` 입력 값을 지원하는 타입을 갖고 있어 총 12가지 계측기가 제공됩니다.

각 계측기는 표 11-1에 정리된 것처럼 `go.opentelemetry.io/otel/metric` 패키지와 관련된 타입을 갖고 있습니다.

표 11-1 동시성과 누적 동작 방식으로 구분한 12가지 종류의 OpenTelemetry 지표 계측기

	동기	비동기
누적	Float64UpDownCounter, Int64UpDownCounter	Float64UpDownSumObserver, Int64UpDownSumObserver
누적, 단조	Float64Counter, Int64Counter	Float64SumObserver, nt64SumObserver
그룹화	Float64ValueRecorder, Int64ValueRecorder	Float64ValueObserver, Int64ValueObserver

---

39 https://oreil.ly/RESQ1

표에 기재된 12가지 타입은 metric.Meter 타입에 연결된 생성자 함수가 있으며 모두 같은 함수 시그니처를 갖습니다. 예를 들어 NewInt64Counter 메서드의 시그니처는 다음과 같습니다.

```
func (m Meter) NewInt64Counter(name string, options ...InstrumentOption)
    (Int64Counter, error)
```

12가지 생성자 함수 모두 이 예시의 NewInt64Counter 함수처럼 string 타입의 계측기 이름과 0개 이상의 metric.InstrumentOption 값을 매개변수로 받습니다. 마찬가지로 각 함수는 주어진 이름과 옵션에 적합한 타입으로 측정 값을 반환하며, 이름이 비어 있거나 잘못되었을 때 혹은 계측기가 중복으로 등록되었을 때는 에러를 반환합니다.

예를 들어 metric.Meter 값에서 새로운 metric.Int64Counter를 얻는 NewInt64Counter 메서드를 사용하는 함수는 다음과 같습니다.

```
// 요청 카운터 계측기
// 동기 계측기로서 기록된 데이터를 나중에 사용할 수 있도록 보관해야 합니다.
var requests metric.Int64Counter

func buildRequestsCounter() error {
    var err error

    // 계측 프로바이더로부터 Meter 값을 추출합니다.
    meter := otel.GetMeterProvider().Meter(serviceName)

    // "fibonacci_requests_total"이라는 지표를 위해 Int64Counter를 얻습니다.
    requests, err = meter.NewInt64Counter("fibonacci_requests_total",
        metric.WithDescription("Total number of Fibonacci requests."),
    )

    return err
}
```

requests 글로벌 변수 형태를 이용해 계측기의 참조를 어떻게 유지하는지 주목하기 바랍니다. 이렇게 사용하는 이유에 대해서는 곧 이야기하겠지만 일단 이러한 방식은 동기 계측기에만 해당된다는 것을 기억해둡시다.

예제에서는 metric.Int64Counter가 동기 계측기를 위해 사용되었지만 동기나 비동기 계측기 모두 Metric 생성자 메서드를 통해 같은 방식으로 획득될 수 있다는 점이 중요합니다. 다만 이어지는 절에 설명해둔 것처럼 이것을 사용하는 방법은 크게 다릅니다.

동기 계측기

동기 계측기를 사용하기 위해 계측 프로바이더에서 Meter를 추출하고 계측기를 만드는 과정은 동기 계측기와 비동기 계측기 모두 대부분 동일합니다. 이에 대해서는 이전 절에서 살펴보았습니다.

하지만 동기 계측기를 사용하는 경우 지표를 기록할 때 코드 로직 내에서 명시적으로 계측기를 사용해야 한다는 점은 비동기 계측기를 사용하는 것과 다릅니다. 즉, 이것은 계측기가 생성된 이후 참조해야 한다는 것을 의미합니다. 이것이 이전 예제에서 글로벌 변수로 requests를 사용한 이유입니다.

이벤트가 발생했을 때 카운터를 증가시켜 개별 이벤트를 기록하는 것은 애플리케이션들이 선택하는 일반적인 방법일 것입니다. 누적 계측기는 이를 위해 Add 메서드를 갖고 있을 정도입니다.

다음 예제는 앞에서 설명한 '피보나치 서비스 API'에서 정의한 Fibonacci 함수 안에 requests.Add를 호출해서 만든 requests 값을 사용합니다.

```
// 라벨을 쉽게 재사용할 수 있도록 글로벌 범위로 정의합니다.
var labels = []label.KeyValue{
    label.Key("application").String(serviceName),
    label.Key("container_id").String(os.Getenv("HOSTNAME")),
}

func Fibonacci(ctx context.Context, n int) chan int {
    // 카운터 값을 증가시키기 위해 metric.Int64Counter 인스턴스에 Add 메서드를 사용합니다.
    requests.Add(ctx, 1, labels...)

    // 나머지 함수의 기능은 아래에 이어집니다...
}
```

동시에 사용해도 안전한 requests.Add 메서드는 세 가지 매개변수를 사용합니다.

- 첫 번째 매개변수는 현재의 콘텍스트를 나타내는 context.Context 값입니다. 모든 동기 계측기 메서드에 대해 공통입니다.

- 두 번째 매개변수는 증분 값입니다. Fibonacci 함수에 대한 개별 호출들은 카운터 값을 1씩 증가시킵니다.

- 세 번째 매개변수는 0개 이상의 label.KeyValue 값으로 데이터 포인트와 관련된 라벨을 나타냅니다. 이것은 앞에 나온 '카디널리티'에서 살펴본 것처럼 지표의 카디널리티^{Cardinality}를 증가시키며 매우 유용하게 사용될 수 있습니다.

> **NOTE** 데이터 라벨(Data Labels)은 데이터를 만든 서비스나 인스턴스보다 데이터를 더 잘 설명해주는 강력한 도구입니다. 라벨은 데이터에 대해 이전에 생각해보지 못한 질문을 하도록 해줍니다.

여러 가지 지표를 그룹으로 묶어 배치 작업을 통해 보고할 수도 있습니다. 다만 앞의 예제에서 본 Add 메서드와는 조금 다르게 동작합니다. 특히 배치 작업 내 각 지표에 대해 다음 내용을 수행해야 합니다.

1. 기록하고자 하는 값 혹은 값들을 수집합니다.

2. 수집된 값을 적합한 계측기의 Measurement 메서드로 전달해 지표와 몇 가지 지원 메타데이터를 감싼 metric.Measurement 값을 반환 받습니다.

3. 모든 metric.Measurement 값은 자동으로 측정 값에 대한 전체 배치 작업을 기록하는 meter.RecordBatch로 보냅니다.

다음 예제는 앞의 내용을 구현한 코드입니다. 예제는 runtime 패키지를 이용해 메모리의 총량과 프로세스가 사용한 고루틴 개수를 추출하여 지표 수집기로 보냅니다.

```go
func updateMetrics(ctx context.Context) {
    // 계측 프로바이더로부터 Meter 값을 추출합니다.
    meter := otel.GetMeterProvider().Meter(serviceName)

    // 메모리와 고루틴 값을 보고할 때 사용할 계측기를 생성합니다.
    // Error 값에 대한 처리는 지면 관계상 생략했습니다.
    mem, _ := meter.NewInt64UpDownCounter("memory_usage_bytes",
        metric.WithDescription("Amount of memory used."),
    )
```

```
    goroutines, _ := meter.NewInt64UpDownCounter("num_goroutines",
        metric.WithDescription("Number of running goroutines."),
    )

    var m runtime.MemStats

    for {
        runtime.ReadMemStats(&m)

        // 측정 값을 계측기로 보고하고 반환되는 metric.Measurement 값을 수신합니다.
        mMem := mem.Measurement(int64(m.Sys))
        mGoroutines := goroutines.Measurement(int64(runtime.NumGoroutine()))

        // 측정값, 콘텍스트, 라벨 값을 meter로 제공합니다.
        meter.RecordBatch(ctx, labels, mMem, mGoroutines)
        time.Sleep(5 * time.Second)
    }
}
```

updateMetrics 함수를 고루틴으로 실행할 경우 두 부분으로 실행됩니다. 하나는 초기 설정이고 다른 하나는 지표를 생성하고 기록하는 무한루프입니다. 셋업 단계에서는 Meter를 추출하고 지표 라벨을 정의한 다음 계측기를 생성합니다. 이 값들은 정확히 한 번만 생성되며 루프 내에서 재사용됩니다. 계측기는 타입 외에도 측정하고자 하는 지표를 가리키는 이름과 설명 값을 이용하여 생성됩니다.

루프 안에서는 먼저 runtime.ReadMemStats와 runtime.NumGoroutine 함수를 사용해 기록하려는 지표를 추출하며 각각은 사용된 메모리 총량과 실행 중인 고루틴 수를 나타냅니다. 계측기의 Measurement 메서드와 이 값을 이용해 각 지표의 metrics.Measurement 값을 생성합니다.

확보한 Measurement 값과 현재 context.Context 및 지표에 부착하려는 모든 라벨을 meter.RecordBatch 메서드로 함께 전달해 공식적으로 기록합니다.

비동기 계측기

비동기 계측기 혹은 옵저버Observers는 특정 자원의 계측을 준비하는 동안 설정 및 생성되며 이후 지표를 수집할 때 SDK를 통해 호출됩니다. 이것은 별도의 백그라운드 기록 프로세스 관리 없이 모니터링하고 싶은 값이 있을 때 특히 유용합니다.

동기 계측기와 마찬가지로 비동기 계측기도 metric.Meter 인스턴스가 제공하는 생성자 메서드를 이용해 생성됩니다. 정리하자면 float64와 int64 버전의 계측기는 각각 세 가지 누적 동작에 대해 존재하기 때문에 결과적으로 총 6가지 종류의 계측기가 됩니다. 이 계측기들은 모두 다음과 같이 비슷한 형태의 시그니처를 갖습니다.

```
func (m Meter) NewInt64UpDownSumObserver(name string,
    callback Int64ObserverFunc, opts ...InstrumentOption)
    (Int64UpDownSumObserver, error)
```

NewInt64UpDownSumObserver 함수는 string 타입이며, 지표의 이름을 Int64ObserverFunc라 불리는 값과 지표 설명 같은 0개 이상의 측정 옵션에 해당하는 매개변수로 받습니다. 옵저버 값을 반환하기는 하지만 전달된 이름이 비어 있거나 중복되었을 때 혹은 유효하지 않은 경우 non-nil 값을 반환할 수도 있어 반환 값은 잘 사용하지 않습니다.

두 번째 매개변수는 콜백 함수로 비동기 계측기의 핵심입니다. 콜백 함수는 데이터가 수집되었을 때 SDK에 의해 비동기적으로 호출됩니다. 콜백 함수는 두 종류가 존재하는데 하나는 int64 타입이고 다른 하나는 float64 타입입니다. 다만 두 가지 모두 매우 비슷하며 기본적으로 동일한 방식으로 동작합니다.

```
type Int64ObserverFunc func(context.Context, metric.Int64ObserverResult)
```

SDK는 콜백 함수 호출 시 현재 context.Context와 함께 float64 타입 옵저버인 metric.Float64ObserverResult나 int64 타입 옵저버인 metric.Int64ObserverResult를 매개 변수로 전달합니다. 두 가지 결과 타입 모두 결과를 보고할 때 사용할 수 있는 Observe 메서드를 갖고 있습니다.

아주 사소한 것들이기는 하지만 두 함수는 꽤 자연스럽게 합쳐질 수 있습니다. 다음 함수가 바로 그러한 구현의 예이며 두 개의 옵저버를 정의하고 있습니다.

```
func buildRuntimeObservers() {
    meter := otel.GetMeterProvider().Meter(serviceName)
    m := runtime.MemStats{}

    meter.NewInt64UpDownSumObserver("memory_usage_bytes",
        func(_ context.Context, result metric.Int64ObserverResult) {
            runtime.ReadMemStats(&m)
```

```
            result.Observe(int64(m.Sys), labels...)
        },
        metric.WithDescription("Amount of memory used."),
    )

    meter.NewInt64UpDownSumObserver("num_goroutines",
        func(_ context.Context, result metric.Int64ObserverResult) {
            result.Observe(int64(runtime.NumGoroutine()), labels...)
        },
        metric.WithDescription("Number of running goroutines."),
    )
}
```

buildRuntimeObservers 함수는 main 함수에서 호출되었을 때 두 개의 비동기 계측기 memory_usage_bytes와 num_goroutines를 정의하며, 각 계측기는 앞에 나온 '동기 계측기'에서 정의한 updateMetrics 함수가 데이터를 수집하는 것과 동일하게 동작하는 콜백함수를 갖습니다.

updateMetrics에서는 동기적으로 데이터를 보고하기 위해 무한루프를 사용했습니다. 그러나 앞의 예제에서 볼 수 있듯이 이벤트가 아닌 데이터에 대한 비동기적 접근 방법은 준비하고 관리하는 작업이 더 적을 뿐 아니라, 옵저버와 콜백 함수가 정의되고 SDK가 이후 작업에 대한 역할을 받아갔다면 더 이상 할 일이 없기 때문에 나중에 걱정해야 할 유동적인 부분도 더 적습니다.

11.5.3 모두 하나로 합치기: 지표

이제 어떤 지표를 수집해야 하고 어떻게 수집할 것인지에 대한 아이디어가 생겼으니 이를 활용하여 '모두 하나로 합치기: 트레이싱'에서 만들었던 Fibonacci 웹 서비스를 확장해봅시다.

서비스 기능은 변경되지 않습니다. 이전과 마찬가지로 HTTP GET 요청을 수신하고 GET 쿼리 문자열의 매개변수 n을 이용해 계산하려는 n번째 피보나치^{Fibonacci} 수를 지정할 것입니다. 예를 들면 여섯 번째 피보나치 수를 요청하기 위해 서비스의 http://localhost:3000?n=6 주소에 대해 curl 명령을 사용할 수 있습니다.

여기서 수행할 코드 변경과 수집할 지표는 다음과 같습니다.

- buildRequestsCount 함수를 main 함수에 추가해 동기적으로 API 요청을 기록하고 앞에

나온 '동기 계측기'에서 기술한 서비스 API의 Fibonacci 함수를 측정합니다.

- 비동기적으로 프로세스의 메모리 사용량과 활성 고루틴 수를 기록하기 위해 앞에 나온 '비동기 계측기'에서 기술한 buildRuntimeObservers를 main 함수에 추가합니다.

서비스 시작하기

다시 한 번 main 함수를 실행하여 서비스를 시작합시다.

```
$ go run .
```

이전과 마찬가지로 터미널은 멈춘 것처럼 보입니다. Ctrl-C를 눌러 서비스를 중지할 수 있습니다.

다음으로 프로메테우스 서버를 시작합시다. 다만 서버를 시작하기 전에 최소한의 프로메테우스 설정 파일을 만들어야 합니다. 프로메테우스는 엄청나게 많은 설정 옵션을 갖고 있지만 다음과 같은 설정이면 여기서 사용하기에 충분합니다. 다음 내용을 prometheus.yml 파일에 입력합시다.

```
scrape_configs:
- job_name: fibonacci
  scrape_interval: 5s
  static_configs:
  - targets: ['host.docker.internal:3000']
```

이 설정은 host.docker.internal:3000에서 실행 중인 fibonacci라는 이름을 가진 단일 대상을 정의하며 매 5초마다 지표가 수집됩니다(기본 값은 1분이지만 낮췄습니다).

> **[Column] host.docker.internal이란 무엇일까?**
>
> host.docker.internal은 특별한 DNS 이름으로 맥과 윈도우용 도커 데스크톱(Docker Desktop)이 호스트가 사용하는 내부 IP 주소를 해석함으로써 컨테이너가 호스트 프로세스와 상호작용할 수 있게 해줍니다.
>
> 여기서 중요한 점은, 이 주소는 개발 편의를 위해 제공되는 것이므로 맥과 윈도우용 도커 데스크톱이 아닌 운영 환경 등에서는 동작하지 않는다는 것입니다.

prometheus.yml 파일을 생성했으면 프로메테우스를 시작할 수 있습니다. 가장 간단한 방법은
도커를 이용해 컨테이너를 실행하는 것입니다.

```
$ docker run -d --name prometheus \
> -p 9090:9090 \
> -v "${PWD}/prometheus.yml:/etc/prometheus/prometheus.yml" \
> prom/prometheus:v2.23.0
```

> **NOTE** 개발 환경으로 리눅스를 사용한다면 앞의 도커 실행 명령에 --add-host=host.docker.
> internal:host-gateway 매개변수를 추가해야 합니다. 단, 운영 환경에서는 절대 사용하
> 면 안 됩니다.

이제 두 개의 서비스가 모두 실행되었고 서비스로 요청을 보낼 수 있습니다.

```
$ curl localhost:3000?n=6
13
```

요청이 처리되는 동안 OpenTelemetry는 Fibonacci 함수에 대한 요청 수를 나타내는 값을
기록했습니다.

지표 엔드포인트의 출력

서비스가 실행되었으니 언제든 /metrics 엔드포인트에 대해 표준 curl 명령을 수행하여 직접
노출된 지표를 열람하고 분석할 수 있습니다.

```
$ curl localhost:3000/metrics
# HELP fibonacci_requests_total Total number of Fibonacci requests.
# TYPE fibonacci_requests_total counter
fibonacci_requests_total{application="fibonacci",container_id="d35f0bef2ca0"} 25
# HELP memory_usage_bytes Amount of memory used.
# TYPE memory_usage_bytes gauge
memory_usage_bytes{application="fibonacci",container_id="d35f0bef2ca0"} 7.5056128e+07
# HELP num_goroutines Number of running goroutines.
# TYPE num_goroutines gauge
num_goroutines{application="fibonacci",container_id="d35f0bef2ca0"} 6
```

결과에서 볼 수 있는 것처럼 기록된 세 가지 지표가 모두 출력되었으며 각 지표의 타입, 설명, 라벨, 값을 확인할 수 있습니다. container_id 값이 비어 있어도 당황할 필요가 없습니다. 값이 비어 있다는 것은 서비스가 컨테이너 환경에서 실행되고 있지 않다는 의미일 뿐입니다.

프로메테우스에서 결과 살펴보기

서비스도 실행했고 프로메테우스도 시작되었으며 쿼리를 통해 서비스로부터 데이터도 획득했으니 프로메테우스를 통해 시각화를 해볼 차례입니다. 다시 한 번 말하지만 프로메테우스는 완벽한 시각화 도구가 아닙니다(그라파나Grafana[40] 같은 전문 도구를 쓰는 것이 좋습니다). 간단한 인터페이스를 통해 임의의 쿼리를 실행하고 가볍게 볼 수 있게 해줄 뿐입니다.

브라우저를 이용해 localhost:9090 주소로 접속하면 프로메테우스의 인터페이스를 사용할 수 있습니다. 인터페이스는 최소한으로 구성되어 있으며 간단한 검색 필드를 갖고 있습니다. 일정 시간 범위에 대한 지표 값을 보기 위해 지표의 이름을 검색 필드에 입력하고 엔터를 입력한 다음 '그래프Graph' 탭을 클릭합니다. 그럼 아마도 그림 11-6과 같은 화면을 보게 될 것입니다.

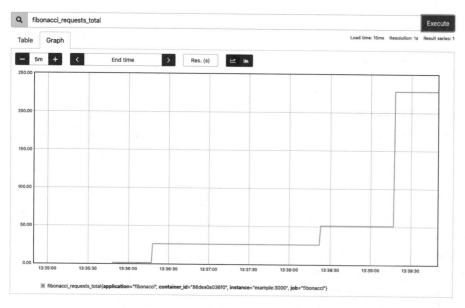

그림 11-6 프로메테우스 인터페이스의 스크린샷. Fibonacci 서비스에 세 번의 요청을 보낸 후 측정된 fibonacci_requests_total 지표의 값을 보여줍니다.

---

40 https://grafana.com

데이터를 수집하고 있으니 몇 가지 쿼리를 더 해보고 어떻게 그래프가 변하는지 살펴보기 바랍니다. 다른 지표들까지 살펴보면 더 좋겠네요. 마음껏 즐기세요!

11.6 로깅

로그는 애플리케이션에 의해 생성된 기록할 가치가 있는 개별 이벤트의 변하지 않는 기록입니다. 전통적으로 로그는 추가만 할 수 있는 파일에 기록되는 것이 일반적이었지만, 최근에는 검색 가능한 데이터 저장소의 형태를 띄는 경향이 있습니다.

그렇다면 전자 컴퓨팅만큼 오래된 좋은 아이디어라는 것을 제외하고, 로깅에 대해 할 수 있는 이야기는 무엇이 있을까요? 로그는 관찰 가능성 방법론의 원조라고 해도 과언이 아닙니다.

로그에 대해서는 이야기할 것이 참 많습니다. 특히 로그를 남기는 것이 너무 쉽기 때문에 필요 이상 삶을 피곤하게 만드는 방식으로 로그를 남기는 경우가 많습니다.

관찰 가능성의 세 가지 기둥Three Pillars of Observability 중 로그는 가장 생성하기 쉽습니다. 로그 이벤트를 내보내기 위해 해야 하는 초기 프로세싱이 없기 때문에 가장 간단한 형태의 로깅은 코드에 print 구문을 추가하는 것만큼 쉽습니다. 이것은 컴포넌트가 무엇을 하고 있고 경험하고 있는지에 대한 콘텍스트 정보를 풍부하게 담고 있는 많은 데이터를 로그로 쉽게 제공하게 해줍니다.

그러나 이처럼 자유로운 형태의 로깅은 양면성을 갖습니다. 유용하다고 생각되는 것은 무엇이든 출력할 수 있기 때문에 장황하고 구조화되지 않은 로그를 만들기 쉬워 특히 확장성 관점에서 유용한 정보를 추출하기 어렵게 만듭니다. 로깅 효과를 극대화하기 위해서는 이벤트가 구조화되어야 하고 해당 구조가 그냥 제공되지 않아야 합니다. 구조는 의도적으로 설계되고 구현되어야 합니다.

로깅의 또 다른 어려움 중에서 자주 간과되는 것은 많은 이벤트의 기록을 남기는 것이 디스크와 네트워크 I/O에 심각한 부담을 준다는 사실입니다. 가용 대역폭의 절반 이상이 이러한 방식으로 소모되는 일은 드물지 않습니다. 더 심각한 것은 이러한 부담이 부하 증가에 따라 선형적으로 늘어난다는 점입니다. 가령 N명의 사용자가 M종류의 행동을 하는 경우 N*M 만큼의 로그가 발생하며 잠재적으로 확장성에 치명적인 결과를 줄 수도 있습니다.

마지막으로 로그가 의미 있고 유용하려면 쉽게 접근 가능하도록 처리 및 저장되어야 합니다. 규모가 큰 로그를 관리해본 적이 있는 사람과 이야기해보면 로그를 직접 관리하고 호스팅하는 것은 운영상 부담스러운 일로 악명이 높지만, 그렇다고 외부의 누군가에게 관리와 호스팅을 맡기는 것은 터무니없이 비싼 비용이 들 수 있다는 이야기를 할 것입니다.

이번 절의 나머지 부분에서는 확장성 있게 로깅하는 것과 관련해 몇 가지 높은 수준의 사례를 살펴볼 것이며 Go를 이용해 이것을 구현할 수 있는 방법에 대해서도 알아볼 것입니다.

11.6.1 로깅 모범 사례

로그를 남기는 것이 겉보기에 무척 간단한 것처럼 보일 수 있지만 로그를 남기는 사람은 물론, 나중에 로그를 사용할 사람에게도 로그를 쓰기 어렵게 만드는 방식으로 남기기 쉽습니다. 구조화되지 않은 로그를 탐색하거나 소규모의 배포 환경에서 예상보다 많은 리소스를 사용하는 등의 복잡한 로깅 문제는 로깅의 주요 장애물이 됩니다.

이와 같이 이런 저런 이유로 인해 로깅 모범 사례는 로그 데이터 생성과 유지 과정에서 품질을 극대화하고 수량을 최소화하는 데 초점을 맞추려는 경향이 있습니다.

> **NOTE** 민감한 비즈니스 데이터나 개인 식별 정보를 로그로 남기지 말아야 한다는 것은 굳이 이야기하지 않아도 잘 알고 있을 것입니다.

로그를 이벤트 스트림으로 다루기

로그 출력을 보고 이해할 수 없는 의식의 흐름에 빠진 적이 있었나요? 로그가 얼마나 유용했나요? 아마도 없는 것보다는 나았겠지만 크게 도움이 되지는 않았을 것입니다.

로그가 데이터를 쏟아내는 창구로 취급되면 안 됩니다. 즉, 넘치는 로그로 문제가 될 때까지 로그를 관리하지 않으면 아무 생각이나 관측 결과를 마구 내보내는 쓰레기 통으로 변질될 수 있습니다. 그 대신 6장에서 본 것처럼 로그를 이벤트의 스트림으로 취급하고 버퍼링되지 않은 로그를 직접 stdout과 stderr에 기록하도록 해야 합니다. 직관에 반하는 것 같고 겉보기에 단순한 작업처럼 보일 수 있지만, 로그를 보는 관점에 작은 변화를 주는 것은 결과적으로 많은 자유를 제공할 것입니다.

로그 관리에 대한 책임을 애플리케이션 코드 밖으로 이동시키면 로그 이벤트의 전달 경로나 스토리지와 같은 사소한 구현 사항들에 대한 걱정으로부터 자유로워질 수 있으며, 로그 전송을 실행하는 주체가 어떤 방법을 사용할지 결정할 수 있게 됩니다.

이 접근 방식은 로그의 관리 및 소비 방법에 상당한 자유도를 제공합니다. 개발 단계에서는 로그를 직접 로컬 터미널로 전송해 서비스의 동작에 집중할 수 있습니다. 운영 단계에서는 실행 환경이 로그 이벤트를 수집하고 열람, 분석을 위해 ELK 또는 Splunk 같은 로그 인덱싱 시스템으로 보내거나 장기 저장을 위해 데이터 웨어하우스로 전달하면 됩니다. 로그를 이벤트의 스트림으로 취급하고 버퍼링되지 않은 각 이벤트를 직접 stdout과 stderr에 기록합시다.

파싱을 위한 이벤트 구조화

가장 간단하면서도 원시적인 형태의 로그는 fmt.Println 구문을 사용하는 것입니다. 그러나 그 결과는 효용이 의심스러운 비정형 문자열 집합이 되어버릴 것입니다. 프로그래머들은 다행히 보통 Go의 표준 log 라이브러리를 사용합니다. 표준 라이브러리는 사용하기 쉽고 멀지 않은 곳에 있을 뿐 아니라 많은 도움이 되는 타임스탬프도 만들어줍니다. 하지만 다음과 같은 포맷을 가진 로그 이벤트가 테라바이트 규모로 쌓이고 있다면 이것이 과연 유용할까요?

```
2020/11/09 02:15:10AM User 12345: GET /help in 23ms
2020/11/09 02:15:11AM Database error: connection reset by peer
```

확실히 없는 것보다는 나을 것입니다. 하지만 타임스탬프가 제공된다고 해도 구조화되지 않은 문자열을 해석해야 합니다. 여전히 의미 있는 정보를 추출하기 위해서는 임의의 텍스트를 파싱해야만 합니다.

구조화된 로거를 통해 동일한 로그 이벤트에 대한 메시지를 출력한 결과물을 살펴봅시다.[41]

```
{"time":1604888110, "level":"info", "method":"GET", "path":"/help",
    "duration":23, "message":"Access"}
{"time":1604888111, "level":"error", "error":"connection reset by peer",
    "database":"user", "message":"Database error"}
```

---

41 예시는 단지 포맷을 적용하는 것이 어떤 장점을 갖는지 보여주기 위한 용도입니다. 가능하다면 여러분이 사용하는 로그 이벤트에서는 줄 바꿈을 사용하지 않는 것이 좋습니다.

이 로그 구조에서는 이벤트에 대한 모든 키 엘리먼트가 JSON의 속성이 되도록 배치했고 각각의 의미는 다음과 같습니다.

- **time**

  타임스탬프 값으로 이슈를 추적하고 상호 연결하는 데 중요한 정황 정보입니다. 그뿐 아니라 JSON 예제가 쉽게 파싱될 수 있는 포맷이라는 점에 주목하기 바랍니다. JSON은 거의 구조화되어 있지 않은 로그로부터 의미 있는 정보를 추출하기 위해 지불해야 하는 비싼 컴퓨팅 비용과 비교하면 훨씬 저렴합니다. 수십억 개의 로그 이벤트를 처리할 때도 약간의 노력만 더하면 됩니다.

- **level**

  로그 레벨은 로그 이벤트의 중요도를 나타내는 라벨입니다. 보통 INFO, WARN, ERROR가 사용됩니다. 이 값들은 운영 환경과 관계없는 낮은 우선순위의 메시지를 필터링하기 위한 키가 되기도 합니다.

- **여러 개의 정황 엘리먼트**

  이 값들은 메시지가 만들어진 시점의 애플리케이션 상태에 대한 통찰력을 제공할 수 있는 배경 정보를 담고 있습니다. 로그 이벤트의 전체 포인트는 이 정황 정보를 표현하는 것입니다.

요약하면 구조화된 로그는 의미 있는 정보를 쉽고 빠르게 추출할 수 있도록 해주며 결과를 검색하거나 필터링하고 집계하기 쉽습니다. 즉, 사람이 읽기 위한 목적 대신 컴퓨터가 쉽게 파싱할 수 있도록 로그를 구조화하기 바랍니다.

적은 것이 더 좋다

로깅은 무료가 아닙니다. 사실 굉장히 비쌉니다.

여러분이 AWS에서 실행되는 서비스를 배포했다고 상상해봅시다. 화려한 서버가 아닌 표준, 16MiB/초 성능의 기본 범용 디스크를 가진 표준 서버입니다.

이 서비스는 꼼꼼한 것을 좋아해서 각 요청과 응답, 데이터베이스 호출, 계산 상태, 그리고 많은 여러 가지 정보 등의 이벤트를 로그로 빠르게 기록하고 각 이벤트는 16개의 1024바이트 이벤트로 기록된다고 가정해봅시다. 다소 장황해 보이지만 그렇게 특별하지는 않습니다.

하지만 이게 전부가 아닙니다. 서비스가 초당 512개의 요청을 받는 시나리오(동시 사용자가 많은 서비스에서는 흔히 볼 수 있는 수준의 요청)에서는 초당 8192개의 이벤트가 만들어집니다. 이벤트당 16KiB의 로그가 만들어지니 모든 이벤트를 기록하면 초당 8MiB의 로그가 만들어지고 이는 디스크가 가진 성능의 절반 수준입니다. 상당히 부담스러운 수치입니다.

로그를 디스크에 쓰지 않고 로그 호스팅 서비스로 직접 보내는 것은 어떨까요? 이것은 로그를 어디론가 전송하고 저장해야 한다는 의미이고 비용이 더 많이 드는 작업입니다. 로그 관련 서비스를 제공하는 Splunk나 Datadog과 같은 사업자에게 인터넷을 경유해 로그를 전송하려면 클라우드 사업자에게 데이터 전송 요금을 지불해야 합니다. AWS의 경우 리전에 따라 비용 차이가 있을 수 있지만 대략 GB당 0.08달러를 지불해야 합니다. 앞서 계산한 초당 8MiB의 로그를 기준으로 계산하면 하루 반만에 1TiB의 로그를 전송하게 되며, 이는 단일 컴퓨팅 인스턴스 기준으로 연간 250,000달러(환율 1200원 기준으로 약 3억 원)의 비용입니다. 만약 이런 인스턴스를 50대 사용한다면 데이터 전송 비용으로만 연 1200만 달러(약 144억 원)를 지불해야 합니다.

물론 이 예시는 시간에 따라 변화하는 부하의 양이나 요일별로 달라지는 부하 패턴을 고려하지 않은 것입니다. 하지만 로그를 남기는 작업 자체가 매우 빠르게 비용이 증가하는 비싼 작업이 될 수 있다는 것은 확실합니다. 따라서 꼭 필요한 것들만 로그로 남겨야 하고 운영 시스템에서 로그의 생성은 심각도별로 한곗값Threshold를 두어 제한할 수 있어야 합니다. '경고Warning'가 일반적으로 사용되는 한곗값입니다.

동적 샘플링

디버그 이벤트가 만드는 로그의 경우 양은 많지만 유용함이 떨어지는 경향이 있기 때문에 운영 시스템에서는 로그 레벨을 WARNING으로 설정하여 불필요한 로그를 줄이는 것이 일반적입니다. 그렇지만 디버그 로그가 전혀 쓸모 없는 것은 아닙니다.[42] 디버그 로그가 장애의 근본 원인을 찾아내고자 할 때 상당히 유용하고 빠른 방법이라는 것은 명확합니다. 이 말은 일분일초가 아까운 장애상황에서 문제를 찾는 데 충분할지도 모르는 시간을 디버그 로그를 켜는 데 써야 한다는 의미입니다. 아, 문제를 해결한 다음 끄는 것도 잊지 말아야 합니다.

---

[42] 쓸모 없지 않다면 왜 운영 시스템에서는 사용하지 않는 것일까요?

하지만 이벤트의 전체 로그 대신 일부만 기록하고 나머지는 버리는 방식으로 로그를 동적 샘플링할 수 있다면 운영 환경에서도 여전히 디버그 로그를 확보할 수 있게 됩니다. 이것은 장애 발생 시 복구 시간을 단축하는 데 도움이 됩니다.

운영 시스템에서 디버그 로그를 확보하는 것은 문제가 생겼을 때 정말로 큰 도움이 됩니다.

11.6.2 Go 표준 로그 패키지를 이용한 로깅

Go는 log라는 아주 적절한 이름을 가진 표준 로깅 패키지를 갖고 있으며 이 패키지는 기본적인 로깅 기능을 제공합니다. 아주 기본적인 뼈대만 제공하고 있지만 기본적인 로깅 전략을 만드는 데 필요한 것들을 대부분 포함하고 있습니다.

log 패키지를 임포트하는 것 외에 다른 설정 과정은 필요 없습니다.

패키지의 기본 함수들은 여러분에게 익숙한 fmt 패키지의 프린트 함수와 매우 비슷합니다.

```
func Print(v ...interface{})
func Printf(format string, v ...interface{})
func Println(v ...interface{})
```

log 패키지에서 로그 레벨을 지원하지 않는다는 것은 가장 아쉬운 부분입니다. 그렇지만 부족한 기능을 단순함과 사용 편의성으로 만회하고 있습니다.

다음은 가장 기본적인 로깅 구현의 예입니다.

```
package main

import "log"

func main() {
    log.Print("Hello, World!")
}
```

코드를 실행하면 다음과 같은 출력을 얻을 수 있습니다.

```
$ go run .
2020/11/10 09:15:39 Hello, World!
```

결과에서 확인할 수 있는 것처럼 log.Print 함수는 다른 log 로깅 함수들과 마찬가지로 아무 설정도 하지 않았는데 메시지와 함께 타임스탬프를 추가하고 있습니다.

특별한 로깅 함수

log 패키지는 로그 레벨을 제공하지 않는 대신 다른 재미있는 기능을 제공합니다. 바로 출력 로그 이벤트를 다른 유용한 함수와 결합할 수 있게 해주는 편의 함수 클래스입니다.

첫 번째로 소개할 편의 함수는 log.Fatal 함수입니다. 이 함수는 세 종류가 있고 각각 log.PrintX 함수에 해당하며 이 함수들은 os.Exit(1)이 호출된 뒤 각 Print 함수를 호출한 것과 동일하게 동작합니다.

```
func Fatal(v ...interface{})
func Fatalf(format string, v ...interface{})
func Fatalln(v ...interface{})
```

마찬가지로 log 패키지는 여러 가지 log.Panic 함수도 제공하며 각각 panic이 호출된 후 log.PrintX 함수를 호출하는 것과 동일한 동작을 수행합니다.

```
func Panic(v ...interface{})
func Panicf(format string, v ...interface{})
func Panicln(v ...interface{})
```

두 함수 세트 모두 유용하기는 하지만 log.Print 함수만큼 자주 사용되지는 않으며 일반적으로 에러와 서비스 중지를 보고할 필요가 있는 경우 에러 핸들링 목적으로 사용합니다.

커스텀 writer를 이용한 로깅

기본적으로 log 패키지는 stderr로 로그를 기록합니다. 그런데 로그 출력을 다른 곳으로 변경하고 싶다면 어떻게 해야 할까요? log.SetOutput 함수는 로그를 쓸 대상인 커스텀 io.Writer를 지정해 로그 출력을 다른 곳으로 보내도록 해줍니다.

예를 들어 파일로 로그를 기록하고 싶다면 파일을 지정하면 됩니다. 앞에 나온 '적은 것이 더 좋다'에서 이야기한 것처럼 보통 로그를 파일에 기록하는 것은 권장하지 않습니다. 하지만 특정한 상황에서는 유용할 수 있습니다.

다음 예제는 os.OpenFile을 이용해 대상 파일을 열고 log.SetOutput을 이용해 해당 파일을 로그 라이터로 정의하고 있습니다.

```go
package main

import (
    "log"
    "os"
)

func main() {
    // O_APPEND : 쓰기 작업을 할 때 데이터를 파일에 추가합니다.
    // O_CREATE : 파일이 존재하지 않으면 생성합니다.
    // O_WRONLY : 읽기 전용으로 파일을 엽니다.
    flags := os.O_APPEND | os.O_CREATE | os.O_WRONLY

    file, err := os.OpenFile("log.txt", flags, 0666)
    if err != nil {
        log.Fatal(err)
    }

    log.SetOutput(file)

    log.Println("Hello, World!")
}
```

코드를 실행하면 log.txt 파일에 다음 내용이 기록됩니다.

```
$ go run .; tail log.txt
2022/02/05 09:17:05 Hello, World!
```

log.SetOutput이 인터페이스를 받는다는 사실은 io.Writer 계약을 만족하는 다양한 대상이 로그를 기록할 수 있는 대상으로 지원된다는 것을 의미합니다. 원한다면 io.Writer 인터페이스 구현체를 만들어 로그스태시Logstash나 카프카Kafka 메시지 브로커 같은 로그 처리기로 로그를 전달할 수도 있습니다. 가능성은 무한합니다.

로그 플래그

log 패키지는 로그 메시지를 더 풍부하게 만들어주는 파일명, 코드 라인, 날짜, 시간과 같은 상수를 콘텍스트 정보에 추가할 수 있습니다. 예를 들어 앞서 작성한 'Hello, World' 코드에 다음 내용을 추가합시다.

```
log.SetFlags(log.Ldate | log.Ltime | log.Lshortfile)
```

결과는 다음과 같을 것입니다.

```
2022/02/05 10:14:36 main.go:7: Hello, World!
```

결과에서 볼 수 있듯이 로컬 타임 존 기준으로 날짜(log.Ldate)를 포함하고 로컬 타임 존 기준의 시간(log.Ltime)과 최종 파일 이름, log 패키지를 호출한 코드 줄번호가 포함되어 있습니다(log.Lshortfile).

우리에게는 로그 플래그로 지정한 값들이 나타나는 순서나 표시되는 형식을 조정할 수 있는 권한이 없습니다. 하지만 어느 정도의 유연성이 꼭 필요하다면 표준 log 패키지 대신 Zap과 같은 또 다른 로깅 프레임워크를 사용해야 합니다.

11.6.3 Zap 로깅 패키지

관찰 가능성의 세 가지 기둥 중 로깅은 OpenTelemetry로부터 지원을 가장 적게 받습니다. 시간이 지나면 지원받을 수 있겠지만 적어도 이 글을 쓰는 시점에서는 전혀 지원받지 못하고 있습니다. 따라서 지금은 OpenTelemetry의 Logging API에 대해 이야기하는 대신 또 다른 훌륭한 로깅 라이브러리인 Zap을 살펴보겠습니다.[43]

Zap은 메모리 할당을 가능한 한 적게 하고 리플렉션Relfection을 사용하면서 문자열 포매팅을 가급적 적게 하도록 디자인된 JSON 형식의 로거 패키지입니다. Logrus[44]와 함께 Go에서 사용할 수 있는 로깅 패키지 중 가장 인기 있는 패키지이기도 합니다. 사실 Logrus가 조금 더 인기 있는 패키지이지만 이 책에서 Zap을 다루게 된 데는 세 가지 이유가 있습니다.

---

43 https://oreil.ly/fjMls
44 https://oreil.ly/UZt5n

우선 Zap은 빠른 속도와 낮은 메모리 사용량으로 규모 있는 시스템에서 사용하기 좋습니다. 두 번째로 앞에 나온 '파싱을 위한 이벤트 구조화'에서 주장했던 믿을 수 없을 정도로 바람직한 '구조화 우선' 철학을 갖고 있습니다. 마지막으로 Logrus는 현재 유지보수에 들어간 상태이기 때문에 새로운 기능이 추가되지 않고 있습니다.

Zap은 실제로 얼마나 빠를까요? Zap은 정말 빠릅니다. 간단한 예시로 표 11-2는 콘텍스트나 printf 스타일의 템플릿을 포함하지 않은 상태에서 여러 가지 구조화된 로깅 패키지들 사이의 벤치마크 결과를 비교한 것입니다.

표 11-2 콘텍스트나 printf 스타일의 템플릿이 없는 로그 메시지에 대해 구조화된 로깅 패키지 벤치마크 비교

패키지	시간	Zap 대비 소요 시간	할당된 객체
Zap	118 ns/op	+0%	0 allocs/op
Zap(sugared)	191 ns/op	+62%	2 allocs/op
Zerolog	93 ns/op	−21%	0 allocs/op
Go-kit	280 ns/op	+137%	11 allocs/op
표준 라이브러리	499 ns/op	+323%	2 allocs/op
Logrus	3129 ns/op	+2552%	24 allocs/op
Log15	3887 ns/op	+3194%	23 allocs/op

이 숫자들은 Zap의 자체 벤치마킹 시험 결과[45]에서 가져왔지만 내용에 대한 검증과 업데이트를 수행했으며 직접 벤치마크를 실행해보기도 했습니다. 물론 다른 벤치마크 테스트와 마찬가지로 숫자에는 양념이 약간 가미되었다고 생각하기 바랍니다.

두 가지 눈에 띄는 결과는 Go의 표준 log 라이브러리가 Zap이 제공하는 표준 로거에 비해 3배 정도 시간이 소요되었다는 점과, 가장 인기 있는 로거 중 하나인 Logrus가 Zap에 비해 25배 정도 많은 시간이 소요되었다는 점입니다.

그런데 우리는 콘텍스트 필드를 사용하기로 하지 않았나요? 콘텍스트를 사용했을 때는 어떤 결과가 나오는지도 살펴봅시다. 결론을 먼저 이야기하자면 차이는 더욱 극명해집니다.

---

45 https://oreil.ly/uGbA7

표 11-3 10개의 콘텍스트 필드를 가진 로그 메시지에 대해 구조화된 로깅 패키지 벤치마크 비교

패키지	시간	Zap 대비 소요 시간	할당된 객체
Zap	862 ns/op	+0%	5 allocs/op
Zap(sugared)	1250 ns/op	+45%	11 allocs/op
Zerolog	4021 ns/op	+366%	76 allocs/op
Go-kit	4542 ns/op	+427%	105 allocs/op
Logrus	29501 ns/op	+3322%	125 allocs/op
Log15	29906 ns/op	+3369%	122 allocs/op

Logrus와 Zap의 시간 차이는 33배로 늘어났습니다. 표준 log 라이브러리는 콘텍스트 필드를 지원하지 않기 때문에 이번 시험에서는 제외되었습니다.

좋습니다. 이제 어떻게 사용하는지 알아볼까요?

Zap 로거 생성하기

Zap을 사용하기 위한 첫 번째 단계는 zap.Logger 값을 생성하는 것입니다. 물론 이 작업을 하기 전에 다음과 같이 Zap 패키지를 임포트해야 합니다.

```
import "go.uber.org/zap"
```

Zap을 임포트했으면 zap.Logger 인스턴스를 만들 수 있습니다. Zap은 로거 인스턴스를 만들면서 로깅 동작에 대한 여러 관점을 설정할 수 있지만, 가장 쉽고 직관적인 zap.Logger 생성 방법은 Zap의 철학이 반영된 사전 설정 생성자 함수 zap.NewExample, zap.NewProduction, zap.NewDevelopment를 사용하는 것이고 단일 함수 호출을 통해 로거를 만들 수 있습니다.

```
logger, err := zap.NewProduction()
if err != nil {
    log.Fatalf("can't initialize zap logger: %v", err)
}
```

보통 이 로직은 init 함수에서 수행되며 zap.Logger 값은 글로벌 변수로 관리합니다. Zap 로거는 동시에 사용해도 안전합니다.

기본적으로 제공되는 세 가지 사전 설정의 경우 작은 프로젝트에서는 아무 문제가 없지만 큰 프로젝트나 조직에서는 맞춤 설정을 원할 것입니다. Zap은 이를 위해 `zap.Config` 구조체를 제공하고 있지만 아쉽게도 이 책에서는 다루지 않습니다. 더 자세한 내용을 알고 싶다면 Zap 공식 문서를 참고하기 바랍니다.[46]

Zap을 이용한 로그 기록

Zap의 독특한 점 중 하나는 모든 로거가 쉽게 전환할 수 있는 표준과 'sugared'라는 두 개의 방식을 제공한다는 것입니다. 하나는 효율적이고 다른 하나는 사용하기 좋습니다.

표준 `zap.Logger` 구현은 성능과 타입 안전성을 우선으로 합니다. `SugaredLogger`에 비해 조금 더 빠른 성능을 갖고 있으며 메모리 할당을 적게 하지만 구조화된 로깅만 지원하므로 조금 불편할 수 있습니다.

```
logger, _ := zap.NewProduction()

// 강한 타입의 필드 값을 사용하는 구조화된 콘텍스트
logger.Info("failed to fetch URL",
    zap.String("url", url),
    zap.Int("attempt", 3),
    zap.Duration("backoff", time.Second),
)
```

이 코드를 통해 생성된 로그 메시지는 다음과 같은 형태를 갖습니다.

```
{"level":"info", "msg":"failed to fetch URL",
      "url":"http://example.com", "attempt":3, "backoff":"1s"}
```

성능 자체가 아주 큰 영향을 미치는 경우가 아니라면(아마 대부분은 그럴 것입니다) `SugaredLogger`를 사용할 수 있으며, 표준 로거가 가진 Sugar 메서드를 통해 쉽게 획득할 수 있습니다. `SugaredLogger`도 여전히 구조화된 로깅을 제공하지만 표준 로거의 강한 콘텍스트 타이핑과 반대로 느슨한 타입을 사용합니다. 실행 시 내부적으로 리플렉션을 사용하는데도 성능은 여전히 좋습니다.

---

[46] https://oreil.ly/q1mHb

SugaredLogger는 심지어 printf 스타일의 로깅 메서드도 편의 목적으로 제공합니다. 다만 로깅에 있어서는 콘텍스트가 최고라는 점을 꼭 기억해두기 바랍니다.

다음 코드에서 이 기능들을 확인해봅시다.

```
logger, _ := zap.NewProduction()
sugar := logger.Sugar()

// 느슨한 타입의 키-값 쌍을 사용하는 구조화된 콘텍스트
sugar.Infow("failed to fetch URL",
    "url", url,
    "attempt", 3,
    "backoff", time.Second,
)

sugar.Infof("failed to fetch URL: %s", url)
```

생성된 로그 메시지는 다음과 같은 형태를 갖습니다.

```
{"level":"info", "msg":"failed to fetch URL",
        "url":"http://example.com", "attempt":3, "backoff":"1s"}
{"level":"info", "msg":"failed to fetch URL: http://example.com"}
```

> **NOTE** 각 함수마다 새로운 Logger를 생성하지 마십시오. 그 대신 글로벌 Logger 인스턴스를 만들거나 zap.L 또는 zap.S 함수를 이용해 Zap의 글로벌 표준 혹은 sugared 로거를 각각 얻을 수 있습니다.

Zap에서 동적 샘플링 사용하기

앞에 나온 '동적 샘플링' 부분에서 동적 샘플링은 들어오는 로그 항목을 단위 시간당 최대 수로 제한하여 샘플링하는 기술이라고 이야기했습니다.

이 기술의 사용 범위를 확대해보면 이벤트의 대표적인 하위 집합을 보존하면서 로깅에 대한 CPU와 I/O 부하를 관리하는 데 사용할 수 있습니다. 디버그 로그처럼 양은 많지만 유용성이 떨어지는 특정 클래스의 이벤트를 대상으로 하는 경우, 동적 샘플링은 운영 환경에서 트러블슈팅 시에도 과도한 스토리지 사용 없이 가용성을 유지할 수 있게 합니다.

Zap은 zap.SamplingConfig 구조체를 통해 설정할 수 있는 동적 샘플링을 지원하며 코드는 다음과 같습니다.

```go
type SamplingConfig struct {
    // Initial 변수는 매초 로그로 남길 수 있는 이벤트의 상한 개수를 설정합니다.
    Initial int

    // Thereafter 변수는 Initial 값 초과 후 매초 로그로 남길 수 있는 이벤트 비율을
    // 설정합니다. 가령 3을 설정하면 3초에 하나의 이벤트를 로그로 남기게 됩니다.
    Thereafter int

    // Hook을 정의해 로그 생성 유무 결정 후 호출되도록 할 수 있습니다.
    Hook func(zapcore.Entry, zapcore.SamplingDecision)
}
```

zap.SamplingConfig를 사용하면 같은 레벨로 초기 이벤트 개수와 매초 허용된 메시지 개수를 정의하도록 하고(Initial) 이후에는 매 n번째 메시지만(Thereafter) 기록하도록 할 수 있습니다. 나머지 로그들은 버려집니다.

다음 예제는 미리 정의된 zap.Config 인스턴스를 이용해 zap.Logger를 만드는 방법입니다.

```go
package main

import (
    "fmt"
    "go.uber.org/zap"
    "go.uber.org/zap/zapcore"
)

func init() {
    cfg := zap.NewDevelopmentConfig()
    cfg.EncoderConfig.TimeKey = ""        // 타임스탬프가 출력되지 않도록 합니다.

    cfg.Sampling = &zap.SamplingConfig{
        Initial: 3,                        // 최초 초당 3개의 이벤트를 허용합니다.
        Thereafter: 3,                     // 이후에는 3개의 이벤트당 1개만 허용합니다.
        Hook: func(e zapcore.Entry, d zapcore.SamplingDecision) {
            if d == zapcore.LogDropped {
                fmt.Println("event dropped...")
```

```
        }
    },
}

    logger, _ := cfg.Build()              // 새로운 로거를 생성합니다.
    zap.ReplaceGlobals(logger)            // Zap의 글로벌 로거를 교체합니다.
}
```

이 예제는 새로운 zap.Logger를 만들고 Zap의 글로벌 로거로 설정합니다. 이를 위해 몇 가지 단계가 필요합니다. 우선 예제는 zap.Config 구조체를 만듭니다. 편의를 위해 예제에서는 사전에 정의된 zap.NewDevelopmentConfig 함수를 이용했고 이 함수는 사람이 읽기 쉬우면서 DebugLevel 수준 이상의 출력을 남기도록 설정된 zap.Config 값을 제공합니다.

다른 방법을 선택해보고 싶다면 InfoLevel 수준으로 이벤트를 JSON 형식으로 인코딩하도록 미리 설정된 zap.Config 값을 가진 zap.NewProductionConfig 함수를 이용할 수도 있습니다. 만약 정말로 해보고 싶다면 zap.Config를 밑바닥부터 새롭게 만들어볼 수도 있습니다.

다음으로 예제는 Zap 샘플러가 1초 동안 최초 3개의 이벤트를 수집하고 이후에는 3개 중 하나의 이벤트를 버리도록 구성한 zap.Config를 이용해 zap.SamplingConfig를 만듭니다.

> **NOTE** Hook 함수는 샘플링 결정이 끝난 직후 호출됩니다. 예제는 이벤트가 버려진 경우 관련된 메시지를 남기도록 되어 있습니다.

마지막으로 예제에서는 Config의 Build 메서드를 이용해 Config 기반으로 zap.Logger를 생성하고 zap.ReplaceGlobals를 이용해 Zap의 글로벌 로거를 교체합니다. Zap의 글로벌 로거와 sugared 로거는 각각 zap.L과 zap.S 함수를 이용해 접근할 수 있습니다. 과연 우리 예상대로 동작할까요? 한번 확인해봅시다.

```
func main() {
    for i := 1; i <= 10; i++ {
        zap.S().Infow(
            "Testing sampling",
            "index", i,
        )
    }
}
```

이 함수는 10개의 이벤트에 대해 로그를 남기지만 샘플링 설정으로 인해 최초 3개의 이벤트, 이후 3개의 이벤트당 하나의 이벤트만 로그로 남습니다. 우리가 예상했던 대로인가요?

```
$ go run .
INFO zap/main.go:39 Testing sampling {"index": 1}
INFO zap/main.go:39 Testing sampling {"index": 2}
INFO zap/main.go:39 Testing sampling {"index": 3}
event dropped...
event dropped...
INFO zap/main.go:39 Testing sampling {"index": 6}
event dropped...
event dropped...
INFO zap/main.go:39 Testing sampling {"index": 9}
event dropped...
```

출력은 우리가 예상했던 그대로입니다. 확실한 것은 로그 샘플링은 강력한 기술이고 적절히 사용하면 상당한 값어치를 할 것이라는 점입니다.

요약

개발 피드백 주기를 극적으로 줄이고 복잡성을 관리 가능한 수준으로 만들어준다는 약속을 생각해보면 관찰 가능성에 대한 많은 과대 광고들이 존재하는 이유가 납득이 됩니다.

이번 장 초반부에서는 관찰 가능성이 무엇이고 어떤 가치를 갖고 있는지 이야기하면서 아직까지 관찰 가능성이 완전하지 않은 이유도 가볍게 살펴봤습니다. 안타깝게도 어떻게 관측할 것이냐 하는 것은 정말 큰 주제이며 시간과 지면의 한계로 하고자 했던 만큼 충분히 다루지 못했습니다.[47] 그러나 차리티 메이저스^{Charity Majors}와 리즈 퐁 존스^{Liz Fong-Jones}가 쓴 『Observability Engineering』[48]과 같이 훌륭한 책들이 있으므로 그 공백을 채우는 데는 시간이 많이 걸리지 않을 것입니다.

---

47 이 책은 결국 Go에 대한 책입니다. 적어도 필자가 참을성 있는 편집자들에게 계속 해온 이야기입니다.
48 https://oreil.ly/Cd1gs

지금까지 OpenTelemetry를 통해 관찰 가능성의 세 가지 기둥을 구현하는 방법에 대해 차례로 살펴보았습니다.

모든 것을 종합해봤을 때 이번 장은 정말 어려운 장이었습니다. 관찰 가능성은 아직까지 많이 다루어지지 않은 광범위한 주제이고, 그 새로움의 결과는 OpenTelemetry에도 동일하게 적용됩니다. 심지어 자체 문서도 여전히 제한적이고 다소 지저분하기도 합니다. 다만 긍정적인 부분은 소스 코드에 대해 많은 시간을 할애할 수 있었다는 점입니다.